Peter Cirtek
**Japan**

Peter Cirtek

# JAPAN

Graphium **press**

**Umschlagabbildungen**

*Titelseite*: Kinkaku — Goldener Pavillon, Kyoto
*vordere Umschlaginnenklappe*: Daisetsuzan (Hokkaido)
*hintere Umschlaginnenklappe*: Bucht bei Aomori
*Umschlagrückseite*: Bunraku (die Spieler hinter den Puppen gelten als nicht existent)

*Frontispiz*: Yomeimon, das »Tor des Sonnenlichts«, Toshogu (1636), Nikko

© 1990 Verlag M. Krumbeck, Graphium **press**, Wuppertal
Alle Rechte vorbehalten
Satz: Leske + Budrich, Leverkusen
Farblithos: scan trend, Offenbach/M.
Titel- u. s/w-Lithos: Peter Karau GmbH, Bochum
Druck und Bindung: Fuldaer Verlagsanstalt GmbH, Fulda
ISBN 3-927283-02-9

# Inhalt

Vorbemerkung ............................................................. 7

**Vorgeschichten** ........................................................ 9
Eine Herberge japanischen Stils 9 — *Kimono 10* — Erste Besiedlung 11 — Die Sprache 14 — Der Staat Yamato 14

**Die ersten Tempel** ................................................... 17
Unterwegs zu den ältesten Tempeln Japans 17 — Der Horyuji 19 — Die Pagode - Ursprung und Wandlung 22 — Mahayana - »Großes Fahrzeug« 24 — Texttafel zur Geschichte 28

**Nara** ........................................................................ 33
Die alte Kaiserstadt 33 — Der Todaiji 34 — Der Toshodaiji 36 — *Chinesische Bauart 37* — Der Yakushiji 40 — Der Shin Yakushiji 41 — Der Kofukuji 41 — *Buddhistische Plastik 42* — In der Umgebung von Nara 42

**Shinto — Weg der Gottheit** ..................................... 45
Jingu und Kami 45 — *Japanische Bautradition 46* — Der Kasuga-Schrein 49 — Das Taisha-Heiligtum bei Izumo 52 — Der Ise-Schrein 53 — Weitere typische Schreinbauten 56

**Kyoto** ....................................................................... 59
Heiankyo — 1000 Jahre Hauptstadt 59 — *Die Entwicklung der Schrift 60 — Kalligraphie - Schönschrift 62* — Bauwerke aus der Heian-Zeit 66 — Ein Abstecher um den Biwa-See 71 — Malerei 73

**Kyoto — Tempelkaleidoskop** .................................. 77
Im Zentrum 77 — Higashiyama - Am Fuße der Östlichen Berge 81 — Vom Philosophenweg nach Nordosten 86 — Der Alte Kaiserpalast und nach Nordwesten 90 — Der Kaiserliche Landsitz Katsura und Arashiyama im Westen 95 — Südlich des Bahnhofs 96

**Kyoto — Ohne Tempel** ............................................ 101
Gartenkunst 101 — Der Paradiesstilgarten des Byodoin 103 — Der Spaziergarten des Kaiserlichen Landsitzes Katsura 103 — *Ikebana - Die Kunst des Blumensteckens 104* — Die Steingärten im Daisenin des Daitokuji und im Ryoanji 104 — Der Moos-

garten des Saihoji 106 — Wohnbauten und Paläste 107 — Teekunst 112 — Die Baustile im Überblick 114 — *Die moderne Architektur 115*

**Nach Westen** .................................................................................. 119
Osaka 119 — Im Umkreis von Osaka 123 — In den Bergtälern der Halbinsel Kii 124 — Die Küsten der Halbinsel Kii 127 — Himeji 128 — Um den Nationalpark Sanin Kaigan (Nordmeerküste) 130 — Okayama und Umgebung 131 — Hiroshima und Umgebung 134 — *Japans später Imperialismus 135* — Auf der Schreininsel (Miyajima) 138 — Matsue und Umgebung 140 — Von Izumo an der Küste des Japanischen Meeres nach Kyushu 142

**Die Inseln Shikoku und Kyushu** ................................................. 145
Der Inlandsee-Nationalpark 145 — Auf der Insel Shikoku 149 — Im Norden der Insel Kyushu 153 — Nagasaki und Umgebung 157 — Der mittlere Teil von Kyushu 177 — Der Süden 180 — Zu den Ryukyu-Inseln 185

**Im Zentrum der Hauptinsel Honshu** ........................................... 187
Die Kamakura-Zeit (1192-1333) 187 — *Die Haltung des Samurai 188* — Kamakura 188 — Rund um den Fujisan 192 — Von der Halbinsel Izu nach Nagoya 197 — Nagoya und Umgebung 202 — In den Bergtälern Zentral-Japans 206 — An der Seite des Japanischen Meeres 209

**Tokyo** ............................................................................................. 213
Schwieriger Einstieg 213 — Geschichtliches 214 — *Der Tenno 216* — Rund um den Kaiserpalast (Der Bezirk Chiyoda) 219 — Ueno und der Norden 221 — *Erdbeben 221* — Shinjuku und der Westen 224 — Nach Süden und bis Yokohama 225 — Erlebbares 228 — *Sportarten 223* — Theater 233 — *Literatur 234*

**Nach Norden** ................................................................................ 241
Östlich von Tokyo 241 — Nikko 241 — Abseits der Wege 245 — Hiraizumi und der Nordosten von Honshu 247 — *Lackkunst 248* — Hokkaido 251 — Östlich von Sapporo 255

Inhaltsverzeichnis zum Anhang ....................................................... 258

## Vorbemerkung

Der Leser, der das Buch von vorne beginnt, erfährt das Wesentliche über das Land und seine Bewohner in einer Weise, die ihm ein Verständnis der hoffentlich vielfältigen, aber oft fremdartigen Reiseeindrücke auch auf einer Reiseroute erleichtert, die er selbst zusammengestellt hat.

Die japanischen Begriffe werden mit lateinischen Buchstaben nach einer offiziellen Transkription umschrieben, die in Japan wie im Ausland am weitesten verbreitet ist. Aus Gründen der Didaktik wird bei dieser im Sprachführer näher erläuterten Umschrift dort wie auch in den Registern und im Verzeichnis der Fachbegriffe der Längenstrich gesetzt; er kennzeichnet die langen Vokale und erleichtert so die Verständigung.

Auf Bindestriche zwischen Silben wird im Japanischen verzichtet. Ihre Verwendung vor allem in der Reiseliteratur und in Prospekten geschieht weder einheitlich noch konsequent. Zudem haben die einzelnen Silben häufig mehrere voneinander völlig unterschiedliche Bedeutungen, die erst im Wortzusammenhang den richtigen Sinn ergeben.

Die im Text benutzten Abkürzungen JR (Jei Aru [Gurupu]) für die Japanischen Bahnen und TIC (Tsurisuto Infomeishon Centa) für die Touristen-Information sind als Silben, die aus dem Amerikanischen resp. Englischen entlehnt wurden, in Japan überall gebräuchlich.

Dem Japanischen Kulturinstitut in Köln und der Japanischen Fremdenverkehrszentrale in Frankfurt danke ich für ihre Hilfsbereitschaft bei meinen Anfragen ebenso wie den Mitarbeitern von Museen, den Verlagen und Archiven sowie allen Freunden, die zum Gelingen des Buches beigetragen haben.

Hamburg, im Juli 1990<br>
Peter Cirtek

# VORGESCHICHTEN

### Eine Herberge japanischen Stils

Wer nach der Ankunft in Tokyo oder Osaka keine Unterkunft mehr findet im Hotel seiner Wahl oder in einer der Jugendherbergen, der sollte seinen ersten Eindruck japanischer Lebensweise in einem *Ryokan*, dem traditionellen Gästehaus, oder in einem *Minshuku*, einer Familienpension, gewinnen. Das hat nicht nur den Vorteil, mit überwiegend japanischen Gästen beisammen zu sein, sondern bietet auch einen Einblick in eine Lebensart, die dem internationalen Kurzurlauber sonst verschlossen bleibt.

Durch eine große Schiebetür betritt der Reisende eine Fläche, auf der er zunächst die Schuhe auszieht und sie in ein Holzregal stellt, in dem Hausschuhe bereitliegen. Die Herbergseltern bieten Kekse und Tee an, während in einem manchmal nur schwer verständlichen Englisch mühsam die Formalitäten erledigt werden. Für Japaner ist Englisch eine überaus schwierige Sprache, und ein Schüler oder Student wagt es auch nach mehreren Unterrichtsjahren oft noch nicht, eine Unterhaltung mit einem Ausländer zu beginnen.

Die Zimmer wirken angenehm geräumig, und die eigentliche Wohnfläche ist sorgfältig mit Reisstrohmatten (*Tatami*) ausgelegt. Vor deren Betreten schlüpft man aus den Hausschuhen. Auch das Gepäck bleibt im Vorraum. Je nach Standard der Herberge befindet sich noch ein niedriger Tisch oder auch ein Fernseher im Raum, und die Bettwäsche einschließlich einer bequemen Matratze ist meist noch im Wandschrank verstaut. Manches Ryokan kommt den Gewohnheiten der Ausländer allerdings so weit entgegen, daß der ursprüngliche japanische Stil kaum mehr zur Geltung gelangt.

In den einfacheren Unterkünften dagegen wird der Flur etwa als Aufenthaltsraum genutzt und in der kalten Jahreszeit von einem Ölofen temperiert, dessen Wärme gerade für den Teekessel darauf ausreicht, nicht aber der kriechenden Kälte Herr wird, die durch die dünnen Holzwände dringt. Hier findet sich meistens noch ein freies Bett in einem der Schlafräume, die allerdings selten beheizt sind. Seit je haben sich die Japaner daran gewöhnt, die relativ kurze Winterzeit abgehärtet zu überstehen.

VORGESCHICHTEN

## Kimono

Eigentlich ist das für den Gast bereitgestellte Kleidungsstück ein *Yukata*, ein leichter Badeüberwurf aus Baumwolle, ein Haus-Kimono. Kimono bedeutet schlicht »Gewand«, es ist das traditionelle Obergewand, mit weiten Ärmeln, vorn übereinandergeschlagen und mit einem breiten Gürtel zusammengehalten. Es ist einteilig, sein Schnitt der menschlichen Körperform angepaßt, und den Stoff gibt es heute in abgepackten Rollen von 9 bis 11 m Länge und ca. 40 cm Breite zu kaufen. Seit über 400 Jahren haben sich die Maße des Standard-Herren-Kimono kaum geändert. Die Damen des Hofes von Kyoto trugen eine aus zwölf übereinander gezogenen Kleidern bestehende Robe mit einem kurzärmeligen Kimono als Unterkleid. Später wurde die Kleidung einfacher, es genügten weniger Kleiderhüllen, eine Hose dazu oder einen Mantel im Kimono-Schnitt darüber. Erst seit 400 bis 500 Jahren wird das bisher schlichte Kleid aus kostbaren Materialien wie Seide oder Ramie, einer haltbaren Bastfaser, hergestellt und gern zu festlichen Anlässen getragen. Das Gewand war reich dekoriert, wobei die Anordnung der Musterung der Körperform folgte, und für den Winter wurde es mit einem Futter aus leichter Pongee-Seide oder auch aus Baumwolle versehen. Seit dieser Zeit tragen auch die Herren den kurzärmeligen Kimono, er kleidete nun Arm und Reich, Mann und Frau. Und wenn die Frau heute etwa zur Hochzeit die Wahl hat zwischen einem Kimono oder einem Brautkleid, so entscheidet sie zumeist nach der Mode und nimmt, was ihr am besten steht.

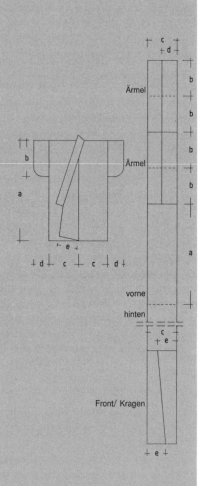

*Schnittmuster eines Kimono*

Als ich später einmal einen Studenten fragte, was ihm über die Deutschen einfiele, meinte er: »Sie ziehen sich gerne warm an«. Etwas desillusioniert also betrachtete ich vor meiner ersten Nacht im Lande das frisch gewaschene, sauber gebügelte und zusammengelegte Paket Bettwäsche auf meinem Schlafplatz. Außer einer dünnen Matratze lag da noch ein blauweiß gestreifter Haus-Kimono, der heute mein Nachtgewand werden sollte. Und dieses höchst japanische Stück Tuch benutzt der verschwitzte Reisende erst, nachdem er auch das japanische Gemeinschaftsbad *(Ofuro)* genossen hat.

Durch eine Schiebetür — außer den Toiletten hatten hier alle Räume Schiebetüren — betrat ich einen Vorraum, nachdem ich mich vergewissert hatte, daß auch »nicht mehr als 3 gleichzeitig« drinnen waren, wie es das Schildchen außen forderte. Für die Kleider standen kleine Plastikkörbe in einem Holzregal, und dann ging's in den mit dichten Dampfschwaden verhangenen Baderaum. Vor dem Becken, in dem bequem drei Leute sitzen konnten, war Platz zum Abseifen: ich griff nach einem Hocker und einem Stück Seife und stellte die Plastikschüssel unter einen der vier niedrigen Wasserhähne an der Wand, wobei ich mich im Spiegel darüber von der Gründlichkeit der Prozedeur überzeugen konnte. Im großen Wasserbecken dann glaubte ich mir zuerst die Zehen zu verbrühen, so heiß war das Wasser. Aber man setzt sich ja auch nur für ein paar Minuten hinein, um sich zu entspannen und die Anstrengungen des Tages zu vergessen.

## Erste Besiedlung

Wenn auch der Zeitpunkt der ersten Besiedlung nicht genau bekannt ist, so weiß man doch, daß die ältesten Menschenfunde aus einer Zeit stammen, als Japan noch mit dem Kontinent verbunden war (vor 100 000 - 150 000 Jahren). Daraus erklärt sich die Einwanderung koreanischer und mandschurischer Völker, von denen man annimmt, daß sie die Seefahrt noch nicht ausreichend beherrschten, um das Meer zu überqueren. Bei Ausgrabungen in Iwajuku (Präfektur Gumma) wurden behauene Steinäxte- und -messer aus den Ascheschichten zweier großer Vulkanausbrüche geborgen, die das heutige Gesicht Japans entscheidend mitgeformt hatten. In 50 000 - 60 000 Jahren entstand durch Senkungen des Meeresbodens eine 180 km breite Wasserstraße zwischen Korea und den japanischen Inseln. Dennoch erreichten weitere Einwanderungswellen das Land, auch vom sehr viel entfernteren indonesischen Archipel.

# VORGESCHICHTEN

Als früheste Äußerungen japanischer Kultur gelten die grobgeformten Tongefäße der *Jomon-Keramik* (ca. Mitte 5. Jahrtausend - 3. Jh. v.u.Z.), in deren Spätzeit ein erstaunlicher Typenreichtum und der so charakteristische Dekor der eingepreßten Schnurmuster (»Schnurkeramik«) entstanden, sowie bizarre Tonidole, die als Schutzgottheiten gedeutet werden. Fundorte sind unter anderem Muschelhaufen *(Kaizuka)* von mehreren hundert Metern Länge (z.B. in Kasori, Präfektur Chiba), in denen oft die Toten begraben wurden, da man den Muscheln konservierende Kräfte zuschrieb. Anzeichen für eine kontinuierliche Besiedlung gibt es aber erst aus der *Yayoi-Zeit* (3. Jh. v.u.Z. - 3. Jh. u.Z.), benannt nach der ersten Fundstelle in einem Stadtviertel Tokyos. In einer freigelegten Yayoi-Siedlung (in Karako, Präfektur Nara) wurden Reste der ersten bewässerten Reisfelder gefunden, was ein Nomadentum für diesen Ort ausschließt. Auf der Korea am nächsten gelegenen Insel Kyushu finden sich Kastengräber und Grabkammern, und der festländische Einfluß wird mit dem Gebrauch der Töpferscheibe, einer Errungenschaft der chinesischen Kultur, an einer feineren Keramik unverkennbar. Einwanderer aus Korea brachten den in China schon seit dem 2. Jahrtausend v.u.Z. verbreiteten Bronzeguß nach Japan, der allerdings in den glockenförmigen, dünnwandigen Kultgeräten *(Dotaku,* 1./2. Jh. u.Z.), deren genaue Bedeutung bis heute noch unbekannt ist, eine völlig eigenständige japanische Entwicklung zeigt.

Auf der Rückseite eines Bronzespiegels, der in einem Hügelgrab bei Nara gefunden wurde (Datierung schwankt zwischen dem 3. und frühen 5. Jh.), sind verschiedene Hausmuster eingraviert: eine Erdgrubenbehausung, eine Erdbodenwohnung sowie ein Pfahlbau, der dieselbe Dachform vom Typ *Irimoya* (Fußwalmdach) aufweist wie die aus Ton gebrannten Haniwa-Modelle (s.S. 15).

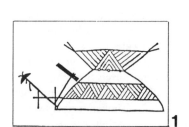
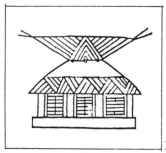

*Rückseite eines Bronzespiegels (3./5. Jh.) aus einem Grabhügel bei Nara (Archäologisches Museum Fudoki no Oka); darauf dargestellt unten: Erdgrubenbehausung (vgl. Zeichnung 1), rechts: Erdbodenwohnung (2); links Pfahlbau (3); oben Pfahlbau mit Irimoya-Dachform (4)*

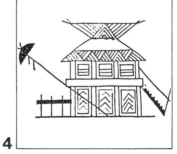

VORGESCHICHTEN

## Die Sprache

Die japanische Sprache entstand in der Yayoi-Zeit, ihre Herkunft aber ist für die Sprachforscher ein noch offenes Kapitel. Die Vergleiche konzentrieren sich auf die altaischen Sprachen (türkische, mongolische und mandschu-tungusische Sprachen), auf Koguryo, eine der alten nordkoreanischen und mandschurischen Stammessprachen (Puyo-Sprachen), und auf die austronesischen Sprachen (Indonesisch-Malaiisch, Polynesisch, Melanesisch). Die ältesten schriftlichen Aufzeichnungen stammen erst aus dem 8. Jh., und auch die Nachbarvölker haben vor dieser Zeit keine aufschlußreicheren Quellen hinterlassen, aber man darf annehmen, daß das Japanische den Puyo-Sprachen zumindest nahesteht. Wahrscheinlich ist es aus der Überlagerung einer austronesischen Sprache durch eine altaische entstanden. Bis jetzt wird das Japanische zu den isolierten Sprachen gezählt. Überhaupt keine Verwandtschaft besteht mit dem Chinesischen, so gut wie keine mit der paläoasiatischen Sprache der Ainu (s.S. 252f.). Einzige Schwestersprache des Japanischen ist das Ryukyuanische, das auf der gleichnamigen Inselgruppe um Okinawa noch gesprochen wird und sich seit dem 8. Jh. eigenständig entwickelt hat.

## Der Staat Yamato

Bis um 400 u.Z. hatten sich die japanischen Teilstaaten zum Staat Yamato zusammengeschlossen, dessen Sozialgefüge der Sippenverbände bis in die Neuzeit unverändert blieb. Aus jener Zeit (*Hügelgräber-Zeit*, 3.-6. Jh.) stammen die ältesten gebauten Monumente, die gewaltigen kaiserlichen Hügelgräber (*Kofun*). Sie werden einer — durch asiatische Reiterkulturen bestimmten — wahrscheinlich koreanischen Kultur zugeschrieben und hatten einen runden, quadratischen oder jenen typischen, aus dem runden Grabhügel und einem flacheren Vorbau zusammengesetzten (»schlüssellochförmigen«) Grundriß, wie ihn das größte von ihnen, das Grab des Nintoku (*Nintokuryo*, 5. Jh.) südlich von Osaka zeigt (nicht zugänglich). Der Grabhügel wurde aus den 1,5 Millionen Tonnen Aushub des ihn umgebenden dreifachen Wassergrabens aufgehäuft und überragt das Gelände um 35 m. Die aus Steinblöcken errichtete Grabkammer enthielt einen Steinsarkophag und als Grabbeigaben hauptsächlich Rüstungen aus vergoldeter Bronze, die nach der Untersuchung aber wieder an Ort und Stelle gebracht wurden.

Die aufschlußreichsten Grabbeigaben dieser Zeit aber sind aus Ton gebrannte Kleinplastiken in Gestalt der *Haniwa*, die Menschen, Tiere, Geräte oder Häuser darstellen. Der Name bedeutet »Tonzylinder« und bezieht sich auf die früher verbreitete Form, die lediglich der abgestuften Böschung des Grabhügels Halt geben sollte. Erst später wurde die obere Hälfte plastisch ausgeformt wie beim Nintokuryo, in dessen Wassergraben Tausende dekorativer Tierköpfe gefunden wurden. Für die Baukunst sind die Hausmodelle bedeutsam, die neben dem Giebeldach (*Kirizuma*) mit giebelseitigem schrägen Dachüberstand auch das Walmdach (*Yosemune*) und das Fußwalmdach (*Irimoya*) mit schrägem Dachvorsprung über den Zwerggiebeln zeigt.

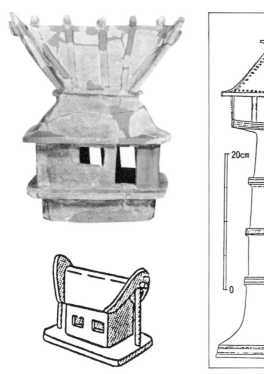
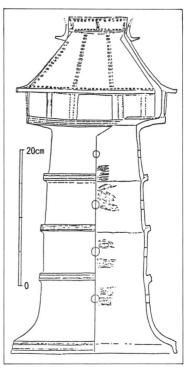

*Haniwa-Hausmodelle (Archäologisches Museum Fudoki no Oka):*
*Tonmodell mit Irimoya-Dachform (l.o.); Tonmodell mit Giebeldach*
*(l.u.); Tonzylinder mit Walmdachhaus (r.)*

金閣舎利殿御守護

開運招福
家内安全
京都北山
鹿苑禅寺

# *DIE ERSTEN TEMPEL*

**Unterwegs zu den ältesten Tempeln Japans**

Ist im Hauptbahnhof von Tokyo erst einmal der richtige Bahnsteig für die Züge in Richtung Kyoto gefunden, dann wird das weitere nicht mehr schwierig. Denn der Hikari (»starkes Licht«) dieser Shinkansen-Linie (Farbabb. 21), einst die schnellste Zugverbindung der Welt, benötigt für die 513 km lange Strecke nur 2 Stunden und 51 Minuten. Die etwa drei Stockwerke hoch liegende Betontrasse, auf der die Schienen liegen, steht auf dicken Betonpfeilern und führt rigoros durch und über das Häusermeer, über Straßen, Flüsse und Bahnlinien, und über die landwirtschaftlich genutzten Flächen, die hart an die Berge heranreichen. Der Zug schießt förmlich in den Tunnel südlich des Nationalparks Fuji-Izu-Hakone, und die elektronische Anzeige der Geschwindigkeit klettert auf über 290 km pro Stunde.

Nach dem Auftauchen aus der Tunnelfinsternis erscheint rechts der erhabene Kegel des Fujisan, dessen 3 776 m hohe Spitze in immer flacher werdender Kurve bis zur Küste hin abfällt, wo der Hikari beinahe schwerelos über die Felder rast. Von Kyoto geht es im weniger sanften, aber ebenfalls rasenden Schienenbus bis Nara, der ersten Hauptstadt Japans (s. Karte S. 186).

Vor dem 8. Jh., bis zur Gründung Naras, hatte der Hof keinen dauerhaften Sitz. Der vom Festland übernommene Gedanke, daß die Lebenden den Toten Platz zu machen haben, da diese in den Häusern, in denen ihr Andenken geehrt wird, weiterleben, führte zu immer neuen Regierungssitzen des Yamato-Staates. In der südlich von Nara gelegenen **Asuka-Ebene** (*Asuka-Zeit*, 552-645) wurden nicht nur Hügelgräber in großer Zahl gefunden, zum Beispiel das in Takamatsuzuka (s.S. 44). Entdeckt wurden auch Spuren von etwa 50 Tempeln oder Palästen, von denen der 588 gegründete *Asukadera* der bemerkenswerteste war. Es sind aber nur Grundrißspuren erhalten, da er, wie alle großen Tempel, mit der Gründung der neuen Hauptstadt (710) nach Nara verlegt wurde, wo er später niederbrannte.

# ERSTE TEMPEL

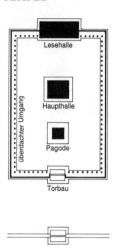

*Kudara-Plan am Beispiel des Shitennoji, Osaka*

Schon seit dem 4. Jh. fand das Können koreanischer und chinesischer Handwerker in Japan seine Bewunderer. In den Jahren 538, das als offizielles Datum für die Einführung des *Buddhismus* gilt, und 552 schenkte das altkoreanische Königreich Paekche den Yamato-Herrschern Buddhastatuen und Sutra-Schriften. Die Begeisterung für die neue Lehre war nicht ungeteilt, aber eine Schlacht entschied den Machtkampf. Im Jahre 594 wurde der Buddhismus Staatsreligion, und es kam zu zahlreichen Tempelgründungen, von denen der *Shitennoji* in Osaka (gegründet 593) wohl die älteste ist (s.S. 121). Erst jetzt setzte sich mit dem sogenannten *Kudara-Plan* (Kudara ist das altkoreanische Reich Paekche), nach dem die Tempel angelegt wurden, ein chinesischer Stil durch. Ein überdachter Gang umschließt einen Hof, auf dessen Mittelachse von Süden nach Norden das Tor, die Pagode, die Haupthalle und die Lese- oder Vortragshalle folgen.

Die Ausrichtung der einzelnen Gebäude der Anlage und ihre Öffnung nach Süden haben ihren Ursprung u.a. in Gesetzen, die von kosmischen Vorstellungen (4. Jh. v.u.Z.) der chinesischen Kultur abgeleitet werden. Darin vollzieht sich der Kreislauf von Yin und Yang, denen Erde (das passive, weiche, weibliche Prinzip) und Himmel (das aktive, harte, männliche Prinzip) entsprechen, derart, daß das Yin im Norden und im Winter dominiert, im Frühling und im Osten aber abnimmt, während das Yang im Sommer und im Süden vorherrscht, im Westen und im Herbst dagegen abnimmt. Aus dieser Kreislauftheorie der beiden Urprinzipien und ihren Verbindungen mit fast allen sakral betonten Bauwerken ergaben sich Konsequenzen für die Grundrißgestaltung. Allerdings sind Terrasse und Plattform, auf denen das Gebäude steht, und der hofbildende Säulengang, der um dieses Gebäude führt, sowie das Tor in der Mitte der Südmauer bereits in einer Ausgrabung aus dem 14.-13. Jh. v.u.Z. nachzuweisen (Erlitou bei Yanshi, Provinz Henan, China).

**Der Horyuji**

Die Holzarchitektur der Asuka-Zeit aber repräsentiert die vollständig erhaltene Tempelanlage des Horyuji (sprich: Hoorjuudshi), die 12 km südwestlich von **Nara** liegt und von dort mit der Kansai-Linie (JR) in 10 Minuten und einer halben Wegstunde oder auch mit dem Bus (55 Minuten) vom Kintetsu-Bahnhof bis zur Station Horyujimae (= »beim Horyuji«) zu erreichen ist. Der Tempel wurde im Jahre 607 von Kronprinz Shotoku gegründet und war ursprünglich nach dem Kudara-Plan angelegt.

Die Haupthalle (*Kondo*), das bedeutendste Gebäude einer buddhistischen Tempelanlage in Japan, gilt als das älteste erhaltene Holzbauwerk der Welt. Nach ihrer Zerstörung durch ein Feuer (wahrscheinlich 670) wurde beim Wiederaufbau des Horyuji, wahrscheinlich ab 679, der Asuka-Stil beibehalten. Lediglich vom Kudara-Plan wich man ab — für diese Zeit eine Ausnahme. In dem einzigen großen Raum unter dem 17 m hohen gestuften Fußwalmdach mit seiner schweren Ziegeldeckung befinden sich sehr kostbare Statuen. Die bekannteste von ihnen, die *Shaka-Trinität* (623), erinnert an den nordchinesischen Stil, wie er in den Höhlen von Longmen (Provinz Henan, China) zu sehen ist (Wei-Zeit, 5./6. Jh.). Sie

*Horyuji (2. Hälfte 7. Jh.), bei Nara*

ERSTE TEMPEL

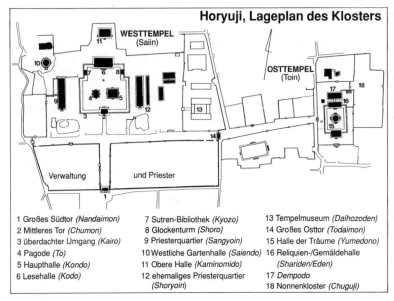

**Horyuji, Lageplan des Klosters**

WESTTEMPEL (Saiin)
OSTTEMPEL (Toin)
Verwaltung und Priester

1 Großes Südtor *(Nandaimon)*
2 Mittleres Tor *(Chumon)*
3 überdachter Umgang *(Kairo)*
4 Pagode *(To)*
5 Haupthalle *(Kondo)*
6 Lesehalle *(Kodo)*
7 Sutren-Bibliothek *(Kyozo)*
8 Glockenturm *(Shoro)*
9 Priesterquartier *(Sangyoin)*
10 Westliche Gartenhalle *(Saiendo)*
11 Obere Halle *(Kaminomido)*
12 ehemaliges Priesterquartier *(Shoryoin)*
13 Tempelmuseum *(Daihozoden)*
14 Großes Osttor *(Todaimon)*
15 Halle der Träume *(Yumedono)*
16 Reliquien-/Gemäldehalle *(Shariden/Eden)*
17 *Dempodo*
18 Nonnenkloster *(Chuguji)*

wurde von dem Buddhabild-Meister Tori aus Bronze in verlorener Form geschaffen.

Neben der Haupthalle steht die doppelt so hohe fünfstöckige Pagode (*To*), unentbehrlicher Bestandteil buddhistischer Tempel- und Klosteranlagen. Die Dächer dieser ältesten uns erhaltenen hölzernen Pagode (spätes 7. oder frühes 8. Jh.) verjüngen sich nach oben in gleichbleibendem Verhältnis. Die Dachüberstände des untersten Pagodendaches wie auch die der Haupthalle sind so weit, daß sie teilweise auf die Dächer und die später hinzugefügten Umgänge im Erdgeschoß abgestützt werden mußten.

Die Pagode steht auf einem zweistufigen, steinernen Sockel, auf den an den vier Seiten Treppen zu den Eingängen führen. Da sie in erster Linie als Reliquienmonument dient, sind die oberen Stockwerke nicht begehbar. Sie ruhen auf vier inneren Holzstützen und einem großen, vom Sockel bis oben durchgehenden Mast, dessen Kern aus Metall geformt ist. Die von außen sichtbaren hölzernen Balkonbrüstungen zwischen den Dächern liegen direkt auf dem Dachansatz, der damit verdeckt wird. Die Pagode beherbergt wichtige Beispiele von Buddhafiguren aus Lehm, wie sie nur im 8. Jh. (Nara-Zeit) hergestellt wurden und auch in der Hokkedo des Todaiji aufbewahrt werden (siehe S. 36).

*Vortragshalle (Kodo, 990) des Horyuji*

Der Zugang zum Tempelhof, in dem nur die Haupthalle und die Pagode stehen, führt durch das Mittlere Tor (*Chumon*), das auch aus der Gründungszeit stammt und ebenso in den überdachten Umgang (*Kairo*) integriert ist wie die aus der Heian-Zeit (794-1185) stammende Sutrenbibliothek (*Kyozo*), ferner der Glockenturm (*Shoro*) aus derselben Zeit und vor allem die Lesehalle (*Kodo*), die im Jahre 990 hierher übertragen wurde. Sie enthält eine vergoldete Yakushi-Trinität aus Holz.

Außerhalb des Umganges steht die Halle eines ehemaligen Priesterquartiers (Shoryoin, 1121) mit der Statue des Prinzen Shotoku (1069), einer bedeutenden Holzplastik der Heian-Zeit. Den gemeinsamen Zugang zu allen diesen Gebäuden sowie zu den neueren Unterkünften der Mönche markiert, in der Verlängerung der Achse des Mittleren Tores, das Große Südtor (*Nandaimon*, 1438). Auf dem Weg zum östlichen, kleineren Tempelbezirk (*Toin*) zeigt ein reichhaltiges *Museum* (Daihozoden, 1941, Beton) die meisten Kunstwerke des Tempels, darunter die Holzstatue des Kudara Kannon aus der Asuka-Zeit, bei der das Holz noch aus unregelmäßigen Stücken zusammengefügt wurde. Das Museum, das täglich geöffnet ist, besitzt auch den Tamamushi-Miniatur-Schrein (7. Jh.) als ältestes Beispiel figürlicher Lackmalerei in Japan. Weitere besonders empfindliche Gegenstände des Horyuji werden im Nationalmuseum in Tokyo aufbewahrt.

Nicht weit vom Osttor (Todaimon), in der Mitte des Toin, befindet sich die kleine, achteckige *Yumedono*, die Traumhalle, deren heutige Form um 1230 entstand. Hierher soll sich Shotoku zur Meditation zurückgezogen haben. Daneben steht die *Dempodo*, gestiftet 739 oder 741, ein Beispiel für den damaligen Palastbau, der sich nach der Einführung chinesischer Bauformen an der neuen Bauweise orientierte, aber schlichter war. Zu ihren Schätzen gehört eine Amida-Trinität aus Trockenlack.

Wie die Dempodo besitzt das benachbarte Nonnenkloster *Chuguji* zahlreiche Statuen sowie eine berühmte Stickerei aus dem 7. Jahrhundert, ist aber, wie viele Tempelgebäude Japans, selten oder nur nach Voranmeldung zugänglich. Auch von den weiteren Gründungen des Kronprinzen Shotoku ist kaum alte Bausubstanz vorhanden. Jedoch besitzt der *Hokkiji* (638 gegründet), etwa 1 km nordöstlich des Horyuji, noch seine dreistöckige Pagode (685), die bei einer Feuersbrunst 1944 nicht gänzlich niederbrannte und wieder aufgerichtet wurde, während die des Horinji im selben Dorf vollständig abbrannte.

## Die Pagode — Ursprung und Wandlung

Ein buddhistischer Tempel in Japan schiene nicht vollständig, stünde dort nicht, die anderen Bauten oft weit überragend, der Dächerturm einer Pagode. Die Idee, die sie zum bestimmenden Element der Klosteranlage werden ließ, ist bis nach Indien und in die Entstehungszeit des Buddhismus, ja sogar darüber hinaus zurückzuverfolgen, während die Architektur, derer sich die Idee in Japan bedient, aus dem Reich der Mitte stammt. Die Pagode war nie mit einer praktischen Aufgabe verbunden gewesen, sondern in ihrer Funktion und Bedeutung dem Stupa, dem Hauptmonument des Buddhismus in Indien, gleichwertig. Der *Stupa*, eine geradezu archetypische Form buddhistischer Tempel, hat seinen Ursprung lange vor der Gründung des Buddhismus (6. Jh. v.u.Z.). Als Grabhügel ist er schon bei den vedischen Indern zu finden. Die vedische Religion ist die älteste überlieferte Religion Indiens, sie wurde um 1500 v.u.Z. von einwandernden indogermanischen Ariern mitgebracht.

*Schnitt durch die 34 m hohe Pagode des Horyuji, älteste erhaltene Pagode aus Holz (spätes 7. oder frühes 8. Jh.)*

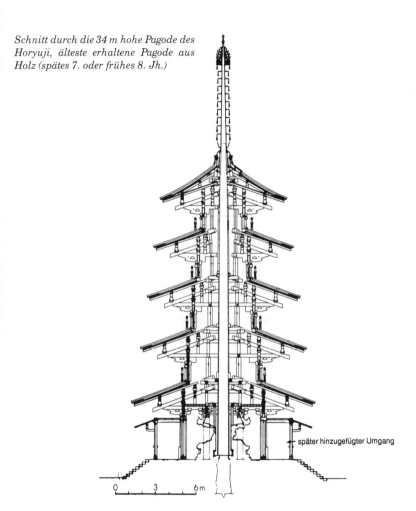

Der Stupa besteht aus einer Halbkugel mit Reliquienkammer, gekrönt von einem Mast mit mehreren Schirmchen. Es sind dies die Symbole für den Weltberg mit dem Weltei, für die Weltachse und die Götterwelten. Das Runde steht für den Urbeginn, für einen Zustand, den die Mythologie als Urvollkommenheit des Anfangs beschreibt. Es ist das philosophische »Welt-Ei«, die Anfangs- und Keimstelle, aus der die Welt entsteht, und zwar durch das Prinzip des Schöpferischen, symbolisiert durch den Mast als Weltachse.

ERSTE TEMPEL

Mit der Ausbreitung des Buddhismus erreichten etwa zu Beginn der christlichen Zeit auch seine Bauformen über die schon damals existierende Seidenstraße den chinesischen Kulturbereich. Sie erreichten ihn aber nicht — oder nicht nur — in ihrer ursprünglichen Form, wie sie zum Beispiel im großen Stupa von Sanchi (Mitte 3. Jh. v.u.Z.) im indischen Bundesstaat Madhya Pradesh erhalten ist. Die Jahrhunderte gingen selbst an einer so symbolträchtigen Form nicht spurlos vorüber, was zeitgenössische Steinreliefs von Kulttürmen der Kushana (Mathura, 1.-3. Jh. u.Z.) oder Terrakottaplatten von kuppelbekrönten Turmbauten der Gandhara-Kunst (2. Jh. u.Z.) deutlich zeigen. Der zentralasiatische Stupa, der in den Steinreliefs der Kulthöhlen von Yun Gang (470-490, Volksrepublik China) dargestellt ist, hatte sich zu einem mehrstufigen Turm-Stupa mit Kultbildnischen entwickelt.

Allerdings war in China zu jener Zeit der Turmbau im Zusammenhang mit Palastbauten, als Bekrönung von Stadttoren, vielleicht auch von Tempeltoren, bereits lange verbreitet. Das zeigen verschiedene Nachbildungen mehrgeschossiger hölzerner *Turmbauten* aus der Han-Zeit (206 v.u.Z.-220 u.Z.), die als Grabbeigaben gefunden wurden. Leider aber ist von diesen ursprünglichen Holzbauten nichts mehr erhalten, und die älteste Ziegelpagode (Songyue-Tempel auf dem Song Shan bei Luoyang, Provinz Henan, China) stammt aus dem Jahre 523 u.Z. Aber fest steht, daß etwa um 480 der Stupa Zentralasiens durch den hölzernen Geschoßturm, der in China schon lange vor dem Buddhismus verbreitet war, zur Pagode wurde (H.G. FRANZ). Und sie ist auch in Japan ein Sakralbau geblieben, der zwar im Erdgeschoß begehbar ist, in erster Linie aber der Aufbewahrung von Reliquien dient.

## Mahayana — »Großes Fahrzeug«

Der historische Buddha (»Der Erleuchtete«, Siddharta Gautama) fand bereits in der zweiten Hälfte des 6. Jh. v.u.Z. zu seiner Lehre. Der unvermittelte Anblick von Alter, Krankheit und Tod hatte ihn, Sohn eines Fürsten, zur Meditation getrieben. Mit fünf Asketen, die sich ihm anschlossen, gründete er in Sarnath bei Varanasi (früher Benares, im indischen Bundesstaat Uttar Pradesh) den buddhistischen Mönchsorden und setzte das »Rad der Lehre« in Bewegung. Im Mittelpunkt seiner Predigt stehen die »Vier edlen Wahrheiten«. Die Wahrheit vom Leiden und allem, was Vergänglichkeit, Angst und Enttäuschung mit sich bringt, ist deshalb besonders erschreckend, weil es mit dem Tod kein Ende findet. Denn Buddha hat vom Hinduismus das Gesetz der ewigen Wiedergeburt übernommen, das aber glücklicherweise nach bestimmten Regeln verläuft, die der Mensch beeinflussen kann. So kann er sich zum Beispiel durch die Anhäufung guter Taten die Wiedergeburt in einer besseren Existenzform verschaffen. Die Wahrheit vom Ursprung des Leidens offenbart, daß es die Gier nach Freuden, Lust und Besitz ist, die den Wiedergeburtenkreislauf in Gang hält, und die Wahrheit von der Aufhebung des Leides stellt fest, daß dies nur durch die Überwindung der Gier, des Hasses und der Unwissenheit möglich wird. Die Wahrheit vom Weg zur Leidensaufhebung schließlich verrät, daß Rechte Ansicht, Rechter Entschluß, Rechte Rede, Rechtes Verhalten, Rechte Lebensführung, Rechte Anstrengung, Rechte Achtsamkeit und Rechte Meditation zum Ziel führen. Die endgültige Erlösung wird nicht durch eine Vergöttlichung der Seele (und daher ein ewiges Leben wie im Christentum), sondern nur durch völlige Bedürfnislosigkeit, durch totale Vernichtung von Gier, Haß und Unwissenheit, durch »Verlöschen«, erreicht.

Da auch Götter als erlösungsbedürftig gekennzeichnet sind, ist der Urbuddhismus vielleicht weniger eine Religion als eine Philosophie. Seine erste Blütezeit erfuhr er unter der Herrschaft des Königs Ashoka (reg. 268-232 v.u.Z.), doch bereits auf einem Konzil um 380 v.u.Z. waren Differenzen innerhalb des Ordens zutage getreten. Sie führten bis zum 1. Jh. v.u.Z. zur Spaltung in die beiden Richtungen des Hinayana- und des Mahayana-Buddhismus.

Als der Buddhismus nach Japan kam (538), war er tausend Jahre alt und nicht mehr die Religion des alten Indien. Aus der strengen »Lehre der Alten«, die nur wenigen Auserwählten die Erlösung im gegenwärtigen Leben in Aussicht stellt, hatte sich das *Mahayana* (maha — »groß«, yana — »Fahrzeug«) entwickelt, das die reine Selbsterlösung für nicht ausreichend hält und eine vordringliche Aufgabe darin sieht, auch anderen zur Leidensbefreiung zu verhelfen. Diese Aufgabe erfüllt der *Bosatsu* (Sanskrit: Bodhisattva), der aus Mitleid mit den Wesen auf Erlösung verzichtet und in der Welt verbleibt, um Hilfe zu leisten.

Der Mahayana-Buddhismus ist erstaunlich schnell heimisch geworden. Durch die Förderung der Klöster entging Japan in der zweiten Hälfte des 8. Jh. nur um Haaresbreite der Gefahr, ein Kirchenstaat wie Tibet zu werden. Der intrigenreiche Mönchs-Kanzler Dokyo hatte versucht, die Kaiserin zu bewegen, zu seinen Gunsten auf den Thron zu verzichten — ein gewaltiges Ansinnen. Die Macht des Mönchs war so groß, daß niemand zu

## ERSTE TEMPEL

entscheiden wagte und die Gottheit im berühmten Usa-Schrein befragt werden mußte. Sie entschied für das Kaiserhaus. In den folgenden Jahrhunderten gelangte der Buddhismus nicht zuletzt dank seiner großen Toleranz, die ihn eher als Ergänzung und nicht als Ersatz bestehender Religionen erscheinen läßt, zu einer Koexistenz mit den Gottheiten des *Shinto*.

Aus der Fülle der Wesen, die nach Auffassung des Mahayana die Buddhaschaft erlangt haben, werden in Japan vor allem fünf Buddha-Gestalten besonders verehrt. Wie jeder Buddha besitzen sie den Ehrentitel *Nyorai* (Sanskrit: Tathagata, »Der so« [d.h. auf dem Heilsweg] »Gegangene«). Von zentraler Bedeutung blieb der historische Buddha *Shaka* (Shaka-Trinität im Horyuji, Nara); auch in Japan beruft man sich auf das, was er gesagt hat, in erster Linie auf die Sutren. In der Heian-Zeit (9.-12. Jh.) stellt der *Amida*-Buddha (Sanskrit: Amitabha) alle anderen geradezu in den Schatten, er wird zum Retter der Menschheit. Und weil das Amida-Paradies im Westen liegt, wurden die Tempel nicht mehr nach Süden, sondern nach Westen orientiert (Daibutsu des Kotokuin, Kamakura). Bis heute besonders populär geblieben ist der heilende Buddha *Yakushi* (Yakushi-Trinität im Yakushiji, Nara; Farbabb. 8). Die häufigste Erscheinungsform des *Dainichi*-Buddha (Sanskrit: Mahavairocana), der als Inkarnation des buddhistischen Gesetzes gilt (Daibutsu im Todaiji, Nara), ist die des Lichtkönigs. Der *Miroku* (Sanskrit: Maitreya) schließlich, der Buddha der kommenden Weltperiode, ist eigentlich noch ein Bosatsu.

Von diesen Wesen auf dem Weg zur Buddhaschaft wird *Kannon* (Sanskrit: Avalokiteshvara), die Verkörperung der Gnade des Amida, besonders häufig dargestellt. Meist für weiblich gehalten, hat Kannon verschiedene Lebensformen angenommen, um besser helfen zu können — daher auch die vielen Köpfe und Arme der Kannon-Darstellungen (Yumedono Kannon des Horyuji, Nara; Kannon-Statuen im Sanjusangendo, Kyoto). Eine volkstümliche Verehrung gilt dem *Jizo* Bosatsu, dem Schutzpatron der Reisenden und Kinder, und sehr beliebt sind auch *Fugen* und *Monju* als Repräsentanten der Weisheit Buddhas. Erwähnt seien noch die gewaltigen Wächter der Tempeltore, die Himmelskönige *Nio*, die dem Bösen den Zutritt verwehren (Nio am Nandaimon des Todaiji, Nara).

Obwohl die Lehre des Buddha vielfältige Auslegungen erfahren hat, ist ein gemeinsamer Kern geblieben. Dafür fand HANS WOLFGANG SCHUMANN (in MERIAN 10/XXX) die einfachen Worte: »... Buddha ist kein Gott, den man anrufen könnte — er ist eine historische, als Person erloschene, nicht mehr ansprechbare Gestalt. Er ist der Offenbarer des Gesetzes, nach dem sich Wiedergeburt und Erlösung vollziehen, und er hat den Weg gewiesen, auf dem jeder Mensch für immer die Befreiung vom Leiden auf dieser Erde erreichen kann.«

*Daibutsu (1252) des Kotokuin, Kamakura*

# Texttafel zur Geschichte

*v.u.Z.*

10000 (?) Behauene Steinäxte und -messer, sie werden erst 1949 bei Ausgrabungen in Iwajuku (Präfektur Gumma) gefunden; weitere Funde, deren Alter auf 8000-30000 Jahre (Fukui, Präfektur Nagasaki) geschätzt wird, beweisen die Existenz einer vorkeramischen oder sogar einer jungsteinzeitlichen Kultur.

4500-3. Jh. Keramik mit Schnurmustern (Jomon-Keramik); Tonidole; Muschelhaufengräber.

3.Jh. Ausgrabungen in Karako (Präfektur Nara) belegen eine ständige Besiedlung seit dieser Zeit; Reisanbau; Töpferscheibe.

*u.Z.*

1./2. Jh. Bronzeguß; Dotaku; Steingrabkammern.

3./4. Jh. Erste Hügelgräber; Haniwa-Figuren; Einigung der japanischen Teilstaaten zum Yamato-Staat.

5. Jh. Grab des Nintoku; Haniwa-Hausmodelle.

538 Einführung des Buddhismus.

594 Buddhismus als Staatsreligion.

592-622 Prinzregentschaft des Shotoku; 604 Kodex von 17 Regierungsartikeln zur Festigung des Kaisertums.

6./7. Jh. Starke Einwanderung verschiedener Bevölkerungsgruppen vom Festland.

646 Taika-Reform: Neuordnung der politischen und sozialen Verhältnisse nach chinesischem Vorbild.

663 Der von Japan unterstützte altkoreanische Staat Paekche fällt an den Nachbarstaat Silla.

710 Heijokyo, das spätere Nara, wird erste ständige Hauptstadt.

712, 720 Erste Niederschriften der ältesten japanischen Geschichtswerke, des Kojiki und des Nihongi, in chinesischen Schriftzeichen; auch die Gedichtsammlung Manyoshu stammt aus dieser Zeit (759 vollendet).

Mitte 8. Jh. Der Tenno (»Herrscher«), durch die Taika-Reform zum alleinigen Eigentümer des gesamten Bodens geworden, muß den Klöstern und dem Adel das von ihnen gerodete Land als reichsfreien Besitz garantieren; vergeblich ver-

sucht Dokyo, der Mönchs-Kanzler, die Kaiserwürde an sich zu bringen.
784 Nagaoka wird vorübergehend Hauptstadt.
794 Gründung der neuen Hauptstadt Heiankyo, des heutigen Kyoto.
9. Jh. Klöster und Familien des Hofadels, allen voran die Fujiwara, eignen sich Grundbesitz an und gewinnen Macht und Einfluß; die Fujiwara übernehmen die Vormundschaftsregierung für einen noch minderjährigen Kaiser; es wird zur Regel, daß alle Kaiser kurz nach Erreichen der Volljährigkeit abdanken, um sich der von den Fujiwara erweiterten Vormundschaft zu entziehen, und in ein Kloster eintreten, um von dort als Exkaiser den Staat zu lenken.
10. Jh. Die Stabilisierung der führenden Rolle der Fujiwara am Hofe in Heiankyo, die lange Friedenszeit und der Niedergang der Tang-Dynastie in China führen zu höchsten künstlerischen Leistungen auf vielen Gebieten.
11. Jh. Höhepunkte der Dichtkunst; da der Hof kein stehendes Heer unterhält, sind Kaiser, Exkaiser und Regenten bei militärischen Unternehmungen auf Haustruppen des Kriegeradels angewiesen, der nun an Macht gewinnt.
1156-1159 Heiji-Krieg: Als es zu Streitigkeiten zwischen dem Exkaiser, dem regierenden Kaiser und den Fujiwara kommt, werden die beiden mächtigsten Familien des Kriegeradels, die Taira und die Minamoto, zur Hilfe gerufen; von ihnen erhofft sich das Kaiser-Haus Unterstützung gegen die Fujiwara; der Kampf entbrennt jedoch zwischen den beiden Kriegerfamilien, von denen sich die Taira durchsetzen und 1167 den Kanzler stellen.
1180-1185 Der zweite Krieg zwischen den Minamoto und den Taira endet mit der Vernichtung der Taira-Flotte; der Sieger, Minamoto no Yoritomo, wird vom Kaiser 1190 zum Kronfeldherrn (Shogun) ernannt; er errichtet zur Umgehung des Hofes in Kamakura ein neues Militärhauptquartier.
1202, 1236 Der Zen-Buddhismus (Meditation) faßt Fuß.
1232 Regelung der Rechte und Pflichten der Krieger (Bushi, Samurai).

| | |
|---|---|
| 1274, 1281 | Die Mongolenheere des Kublai Khan (Yüan-Dynastie) versuchen zweimal vergeblich, Japan zu unterwerfen. |
| 1333 | Sturz des Kamakura-Shogunats durch den Kaiser mit Hilfe der Ashikaga (Kriegeradel). |
| 1336 | Die Truppen der Ashikaga erobern die Hauptstadt Kyoto, der Kaiser kann fliehen; Ernennung eines Gegenkaisers. |
| 1392 | Beendigung der Bürgerkriege. |
| 15. Jh. | Blütezeit in allen Künsten; Tuschmalerei; Ausbreitung des Zen-Buddhismus; Handel mit China (Tee, Soja); Gartenkunst; Teekunst; als Belohnung für die Kriegsgefolgschaft bekommen die Lehensverwalter (zumeist Samurai) die Hälfte der Steuereinnahmen, es entstehen die ersten mächtigen Familien der Lehensfürsten (Daimyo). |
| 1467-1477 | Bei einem Nachfolgestreit der Ashikaga kommt es zum Onin-Krieg, in dessen Verlauf Kyoto mehrmals verwüstet wird; die folgenden hundert Jahre (Sengoku-Zeit, 1467-1590) sind durch Kämpfe von Samurai-Heeren sowie zahlreiche Aufstände lokaler Führer und auch von Bauern gekennzeichnet. |
| 1543 | Landung der ersten Europäer in Japan (Portugiesen), Verbreitung von Feuerwaffen. |
| 1549 | Der erste christliche Missionar betritt japanischen Boden. |
| 2. Hälfte 16. Jh. | Die Heerführer Oda Nobunaga und Toyotomi Hideyoshi schaffen gegen die Macht der Klöster und Lehensfürsten die Basis, auf der Tokugawa Ieyasu das Edo-Shogunat errichtet. |
| 1603 | Ieyasu, vom Kaiser zum Shogun ernannt, verlegt den Sitz seiner Regierung nach Edo, dem heutigen Tokyo, das er vor 13 Jahren als Lehen erhalten hatte. |
| 1639 | Abschließung des Landes und Ausweisung der Ausländer mit Ausnahme der Handelsniederlassungen von Holländern und Chinesen (Nagasaki), Verbot des Christentums. |
| 17./18. Jh. | Wirtschaftlicher Aufschwung; soziale Struktur in vier Ständen: die schwerttragenden Samurai (im Staats- und Kriegsdienst, Priester, Gelehrte, Ärzte, Künstler), Bauern mit Pachtland, Handwerker und Kaufleute. |

| | |
|---|---|
| 18./19. Jh. | Der Übergang von der Natural- zur Geldwirtschaft unterhöhlt die materielle Grundlage des Shogunats. |
| 1853/54 | Eine Flotte von Kriegsschiffen der USA wirft vor Japans Westküste Anker, das Shogunat wird zum Abschluß eines Handelsvertrages gezwungen. |
| 1858 | Weitere Verträge mit europäischen Großmächten. |
| 1868 | Mit der Verlegung des Kaiserhofes von Kyoto nach Edo, das in Tokyo (»Osthauptstadt«) umbenannt wird, ist die Herrschaft der Shogune (1185-1867) beendet. |
| 1869 | Die Lehensfürsten geben ihre Lehen an den Tenno zurück; anstelle des Feudalstaates entsteht die absolute Monarchie. |
| 1873 | Durch die Einführung einer Geldgrundsteuer wird dem privilegierten Samurai-Stand die materielle Grundlage entzogen. |
| 1889 | Eine neue Verfassung macht Japan zur konstitutionellen Monarchie. |
| 1894/95 | Chinesisch-japanischer Krieg. |
| 1904/05 | Russisch-japanischer Krieg. |
| 1931/32 | Besetzung von drei Provinzen der Mandschurei. |
| 1933 | Austritt aus dem Völkerbund. |
| 1936 | Unterzeichnung des Antikomintern-Paktes mit Deutschland. |
| 1937 | Kriegserklärung an China. |
| 1941 | Angriff auf Pearl Harbor und Kriegserklärungen an die USA und Großbritannien. |
| 1945 | Kapitulation nach Abwurf der Atombomben über Hiroshima und Nagasaki. |
| 1947 | Einführung einer parlamentarischen Regierungsform. |
| 1952 | Wiederherstellung der Unabhängigkeit Japans und erste Wahlen zum Parlament. |
| 1956 | Japan wird Mitglied der Vereinten Nationen. |
| 1960 | Unterzeichnung des Sicherheitspaktes zwischen Japan und den USA, es kommt zu einem Generalstreik und antiamerikanischen Massendemonstrationen. |
| 1971 | Die USA geben Okinawa an Japan zurück. |
| 1978 | Unterzeichnung des Friedensvertrages mit der Volksrepublik China. |
| 1989 | Kaiser Hirohito stirbt im 63. Regierungsjahr. |

# NARA

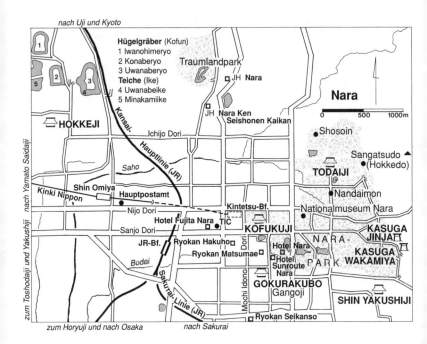

# NARA

**Die alte Kaiserstadt**

Die Hauptstadt des Yamato-Staates hatte, auch wenn sie ihren Sitz noch bei jedem Regierungswechsel änderte, stets in der Asuka-Ebene gelegen. Gegen Ende der *Hakuho-Zeit* (645-710) aber wurde die regelmäßige Verlegung des Hofes abgeschafft, denn sie war sehr kostspielig, und vielleicht hat auch der beginnende Einfluß des Buddhismus die herkömmlichen Sitten verändert. Ein Gesetzeswerk nach chinesischem Vorbild, die nie ganz verwirklichte Taika-Reform (646), trieb die Staatsbildung voran. Das Land wurde vermessen, ein Schulsystem eingeführt und die Stellung des *Tenno* gefestigt. Als das altkoreanische Paekche, von Japan unterstützt, dennoch im Jahre 663 an den koreanischen Nachbarstaat Silla fiel, wanderte eine ganze Bevölkerungsgruppe (*Kikajin*) von Handwerkern, Künstlern, Mönchen und Gelehrten, unter ihnen viele Chinesen, nach Japan aus und sorgte hier nicht nur für eine raschere Ausbreitung des Buddhismus, sondern bereitete nachhaltig das kulturelle Geschehen der kommenden Epoche vor. Sie beginnt mit dem Jahr 710, als die erste ständige Hauptstadt *Heijokyo* (»Mittelpunkt der Stadt des Friedens«) am Rande der Asuka-Ebene fertiggestellt war. Den Namen Nara, nach dem auch die Epoche benannt wurde, erhielt sie erst 74 Jahre später, als die Hauptstadt für ein Jahrzehnt nach Nagaoka verlegt wurde, um die Regierung dem Einfluß der mächtig gewordenen Klöster zu entziehen.

In die *Nara-Zeit* (710-794) fallen die ersten Niederschriften der ältesten japanischen Geschichtswerke, des Kojiki (712) und des Nihongi (720), die aber auch die Göttermythen des Shinto enthalten; auch das Manyoshu, die älteste Gedichtsammlung, stammt aus dieser Zeit. Ihre Handlungen gaben Motive für Theaterstücke und Novellen, Malerei und Tanz, und vor allem wurden sie — wenn auch auf Japanisch — in chinesischen Schriftzeichen niedergeschrieben (s.S. 60f.).

Die Stadt war nach dem chinesischen Vorbild Changan (dem heutigen Xian) schachbrettartig angelegt und reichte weit über ihre jetzigen Grenzen hinaus. Nach und nach wurden die großen Tempel der früheren Hauptstädte nach Heijokyo, zumeist an den Stadtrand, verlegt. Es kam zur Gründung gewaltiger Klöster, aber nur ganz wenige Gebäude stammen tatsächlich noch aus jener Zeit. Dazu gehören zum Beispiel die Nordseite der Hokkedo (oder Sangatsudo) und das Shosoin des Todaiji, ebenso die Haupt- und die Lesehalle des Toshodaiji. Ein kaiserlicher Erlaß sorgte dafür, daß der Tempelbau auch in den Provinzen gefördert wurde, und die Klöster bekamen vom Hofadel reichsfreien Landbesitz garantiert.

Das **Nationalmuseum Nara**, das im großen Nara-Park liegt (800 m östlich vom Kintetsu-Bahnhof), hat sich auf Zeugnisse buddhistischer Kunst und Klöster der Nara-Zeit spezialisiert. Nara ist mit zwei Bahnlinien von Kyoto bzw. Osaka (Tennoji, Namba) bequem zu erreichen, und zwar mit der JR in gut 1 bzw. ½ Stunde, mit Kinki Nippon (zum Kintetsu-Bahnhof in Nara) in jeweils ½ Stunden.

## Der Todaiji

Die Tempelgründungen von Nara vermögen selbst im modernen Japan noch von der unverwechselbaren Atmosphäre jener Tage plastisch zu erzählen. Sie liegen zum Teil weit außerhalb der City, denn das heutige Stadtgebiet bedeckt nur etwa ein Zehntel der damaligen Fläche. Der Besucher des Todaiji (im Nara-Park) wird das gewaltige Tor, das *Nandaimon* (1199), womöglich für den Tempel selbst halten, so sehr beeindrucken die

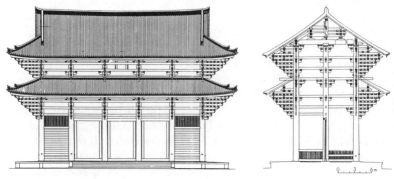

*Großes Südtor (Nandaimon, 1199) vor dem Todaiji, Schnitt und Aufriß*

starken Holzpfeiler, auf denen ein gestuftes Fußwalmdach ruht. Das Tor wurde, nachdem es durch einen Taifun (962) zerstört worden war und auch die übrigen Tempelbauten nach einer Brandlegung durch rivalisierende

Mönchstruppen vollständig niederbrannten (1180), in einem Baustil wiedererrichtet, den der architekturbegeisterte Mönch Chogen über Korea aus dem südöstlichen China mitbrachte. Es ist das wichtigste erhaltene Beispiel dieses als Tenjikuyo (»Indischer Stil«), besser jedoch als *Daibutsuyo* (H. OTA) bezeichneten Stils (denn mit Indien hat er nichts zu tun). Er betont die tragende Konstruktion und die wuchtige Struktur der Bauteile, die auch im Bereich des Daches von unten sichtbar ist. Vielfach gestaffelte Konsolen tragen den weit auskragenden Dachüberstand. In den Seitennischen bewachen zwei 8 m hohe Nio-Statuen den Eingang zum Tempelbezirk.

Im Zentrum, genau hinter dem Mittleren Tor, fesselt das alles überragende gestufte Walmdach der Halle des Großen Buddha (*Daibutsuden*) mit blauschwarz schimmernden glasierten Ziegeln den Blick des Betrachters (Farbabb. 3). Sie besitzt die für eine reine Holzkonstruktion enorme Höhe von 49 m und gilt mit einer Länge, die beim zweiten Wiederaufbau im Jahre 1708 um ein Drittel auf 57 m verkürzt wurde, immer noch als der größte Holzbau der Welt. Die Halle wurde bei ihrem ersten Wiederaufbau (Ende 12. Jh.) ebenfalls im Daibutsuyo errichtet, sieht man einmal von dem später hinzugefügten chinesischen Giebel (Karafahu, 1708) über dem Eingang ab. Sie erhielt ihren Namen nach der nicht minder berühmten Bronzeplastik des *Rushana Butsu* (749), die mit gut 16 m Höhe, 437 t Bronze und 130 kg Gold die größte in ganz Japan ist. Erst mit dem achten Gußversuch gelang das große Werk und blieb, wenn auch umfangreich restauriert, immerhin bis heute erhalten.

Noch unversehrt blieb etwa 400 m nördlich das Schatzhaus aus dem Jahr 756, ein auf kurzen Pfählen stehendes Blockhaus aus Dreikantbalken. Ursprünglich hießen alle diese Häuser *Shoso* und standen als Abstellräume bei allen Tempeln, um wertvolle Gegenstände sicher und vor allem witterungsgeschützt unterzubringen. Die Wände sind so konstruiert, daß die Balken im nassen japanischen Winter Wasser aufnehmen, sich dadurch ausdehnen und so den inneren Luftraum gewissermaßen abschotten und die aufbewahrten Gegenstände vor zu hoher Luftfeuchtigkeit schützen (*Azekura-Technik*). Mit der Zeit verschwanden alle so gebauten Lager, nur dieser besonders schöne Speicher wurde schließlich als Tempelgebäude angesehen und damit zum *Shosoin*. Bis ins 19. Jh. bewahrte er die älteste erhaltene Kunstsammlung, die zum Teil aus dem Besitz des Kaisers Shomu (erste Hälfte des 8. Jh.) stammt, sich heute aber zusammen mit Kunstgegenständen des Klosters in einem modernen Lagerbau befindet. Die kaiserliche Sammlung aus Ostasien, aus dem

Sassaniden-Reich (Persien) und sogar aus Byzanz dokumentiert die Weltoffenheit des damaligen Japan. Ein kleiner Teil der äußerst wertvollen Kunstwerke (Malereien, Kalligraphien, Wandschirme), der Geräte (aus Lack, Metallen, Glas; Pinsel) und Papier wird Ende Oktober / Anfang November für etwa 14 Tage im Nationalmuseum Nara ausgestellt.

Circa 400 m östlich von der Halle des Großen Buddha führt eine breite Stufenreihe zu der seit 733 bestehenden kleinen *Hokkedo* (oder *Sangatsudo*), deren Nordseite im typischen Wechsel von hellen Putzflächen und dunklen Holztüren gegliedert ist. Der große Vorraum wurde erst 1199 hinzugefügt. Neben der Hokke-Sutra werden hier seltene Figuren aus Lehm (*Sozo*) aufbewahrt, zum Beispiel die Statuen des Shukongojin aus der Nara-Zeit (8. Jh.) sowie des Benzaiten und Kichijoten aus der frühen Heian-Zeit (9. Jh.). Ein Skelett aus Holz oder auch aus Draht (z.B. für die Arme) wurde mit Strohfasern umwickelt und darauf mit Häcksel und Papier verfestigter Lehm gestrichen. Erst die äußere Schicht bildet dann der feine, weiße Lehm, der farbig bemalt oder mit Blattgold belegt wurde. Später wurde Lehm nicht mehr verwendet, da er nicht gebrannt und daher wenig haltbar war. Weitaus häufiger wurden die Figuren in einer sehr kunstvollen Technik aus Trockenlack (s.u.) hergestellt, wie zum Beispiel der Fukukenjaku Kannon in der Mitte oder die vier Himmelswächter in den Ecken des Raumes. Erwähnt sei noch der Jizo Bosatsu aus dem frühen 13. Jh., ein gutes Beispiel einer Holzplastik aus der Heian-Zeit.

Unweit der Hokkedo steht die *Nigatsudo* (nicht zugänglich), deren heutige Form aus dem Jahr 1669 stammt. Hier findet das »Fest des Wasserschöpfens« statt (1.-14. März). Meterhohe Otaimatsu werden angezündet (Austreibung des Bösen oder auch des Winters), und in der Nacht vom 12. auf den 13. (2 Uhr) wird die Zeremonie des Wasserschöpfens vollzogen.

Nicht erhalten sind die beiden siebenstöckigen Pagoden des Todaiji.

### Der Toshodaiji

Westlich des Stadtzentrums von Nara, in 15 Minuten mit dem Bus vom Kintetsu-Bahnhof zu erreichen (Busstation Toshodaijimae), steht der 759 (Datum umstritten) erbaute Toshodaiji. Sein Gründer Ganjin, ein chinesischer Mönch, brauchte mehr als zehn Jahre, bis ihm die abenteuerliche Überfahrt nach Japan gelang. Bald stand er in enger Verbindung zu jenem Kreis von Gelehrten, zu dem bekannte Sanskritlehrer, Priester, Musiker und Kalligraphen aus Korea, China, Indien und dem erwachenden

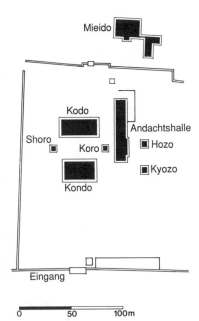

*Toshodaiji (8. Jh.), Nara*

Reich der Khmer gehörten. Während des späten 7. Jh. wurde die Kultur der chinesischen Tang-Dynastie (618-906) direkt, ohne den Umweg über Korea, nach Japan eingeführt, und so war auch die Architektur der Tang-Zeit hier bald fest verwurzelt.

In der *Kondo* (Haupthalle) des Toshodaiji blieb uns die vielleicht vollkommenste Harmonie einer Holzskelettkonstruktion chinesischer Bauart erhalten. Das hohe Dach aber zeigt eine äußerst wohlproportionierte Schöpfung der japanischen Baumeister, die schon im 8. Jh. mit einer hervorragenden Zimmermannstechnik und der

## Chinesische Bauart

In China war seit alters her der Holz-Skelettbau verbreitet. Dabei bestehen alle tragenden Teile aus Stützen und Balken, während die Wände nur den Raum abschließen und nicht weiter belastet werden. Traditionell unterscheidet man am Gebäude die drei voneinander abgesetzten Zonen für die Plattform, den Bereich der Stützen und das Dach. Die Plattform, zu der mit breiten Wangen eingefaßte Stufen hinaufführen, trägt die Fußplatte der Stützenbasis und hebt das Gebäude entsprechend seinem Rang empor. Von den Stützen bilden je vier das quadratische oder rechteckige Grundmaß, das Jian (»Zwischenraum«). Ein ähnliches Grundmaß bildet auch das Gefach des alten Fachwerkbaues oder das Joch des romanischen Kirchenbaues. Zur besseren Aussteifung werden die äußeren Stützen oft leicht nach innen geneigt. Man verzichtet auf Dreieckverbindungen und führt statt dessen die Balken mächtiger oder in doppelter Lage aus.

Über den Längsbalken liegen — auf den Säulenköpfen — die Querbalken auf, auch sie meist verdoppelt. Die Querbalken tragen an den Enden die Pfetten und außerdem zwei kurze Stuhlsäulen, auf denen wiederum kürzere Querbalken aufliegen. Dabei wird das Höhenver-

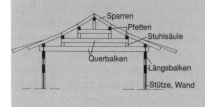

hältnis der Pfetten untereinander so gewählt, daß das Dach die für die chinesischen Bauten so charakteristische Schwingung erhält. Die Sparren bestehen aus kurzen Stücken, die abschnittweise von Pfette zu Pfette angebracht werden. Die Dachschwingung scheint in der späten Han-Zeit (2. Jh. u.Z.) die kostbaren Paläste auszuzeichnen.

Die Konsolensysteme waren entstanden, um den weiten Traufenvorsprung abzustützen. Er ist ebenso wie die Terrasse, der Säulengang mit Hofbildung und das Südtor schon beim Shang-Haus (14./13. Jh. v.u.Z.) angedeutet. Für die Nara-Zeit und den Tang-Stil typisch sind die noch relativ schlichten Konsolen; in früherer Zeit hatten nur die Stützen je zwei oder vier Konsol-Arme.

Zur Dachdeckung dienen gewöhnlich Ziegel. Die ältesten Dachziegelreste, die gefunden wurden, stammen aus der Zeit der Westlichen Zhou-Dynastie (12. oder 11. Jh.-8. Jh. v.u.Z.).

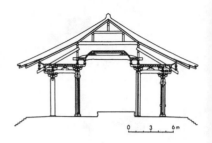

*Haupthalle (Kondo, 8.Jh.) des Toshodaiji in Nara, Schnitt (japanisches Doppelschalendach!) und Aufriß*

Konstruktion des Doppelschalendaches nicht nur in der Gestaltung eine Selbständigkeit anzustreben begannen.

Die Stufen zur Plattform, auf der die etwa 30 m lange Halle steht, führen in einen offenen Säulengang, der dem eigentlichen Tempelraum vorgelagert ist. Erst die geöffneten Pforten geben Einblick in das Innere, in dessen Dämmerlicht große Meisterwerke der Trockenlacktechnik stehen. Der sitzende *Birushana Butsu*, 3,3 m hoch (mit Sockel und Aureole über 7 m), verkörpert das bedeutendste Beispiel des Hohltrockenlack-Verfahrens (*Dakkatsu Kanshitsu*), das nur von der zweiten Hälfte des 7. Jh. bis in die zweite Hälfte des 8. Jh. praktiziert wurde. Auf einem Tonkern, durch ein Holzgerüst verstärkt, formte der Künstler die groben Umrisse der Skulpturen mit mehreren Lagen von Hanftüchern, die mit dem Saft des Lackbaumes getränkt waren. Nach dem Trock-

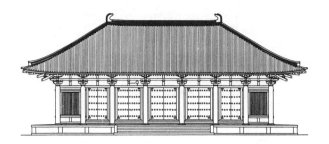

nen der Tücher kratzte er den Tonkern heraus, ließ die Holzkonstruktion aber bestehen. Danach trug er die eigentliche Modelliermasse auf, die aus dem Lack, Reiskleister und Holzmehl bestand. Auf eine Schlußlackierung kam dann die Bemalung oder das Vergolden mit Blattgold. Links und rechts neben dem Rushana Butsu stehen die Statue des Yakushi und der 5,4 m hohe *Senju Kannon* (Tausendhändiger Kannon; beide zweite Hälfte des 8. Jh.). Sie entstanden in einer einfacheren Holzkern-Trockenlacktechnik (*Mokushin Kanshitsu*), wie sie von der zweiten Hälfte des 8. Jh. bis ins 9. Jh. üblich war. Dabei modellierte man das lackgetränkte Gewebe auf einen aus mehreren Teilen zusammengesetzten festen Holzkern, der manchmal auch ausgehöhlt wurde. Auch Drahtkonstruktionen dienten als Stützkern.

Die *Kodo* (Lesehalle) zeigt die schlichtere Bauweise der Palastarchitektur in der Nara-Zeit. Sie wurde als Stiftung aus dem Kaiserpalast von Nara (von dem heute nur noch die Fundamente zu sehen sind) in den Tempel übertragen und durch Umbauten (759) in ihrem ursprünglichen Stil beeinträchtigt. Aber wichtiger ist das Wissen um die für Nara äußerst seltene Tatsache, daß die Klostergebäude nie einem Brand zum Opfer fielen und so die alte harmonische Formgebung überlieferten. Besonders schön ist auch das pavillonartige Gebäude des Trommelturmes (*Koro*), das nicht mit dem gegenüberliegenden, einfachen Glockenturm zu verwechseln ist. Hinter der langgestreckten Andachtshalle (samt Priesterquartieren) aus dem Jahr 1240 stehen zwei kleine fensterlose Holzhütten (Hozo, Kyozo), Abstellkammern, deren althergebrachte japanische Bauweise mit den prächtigen Nachbarn kontrastiert — zur Milderung wurde ihr ehemals landesübliches Strohdach durch ein festländisch haltbares Ziegeldach ersetzt.

In der Gedächtnishalle (*Mieido*) für den Gründer des Tempels wird seine sehr ausdrucksstarke Porträtfigur (Trockenlack; zweite Hälfte 8. Jh.) aufbewahrt. Bis zur Einführung der europäischen Kultur (19. Jh.) ging es nicht um eine naturalistische Porträtierung, sondern es war eine Art Idealporträt der darzustellenden Person beabsichtigt. In der späten Nara-Zeit entstanden Bildnisse wie dieses mit besonders intensivem Gesichtsausdruck.

Weitere Tempelschätze, wie Malereien und Schriftstücke, wurden aus der alten Schatzkammer (Hozo) in das neue Schatzhaus (Shinhozo, 1970) gebracht, das jedoch nur im Frühjahr und im Herbst für jeweils einen Monat öffnet.

## Der Yakushiji

Dieser dem heilenden Buddha geweihte Tempel steht 600 m südlich des Toshodaiji, neben der Bahnstation Nishinokyo der Linie Kinki Nippon. 680 gegründet, wurde er 30 Jahre später nach Nara übertragen und im 13. Jh. erneuert. Sein Grundriß, der noch in der Tradition der Nara-Zeit steht, zeigt eine richtungsweisende Neuerung. Erstmals rückt die Haupthalle an den zentralen Platz der Klosteranlage, was für alle späteren buddhistischen Tempel in Japan charakteristisch bleibt. Die ihrer Mittelstellung beraubte Pagode wurde hier verdoppelt, um der in der chinesischen Architektur traditionellen Betonung der Mittelachse — doch noch einmal — gerecht zu werden. Vorbilder dieser Verdoppelung finden sich schon in China und Korea.

Als einziges Bauwerk hat die dreistöckige *Ostpagode* (um 698) ihre ursprüngliche Form behalten. Ihr einmaliger Baustil, für den es weder ein Vorbild noch eine Wiederholung gibt, beeindruckt durch den doppelten Rhythmus der drei Dachpaare. Jedes einzelne Dach liegt auf einem System dreiarmiger Konsolen, und wie bei der Pagode des Horyuji kommt das Stützensystem ohne den Gebrauch von schrägen Streben aus (zwei Ausnahmen am Umgang des Erdgeschosses der Horyuji-Pagode). Sogar die Balkone in den beiden oberen Geschossen sitzen auf einem eigenen, mit Konsolen ausgestatteten Gebälk. Der Boden im Inneren ist mit quadratischen Steinplatten gepflastert.

In der östlichen Halle (*Toindo*, 1285), hinter der Pagode, steht die fast 2 m hohe, um 600 gegossene bronzene Shokannon-Statue mit noch vollständig vergoldeter Aura. Sie ist ebenso wie die noch einen halben Meter höhere und in gleicher Technik hergestellte Statue des Yakushi (688 oder 710), die von zwei bronzenen Bosatsu flankiert wird und in der *Kondo* (1600) steht, ein Meisterwerk der späten Hakuho-Zeit, in der der Bronzeguß seine Vollendung erfuhr (Farbabb. 8).

Inschriften, die wegen ihres Alters (754) für ein Verständnis der japanischen Sprache von Bedeutung sind, enthält ein Stein in der Halle von Buddhas Fußspur (*Bussokudo*), in den tatsächlich ein Fußabdruck von einem halben Meter Länge eingeritzt ist. Ein chinesischer Bote des Hofes der Tang-Zeit, so die Inschrift, habe in Indien die Spur Buddhas entdeckt und aufgezeichnet, wovon sich der japanische Gesandte eine Kopie anfertigte, die als Vorlage für den Abdruck auf diesem Stein diente.

### Der Shin Yakushiji

Auch dieser »Neue« Yakushiji ist ein ausgezeichnetes Beispiel einer Tempelanlage der späten Nara-Zeit. Aus dem 8. Jh. blieb jedoch nur das Gebäude der *Haupthalle* erhalten, das ursprünglich die Speisehalle der Mönche war. Es besitzt aber noch, und das ist sein besonderes Merkmal, das den chinesischen Tempelbauten eigene niedrige Dach. Vollständig erhalten sind auch die Holzplastik des sitzenden Yakushi, ein elfköpfiger Kannon und die zwölf Wächtergottheiten (aus Ton), alle aus der späten Nara-Zeit. Das Süd- und das Osttor sowie der Glockenturm stammen aus der Kamakura-Zeit (1192-1333).

### Der Kofukuji

Gleich zu Beginn des Nara-Parks, knapp 10 Minuten östlich des Kintetsu-Bahnhofs (der Linie Kinki Nippon aus Kyoto), stehen die Gebäude des schon 710 gegründeten Kofukuji. Von den 175 Gebäuden, die bis Mitte des 12. Jh. zu dem Tempel gehörten, wurden die meisten bei den Kämpfen zwischen den beiden mächtigsten Familien des Kriegeradels zerstört (1180). Ältestes Gebäude ist eine *dreistöckige Pagode* mit sehr feinförmigen Bauteilen, die im Jahre 1143 vom kaiserlichen Hof in den Tempel verlegt wurde. Eine konstruktive Besonderheit ist der Mittelpfeiler, der bereits im Obergeschoß auf einem Holzboden endet. Die Lasten werden über vier Säulen nach unten weitergeleitet, so daß dazwischen ein kleiner zentraler Raum frei bleibt.

## Buddhistische Plastik

Die seit der Einführung des Buddhismus entwickelten Stilrichtungen erneuerten sich durch immer wiederkehrende Einflüsse vom Kontinent. Die größte Aufmerksamkeit galt der stilisierten Darstellung der jeweiligen Hauptgottheit auf einer Altarplattform, mit den Hoheitssymbolen des Lotosthrones und der Aura. Eine besondere Bedeutung liegt in der Handhaltung (Mudra), wie etwa diejenige der Meditation, des Gebetes, der Schutzgewährung, des Lehrens, der Wunscherfüllung und vielen anderen. Häufig ist sie aus der Gestik des Tanzes abgeleitet und damit ein wenn auch indirekter Ausdruck der ungetrübten Lebensfreude. Grundsätzlich aber gilt, je wichtiger die dargestellte Figur ist, desto ruhiger und schmuckloser soll sie wirken. Sie schafft eine Atmosphäre der Besinnlichkeit, die den Betrachter selbst zur Meditation oder zum Gebet anregen möchte.

Die frühesten Beispiele, ungefähr aus der Zeit des 7. Jh., zeigen Stilarten, die auch in China während der Zeit der Sechs Dynastien (bis 581 v.u.Z.) üblich waren, und bestehen aus Bronze oder Trockenlack (Shaka-Statue im Asukadera; Shaka-Trinität im Horyuji). Im 8. Jh. fand der sich recht unmittelbar ausbreitende »internationale« Stil der Tang-Zeit (618-907) mit seinen meisterhaft geformten Skulpturen von klassischer Ruhe zu seiner vollendeten Ausführung (Rushana Butsu im Todaiji; Yakushi-Trinität im Yakushiji). Als neues Material kam der Lehm hinzu (s. Horyuji und Todaiji).

Mit der beginnenden Heian-Zeit (794-1185) wurde statt Lehm und Trockenlack das Holz zum wichtig-

Schräg gegenüber steht die südliche achteckige Halle (*Nanendo*, 1741 erneuert), in der mehrere Statuen aufbewahrt werden, und etwas weiter die nördliche achteckige Halle (*Hokuendo*, 1208) mit einer Holzstatue des Miroku Bosatsu (zweite Hälfte 12. Jh.). Die Haupthalle (*Chukondo*) daneben wurde erst 1819 wieder aufgebaut, während die östliche Haupthalle (*Tokondo*), nachdem sie fünfmal abbrannte, zuletzt 1415 im Wayo (Japanischer Stil) aus der Asche wiedererstand und auch mehrere Plastiken enthält. Ein ähnliches Schicksal erlitt die 51 m hohe *fünfstöckige Pagode* (1426). Das bedeutendste Kunstwerk des Schatzhauses (Kokuhokan, 1959) ist ein bronzener Buddha-Kopf aus der Hakuho-Zeit (685). Das Tempelfest Takigi No (11.-12. Mai) zeigt No-Theater bei Fackelschein.

## In der Umgebung von Nara

Östlich des Todaiji, an den Hängen des 342 m hohen **Wakakusayama**, erinnern Yamayaki (»Grasfeuer«) genannte Feuerwerke am 15. Januar an die Jahrhunderte zurückliegende Beendigung eines langen Streites zweier großer Nara-Tempel. Damals wurde als Freudenfeuer das wintertrockene Gras angezündet.

Nach 3 km Bahnfahrt vom Kintetsu-Bahnhof (mit der Linie

Kinki Nippon) ziehen auf der rechten Seite die teilweise großflächig freigelegten Grundrißareale des *ehemaligen Kaiserpalastes* (8. Jh.) vorbei. Er ist von der nächsten Station aus, Yamato Saidaiji, in östlicher Richtung zu erreichen (5 Busminuten), zeigt aber nichts mehr außer den Grundrissen. Einen halben Kilometer weiter ostwärts steht der **Hokkeji** (Kondo 1601, nicht zu verwechseln mit dem Hokkiji), der den berühmten Elfköpfigen (*Juichimen*) *Kannon* aus dem späten 8. Jh. besitzt. Die massive Skulptur wurde aus einem Sandelholzblock in dem für jene Zeit typischen schwungvollen Stil (Jogan-Stil) geschnitzt, der sich so deutlich von dem bisher gültigen Ideal absetzt.

500 m westlich der Station Yamato Saidaiji befindet sich der große, aber in seiner Bauweise wenig erwähnenswerte **Saidaiji** (1752), der auch auf eine Gründung der Nara-Zeit zurückgeht. Jedoch enthält seine Shakado (1752) eine Statue des historischen Buddha (Shaka) aus dem 13. Jh. Er besitzt außerdem in der Porträt-Malerei der Zwölf *Deva*-Könige (*Juniten*, 9. Jh.) eine damals neue Bildgattung. An derselben Bahnlinie, gut 5 Minuten von der Station Gakuenmae, lohnt der Besuch des *Yamato Bunkakan* mit chinesischen und japanischen Kunstwerken aller Gattungen.

sten Material. Etwa um 800 dienten für viele Figuren aus China stammende Tuschezeichnungen als Vorlage, und es entstand ein geradezu dynamischer Schnitzstil (Jogan-Stil), bei dem die Skulpturen aus einem Stück gearbeitet waren (Juichimen Kannon im Hokkeji). Vom 10. Jh. an entwickelten sich in den Bildhauerwerkstätten verschiedene Schulrichtungen, die Skulpturen mit weichen Formen, runden Gesichtern und Gewändern mit gelockertem Faltenwurf schufen (Amida-Statue in der Hoodo des Byodoin; Statue des Shotoku im Horyuji). Die neuen Techniken, bei denen mehrere Holzteile vor oder nach der Bearbeitung ineinander verzapft und dann ausgehöhlt wurden (damit das Holz nicht so stark arbeitet), fanden im 11. Jh. ihre Vollendung (Yosegi-Technik).

In der Kamakura-Zeit (1192-1333) wurden die alten Nara-Tempel und damit auch viele Plastiken des 8. Jh. restauriert. Aus dieser Rückbesinnung entstand, zusammen mit einem neuen Einfluß der chinesischen Song-Kunst, wieder ein realistischerer Stil mit genaueren Gesichtszügen, wie er dem Ideal der Krieger entsprach (Daibutsu in Kamakura; Miroku Bosatsu im Kofukuji; Jizo Bosatsu im Todaiji).

Dieser Stil führte etwa ab 1400 zu kühlen, perfekten Formen, die in den folgenden Epochen — abgesehen von lokalen Einflüssen der chinesischen Ming-Plastik (17. Jh.) — keine nennenswerte Bereicherung mehr brachten. Erst in der zweiten Hälfte des 19. Jh. begann mit der Einführung der westlichen Kultur die Auseinandersetzung mit den traditionellen Kunstformen des eigenen Landes und den neuen Richtungen.

# NARA

Der *Muroji*, wahrscheinlich schon 680 gegründet, liegt ungefähr 30 km südlich von Nara. Seine wichtigsten Gebäude wurden erst ein Jahrhundert nach der Gründung errichtet und im 9. Jh. erneuert. Die Kondo unterscheidet sich durch ihr ansprechendes Schindeldach von der chinesischen Bautradition und wurde im 17. Jh. um die Galerie erweitert. Hier steht auch, gerade 16 m hoch, die kleinste fünfstöckige Pagode Japans (824 ?), deren Dächer — anders als sonst — nach oben kaum kleiner werden. Zu erreichen ist der Tempel von Nara aus zunächst mit der Sakurai-Linie (JR) ca. 1 Stunde bis **Sakurai**, weiter mit der Bahn bis Muroguchi-Ono und dann noch etwa 8 km (15 Minuten) mit dem Bus. Auch vom Bahnhof Namba in Osaka dauert die Fahrt bis Muroguchi-Ono schon 1 Stunde.

Von Sakurai aus führt auch eine Buslinie zum *Tanzan-Schrein* (6 km). Er wurde 701 gegründet, 1850 erneuert und ist nach Art des Shinto (siehe folgendes Kapitel) in seinen Bauten sehr einfach gehalten. Davor steht, ein Gegensatz par excellence, eine rotbemalte dreizehnstöckige Pagode (1532).

Nur 15 Busminuten von Sakurai entfernt stand das berühmteste Bauwerk der Asuka-Zeit, der *Asukadera* (588). Erst 1957 wurden die Fundamentreste ausgegraben. Mehr ist nicht erhalten, denn er wurde zu Beginn der Nara-Zeit als Mönchsquartier des Hokoji in die neue Hauptstadt verlegt, erhielt dort den Namen Gangoji und wurde 1196 durch einen Brand vollständig vernichtet. Die heutigen Gebäude des *Gokurakubo*, so der neue Name, sind höchstens ca. 700 Jahre alt und stehen südlich des Kofukuji in Nara. Das auf dem Grundriß des Asukadera errichtete Haus enthält aber mit der Shaka-Statue des Bronzegießers Tori die älteste buddhistische Plastik Japans (606).

**Asuka** ist auch mit der Bahngesellschaft Kinki Nippon zu erreichen. 15 Wegminuten südwestlich des Bahnhofs befinden sich zwei Hügelgräber. Das erst 1972 entdeckte Kofun in *Takamatsuzuka* (7. Jh.) wurde berühmt durch seine Wandmalereien, die aus China stammende Themen zeigen. Der Öffentlichkeit zugänglich ist nur ein orginalgetreuer Nachbau des Grabes. Das Grab von *Ishibutai*, nordöstlich von hier, stammt aus derselben Zeit und besteht aus einer 3,5 m breiten und gut doppelt so langen Grabkammer aus gewaltigen Steinquadern, die bei den Ausgrabungen 1933 freigelegt wurde. Ursprünglich war es von einem quadratischen Erdhügel mit gut 50 m Seitenlänge überdeckt und durch einen Gang mit der Außenwelt verbunden.

# SHINTO — WEG DER GOTTHEIT

**Jingu und Kami**

Shinto, die einheimische Religion Japans, erfreut sich einer ebenso großen Beliebtheit wie der Buddhismus. Viele Japaner gehören beiden Religionen an, wobei sie häufig die Neugeborenen ins Zeichen des Shinto stellen, die Toten aber auf buddhistische Weise bestatten. Das hängt damit zusammen, daß die Mönche des Buddhismus ihre Gedanken eher einem Leben nach dem Tode widmen, während die Handlungen der Priester des Shinto sich auch der Wünsche im diesseitigen Leben annehmen. Wie auch in den christlichen Ländern ist in Japan die aktive Ausübung der Religion etwa durch das Gebet rückläufig. Hunderttausende aber besuchen alljährlich die Tempel- und vor allem die großen Schreinfeste, *Matsuri*, die oft mehr einem Volksfest als einer religiösen Veranstaltung gleichen. Ebenso wie die Kirchen Europas genießen die bedeutenden Kultstätten Japans höchste Ehrerbietung, werden jedoch überwiegend durch Spenden und nicht durch Steuern erhalten.

Der Ursprung des Shinto liegt zweifellos in einer tiefen Naturverehrung der japanischen Urbevölkerung. Als es noch keinen Schreinbau gab, wurde ein Wald, ein alter Baum oder ein besonderer Fels durch eine Einfriedung als heilig gekennzeichnet; ein markanter Berg allein konnte einen solchen Bezirk darstellen. Auch heute noch gibt es dafür Beispiele. Erst mit der Entwicklung der Ahnenverehrung entstanden die ersten Schreine (Hügelgräber-Zeit, 3.-6. Jh.). Der Schrein, wahrscheinlich in der Bauweise des damaligen Wohnhauses errichtet, enthielt ein Symbol des verstorbenen Ahnen. Da jedes Dorf seiner Vorfahren mit einem eigenen Schrein gedachte, bildeten sich für jede größere Dorfgemeinschaft eigene Gottheiten, die *Kami*. Der Glaube gilt der Existenz von übernatürlichen Wesen, dem Wirken heiliger Kräfte in der Natur wie auch im Menschen. Er hat zu einer lebensbejahenden Einstellung geführt und nicht zu Schuldvorstellungen: Shinto-Priester sind verheiratet.

# SHINTO

## Japanische Bautradition

Da sich bei vielen Shinto-Schreinen und auch bei buddhistischen Tempeln die Stilelemente der chinesischen Bauart mit jenen der japanischen Bautradition überlagert haben, ist es oft nicht einfach, sie wiederzuerkennen. Dies um so weniger, als eine Stilgeschichte, wie wir sie für europäische Länder gewohnt sind, für Japan noch nicht geschrieben wurde. Einerseits gibt es die Auseinandersetzung mit der eigenen, der japanischen Geschichte und damit auch mit ihren Baustilen erst seit einem Jahrhundert, und nicht, wie in Europa, schon seit der Renaissance, andererseits existieren derart ausgeprägte, epochale Stilentwicklungen in Japan überhaupt nicht. Für den Schreinbau trifft eher das Gegenteil zu. So wird zum Beispiel der Ise-Schrein seit dem 7. Jh. (aus Gründen der kultischen Reinheit) alle 20 Jahre und genau nach dem Vorbild neu aufgebaut. Daher konnte er seine ursprüngliche Architektur ohne wesentliche Veränderungen bewahren.

Die ersten Shinto-Schreine entstanden in der Zeit der Hügelgräber und wurden vermutlich in der Bauweise des damaligen Wohnhauses errichtet. Auf einem dekorierten Dotaku ist unter anderem ein Giebelhaus dargestellt, das mit seinem schrägen Dachüberstand und dem auf hohen Pfosten ruhenden Baukörper, zu dem eine Leiter führt, große Ähnlichkeit mit den Pfahlbauten der Südsee und Indonesien besitzt und für die Baugeschichte von entscheidender Bedeutung ist. Denn die Hausform der ursprünglichen japanischen Architektur ent-

*Vor dem Schreinfest*

Der Schrein selbst trägt unterschiedliche Bezeichnungen, etwa *Jingu, Jinja, Miya/-miya* oder einfach *-gu*. Dort ist ein Andenken an den Verstorbenen »eingeschreint«. Besonders beliebte Schreine bildeten im Laufe der Jahrhunderte Tausende meist kleiner Zwergschreine, die heute über das ganze Land verstreut sind (Sengen, Hachiman, Temman, Mikumari, Inari etc.).

Die ältesten schriftlichen Zeugnisse des Shinto wurden in einem Kapitel der ersten japanischen Geschichtswerke, des Nihongi und des Kojiki (8. Jh.), gefunden. Danach verdankt die Welt ihre Entstehung den Stammeltern *Izanagi* und *Izanami*. Sie schufen die japanischen Inseln, und von ihnen stammen, neben vielen anderen Gottheiten, die Sonnengottheit *Amaterasu* (Ise-Schrein) und die Sturmgottheit *Susano(w)o* ab.

Ein Enkel von Amaterasu bereitete die Gründung des japanischen Reiches vor, und einer seiner Nachkommen wurde schließlich erster Tenno. Als Ahnengottheit des Kaiserhauses wurde Amaterasu daher zur wichtigsten Gottheit des Shinto. Allerdings waren zur Zeit der Niederschrift des Nihongi und des Kojiki schon Einflüsse des Kontinents bis Japan vorgedrungen, und Verbindungen zu asiatischen Glaubensvorstellungen werden mit jenem Reitervolk in Zusammenhang gebracht, dem man auch die Hügelgräber zuschreibt.

Später hatte der Buddhismus Fuß gefaßt, von dem sich die einheimischen Glaubensgemeinschaften unterschieden. Sie erhielten die Sammelbezeichnung Shinto. Der Toleranz des Buddhismus war es zu verdanken, daß es nach einer Epoche der Auseinandersetzung (7.-9. Jh.) zu einer Symbiose im *Ryobu-Shinto* kam (Ryobu: »beide Bereiche«). Auch in der Architektur überlagerten sich die Stilelemente, zum Beispiel am Kasuga-Schrein wickelte sich in der Yayoi-Zeit (3. Jh. v.u.Z. - 3. Jh. u.Z.) unter anderem aus jenen Pfahlbauten und läßt sich bis heute an den frühen Shinto-Schreinen ablesen.

Auch bei den Haniwa-Tonmodellen läßt sich deutlich die Firstbefestigung erkennen, die wir bei den Schreinbauten wiederfinden. Die Irimoya-Dachform allerdings tritt an den frühen Schreinen nicht in Erscheinung.

Als die chinesische Architektur mit der Verbreitung des Buddhismus um die Mitte des 6. Jh. u.Z. in Japan eingeführt wurde, unterschied sie sich in vielfacher Hinsicht von der traditionellen Baukunst der Japaner. Die wichtigsten Neuerungen waren:
— ein gemauertes Podest mit Fußplatten für die Säulenbasis;
— das Balkensystem auf den Säulen, das die vorspringende Traufe trägt;
— die charakteristische Schwingung des Daches;
— die Dachziegel;
— die farbige Gestaltung.

Für die japanische Bautradition, die ebenso wie die chinesische auf der Technik des Ständerbaus mit Holzpfosten und Querriegeln beruhte, galt bis dahin:
— die Säulenenden waren in die Erde eingelassen;
— das Balkensystem gab es nicht;
— die Dachlinien waren gerade;
— als Dachdeckung dienten Schindeln aus schmalen Baststreifen, Schilfgras oder Stroh;
— die Bauteile waren unbemalt (H. OTA).

An Tempelbauten entwickelten japanische Handwerker die Zimmermannstechnik schon bald weiter, so daß die chinesischen Baustile, die Japan in mehreren Schüben erreichten und im Laufe der Jahrhunderte modifiziert und schließlich heimisch wurden, im Wayo (ab 14. Jh.) eine eigene, japanische Ausprägung erhielten. An der Dachform, die schon in der Nara-Zeit die ersten Neuerungen zeigt, läßt sich generell eine flachere Dachschwingung zur Traufe hin und ein tieferer Dachvorsprung beobachten. Insbesondere stellen die Abkehr von der symmetrischen Klosteranlage und die Tatsache, daß die Haupthalle anstelle der Pagode den Mittelpunkt einnimmt, eine spezifisch japanische Weiterentwicklung buddhistischer Bautraditonen dar.

oder bei den im Gongen-Stil errichteten Schreinen.

Andererseits hatten die Schreine von Ise, Izumo oder Sumiyoshi nie Motive aus der buddhistischen Architektur übernommen, und damit blieb ihnen die sonst in dieser Zeit übliche Vermischung der Stilelemente erspart. Zunehmend jedoch wurden Shinto-Gottheiten zu Erscheinungsformen eines Buddha erklärt, und so begannen seit dem 14. Jh. Versuche, sich dieser buddhistischen Vereinnahmung zu entziehen. Diese später als Yuiitsu-Shinto (Yuiitsu: »Einzig«) bezeichnete Reaktion fand nach der strengen Scheidung beider Religionen durch kaiserliches Edikt (1871) im Staats-Shinto eine nationalistische Fortsetzung. Der Staats-Shinto wurde jedoch mit der Kapitulation Japans im Zweiten Weltkrieg abgeschafft, und eine neue Bestrebung bemüht sich um eine theologische Fundierung der verschiedenen Glaubensgemeinschaften des Shinto. Heute gibt es ungefähr 96 Millionen Anhänger des Shinto, 83 Millionen Buddhisten und 1,2 Millionen Christen in Japan.

## Der Kasuga-Schrein

Er wurde im 8. Jh. am Fuße des Kasuga-Berges (460 m) in **Nara** gegründet. Dort gibt es Wälder, die ein Jahrtausend unberührt geblieben sind. Sie grenzen in der Gegend der heutigen Schreingebäude, die überwiegend aus dem 19. Jh. stammen und bis dahin alle 20 Jahre neu erbaut worden sind, an die ausgedehnten Zedern- und Eichenbestände des mehrere Quadratkilometer großen *Nara-Parkes*. Hier begegnen dem Besucher viele der etwa 1000 zahmen Rehe und Hirsche. Der Überlieferung nach soll eine der vier Gottheiten, denen der Schrein geweiht ist, auf einem Reh erschienen sein.

Den letzten Teil des Weges zum Kasuga Jinja (auch Kasuga Taisha) säumen zahllose Steinlaternen, die von Gläubigen gespendet wurden. An den Gebäuden des Schreines hängen ungefähr 3000 weitere Laternen, von denen einige aus dem 14. Jh. stammen. Ihre Lichter brennen nur an zwei Nächten im Jahr, zu den Festen am 3. oder 4. Februar und am 15. August, und locken dann Tausende von Besuchern an. Am 13. März wird das Kasuga Matsuri mit der feierlichen Aufführung zweier uralter Tänze begangen.

Der Kasuga-Schrein gilt als besonders typisches Beispiel für die Zeit des gemeinsamen Weges von Shinto und Buddhismus (Ryobu-Shinto). Eine Holzwand, hinter der streckenweise ein Säulengang entlangführt, umgibt den eigentlichen Schreinbezirk. Gegenüber dem einstöckigen *Südtor* (1179) liegt die schlichte Opfergabenhalle (*Haiden*), die ebenso wie die unmittelbar benachbarte Festhalle (*Naoraiden*), in der das Festmahl stattfindet, aus dem Jahr 1650 stammt. Beide Hallentypen entstanden erst im 10.-12. Jh., als der Hofadel sich im Bau von Schreinen für die eigenen Ahnengottheiten überbot und die Anlagen immer großartiger und prachtvoller wurden. Das Motiv eines zweistöckigen Aufbaues des Mittleren Tores stammt aus der buddhistischen Architektur, ebenso die rote Bemalung an Torbauten, Hallen und Schreinen sowie die leichte Dachschwingung.

Die *vier Hauptschreine* sind durch einen geschlossenen Bretterzaun vor neugierigen Blicken geschützt und, wie in der Regel alle Shinto-Schreine, nicht zugänglich. Eine kleine Luke jedoch gewährt dem Besucher einen kurzen Blick auf die vier gleichartigen Gebäude, deren Dachdeckung aus fein geschnittener Zypressenrinde besteht. Seit dem 19. Jh. wird nur noch dieses Dach alle 20 Jahre erneuert. Die hier aufbewahrten Gegenstände, die den verstorbenen Urahnen zugeschrieben werden, sind Symbole der Gottheiten, für die die Schreine errichtet wurden. Jeder dieser Schreine

# SHINTO

*Kasuga-Schrein (gegründet im 8. Jh.),
Nara; Foto links: Torbau (19. Jh.) zum
Schrein*

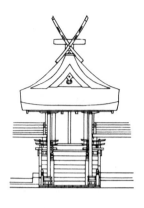

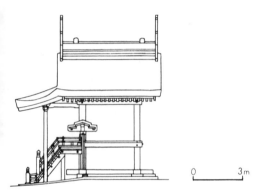

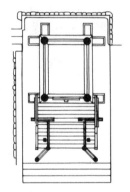

zeigt den sogenannten *Kasuga-Stil*. Seine wesentliche Neuerung gegenüber dem Taisha-Stil (s.u.), aus dem er hervorging, besteht in einer pultförmigen Überdachung über der Freitreppe zum Eingang. Der Eingang liegt (wie beim Taisha-Stil) stets an der Giebelfront.

Vom Kasuga-Schrein führt in südlicher Richtung ein Weg zum *Kasuga Wakamiya*, dem »Jungschrein« (gegründet 1135 ?), der zuletzt 1863 neu aufgebaut wurde. In seiner Tanzhalle (Kaguraden, 1613) wird einmal im Jahr, beim großen Wakamiya-Fest am 15./16.-18. Dezember, der Kagura-Tanz (s.S. 235 f.) aufgeführt. In seinem Ursprung handelt es sich um die Darstellung der Arbeit des Bauern. Zum Fest rufen die Gebete der Priester die Gottheit herab, und sie erhält einen vorübergehenden Aufenthaltsort, bevor sie oder ihr Symbol in einem Tragschrein, begleitet von einer Prozession in historischen Kostümen und Rüstungen, zum Schrein gebracht wird (17. Dezember).

SHINTO

## Das Taisha-Heiligtum bei Izumo

Bei **Izumo** im Westteil von Honshu, jenseits der Chugoku-Gebirgsketten, auf einer ehemaligen, heute verlandeten Insel an der Nordküste, befindet sich das sehr alte Shinto-Heiligtum Izumo Taisha. (Beschreibung der Gesamtanlage und Anfahrt s.S. 142 f.). Die Haupthalle (*Honden*, 1744) zeigt uns noch heute einen, und zwar den älteren der beiden Urstile der Shinto-Architektur. Aus diesem *Taisha-Stil* ist auch der Baustil der Kasuga-Schreine hervorgegangen. Beide Schrein-Typen besitzen einen etwa quadratischen Grundriß, und der Eingang befindet sich jeweils an der Giebelseite. Jedoch liegt die Türöffnung beim Taisha-Schrein nicht symmetrisch in der Giebelwand, sondern links oder rechts des Mittelpfostens, der hier noch den First trägt und die Giebelwand in zwei Hälften teilt. Der Firstbalken wird außerdem in der Mitte des Raumes von einem besonders starken Pfosten gestützt, der in vorgeschichtlicher Zeit als der symbolische

*Izumo Taisha (gegründet 71 v.u.Z.?), Taisha-Stil*

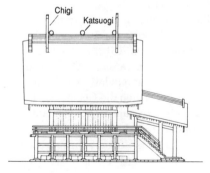

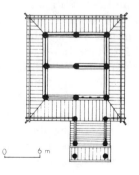

Träger des Daches gegolten haben dürfte. Im Schöpfungsmythos findet er als Himmelspfosten Erwähnung. Izumo Taisha soll im Jahre 71 v.u.Z. gegründet worden sein und wäre damit das älteste Heiligtum des Shinto.

Eine uralte Besonderheit bei Schreinbauten sind die kurzen, walzenförmigen Querhölzer (*Katsuogi*), die auf dem Dachfirst zu balancieren scheinen. Von den aus Ton gebrannten Haniwa-Modellen wissen wir, daß solche Querhölzer (wie auch gebogene Giebelbretter) spätestens seit dem 5. Jh. zur Befestigung des Firstbalkens verwendet wurden. Auch die gekreuzten Giebelsparren (*Chigi*) an den Firstenden dürften der Dachbefestigung gedient haben und sind schon auf einem Bronzespiegel aus dem frühen 5. Jh. abgebildet. Im Laufe der Jahrhunderte und mit fortschreitender Bautechnik wurden Chigi und Katsuogi ihrer konstruktiven Funktion enthoben und symbolisieren seither den Wohnsitz der Kami.

Die Dachdeckung des Schreines, die alle 60 Jahre vollständig erneuert wird, besteht aus sehr schmalen Baststreifen der japanischen Zypresse (*Hinoki*, Lebensbaum). Das glatte, helle Hinoki-Holz war, da es sehr fest und elastisch und dabei relativ leicht ist, auch als Bauholz schon immer hoch geschätzt. Es wurde für fast alle Schreinbauten bevorzugt und sogar für Schmuck- und Einrichtungsgegenstände oder die Rahmen von Schiebewänden verwendet. Selbst das kaiserliche Schloß in Kyoto ist aus Hinoki-Holz gefertigt.

Die meisten der übrigen Gebäude stammen aus dem Jahr 1874. Die beiden langgestreckten Schreine zu beiden Seiten der Honden dienen nach altem Glauben der jährlichen Zusammenkunft aller Gottheiten. Dieser Zeitraum (nach dem alten Mondkalender im Oktober/November) trägt im übrigen Japan daher auch den Namen »Monat ohne Gottheiten«. Izumo Taisha ist einer Gottheit für Landwirtschaft und Heilkunst geweiht und erfreut sich einer fast ebenso großen Verehrung wie der Schrein von Ise.

**Der Ise-Schrein**

Der Große Ise-Schrein (Ise Daijingu) blieb, wie sonst nur noch Izumo Taisha, vom Einfluß der buddhistischen Architektur völlig unberührt und gilt als Nationalheiligtum Japans. Aus dem ununterbrochenen Strom von Pilgern und Besuchern — heute sind es über 8 Millionen jährlich — entstand **Iseshi** (»Ise-Stadt«). Die Bahnfahrt von Kyoto wie von Nagoya (jeweils mit JR oder Kinki Nippon) dauert nicht länger als 2½ Stunden.

Nur einen knappen Kilometer vom Bahnhof entfernt steht, umgeben von Park- und Teichanlagen, der Äußere Schrein (*Geku*, 478 gegründet). Der breite Weg führt an den Gebäuden, die die kaiserliche Familie während der Schreinbesuche bewohnt, und an der Kagura-Halle vorbei bis zum Eingang der mehrfachen hohen Holzwände, die den eigentlichen Schrein vor störenden Blicken und Fotografen schützen. Hier endet der Weg für alle Besucher mit einem Gebet oder auch einer Spende.

Ein Bus verbindet die Anlagen des Äußeren Schreines mit dem Startpunkt der Pilgerstraße, die zum insgesamt 6 km entfernten Inneren Schrein (*Naiku*) führt. Dieses Hauptheiligtum wurde Ende des 3. Jh. gegründet. Den Beginn der kurzen Wanderung markiert eine jener typischen, leicht gewölbten Holzbrücken sowie ein großer Torii. Zwei hohe, runde Pfosten sind oben durch zwei Querbalken verbunden, so daß ein freistehendes Tor gebildet wird. Der *Torii* wurde zum Wahrzeichen jedes Schreinbezirks, und von den vielen Versuchen, seinen Ursprung zu klären, konnte sich noch keiner durchsetzen. Vielleicht hat sich der Bau tatsächlich aus dem Zauntor des Wohnhauses entwickelt. Vielleicht meint er aber auch den Firstbalken und seine Stützen, die ein bereits verfallenes Totenhaus noch lange danach als besondere Stätte kennzeichneten. Die heute in Vergessenheit geratene ursprüngliche Bedeutung von Torii lautet: »Ruhestätte für den Vogel«.

Der weitere Weg führt durch uralten Baumbestand und bietet an den Ufern des Isuzu-Flusses Gelegenheit zur symbolischen Reinigung (meist des Mundes oder der Hände). Auch das Schwenken eines Zweiges oder Papierfähnchens (*Gohei*) kann diesen Zweck erfüllen. Über eine breite Treppe aus Natursteinstufen gelangt man zu einem wuchtigen Torii und dem ersten der drei Eingänge, an dessen Seiten ein hoher Pfahlzaun anschließt. Durch zweimaliges Klatschen wird die Gottheit gerufen, während die Spende den Priestern und dem Erhalt der Anlage gilt. Zur Haupthalle des Inneren Schreines (*Shoden*, Abb. s.S. 201), welcher der Hauptgottheit des Shinto und Ahnherrin des Kaiserhauses, der Sonnengöttin Amaterasu, geweiht ist, werden nur der Kaiser und die von ihm beauftragten Priester vorgelassen. Hier wird als Symbol von Amaterasu der Spiegel aufbewahrt, den sie im Mythos ihrem Enkel mit auf den Weg zur Erde gab, als er die Reichsgründung vorbereiten sollte. Der Spiegel, das Schwert (im Atsuta-Schrein, Nagoya) und das Krummjuwel (im Kaiserpalast, Tokyo) bilden die drei Reichsinsignien.

Die Gepflogenheit, die Ise-Schreine samt den dazugehörenden Gebäuden alle 20 Jahre in altem Stil und direkt neben ihren bisherigen Standor-

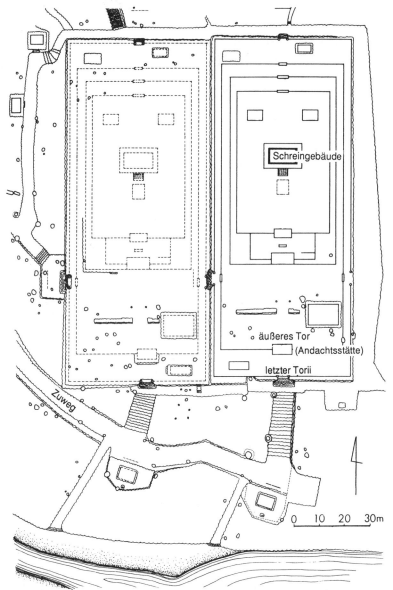

*Lageplan des im 3. Jh. gegründeten Inneren Schreines (Naiku) von Ise*

ten neu aufzubauen, datiert aus dem Jahr 685 und ist seit 1300 auch nachzuweisen. Eine ca. 120jährige Unterbrechung gab es lediglich während der Kriegswirren der Sengoku-Zeit im 15. und 16. Jh. Als die Schreine, die aus dem bewährten Hinoki-Holz gezimmert sein müssen, 1973/74 erneuert wurden, verarbeiteten 58 in der traditionellen japanischen Bautechnik ausgebildete Schreiner 13600 Zypressen.

Der Innere wie auch der Äußere Schrein repräsentieren den zweiten, den jüngeren der beiden Urstile der Shinto-Architektur, den *Shimmei-Stil* (Shimmei ist ein Beiname der Sonnengottheit Amaterasu). Beide Baustile besitzen Giebeldächer; beim Shimmei-Stil aber befindet sich der Eingang an der Traufseite des Hauses, was höhere Räume voraussetzt. Einen Mittelpfosten gibt es nicht. Die runden Pfähle, die den Schrein über das Gelände heben, sind entsprechend der japanischen Bautradition ohne Fundament tief in die Erde eingelassen.

## Weitere typische Schreinbauten

Aus dem Shimmei-Stil hat sich um das 8. Jh., als der Einfluß der chinesischen Bauweise auf die Architektur der Schreine durch die Ausbreitung des Buddhismus ständig zunahm, der *Nagare-Stil* (»fließend«) entwickelt. Seine wesentliche Neuerung besteht in einer ebenso einfachen wie wirkungsvollen Überdachung der Freitreppe zum Eingang. Der Eingang liegt (wie beim Shimmei-Stil) stets an der Traufseite, so daß die eine Dachfläche lediglich in einem eleganten Schwung bis über die Stufen verlängert wurde. Das Giebeldach verliert dadurch die Symmetrie, die Traufkante liegt auf der Eingangsseite tiefer als auf der Rückseite, was der Hausform im Zusammenwirken mit der leichten Dachschwingung eine lebhafte Dynamik verleiht.

In den folgenden Epochen wurden viele Spielarten zu diesem Stil, der beim größeren Teil der Schreinbauten Anwendung fand, entwickelt. Neben dem hier abgebildeten Shimogamo-Schrein sei auch auf den prächtigen, 711 gegründeten Inari-Schrein (in Fushimi) hingewiesen, dessen Hauptgebäude aus dem Jahr 1499 stammt. Beide Schreine stehen in **Kyoto** (Beschreibungen und Lage s.S. 88 und 97f.).

Die Hachiman-Schreine sind einer Kriegsgottheit geweiht und erheben Anspruch auf einen eigenen, den *Hachiman-Stil*. Dabei stehen Honden und Haiden so eng nebeneinander, daß der Zwischenraum eine eigene Kammer bildet. Das auffälligste Merkmal ist ein karminroter Anstrich,

*Typische Dachform des Nagare-Stils am Beispiel des Shimogamo-Schreines (17. Jh., Hauptgebäude 19. Jh.), Kyoto*

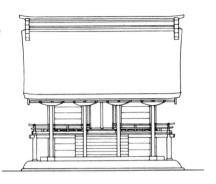

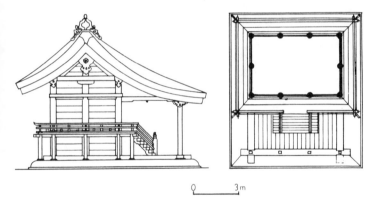

der ebenso wie die geschwungenen Dachformen ein Ergebnis der Symbiose von Shinto und Buddhismus darstellt (Abb. s.S. 180).

Das Hauptgebäude des Kitano-Schreines in Kyoto (1607; auch Kitano Temman oder Kitano Tenjin, 907/947 gegründet) wird durch ein Bauwerk charakterisiert, das den eigentlichen Schrein mit der kleineren Kulthalle verbindet. Dieser *Gongen-Stil* schuf somit einen überdachten Raum, der ursprünglich gepflastert war und die Dachkonstruktion sichtbar ließ. Erst später wurden Fußböden gelegt und Decken angebracht. Die Baumeister der Schreine übernahmen das Motiv dieser Verbindung vom buddhistischen Tempel jener Zeit.

KYOTO/Heiankyo

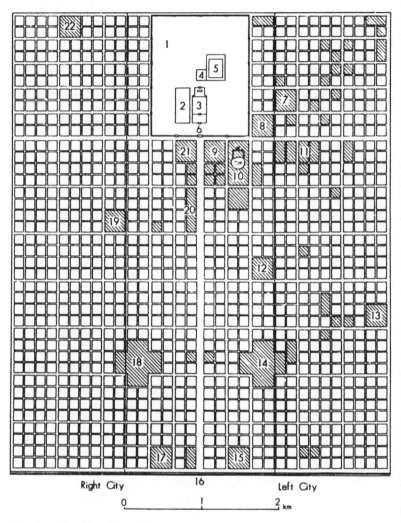

*Heiankyo (Kyoto) im Jahre 794.*
*1-5 Kaiserpalast; 6 Suzaku-Tor; 7-9, 11-13, 20-22 Öffentliche Gebäude; 10 Shinsen-Garten; 14, 18 Märkte; 15 Toji; 16 Rashomen-Tor; 17 Saiji; 19 Junnain (Villa)*

# KYOTO

### Heiankyo — 1000 Jahre Hauptstadt

Für länger als ein Jahrtausend, von 794 bis 1868, residierten die Kaiser in Kyoto, und bis heute wird der Tenno hier gekrönt. Zahlreiche klassische Werke der japanischen Kunst entstanden während der *Heian-Zeit* (794-1185), die nach dem ursprünglichen Namen der Kaiserstadt benannt wurde: Heiankyo — »Hauptstadt des Friedens«.

Kyoto, wie die Stadt seit 1868 heißt, liegt am Fluß Kamo in einem Landschaftsbecken, das an drei Seiten von Bergland umgeben ist und sich nur im Südwesten in die Ebene von Osaka öffnet.

Die Gründung der Stadt im Jahre 794 erfolgte — nach nur zehnjährigem Aufenthalt des Hofes in Nagaoka — nach Plänen, die auf chinesische Vorbilder zurückgehen. Wie auch in Nara, dessen Vorbild die damalige Hauptstadt Chinas, Changan, war, erschließen die Straßen das Stadtgebiet in einer Weise, die schachbrettartige Stadtviertel entstehen läßt. Ein breit angelegter, vom **Alten Kaiserpalast** nach Süden verlaufender Boulevard teilte die Stadt in zwei Hälften, in denen die breiten Hauptstraßen mit den schmalen Nebenstraßen eine regelmäßige Struktur bildeten. Schon im Jahr 818 sollen hier 500 000 Einwohner gelebt haben.

Im Palastbezirk selbst (1,4 km$^2$) befanden sich die kaiserliche Residenz sowie über 50 weitere Gebäude, deren Anordnung um Höfe und Gärten in sich geschlossene Einheiten entstehen ließ. Der gesamte Bezirk war von einer Umfassungsmauer umgeben, deren 14 Tore jedes in eine Straße mündete. Auch die mehr als 25 Gebäude der kaiserlichen Residenz waren von einer Mauer umgeben und untereinander durch überdachte Galerien verbunden. Diese Bauweise sollte in den späteren Adelspalästen ihre Fortsetzung finden.

Zu Beginn des 8. Jh., als die Kaiser unabhängiger von der buddhistischen Geistlichkeit regierten, erreichten Macht und Ansehen des Throns ihren Höhepunkt. Bald jedoch wurde die kaiserliche Herrschaft durch den Aufstieg des Hofadels in den Hintergrund gedrängt. Als mächtigste Familie übernahmen die *Fujiwara* seit Mitte des 9. Jh. die Vormundschaftsregierung für einen noch minderjährigen Kaiser. In der Regel versuchten

## Die Entwicklung der Schrift

Ob die Japaner schon eine eigene Schrift besaßen, als sie die bereits voll ausgebildete chinesische Schrift übernahmen, bleibt ein Rätsel. Seit dem 5. Jh. jedenfalls benutzten sie die in der Regel einsilbigen chinesischen Wortschriftzeichen (*Kanji*, Ideogramme). Oft entlehnten sie auch gleich den dazugehörigen Ausdruck in chinesischer Sprache. Da die chinesische Sprache die Vor- und Nachsilben des Japanischen nicht kennt, gab es dafür auch keine Zeichen. Um die mehrsilbigen japanischen Begriffe schreiben zu können, wurden sie daher aus ähnlich klingenden chinesischen Wortschriftzeichen zusammengesetzt. Für diese nur zur Wiedergabe japanischer Lautwerte phonetisch »entlehnten« (»kana«) Zeichen gab es nun neben der bisherigen chinesischen Lesart auch eine japanische.

Bis zum 9. Jh. entwickelten sich aus den so verwendeten Wortschriftzeichen die zum Teil stark verkürzten Formen der beiden Silbenschriftsysteme der *Hiragana* (»glatte entlehnte Zeichen«) und der *Katakana* (»als Teilstück entlehnte Zeichen«). Bei der heute üblichen Mischschreibweise aus Silbenschriftzeichen und Kanji gelten für Grundschulen noch 881 Kanji als Pflichtzeichen. Die Anzahl der gegenwärtig gebräuchlichsten Kanji beträgt rund 1 850, während in Zeitungen noch 3 000 Kanji Verwendung finden. Dabei bleibt trotz aller Vereinfachungsversuche die Schwierigkeit der zahlreichen sino-japanischen (»chinesischen«) wie japanischen Lesungen, die oft nur aus dem Zusammenhang ersichtlich sind.

*50-Laute-Tafel (Gojuonzu), die für den Fremden aber kaum eine Hilfe ist, denn selbst Ortsnamen werden meist in Kanji geschrieben*

die Kaiser nach Erreichen der Volljährigkeit, sich durch Abdanken der Vormundschaft zu entziehen und traten in ein Kloster ein, um von dort als Exkaiser den Staat zu lenken. Ein Jahrhundert später zog der Kaiser statt in seinen Palast bei einem Großkanzler der Fujiwara ein (976).

Mit der wachsenden Macht des Hofadels und dem Niedergang der chinesischen Tang-Dynastie gegen Ende des 9. Jh. gewann die höfische Kultur zunehmend an japanischer Eigenart. Während noch die Einführung der Tendai- und Shingon-Schulen des Buddhismus (ab 9. Jh.) der Baukunst neue Impulse gab,

| | | | | | |
|---|---|---|---|---|---|
| 奈 ナ / 奈 な **na** | 多 タ / 太 た **ta** | 左 サ / 左 さ **sa** | 加 カ / 加 か **ka** | 阿 ア / 安 あ **a** | |
| 二 ニ / 仁 に **ni** | 千 チ / 知 ち **chi** | 之 シ / 之 し **shi** | 幾 キ / 幾 き **ki** | 伊 イ / 以 い **i** | |
| 奴 ヌ / 奴 ぬ **nu** | 川 ツ / 川 つ **tsu** | 須 ス / 寸 す **su** | 久 ク / 久 く **ku** | 宇 ウ / 宇 う **u** | |
| 祢 ネ / 祢 ね **ne** | 天 テ / 天 て **te** | 世 セ / 世 せ **se** | 介 ケ / 計 け **ke** | 江 エ / 衣 え **e** | |
| 乃 ノ / 乃 の **no** | 止 ト / 止 と **to** | 曽 ソ / 曽 そ **so** | 己 コ / 己 こ **ko** | 於 オ / 於 お **o** | |

Geschrieben wird in der Regel in Spalten von oben nach unten, wobei rechts begonnen wird. Ein so gedrucktes Buch wird also von »hinten nach vorn« gelesen. Aber auch die Schreibweise in Zeilen von links nach rechts ist in einigen Zeitungen durchaus gebräuchlich.

war die Japanisierung der chinesischen Schriftzeichen bereits abgeschlossen. Und in der Malerei entstand zu dieser Zeit, in Abgrenzung zur profanen chinesischen Malerei, der Begriff *Yamato-Malerei* (s.S. 73). Seit dem 10. Jh., der Blütezeit der höfischen Kunst schlechthin, setzte auch die Japanisierung der buddhistischen Malerei ein, und die Kalligraphien der Hiragana (s. Randtexte) galten als feinster Ausdruck höfischer Ästhetik. Ebenso wie die Schrift der Hiragana war die klassische japanische Dichtung besonders von den Hofdamen geprägt. Um 1000 entstanden Meisterwerke der Literatur, deren Sprache und Stil bestimmend für die weitere Entwicklung des Japanischen wurden.

買収や
新事業・拡

米プラズモン・データ・システムズに、協和発酵が米バイオベンチャーのNPI社に資本参加した例などがある。主にベンチャー企業が対象になっているのが特徴だ。「新規事業の拡大や技術開発のスピードを上げるためにも、自社技術にはこだわらない。いい買収、である。同友会の「六十年度企件数は倍増ペース

| | 昨年1月比 |
|---|---|
| 企業名 | 対象 |
| 三和銀行 | コンチリーシ |
| ナムコ | アタリ |
| 日新製鋼 | シン・ |
| 川崎製鉄 | NBK |
| 日本興業銀行 | ヘンリンク・ |
| グラフテック | ニューレア |
| 東レ | トレア |
| ミネベア | マイアーショ |
| サントリー | ケントウォー |
| ローム | エクセニクス |
| 小西六写真工業 | ロイヤ |
| 住友石油開発 | ブリト |

**Kalligraphie — Schönschrift**

In China hatte sich das Schreiben schon vor seiner Einführung nach Japan als Kunst herausgebildet. Es gab eine Siegelschrift, eine Amtsschreiberschrift, eine Normalschrift und eine Konzeptschrift. Zu Beginn stand aber vor allem für Stiftungs- und Gedenkinschriften, für die Geschichtsschreibung und die zahllosen Sutra-Rollen die Vermittlung des Inhalts noch im Vordergrund. Die großen Klöster der Nara-Zeit (710-794) unterhielten regelrechte Schreibbüros. Erst während der Heian-Zeit (794-1185) fand eine stilistische Japanisierung chinesischer Zeichen statt, im Zuge derer die beiden Silbenschriftsysteme entstanden. Insbesondere die Hiragana-Schriften dieser Epoche zählen zu den Glanzleistungen japanischen Kunstschaffens. Immer wichtiger wurde die Eignung des Stils für die höfische Repräsentation. Mit dem Zen-Buddhismus kamen neue, weniger elegante, aber kraftvolle Vorbilder aus China, und für die Zen-Schriften wurde bald eine große individuelle Vielfalt des Ausdrucks charakteristisch. Im 16. Jh. entstanden um bekannte Schreibmeister ganze Kalligraphenschulen.

Vor dem Einbruch der westlichen Zivilisaiton in der zweiten Hälfte des 19. Jh. vermittelte das Erlernen der Pinselschrift nicht nur die Inhalte traditioneller Bildung, sondern prägte auch die gestalterischen Vorstellungen in entscheidender Weise. Auch heute bilden viele der angesehenen Kalligraphen noch Schüler aus.

Die Architektur der Heian-Zeit wurde bis auf wenige Ausnahmen restlos zerstört. Neben zahlreichen Brandkatastrophen (960, 1005, 1058, 1082) waren es vor allem die Kämpfe des Kriegeradels, die Kyoto in Mitleidenschaft zogen. Da der Hof kein Heer unterhielt, wurden zur Schlichtung von Streitigkeiten die Haustruppen des Kriegeradels herangezogen. In der zweiten Hälfte des 12. Jh. waren es die *Taira* und die *Minamoto*, die zwischen dem Kaiser, dem Exkaiser und den Fujiwara vermitteln sollten. Im Verlauf der beiden großen Feldzüge, die die Taira und die Minamoto schließlich untereinander ausfochten, brannte auch der Alte Kaiserpalast 1177 (zum zweitenmal nach 960) nieder. Noch einmal wurde er wiederaufgebaut, obwohl die Regierungsgewalt mit dem Beginn des Shogunats in Kamakura (1192-1333) bereits von den aus dem Kriegeradel stammenden Shogunen (Kronfeldherren, s.S. 187) ausgeübt wurde.

Nach dem letzten Brand (1227) waren weitere Versuche der Wiederherstellung jedoch vergeblich.

Erhalten blieben aber Kopien von Bildrollen (17. Jh.), die, wie ihre originalen Vorbilder (1160), einen Begriff von den damaligen Anlagen vermitteln. Nach diesen Quellen wurden die Thronhalle (*Shishinden*, auch Shishiiden) und die spätere Zeremonienhalle (*Sei-*

*ryoden)* bis 1855 wiedererrichtet. Sie bilden mit 16 weiteren Gebäuden, von denen die meisten durch Korridore miteinander verbunden sind, den heutigen Alten Kaiserpalast. An der Ostseite der mit feinsten Baststreifen gedeckten Shishinden führt der (östliche) Konro zur *Giyoden*, unter deren gleichmäßig profiliertem Ziegeldach (s. Farbabb. 7) einst Musikinstrumente und Bücher aufbewahrt wurden. Erbaut aus naturbelassenem Holz und umgeben von einer hohen Einfriedung, die den Besuchern nur durch das Westtor (*Seishomon*) und nach erfolgter Anmeldung (Formalitäten s.S. 90) Zutritt gewährt, liegt die Anlage mitten im *Kaiserlichen Park* im nördlichen Stadtteil Kamigyo. Die reizvollen Gärten im und vor allem südlich des Palastareals wurden alle im 17. Jh. angelegt.

Mit dem kriegerischen Ende des Kamakura-Shogunats wurde Kyoto wiederum Ziel eines Eroberungszuges, diesmal der ebenfalls vom Kriegeradel entstammenden *Ashikaga* (1336). Das Kaiserhaus konnte sich in Sicherheit bringen und dankte erst nach 56 Jahren zugunsten des Gegenkaisers ab. Mehrmals verwüstet wurde Kyoto schließlich während der Kriege der *Sengoku-Zeit* (1467-1590), die aus einem Nachfolgestreit der Ashikaga entstanden waren. Der Phönix-Halle des *Byodoin* in Uji, noch unversehrt aus dem Jahre 1053 erhalten, kommt nicht nur daher eine besondere Wertschätzung zu. Der Landsitz eines Fujiwara wurde von seinem Sohn zum Tempel des Amida umgestaltet und so zu einem großartigen Beispiel für den gemeinsamen Ursprung von Tempel- und Palastbau in der Heian-Zeit.

Die alte Stadtanlage ist in Kyoto noch deutlich abzulesen. Einige nach alter Tradition arbeitende Handwerkszweige werden im modernen 7stöckigen Gebäude des **Handwerk-Zentrums** vorgeführt. Arbeitsweise und Werkstücke der berühmten Weber sind im **Nishijin-Textil-Zentrum** (Nishijin Orimonokan) ausgestellt. Aus anderen in Kyoto lebendigen Kunstfertigkeiten entstehen Lackarbeiten, gefärbte Stoffe oder Stickereien, die in eigenen Gebäuden gezeigt werden (Seidenmuseum; Yuzen Bunkakaikan). Unter der Töpferkunst, verbunden mit der »Ästhetik des Tees«, erfreut sich die *Kiyomizu Yaki* besonderer Beliebtheit. Viele dieser Zentren des Kunsthandwerks verfügen über Verkaufsstände, keine andere Stadt in Japan bietet so viele Einkaufsmöglichkeiten bei so hoher Qualität.

Weitere ausgezeichnete Angebote finden sich im Hauptgeschäftszentrum um die Shijo Dori (Dori: »Avenue«) mit zunehmender Dichte zur Kawaramachi Dori und, vor allem abends, im ebenso lebhaften wie exklusiven **Gion-Viertel**. Dort überleben hinter den großen Kaufhäusern (nörd-

# KYOTO/Heiankyo

lich der Shijo Dori) in schmalen Straßen auch zahlreiche traditionelle Läden. Das Programm organisierter Halbtags- oder Tagestouren (es gibt sogar Busreisen von Tokyo aus) enthält einen Besuch des im *Yasaka Kaikan* eingerichteten und von Pauschaltouristen bevorzugten »Gion Corner«, in dem kurzgefaßtes Theater kommentiert und alte Musik, die Kunst des Blumensteckens und des Teetrinkens vorgeführt werden.

Mehr für die einheimische Bevölkerung gedacht ist das größte Fest der Stadt, das am 16. und 17. Juli vom Yasaka-Schrein veranstaltete *Gion Matsuri*. Es geht auf eine Bittprozession des Schreines gegen die Pest (9. Jh.) zurück. Beim Umzug am 17. Juli werden prächtig geschmückte Yama und tonnenschwere Hoko (Wagen) durch die Straßen gezogen. Die anderen beiden herausragenden Festlichkeiten, das Aoi Matsuri (Kamigamo- und Shimogamo-Schrein) und das Jidai Matsuri (Heian-Schrein) werden am 15. Mai und am 22. Oktober begangen.

Weniger beschaulich zeigt sich das Leben in einigen Straßenzügen im Nordwestwinkel zwischen dem Kamo-Fluß und der Bahn. Wie auch in einigen anderen japanischen Großstädten gibt es hier ein Viertel (»Outcast-Viertel«), in dem früher Menschen wohnten, die außerhalb der sozialen Rangordnung standen. Über diese sogenannten Burakumin ist wenig bekannt; ihre gesellschaftliche Randstellung hängt mit bestimmten Berufen (Schlachter, Gerber) zusammen, die — aus strengen religiösen Vorstellungen heraus gemieden und verachtet — sie dennoch auszuüben gezwungen waren. Obwohl diese Diskriminierung schon vor einem Jahrhundert gesetzlich aufgehoben und verboten wurde, konnte sie bis heute noch nicht beseitigt werden.

Kyoto liegt direkt an der Shinkansen-Linie, die Tokyo in gut 2 1/2 Stunden erreicht und nach Osaka nur 20 Minuten braucht. Die Fahrt zum Flughafen von Osaka dauert ca. 1 bis 2 Stunden. Die JR verbindet Kyoto auch mit Otsu am Biwa-See (10 Minuten), mit Nara (gut 1 Stunde) oder mit der Küste des Japanischen Meeres (2 1/2 Stunden).

*Yasaka-(Gion-)Matsuri*

## Bauwerke aus der Heian-Zeit

Als frühestes erhaltenes Bauwerk aus der Heian-Zeit gilt die fünfstöckige *Pagode* des **Daigoji** aus dem Jahr 951 (Beschreibung s.S. 98f.). Nordöstlich von Kyoto, bei Ohara, liegt der in der zweiten Hälfte des 10. Jh. entstandene **Sanzenin** (Anfahrt s.S. 89). Er wurde von der buddhistischen Tendai-Schule gegründet und besitzt mit seinem Hauptgebäude, dem *Ojogokurakuin* (»Paradies der Wiedergeburt«), eines der seltenen Beispiele der Heian-Architektur. Die Wände und auch die Decke, die an einen umgedrehten Bootskiel erinnert, sind mit Malereien geschmückt. Die meisten der anderen Gebäude stammen aus dem frühen 17. Jh. und wurden zum Teil erst vor wenigen Jahrzehnten überarbeitet. Bekannt ist der Tempel auch wegen seines Gartens. Dessen Name meint »3 000 mal 1 000 Welten«, das ist dreimal der Zeitraum, in dem nach dem Mahayana-Buddhismus ein Buddha erscheint, und jede dieser Welten besteht nach alter Berechnung für fast 700 Millionen Jahre.

Im Westen Kyotos, bei der Station Uzumasa (Arashiyama-Linie der Keifuku-Bahngesellschaft), steht der **Koryuji**, dessen *Kodo* (1165) zu den ältesten erhaltenen Gebäuden der Stadt zählt. Die rückwärtige Halle (*Taishido*, 1720) und die achteckige Halle (*Keiguin* oder *Hakkakudo*, 1251) beherbergen unter anderem zwei Statuen des Prinzen Shotoku, für den der Tempel gestiftet wurde (622). Zu den Schätzen des Tempelmuseums (Reihokan) gehört die älteste erhaltene Skulptur Kyotos, eine beeindruckende Holzstatue des Miroku Bosatsu (um 600), des Buddhas der kommenden Weltperiode, die einer älteren Statue im meist verschlossenen Nonnenkloster des Horyuji (Nara) ähnelt.

Ein ganz besonders schöner Tempel der Heian-Zeit, der **Byodoin** (»Palast des Gleichgewichts«, 11. Jh.), entstand in Uji, 25 Bahnminuten südlich von Kyoto (mit JR oder Keihan). Gerade 10 Minuten dauert der Fußweg von der JR-Station bis zum Tempelgelände. Der Byodoin steht ganz im Zeichen des Buddha Amida, des bedeutendsten Buddha im Mahayana-Buddhismus. Sein im Westen gelegenes Reich, das in ewigem Licht erstrahlende Glückliche Land (»Paradies«), wird durch den parkartigen Garten symbolisiert. Das Motiv des »Westlichen Paradieses« mit den durch überdachte Galerien miteinander verbundenen Gebäuden, den märchenhaften Folgen von Pavillons und Galerien in einem von seltenen Vögeln bevölkerten Garten erfreute sich in der chinesischen Landschaftsmalerei immer wieder großer Beliebtheit. Wahrscheinlich übten diese visionären Vorstellungen vom Paradies, wie sie heute nur noch in den

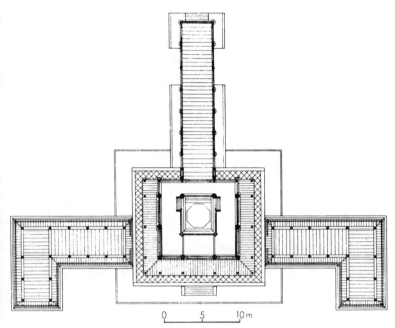

*Grundriß der Phönixhalle (Hoodo, 1053), Byodoin in Uji bei Kyoto*

Wandmalereien der Höhlentempel von Dunhuang (China, Provinz Gansu, zwischen dem Tarim-Becken und der Wüste Gobi) zu sehen sind, auch einen entscheidenden Einfluß auf die Entwicklung der Tang-Architektur aus.

Die großartige *Phönixhalle* (*Hoodo*, 1053) ist ein Umbau eines Landsitzes der Fujiwara, dessen zentraler Baukörper mit den Galerien zu den beiden offenen Eckpavillons als Anlage beibehalten wurde (Shinden-Stil). Hinzu kam ein langgestreckter Anbau an der Rückseite des Hauptgebäudes, der dem Grundriß die Gestalt eines fliegenden Phönix gab. Die Hoodo diente, auch das war neu, zur Aufnahme der Gläubigen. Vor der Heian-Zeit wurden die im Tempel aufbewahrten Heiligtümer stets von außen verehrt.

Durch die geöffnete Front des hohen Mittelbaues blickt die berühmte Amida-Statue (um 1053, Holz) über den wie von Landschaft und Hügeln gesäumten Gartensee. Der Typus dieser Statue sollte bis in das 18. Jh. hinein bestimmend bleiben. Die japanischen Schnitzer entwickelten während des 9. und 10. Jh. Techniken, bei denen die einzelnen Holzstücke in-

# KYOTO / Heian-Zeit

*Ansicht der Phönixhalle*

einander verzapft wurden (Yosegi-Technik, s.S. 43). Anders als bei der Architektur ist die Vielzahl der erhaltenen Holzplastiken aus der Heian-Zeit kaum zu übersehen: Die Statuen des Prinzen Shotoku (1069) im Horyuji, die Miroku-Statue (zweite Hälfte 12. Jh.) im Kofukuji, die Jizo-Figur (frühes 13. Jh.) im Todaiji (alle Nara) und viele andere. Auf den Firstenden der Hoodo stehen sich zwei bronzene Phönixe (11. Jh.) gegenüber.

Die noch originalen Malereien an den Wänden der Phönixhalle sind fast völlig verblaßt. Sie wären ein Beispiel für die seit dem 10. Jh. einsetzende Japanisierung der buddhistischen Malerei. Einige Bilder wurden im charakteristischen Blaugrün der chinesischen Tang-Zeit stark restauriert. Die Holztüren zeigen frühe, typische Landschaftsmalereien im Stil des Yamatoe.

Die meisten der ursprünglichen Gebäude des Byodoin wurden 1336 zerstört, als die Truppen der Ashikaga (nach dem Sturz des Kamakura-Shogunats 1333) Kyoto eroberten. Außer der Phönixhalle blieben nur noch die Kannondo (auch Tsuridono) und der Glockenturm (aus der Kamakura-Zeit) erhalten.

Einige der esoterischen Schulen des Buddhismus bevorzugten in jener Zeit eine ebenso interessante wie einmalige Pagodenform. Dieser *Tahoto* genannte Typ ist der unmöglich erscheinende Versuch, die runde Form des Stupa mit den tektonischen Linien der Pagode zu verschmelzen. Über einem quadratischen Erdgeschoß wächst aus dem mit Bast-Stroh gedeckten Pagodendach, dessen wie gewohnt geschwungene Traufen die Überraschung noch steigern, die weiß verputzte Kuppel eines Stupa. Diese Kuppel trägt auf einer kreisförmigen Basis das zweite pyramidenförmige Pagodendach, das mit einer hölzernen Spindel und ihren üblichen neun Bronzeringen, drei Kelchblattständen sowie der von einem dreifachen Flammenkranz eingefaßten Kugel abschließt. Die überaus komplizierte Holzkonstruktion der so verschiedenen und einander durchdringenden Bauformen stellte an die Geschicklichkeit und Genauigkeit des japanischen Zimmermanns ganz außerordentlich hohe Anforderungen. Es bleibt ein unschätzbares Verdienst des japanischen Handwerks, diese Tradition bis heute gehalten zu haben.

Die älteste erhaltene Pagode dieses Typs (12. Jh.), genau genommen ein Pfahlbau, steht im Kloster **Ishiyamadera** *(-dera*: Tempel). Es liegt gut 15 km östlich von Kyoto und ist vom Bahnhof Keishin-Sanjo (nahe Gion)

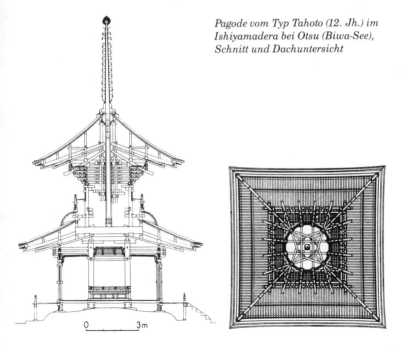

*Pagode vom Typ Tahoto (12. Jh.) im Ishiyamadera bei Otsu (Biwa-See), Schnitt und Dachuntersicht*

# KYOTO / Heian-Zeit

über Hama-Otsu (40 Minuten) oder mit der JR bis Ishiyama (¼ Stunde) und von dort noch 2 km mit der Keihan-Linie zu erreichen. Nach einem weiteren Kilometer auf der Straße führt rechts ein kurzer Weg auf den Ishiyama, den »Berg der Steine«. Am großen Eingangstor wachen zwei Nio-Statuen (erste Hälfte 12. Jh.), bevor die Stufen zum Tempel hinaufführen. Oben bietet eine Holzterrasse einen weiten Blick bis zum Biwa-See, der besonders reizvoll ist, wenn sich im Herbst die Blätter der Ahornbäume (Momiji) verfärben, während die Eichen hier ihre Blätter behalten.

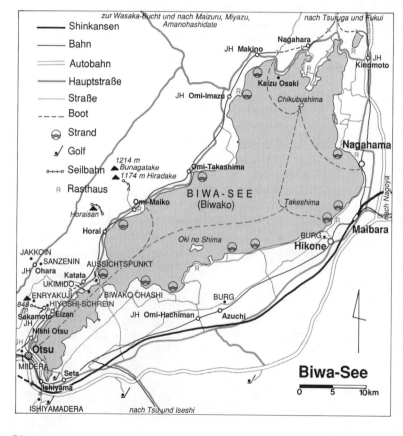

## Ein Abstecher um den Biwa-See

Das berühmt gewordene Thema der »Acht Ansichten vom Biwa-See« wurde in der Holzschnittkunst (s.S. 76) vielfach gestaltet und behandelte die schon immer beliebte Thematik der vier Jahreszeiten. Davon angeregt, schrieb MAX DAUTHENDEY sein 1911 erschienenes Buch »Die acht Gesichter am Biwasee«. Wer es gelesen hat, wird sich in lebendigen Farben ein Bild von der Landschaft um diesen größten Süßwassersee Japans machen: »Den Abendschnee am Hirayama sehen« — »Dem Zug der Wildgänse nachsehen in Katata« — »Den Herbstmond aufgehen sehen in Ishiyama« — »Die Abendglocke des Mijdera-Tempels hören« und so fort.

Heute ist der *Miidera* über den Bahnhof **Otsu** in 10 Minuten von Kyoto oder in kaum 5 Minuten von Ishiyama (beides JR) zu erreichen. Außerdem verbindet die Keihan-Bahn Ishiyamadera direkt mit Hama-Otsu. Die Kannondo (1689), das wichtigste von den etwa 60 Gebäuden des Miidera, ist ein Wallfahrtsziel dieser Region (Kansai). Als größte Stadt der Präfektur Shiga konzentrieren sich in Otsu auch der Tourismus und die Industrie. Für den Urlauber bietet die Gegend um den Biwa-See (Biwako) reichlich Möglichkeiten zum Entspannen und Spazierengehen, zum Zelten oder Golfen. Am See selbst läßt es sich gut angeln, baden und bootfahren; Straßen und Bahnen führen herum, und Raststätten sorgen dafür, daß man den See nicht aus dem Auge verliert.

Etwa auf halber Strecke nach Hikone ist von einer einst berühmten Burg des Oda Nobunaga kaum mehr als der Hügel zu sehen, auf dem sie stand (bei Azuchi). Eine kleine Straße aber führt (von Omi-Hachiman) zum See und am Ufer entlang bis **Hikone**, der zweitgrößten Stadt am Biwa-See. Dort erhebt sich zwischen dem Seeufer und dem gut 2 km entfernten Bahnhof eine sehenswerte *Burg* (1603 begonnen) mit der typischen, lebhaft gestuften Dachlandschaft des dreistöckigen Hauptturmes, den beiden Außentürmen und dem »Trommeltor«. Im Norden der Burg wurde der Kenkyuen, ein Gartenpark, angelegt. Hikone ist mit den Zügen der JR-Tokaido-Linie von Ishiyama (gute ½ Stunde), von Otsu (etwas länger) oder von Kyoto (fast 1 Stunde) zu erreichen. Im 7 km entfernten Maibara halten auch die Expreßzüge der Shinkansen-Linie.

Weitere 7 km nördlich liegt **Nagahama**, dessen Hikiyama-Fest mit großartigen Umzugswagen vom Hachiman-Schrein veranstaltet wird (13.-16. April). Von Nagahama und Hikone oder auch von Otsu fahren Boote zur **Insel Chikubu** am nördlichen Ende des Sees, hinter deren Klippen und Wäldern sich der Tsukubusuma-Schrein (1603) verbirgt. Die

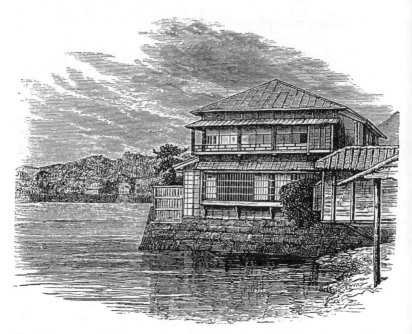

*Ein Teehaus am Biwa-See (19. Jh.)*

Boote fahren weiter, vorbei an den mit Kiefern bestandenen Felsen von Kaizu Osaki, an das Nordufer. Im Winter erreicht man hier mehrere Ski-Gebiete.

Ein überaus beliebtes und mit allen Annehmlichkeiten ausgestattetes Wintersportzentrum befindet sich an der Westseite des Biwa-Sees, wo das Biwako-Tal in die auf über 1000 m ansteigende Bergwelt führt. Auf den Hiradake (Hirayama, 1174 m) und den Horaisan führen Seilbahnen.

Bei **Katata** überspannt die 1350 m lange Biwako Ohashi (*Hashi*: Brücke) die schmalste Stelle des Sees (Aussichtspunkt). Ein Spaziergang am See führt nach 2 km in südlicher Richtung zur Ukimido (»Schwimmende Halle«) des *Mangetsuji*, ca. 1,5 km vom Bahnhof Katata.

Zwei Stationen weiter südlich (JR-Bahnhof Eizan) endet die Keihan-Bahn vom Ishiyamadera (½ Stunde, Bahnhof Sakamoto). Von den Bahnhöfen sind es keine 2 km zu dem am Osthang des **Hieisan** gelegenen und in seiner heutigen Gestalt 1586 erbauten *Hiyoshi-Schrein* (auch Hie-Schrein). Hinter einem großen, zweistöckigen Tor und einer hölzernen Umzäunung steht das Hauptgebäude (Shoden), dessen Fußwalmdach in neuer Form mit der verlängerten Eingangsüberdachung des Nagare-Stils kombiniert wurde. Der Shoden vorgelagert ist die Haiden, und beide sind mit einem für den Gongen-Stil typischen schmalen Bauwerk verbunden. Die beiden seitlichen Gebäude in der Flucht der Umzäunung enthalten Räume und Sitzplätze für Priester. Der Schrein wurde gleich nach der Gründung des *Enryakuji*, der auf dem 848 m hohen Hieisan liegt (Seilbahn von Sakamoto), den Schutzgöttern des Berges geweiht. Auf der gegenüberliegenden Seite des Berges führen zwei Seilbahnen nach Yase hinunter, mit Bus-/Bahnverbindungen nach Ohara (Sanzenin, s.S. 66) oder Kyoto.

## Malerei

Ähnlich wie in der Architektur und in der Plastik können auch in der Malerei die Stilformen über Jahrhunderte beibehalten werden; es existieren mehrere Stile gleichzeitig nebeneinander, und der Künstler kann mit dem einen oder dem anderen arbeiten. Neue Einflüsse vom Kontinent, eine Verschmelzung von Schulen oder Maltechniken, oder ein Wechsel der Thematik sorgen für Innovationen.

Die japanische Malerei beginnt mit der Einführung des Buddhismus (538; 594 Staatsreligion). Die ältesten Werke zählen zu den bedeutendsten Zeugnissen der in ihrem Ursprungsland größtenteils untergegangenen chinesischen Figurenmalerei der Han-Zeit (im Tamamushi-Schrein, um 650, Horyuji) oder des Stils der Tang-Zeit (Tumulus von Takamatsuzuka, 7. Jh., südlich von Nara; Seidenmalerei der Glücksgöttin Kichijoten im Yakushiji, um 772, Nara). Die zu neuer Bedeutung gelangte Sakralmalerei der buddhistischen Tendai- und Shingon-Schulen (9. Jh.), deren Ikonographie in Musterbüchern erhalten ist, läßt ebenso typische Stilmerkmale der Tang-Zeit erkennen (sogenanntes Takao Mandara im Jingoji, um 829, Kyoto) wie die genau so neue Bildgattung des Patriarchen-Porträts (Zwölf Deva-Könige [Juniten] im Saidaiji, spätes 9. Jh., Nara).

Erst mit der im 10. Jh. beginnenden Japanisierung der Malerei kommt es zu eigenständigen Stilrichtungen. Zur Abgrenzung gegen die profane Malerei chinesischer Herkunft, *Karae*, entstand Ende des 9. Jh. der Begriff *Yamatoe* (*-e*: Bild, Malerei). Diese Unterscheidung betraf aber zunächst nur die Thematik und den Bildgegenstand: Das älteste Bild des Yamatoe ist das Porträt des Prinz-Regenten Shotoku (7. Jh., Nationalmuseum Tokyo).

Für die Japanisierung der buddhistischen Malerei gibt es keine derartige Zäsur. Die Linienführung wird sanfter, die Flächenstruktur weicher (Wandmalerei im Daigoji, um 951, Kyoto; Wandbilder in der Phönixhalle des Byodoin, 1053, Uji). Im 12. Jh. entstanden durch »umgekehrte Schattierung« Bilder von höchster transparenter Leuchtkraft (Kujaku Myoo, Nationalmuseum Tokyo; Juniten, 1127, im Toji, Kyoto), während die große Verehrung des Buddha Amida in zahlreichen Erlösungsbildern oder Darstellungen populärer Heilsgedanken festgehalten ist.

In der Zeit des Ryobu-Shinto zeigt die Sakralmalerei auch einige der bisher bildlosen japanischen Gottheiten (Kami), und zwar in ihrer Erscheinungsform als Buddha (z.B. die Kriegsgottheit Hachiman), sowie Ansichten von Schreinanlagen, die als »Schrein-Mandara« verehrt werden (Kasuga Mandara, Nara).

Erst mit der Einführung des Zen-Buddhismus seit dem 13. Jh. begann China wieder Vorbild zu werden. Im 14. Jh. kam mit der Verbreitung der einfarbigen Tuschmalerei, die japanische Maler im 12. und 13. Jh. im China der Song-Dynastie kennengelernt hatten, ein ganzes Repertoire zen-buddhistischer Darstellungen nach Japan, womit die bisherige buddhistische Sakralmalerei an Bedeutung verlor. Im 15. Jh., als die Landschaft zum wichtigsten Thema der Tuschmalerei wurde, widmeten sich diesem Thema zahlreiche Schulen (»Axthiebstriche«, »Eineck-Stil«, der Berufsmaler Sesshu, »Knochenlose Malerei« der Ami-Schule u.a.).

Durch die im chinesischen Stil arbeitende *Kano-Schule* (*Kanga*) erfuhr die Tuschmalerei im 16. Jh. eine akademische Ausprägung, und es vollzog sich eine Abkehr vom Zen. Aber auch die Tuschmalerei der Zen-Mönche (*Zenga*) bestand noch bis ins 19. Jh. fort.

Anders verlief die Entwicklung der profanen Malerei. Eines der wenigen frühen Beispiele der typischen Yamatoe-Landschaft mit sanften Hügeln, Tälern und Flüssen befindet sich auf den Holztüren des mittleren Hauptgebäudes der Phönixhalle im Byodoin (1053, Uji; oder auch die Landschaftsbilder auf den Faltschirmen im Toji, zweite Hälfte des 11. Jh., Kyoto). Zur typischen Bildform des Yamatoe wird schon bald die durchschnittlich 9-12 m lange Querrolle (*Emakimono*) mit einer von rechts nach links abrollenden Beschreibung des Themas durch Text und Bilder. Die Blütezeit dieser höfischen Malerei (12.-14. Jh.) wird eingeleitet durch Erfindungen wie die »Auge-Strich-Nase-Haken«-Formel für Gesichter oder das »weggeblasene Dach« mit der Einsicht in die höfischen Gemächer, sowie die Verwendung von Glimmerpulver als Grundierung und Fäden von Gold- und Silberfolie. Berühmte Beispiele sind die Illustrationen

*Schauspieler, nach einem Farbholzschnitt (Ukiyoe) des Kuniyoshi (1798-1861)*

zum Roman vom Prinzen Genji (Genji Monogatari Emaki, 12. Jh., Goto-Museum, Tokyo; Tokugawa-Museum, Nagoya), die Sutra-Abschriften (1164) im Itsukushima-Schrein oder die 48 Rollen der 520m langen Priester-Bibliographie im Chionin (14. Jh., Kyoto). Die Ende des 12. Jh. entstehende Porträt-Malerei geht auf Anregungen aus China zurück.

Während die Querrolle im 15./16. Jh. von der Buchillustration verdrängt wird, bereichert die *Tosa-Schule* das Yamatoe seit dem 15. Jh. um Darstellungen aus dem alltäglichen Leben (Genre-Malerei). Diese kleinfigurige Malerei auf Wand- oder Bildschirmen (16. Jh.) wird später auch von Schulen des chinesischen Stils ausgeübt. In der Tradition der Genre-Malerei stehen auch die großfigurigen Tänzerinnen und Kurtisanen (erste Hälfte 17. Jh.), die Vorläufer der Frauenbilder des zu weltweiter Berühmtheit gelangten *Ukiyoe-Vielfarben-Holzschnittes* (ab 1765). Dabei bedeutete der eigentlich buddhistische Begriff »Ukiyo« (»flüchtige Welt«) zunehmend nur noch »modisch, aktuell«. Ihr Einfluß auf die umrißlinien- und flächenbetonte Technik des europäischen Jugendstils (und auf Toulouse-Lautrec) bleibt unverkennbar.

Führend in der Wand- und *Wandschirm-Malerei* der Momoyama-Zeit (1568-1603), deren Decken, Schiebetüren und Raumteiler in den zahlreichen Prachtbauten zu Bildträgern monumentaler Kompositionen in Tusche und Farbe wurden, war jedoch die Kano-Schule, die den Raum samt seinem Betrachter in eine gänzlich chinesische Welt versetzt. Aber schon im 16. Jh. kam es zu einer Verschmelzung dieser Tuschmalerei mit Techniken des Yamatoe der Tosa-Schule (Wandmalereien im Jukoin des Daitokuji, 1566, und im Tenkyuin des Myoshinji, um 1635, beide in Kyoto). Wie die Tuschmalerei der Zen-Mönche blieb auch der durch die Kano-Schule bestimmte akademische Stil bis ins 19. Jh. wirksam.

Daneben gab es noch weitere Schulen oder Meister mit eigenen Spezialgebieten oder Techniken, wie Yusho und Tohaku (um 1600, im Chishakuin, im Kenninji, beide in Kyoto), Sotatsu (erste Hälfte 17. Jh.), Korin (um 1700), die Rimpa-Schule (um 1905), die Literatenmalerei oder die Maruyama-Shijo-Schule (beide 18./19. Jh.). Vor allem nach der Meiji-Restauration von 1868 begann die Auseinandersetzung auch mit der westlichen Malerei, die heute gleichberechtigt neben der japanischen Tradition besteht.

*Haupttor (Seimon, 1645) des Nishi Honganji mit dem neuen Motiv des Karafahu*

# KYOTO – TEMPELKALEIDOSKOP

**Im Zentrum**

Wer von der Aussichtsetage des vornehmen Tower Hotel gegenüber dem Bahnhof den Blick über das Häusermeer der Stadt gleiten läßt, der bemerkt in der einförmigen Dachlandschaft sogleich die Inseln typischer Tempeldächer, darunter jene des **Nishi Honganji**. Nach 20 Minuten auf breiten Gehsteigen erreicht er das Haupttor (*Seimon*, 1645). Es macht allein schon durch seinen Standort an einer mehrspurigen Hauptverkehrsstraße, der Horikawa Dori, auf sich aufmerksam und ist zudem ein Mei-

# KYOTO

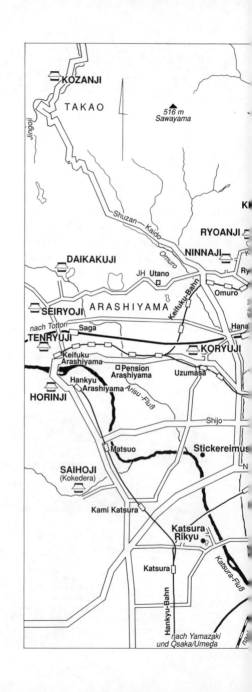

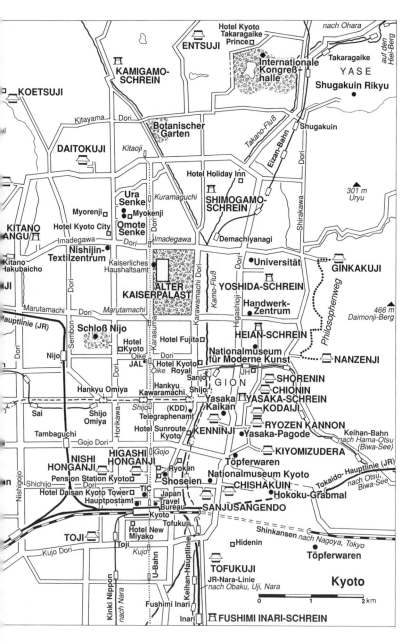

sterwerk der buddhistischen Architektur. Wie bei vielen Tempeln meldet sich der Besucher zuerst im Tempelbüro an und muß damit rechnen, daß nicht alle Gebäude zugänglich sind.

Die Architektur der *Momoyama-Zeit* (1568-1603) entfaltete sich vor allem in den Schlössern und in Wohnungs- und Palastbauten. Oft verdanken die erhaltenen Gebäude ihre Existenz bis auf den heutigen Tag jedoch der Tatsache, daß sie im Laufe der wechselvollen Geschichte des Landes in den Tempeln einen neuen Standort gefunden haben. Neu in dieser Zeit ist der Gedanke bewußter Repräsentation, zum Beispiel durch Schmuckreichtum. Eine besonders auffallende architektonische Neuerung stellt die geschwungene Form des *Karafahu* (Chinesischer Giebel) dar.

Die Große Empfangshalle, *Daishoin*, stammt ebenso wie das *Karamon*, ein kleines Tor mit schönen Schnitzereien, und die *No-Bühne* aus dem berühmten Schloß des Hideyoshi in Fushimi (südlich von Kyoto; s.S. 98). Zahlreiche Gemälde der Kano-Schule (u.a.) schmücken die Räume der Empfangshalle, und auch auf Schiebetüren in der Haupthalle (*Hondo*, 1760) finden sich schöne Beispiele. Der erste Blick allerdings fällt auf das größte Gebäude des Tempels, die Gründerhalle *Daishido* (1636) gleich hinter dem Haupttor.

Der wichtigste Profanbau der Momoyama-Zeit, der *Hiunkaku* (1587), befindet sich vom Haupttor aus links hinter einem neuen Gebäude. Auch er stammt aus einem inzwischen zerstörten Palast und enthält zahlreiche Gemälde berühmter Meister sowie einen Teeraum. Noch heute ist das zweite, kleinere Stockwerk, wie es dieser Bau so stilbildend zeigt, ein herausragendes Merkmal des japanischen Einzelhauses.

Die völlige Ablehnung weltlicher Herrschaft, die diese Tempelschule (Jodoshinshu) früher vertrat, führte zu Aufstandsbewegungen und schließlich zur gewaltsamen Teilung des Honganji durch Ieyasu (1602). Seither gibt es auch einen Östlichen, den **Higashi Honganji** (ca. 15 Wegminuten), der zu den größten Holzbauwerken Japans zählt (1895 neu); Daishido und Hondo sind wie beim Nishi Honganji durch eine Galerie miteinander verbunden. Der **Shoseien** (auch Kikokutei; 5 Minuten weiter östlich) ist ein zu Beginn des 17. Jh. angelegter Landschaftsgarten der Abtsresidenz, einem noch aus dem Fushimi-Schloß stammenden Gebäude.

Die *Sanjusangendo*, die »Halle mit den 33 Feldern zwischen den Säulen« (sanjusan: 33), liegt ca. 1,5 km östlich des Bahnhofs und gehört zum **Myohoin**. Auch Rengeoin genannt, wurde die über 100 m lange Halle in der Bauweise des frühen Wayo 1266 zur Aufbewahrung von 1 001 Kannon-Statuen (Holz, 13. Jh.) errichtet, die noch annähernd vorhanden sind. Die

Hauptstatue, ein tausendarmiger Kannon, ist über 3 m hoch. Das Fest am 15. Januar, ein Wettbewerb im Bogenschießen, geht auf die Zeit des Edo-Shogunats (1603-1867) zurück. Damals wurden mit dem langen, doppelsehnigen Bogen an einem Tag so viele Pfeile wie möglich auf die ganze Länge der Rückwand der Sanjusangendo abgeschossen.

Auf der gegenüberliegenden, der nördlichen Seite der Shichijo Dori steht das **Nationalmuseum** Kyoto (Kokuritsu Hakubutsukan, Busverbindung vom Bahnhof). Es zeigt unter anderem frühgeschichtliche Gegenstände und zahlreiche Ausstellungen insbesondere von Schrein- und Tempelschätzen aus Kyoto und Umgebung. 5 Minuten weiter östlich stellt das Schatzhaus des **Chishakuin**, eines 1947 abgebrannten Tempels (Garten), einige jener Tuschmalereien des 16. Jh. aus, die zwar auf chinesische Vorbilder zurückgreifen (Kano-Schule), aber japanisch empfinden (in Konkurrenz zur Kano-Schule).

Neben dem Gelände des Chishakuin führt ein langer, gerader Weg mit Hunderten von Steinstufen zum 1897 erneuerten **Hokokubyo**, dem Grab des Hideyoshi. Toyotomi Hideyoshi (1536-1598), der in seiner Jugend aus dem klösterlichen Leben ausgerissen war, erwarb sich seine Verdienste, die ihn unter anderem in den Besitz des Schlosses Himeji brachten, bei den Kriegern des Heerführers Nobunaga (1534-1582). Nach dessen Ermordung bestrafte Hideyoshi die Täter und festigte, indem er die langjährigen Kriege der Sengoku-Zeit (1467-1590) beenden konnte, gegen die Macht der Klöster und Lehensfürsten die von Nobunaga geschaffene Basis, auf der schließlich der große Staatsmann Ieyasu (s.S. 242) das Edo-Shogunat errichten konnte (1603).


### Higashiyama — Am Fuße der Östlichen Berge

Vor den bewaldeten Berghängen im Osten der Stadt liegt der **Nanzenji**, ein Tempel, der vor allem wegen seines im 17. Jh. angelegten *Zen-Gartens* vor den Priesterräumen des Hojo berühmt wurde. In äußerster Beschränkung der Mittel genügte eine rechteckige Sandfläche mit zwei darin plazierten Felsen. Auch außerhalb des Hojo befindet sich ein typisches Beispiel eines schon im 14. Jh. angelegten Landschaftsgartens.

Der Nanzenji war in der *Nambokucho-Zeit* (1336-1392), als in Japan zwei Kaiser herrschten, an die erste Stelle der einflußreichen Zen-Klöster Kyotos gerückt. Der Neid der Mönche des Enryakuji (auf dem Hieisan am Biwa-See), deren unheilvolles Wirken auf die Hauptstadt noch bis ins

16. Jh. andauern sollte, war so groß, daß sie 1393 den Nanzenji vollständig niederbrannten. Rekonstruiert wurden u.a. die Haupthalle (1908) und das Hauptportal (1628) sowie Teile des *Hojo* (1611), in dem einst Kaiser residierten, heute aber wieder Priester wohnen. Andere Teile des Hojo wurden aus dem Fushimi-Schloß des Hideyoshi hierher übertragen.

Ein immer schmaler werdender Weg führt am Friedhof im hinteren Teil des Klosters vorbei zu einer jener typischen, unscheinbaren Andachtsstätten der Mönche. Von einem kleinen Seitenpfad über den bewaldeten Westhang des Daimonji-Berges (466 m) bietet die eine oder andere Lichtung einen weiten Blick über Kyoto. Auf einem benachbarten Berg wird jedes Jahr am 16. August ein großartiges *Bon-Feuer* entzündet, das von Kyoto aus als das Schriftzeichen »dai« (groß) zu erkennen ist. An Bon-Festen, die vielfach Mitte Juli, oft aber auch im August gefeiert werden, gedenken Buddhisten der Verstorbenen und Ahnen, die für diesen Abend zu Besuch weilen und mit Lichtern und Lampions nach Hause begleitet werden. In anderen Gegenden setzt man kleine Lichterboote auf das nächtliche Wasser, und oft beschließt ein (leicht zu erlernender) Bon-Tanz den langen Abend.

Fast 1,5 km westlich des Nanzenji, in der Nähe des hochinteressanten Handwerkzentrums, liegt der **Heian-Schrein**. Er wurde 1895 zum 1100jährigen Jubiläum der Stadtgründung als Verkleinerung des ersten Kaiserpalastes nach Zeichnungen auf alten Bildrollen erbaut und beeindruckt durch die Überschaubarkeit der Proportionen und die leuchtend rote Bemalung unter den dunkelgrünen Dachziegeln. Der Schrein veranstaltet am 22. Oktober eines der drei größten Feste Kyotos, das Jidai Matsuri, bei dessen Umzug in mehreren Gruppen jeweils Festgewänder aus den verschiedenen Epochen der langen Stadtgeschichte gezeigt werden.

Im Park, 300 m vor dem Heian-Schrein, steht das **Nationalmuseum für Moderne Kunst** mit zeitgenössischer japanischer Malerei westlichen und japanischen Stils und dem Schwerpunkt moderner Keramik.

In gerader Verlängerung der Achse vom Heian-Schrein nach Süden führt eine Straße vorbei am Shorenin (links, 1895 erneuert) zum **Chionin**. Nähert sich der Besucher von der Busstation Chioninmae (10 Minuten), so sieht er zuerst nur das 24 m hohe Haupttor (*Sammon*, 1619), zu dem breit angelegte Stufenreihen hinaufführen und das so mächtig ist, daß er die Dachaufbauten von weitem unwillkürlich für die eines großen Tempels hält.

Die Haupthalle (17. Jh.) und der Versammlungssaal sind durch einen Korridor verbunden, dahinter befinden sich die Priesterwohnungen. Im

*Schüler lesen die beim Schreinbesuch erstandenen Wunschzettel und heften sie an die Zweige (hier im Heian-Schrein)*

Glockenturm hängt die größte *Glocke* Japans (1633), sie wiegt 74 Tonnen und wird noch zweimal im Jahr angeschlagen. Die Bibliothek (Kyozo, 1616) enthält mehrere Tausend Sutra-Bände, die zur Zeit der Song-Dynastie (960-1280) in China gedruckt wurden. Das Grab des Priesters Honen sowie ein im chinesischen Stil erbautes Tor (Karamon) stammen aus dem Jahr 1633.

In gleichbleibender Richtung führt ein Weg weiter durch den Maruyama-Park, in dem (rechts) der **Yasaka-** oder **Gion-Schrein** liegt (5 Minuten; Farbabb. 5). Daneben beginnt die Geschäftigkeit des teuersten Einkaufsviertels der Stadt: Gion. Die Schreingebäude wurden 1654 in älterer Bauweise neu errichtet, und zwar der Hauptschrein mit Schindeldeckung, der 9,5 m hohe Torii-Bau aus Stein. Der Yasaka-Schrein veranstaltet zum Gion Matsuri am 17. Juli den wohl größten Festumzug von Kyoto (s.S. 65).

Hinter dem auffallenden Bau der Maruyama-Musikhalle (versetzte Straßenführung) folgt in derselben südlichen Richtung auf der linken Seite der **Kodaiji** (5 Minuten), von dem nur noch die Kaisando (Gründerhalle) mit Bildern der Tosa- und der Kano-Schule sowie die Aufbahrungshalle mit Lackarbeiten aus der Gründungszeit (1606) stammen.

Daneben überragen Kopf und Schultern des im Freien ruhenden *Ryozen-Kannon* die Tempelmauern, während auf der anderen Seite eine Gasse in 10 Minuten hinunter und über die Higashioji Dori zum **Kenninji** (1763) führt. Sein Tor stammt noch aus dem 13. Jh. In diesem Tempel-Wohnbau befinden sich Meisterwerke der auf chinesische Vorbilder zurückgreifenden Tuschmalerei um 1600, die dennoch ganz japanisch empfindet.

Nach einem erneuten Straßenversatz gelangt man auf einem schmalen Weg zwischen den Häusern und über die beiden Treppen Ninenzaka und Sannenzaka hinauf zum Kiyomizu-Tempel (10 Minuten). Noch vorher führt eine steile Gasse etwa 200 m rechts hinunter zur fünfstöckigen *Yasaka-Pagode*, die 1440 erbaut und im 16. Jh. erneuert wurde (Farbabb. 4).

Die Gebäude des **Kiyomizudera** liegen in besonders schöner Lage an den Hängen der »Östlichen Berge« (Higashiyama) und wurden zum überwiegenden Teil 1633 im Stil der Momoyama-Zeit errichtet. Gleich zu Beginn hebt ein Treppenaufgang das *Niomon* empor, hinter rautenförmigen Holzgittern bewachen zwei Wächterfiguren den Durchgang. Es folgen nach einer weiteren Treppe ganz links der Glockenturm aus dem 16. Jh., dann das Westtor (*Saimon*) und die seit 1987 in begeisterndem Rot leuchtende dreistöckige *Pagode* (16. Jh.), die Sutrenhalle (*Kyodo*), die Gründerhalle (*Kaisando*) mit einem glatten Rindendach und die *Asakura-Halle*.

Die letzten drei Bauten zeigen die jahrhundertealte naturbelassene Holzkonstruktion, in der auch die *Haupthalle* (Hondo) mit ihrem hohen Walmdach aus feinsten Baststreifen errichtet wurde. Die einmalige Terrasse davor wird von einem mächtigen Holzgerüst, das die steile Hanglage ausgleicht, gestützt. Diese Terrasse war zu allen Zeiten ein beliebtes Ausflugsziel und wurde auch zu einem berühmten Motiv in der Malerei.

Hinter der Haupthalle gelangt man über eine schmale Treppe hinauf zu einem kleinen Schrein, dessen Wunschzettel auch für Ausländer lesbar sind, während eine breite Treppe hinunterführt zur uralten Quelle *Otowa no Taki* (Kiyomizu: »reines Wasser«) sowie zu einer kleineren Pagode und vorbei an den Pfeilern der Terrasse talwärts. Dort finden sich neben vielen Andenkenläden auch das **Keramik-Zentrum** Tojiki Kaikan (10 Minuten) und die Bushaltestellen Kiyomizu Michi und Gojozaka. Freunde von Kiyomizu Yaki sollten die Fahrt von den Haltestellen zum Keramik-Dorf in **Yamashina** nicht scheuen.

Von der Haupthalle folgen viele Besucher einem Weg zwischen beiden Treppen auf gleichbleibender Höhe, an dem zunächst weitere Tempelgebäude liegen, und kommen dann zur *Pagode des Taisanji* auf dem benachbarten Hügel mit einem sehr schönen Blick über den Kiyomizudera.

Wenn bei gutem Wetter die Schüler klassenweise eintreffen, herrscht den ganzen Tag Ausgelassenheit und Freude. Erst abends wird es ruhiger, die letzten ziehen die mit zahlreichen kleinen Geschäften gesäumte Straße hinunter, um schnell noch ein Andenken zu erstehen; Lautsprecher verkünden den Ladenschluß. Die Ladentische werden geräumt, die Türen zugeschoben. Leise schließen auch die Tempel ihre Tore, nur noch der dunkle Klang der Glocke dringt herüber.

*Blick zum Kiyomizudera (17. Jh.)*

KYOTO/Nordosten

## Vom Philosophenweg nach Nordosten

Vom Nanzenji führt der sogenannte Philosophenweg, von einem bekannten Denker zu meditativen Spaziergängen oft benutzt, entlang eines alten Kanals bis zum **Ginkakuji**. Die bemerkenswertesten Gebäude dieses Zen-Tempels waren ursprünglich als Landsitz eines Shogun erbaut worden und wurden erst nach dessen Tod 1490 zu dem Tempel *Jishoji*. Zwei Häuser blieben erhalten als wertvollste Beispiele der Zen-Architektur jener bewegten Zeit (*Muromachi*, 1392-1573).

Etwas abseits hinter einem Teich liegt der zweistöckige *Ginkaku*, »Silberpavillon« (1473 oder 1482), der leider den vorgesehenen silbernen Anstrich nie erhielt. Seine typischen glockenförmigen Fenster bereicherten schon in der Kamakura-Zeit (1192-1333) den *Karayo*, jenen Baustil, den der Zen-Buddhismus aus China mitgebracht hatte.

In der *Togudo* (1486), rechts neben der etwas größeren Haupthalle (Hondo), fand, obwohl sie nicht zum Wohnen bestimmt war, die der Zen-Kultur eigene bestechende Schlichtheit zu einer vollendeten Hausform. Im Inneren befindet sich der wohl älteste erhaltene Teeraum (in der Regel nicht zugänglich).

*Ginkakuji, Zeichnung der Gesamtanlage und Ansicht des Silbernen Pavillons (Ginkaku, 15. Jh.)*

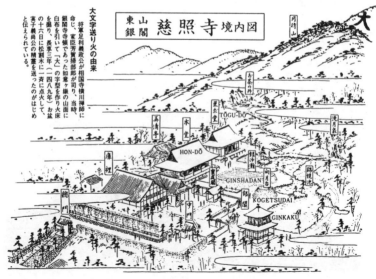

Sein unverwechselbares Äußeres erhält der Ginkakuji zudem durch den extremen Zen-Garten vor der Haupthalle, mit einem abgeplatteten Sandkegel daneben, und durch seinen Teichgarten, der von Soami gestaltet wurde (Rundgang 45 Minuten). Eine Besichtigung sollte spätestens am Vortag im Kaiserlichen Haushaltsamt (beim Alten Kaiserpalast) angemeldet werden, was auch durch ein Hotel oder Reisebüro erfolgen kann.

KYOTO/Nordosten

Etwa 15 Minuten geht man vom Tempel zur Bushaltestelle Ginkakuji Michi mit Busverbindungen zum Bahnhof oder nach Norden, während der Spaziergang zu dem in der Nähe der Universität gelegenen **Yoshida-Schrein**, dessen Gebäude 1648 im Kasuga-Stil vollendet wurden, weitere 20 Minuten dauert. Er liegt auf halber Strecke zwischen dem Ginkakuji und der Endstation der Eizan-Bahn, einem anderen Ausgangspunkt in Richtung Nordosten. 1 km nördlich von dieser Endstation, Demachiyanagi, auch direkt mit dem Bus vom Bahnhof zu erreichen (40 Minuten), liegt der **Shimogamo-Schrein** (17. Jh.). Sein Hauptgebäude aus dem 19. Jh. zeigt das dynamische Vordach des Nagare-Stils (Abb. s.S. 57). Zusammen mit dem ganz im Norden der Stadt gelegenen Kamigamo-Schrein wird am 15. Mai das dritte der großen Schreinfeste Kyotos, das Aoi Matsuri, veranstaltet. Bei den Zeremonien wird eine sehr alte kaiserliche Prozession nachvollzogen.

Mit der Eizan-Bahn von Demachiyanagi oder mit dem Bus von Ginkakuji Michi (15 Minuten) gelangt man zum kaiserlichen Landsitz **Shugakuin Rikyu**, für dessen Besuch ebenfalls eine Voranmeldung im Kaiserlichen Haushaltsamt erforderlich ist. Von den drei Sommervillen waren die obere und die untere 1659 fertiggestellt. während die mittlere ein Jahrzehnt später hinzukam (alle im 19. Jh. erneuert). Zu jeder gehört eine großzügige Gartenanlage; nach einer Viertelstunde erreicht man zuerst die untere mit dem (unzugänglichen) Jugetsukan. Von Föhren gesäumte Sandwege führen zu den beiden anderen Gärten. Im oberen bietet sich vom Rinuntei, einem Teepavillon, ein Blick über einen nach dem Prinzip der »geborgten Landschaft« (s.S. 150) angelegten Teich und die hügelige Landschaft dahinter. Im mittleren Garten befindet sich die Kyakuden (Empfangshalle) und ein Teehaus — wie alle anderen Gebäude im typischen Shoin-Stil (s.S. 107 f.) errichtet.

Im Nordosten von Kyoto befindet sich auch die **Internationale Kongreßhalle** (Kyoto Kokusai Kaikan), die mit dem Taxi in 1/2 Stunde vom Bahnhof zu erreichen ist. Die Dachform des 1967 errichteten Gebäudes, das an einem kleinen See steht, erinnert an den Gassho-Stil der Bauernhäuser im Shirakawa-Tal.

Der einfachste Weg auf den 848 m hohen **Hieisan**, der zwischen Kyoto und dem Biwa-See liegt, führt nach einstündiger Busfahrt vom Bahnhof über eine Hochstraße bis fast ganz hinauf. Eine andere Möglichkeit bieten die Seilbahnen, die von der Endstation der Eizan-Bahn, Yaseyuen, hinauf- und auf der anderen Seite zum Hiyoshi-Schrein (s.S. 72) bei Sakamoto am Biwa-See wieder hinunterfahren.

Dort oben liegt der **Enryakuji**, ein Tempel, der weniger wegen seiner durchaus sehenswerten Bauten, auch neuesten Datums, berühmt ist (Mittelhalle/Komponchudo, Shakado, Kaidanin, Pagode) als vielmehr durch die unselige Rolle, die seine Mönche in der Geschichte von Kyoto spielten. Der Tempel wurde schon sechs Jahre vor der Hauptstadt hier gegründet und sollte sie, da er genau in der Unglückslinie zu ihr lag, vor bösem Einfluß schützen. Die Unterstützung, die dem Tempel daher zukam, ließ ihn immer mächtiger werden, bis es schließlich die Mönche waren, die finanzielle Unterstützung forderten und ihren Kandidaten in der Stadt mit Waffengewalt zur Macht verhalfen. Andere Klöster folgten diesem Beispiel, und mitunter zogen mehrere zehntausend Mann mit einem heiligen Bildzeichen an der Spitze nach Heiankyo und belagerten die Minister und den Kaiser. Vor allem zu Beginn der Sengoku-Zeit (1467-1590) hatte der Kriegeradel oft Mühe, seine Verpflichtungen gegenüber dem Kaiser einzuhalten, und Kyoto wurde mehrmals verwüstet. Aber die großen Waffentempel hatten auch untereinander rivalisiert, allein der Miidera in Otsu am Biwa-See soll in 200 Jahren neunmal niedergebrannt worden sein. Andere Tempel, etwa die der Zen-Klöster, waren an solchen Machtkämpfen nicht beteiligt. Aber nicht nur die Klöster, auch die Lehensfürsten (*Daimyo*), die durch den Lohn für ihre Kriegsgefolgschaft mächtiger geworden waren, fochten gegeneinander Kleinkriege aus. Erst Oda Nobunaga, dem Sohn eines Lehensfürsten, den der Kaiser mit der Beendigung der Lehenskriege beauftragte, gelang es, den bereits entmachteten Shogun der Ashikaga wieder einzusetzen und sich als Heerführer zu behaupten. 1571 zog er auch gegen die bewaffneten Mönche auf dem Hiei-Berg und riß den Tempel bis auf die Grundmauern nieder. Obwohl bereits Hideyoshi, der die Konsolidierungsaktionen Nobunagas fortsetzte, mit dem Wiederaufbau des Enryakuji begann, kam das Kloster nie wieder zu größerer weltlicher Macht.

Nobunaga, der auch das desolate Ashikaga-Shogunat beendete (1573), wurde 1582 nach einem Tempelbesuch von einem Bluträcher ermordet. Sein Grab befindet sich im Sokenin des Daitokuji (s.u.).

Der **Sanzenin** (10. Jh.; Beschreibung s.S. 66), eines der wenigen erhaltenen Beispiele der Heian-Architektur, ist in einer Viertelstunde von der Busstation Ohara aus zu erreichen. In entgegengesetzter Richtung liegt das Nonnenkloster Jakkoin, so daß mit insgesamt etwa 2 Stunden Besuchszeit gerechnet werden kann. Von Ohara gibt es Busverbindungen zum Bahnhof Kyoto (1 Stunde).

## Der Alte Kaiserpalast und nach Nordwesten

Der **Alte Kaiserpalast** liegt, verborgen hinter langen, glatten und mit Erdreich hinterfüllten Mauern, inmitten einer großzügigen Parkanlage. Sie grenzt im Westen an die Karasuma Dori, in der die U-Bahn (Station Imadegawa) und die Busse (Karasuma-Ichijo) halten. Von hier ist in wenigen Minuten das Kaiserliche Haushaltsamt zu erreichen, das an der Westseite des Parks gegenüber dem Eingangstor zum Palast liegt. Hier erhält der Besucher am Vortag unter Vorlage seines Reisepasses einen Besichtigungsausweis für eine der beiden täglichen Führungen (10 Uhr und 14 Uhr). Der Palast ist im historischen Zusammenhang beschrieben (s.S. 59ff.).

Während Paläste schon in die Zeit erster japanischer Staatsbildungen und damit in die Frühgeschichte zurückreichen, entstanden Burgen und Schlösser nicht vor der ersten Landung europäischer Seefahrer (1543) und wurden trotz ihrer Besonderheit als hervorragende Bauwerke im Shoin-Stil gehalten. Die eine, auf Repräsentation bedachte Richtung dieses Stiles führt uns das **Nijojo** (»Schloß in der zweiten Straße«) in einer noch ge-

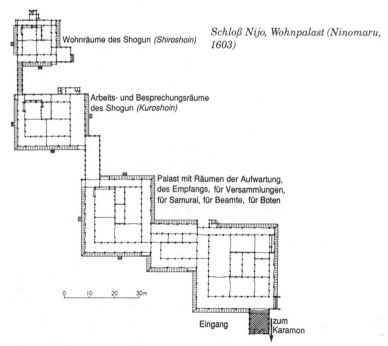

*Schloß Nijo, Wohnpalast (Ninomaru, 1603)*

steigerten Prachtentfaltung vor Augen (1603). Die Einzelheiten sind im stilgeschichtlichen Zusammenhang beschrieben (s.S. 109). Zu erreichen ist das Schloß in 35 Minuten vom Alten Kaiserpalast oder mit den Buslinien, die in der Horikawa Dori (Station Nijojomae) direkt vor dem Hauptzugang durch das Osttor halten.

Mit den Bussen in Richtung Norden gelangt man vom Schloß Nijo in kurzer Zeit zum Nishijin-Textil-Zentrum (2 km) und zu den beiden berühmtesten **Teeschulen** Japans mit ihren Teeräumen im *Konnichian* (Ura Senke) und *Fushinan* (Omote Senke).

Der **Daitokuji**, der zu Beginn des 14. Jh. der erste der fünf großen Zen-Klöster der Hauptstadt wurde, ist die größte Manifestation von Bauwerken aus der Muromachi-Zeit (1392-1573). Er umfaßt ein Areal von über 20 kleineren Tempelanlagen, die von einer Mauer umgeben sind und einige der berühmtesten Gärten bergen. Vier bis sechs dieser Tempel haben für Besucher stets geöffnet, es sind allerdings nicht immer dieselben. Zur Baugeschichte gibt es widersprüchliche Angaben, der Großteil der heutigen Bausubstanz stammt wohl aus dem 16. und 17. Jh.

Man betritt das Klostergelände am besten durch das Tor im Osten (Somon), das in 5 Minuten von der Busstation (Daitokujimae) zu erreichen ist. Danach fällt der Blick sogleich auf das ausladende und von einem breiten Karafahu beherrschte Dach des *Chokushimon*; vor 350 Jahren wurde das heute geschlossene Tor aus dem Kaiserpalast hierher übertragen. Noch bevor sich der Besucher nach rechts wendet und den weiteren Gebäuden folgt, liegen auf der anderen Seite des Weges der *Ryogenin* mit dem Moosgarten Ryogintei und der Zuihonin mit einem erst 1961 angelegten Steingarten.

Hinter dem Chokushimon steht das mächtige, zweistöckige Haupttor *Sammon* (1497 begonnen), geprägt durch jenen japanischen Stil (*Wayo*), wie er in der Muromachi-Zeit vorherrschte. Seit der Kamakura-Zeit (1192-1333) entwickelte sich der Wayo aus der heimisch gewordenen älteren chinesischen Bautradition (Asuka-Stil, Tang-Stil) und dem Karayo, dem neuen Chinesischen Stil, der zum Ende der Song-Zeit (1279) nach Japan kam und von Zen-Mönchen bereichert wurde. Dabei wirkten die Zen-Klöster besonders mit den großen Torbauten geradezu stilbildend. Denselben Stil vertreten die Haupthalle (*Butsuden*) und die anschließende Vortragshalle (*Hatto*, beide 17. Jh.).

Während der Hauptweg durch das Klostergelände nun links weiterführt, folgen wir dem geradeaus verlaufenden schmaleren Weg entlang der Mauern um die Abtsresidenz (*Hojo*, auch Honbo) und ihren Zen-Garten und biegen dann nach rechts ab. Dieser Weg endet vor dem Eingang zur alten Residenz (Shinjuan), in der sich neben Malereien berühmter Meister (15. Jh.) ein Studierzimmer — nach dem darin enthaltenen Schreibplatz Shoin genannt — und ein Teeraum befinden. Die alte Residenz ist jedoch nur nach telefonischer oder schriftlicher Voranmeldung zu besichtigen. Durch den Eingang auf der linken Seite des Weges betritt der Gast, nachdem er die Straßenschuhe ausgezogen hat, den *Daisenin* (Anfang 16. Jh.), dessen berühmte Steingärten auf bestechende Weise die Gedankenwelt durchscheinen lassen, wie sie der Gartengestaltung des Zen zugrundeliegt.

Auf dem Areal hinter dem Daisenin liegen der Pavillon des Hoshunin (Voranmeldung) und das erste amerikanische Zen-Institut in Japan, Ryosenan (für Touristen nicht zugänglich).

Folgen wir dem von Steinplatten und Sandstreifen gesäumten Natursteinpflaster des Hauptweges weiter, so liegt rechter Hand der *Jukoin* mit Wandmalereien aus dem 16. Jh. und dem Grab des bedeutendsten und noch heute verehrten Teemeisters Sen no Rikyu (1521-1591). Er war der Teelehrer sowohl von Nobunaga, dessen Grab sich im benachbarten Sokenin befindet, als auch von Hideyoshi und hat selbst viele Teehäuser entworfen. Danach führt links ein Weg zum Eingang des *Kotoin*, und von dort begleitet ein starkes Bambusgeländer den schmalen Pfad durch den Wald bis zum Empfangsgebäude. Durch die Öffnungen der mit hellen Tatami ausgelegten Räume dringt das Klacken der im Winde sich biegenden Stämme des Bambuswaldes wie ein vielstimmiges take-take (»Bambus«). Südlich des Kotoin, an der Wegbiegung, befindet sich der Eingang zum *Ryokoin* mit seinem großen Teeraum Mittan, in dem Wandgemälde von Tanyu Kano zu sehen sind.

Folgt man wieder dem breiten Hauptweg, so liegt rechts der den Mönchen vorbehaltene *Ryoshoji* und als letztes auf der linken Seite das ganz im Sinne der Teekunst angelegte und mit mehreren Teehäusern ausgestattete *Kohoan* (1612; Voranmeldung), dessen Zen-Garten von dem großen Meister Enshu Kobori entworfen wurde.

In den Wäldern vor den Hügelketten, die das Landschaftsbecken von Kyoto im Nordwesten begrenzen, liegt direkt am »Spiegelteich« (Kyokochi) der **Kinkakuji**. Linienbusse verkehren vom Bahnhof bis zur Station Kinkakuji Michi. Der *Kinkaku*, »Goldpavillon« (Farbabb. 2), wurde 1394/97 für den Shogun Ashikaga Yoshimitsu erbaut, der sich 1399 dort als Mönch zurückzog, und nach seinem Tod (1408) mit zwei weiteren Palästen in den Zen-Tempel *Rokuonji* umgewandelt. Yoshimitsu war es, der die Zeit des

»Bürgerkrieges zwischen Nord- und Südhof« (Nambokucho-Zeit, 1336-1392) zu beenden vermochte und die Residenz seines Shogunats von Kamakura wieder nach Kyoto, in den Stadtteil Muromachi verlegte (daher die Bezeichnung der nachfolgenden Muromachi-Zeit). Von den Gebäuden des Rokuonji, der während der Onin-Kriege (1467-77, Nachfolgestreit unter den Ashikaga) niederbrannte, blieb nur noch der Kinkaku erhalten, jedenfalls bis 1950, als er einer Brandstiftung zum Opfer fiel. Die Betroffenheit darüber war indessen so groß, daß schon fünf Jahre später eine originalgetreue Rekonstruktion fertiggestellt war. Seinen Namen verdankt er der Goldfassung des oberen Stockwerks. Wie beim »Silberpavillon« handelt es sich um einen Zentralbau, dessen Räume nach allen Seiten hin mit Schiebetüren oder Fenstern geöffnet werden können. Die drei Stockwerke wurden in verschiedenen Bauweisen ausgeführt: das unterste im Stil der Paläste und Adelswohnsitze der Heian-Zeit (Shinden-Stil); das mittlere im Stil der einfacheren Kriegerwohnsitze (Buke-Stil); das obere im Stil der Zen-Tempel der Muromachi-Zeit. Bei schönem Wetter ist mit vielen Besuchern zu rechnen, der Rundgang dauert dann etwa 1 Stunde.

Nach 1,5 km auf der Straße in südwestlicher Richtung (auch Busverbindung) zweigt rechts ein leicht ansteigender Parkweg ab, gewinnt neben dem einen Teich einfassenden Erdwall langsam an Höhe und führt zu dem hinter Bäumen versteckten **Ryoanji** (15. Jh.). Dieser Zen-Tempel ist vor allem wegen seines außergewöhnlichen *Felsgartens* (von Soami) bekannt. Jedoch wird die Ruhe, die notwendig wäre, um sich in die asketische Landschaftsdarstellung auf einer 10 m breiten und 30 m langen Sandfläche zu vertiefen, durch den großen Besucherandrang beeinträchtigt (s.a. S. 104 f.).

*Zen-Garten des Ryoanji (Eintrittskarte)*

*Dachdetail der Haupthalle (Kondo) des Ninnaji*

Der **Ninnaji** liegt nur wenige hundert Meter südwestlich des Ryoanji und ebenso weit nördlich der Station Omuro (Kitano-Linie der Keifuku-Bahngesellschaft). Die im Wayo erbauten Gebäude, das sind vor allem die Haupthalle, die fünfstöckige Pagode und ein Mitteltor, stammen aus der ersten Hälfte des 17. Jh. Die buschartig wachsenden Kirschbäume im Tempelpark blühen Mitte April. Das Schatzhaus (Reihokan) ist nur vom 1. bis 3. Oktober geöffnet.

Der **Myoshinji** liegt einige hundert Meter südlich der Bahnstationen Omuro oder Myoshinji, und von der JR-Station Hanazono ist es etwa doppelt so weit. Neben einer 698 gegossenen *Glocke* besitzt der Tempel zahlreiche *Gemälde* von späteren Meistern der Kano-Schule, deren Tuschmalerei mit den Maltechniken des Yamatoe der Tosa-Schule zu verschmelzen begannen (ab erste Hälfte 16. Jh.).

Von der Endstation der Keifuku-Bahn geht man etwa eine Viertelstunde bis zum Kitano-Schrein oder **Kitano Temmangu** (1607). Busse halten direkt am Platz vor dem *Sankomon*, unter dessen hohem Dach ein schmaler Durchgang den Blick freigibt auf die Südfront der Gebetshalle (*Haiden*). Ein Mittelbau verbindet die Haiden mit der Haupthalle (*Honden*), wie es typisch für den Gongen-Stil ist, und ein Plattenweg führt um die relativ großen Gebäude mit ihren phantasievoll kombinierten Dachformen und ihrer Dachdeckung aus dicht verlegten Baststreifen. Das Schatzhaus ist jeden Monat am 15. geöffnet. Die Parkanlagen bieten, wenn am 25. Februar zur Blüte der Aprikosenbäume (Ume) oder auch im November Tee gereicht wird, eine angenehme Umgebung.

Ein Ausflug nach **Takao** nordwestlich von Kyoto (50 Busminuten vom Bahnhof) ist ein Vorschlag für eine kurze Wanderung. Der Rundgang kann bei der Bushaltestelle von Takao beginnen und führt dann über Makinoo (mit dem Saimyoji) in einer halben Stunde bis Toganoo, wo der *Kozanji* zu einem Besuch einlädt. In einer weiteren halben Stunde erreicht man den *Jingoji* (12. Jh.), der das Takao Mandara besitzt und etwa 20 Minuten von der Bushaltestelle in Takao entfernt ist.

## Der Kaiserliche Landsitz Katsura und Arashiyama im Westen

**Katsura Rikyu**, der Kaiserliche Landsitz (Ende 16. Jh. begonnen), ist wohl das bekannteste Beispiel jenes einfachen und zunehmend im Sinne der Teemeister gestalteten Shoin-Stils, der noch heute den traditionellen Wohnungsbau prägt. (Besucher müssen sich am Vortag im Kaiserlichen Haushaltsamt, am Alten Kaiserpalast, anmelden.) Der Eingang zur großartigen Gartenanlage, die drei Villen und mehrere Teehäuser zu einem Gesamtkunstwerk ergänzen, befindet sich an der Nordseite. Bis zur Bushaltestelle sind es noch 5 Minuten entlang der Gartenbegrenzung zu gehen. Die Busse fahren zum Bahnhof Kyoto (25 Minuten) oder, in der Gegenrichtung, zum Bahnhof Katsura (5 Minuten). Von Katsura führt die Hankyu-Bahn bis in den Stadtteil Gion (15 Minuten). Die Einzelheiten zur Bauweise und zur Gartenkunst werden weiter unten ausführlich beschrieben (s.S. 110 u. 103).

Auf halber Strecke zwischen Katsura und Arashiyama, bei Matsuo (10 Bahnminuten von Katsura), liegt der **Saihoji** (1339), der durch seinen außergewöhnlichen Zen-Garten berühmt wurde. Wegen der begrenzten Besucherzahl pro Tag empfiehlt sich eine schriftliche Anmeldung schon drei Monate im voraus (Saihoji, Matsuo, Nishikyo Ku, Kyoto; Tel. 391-3631). Vor der Besichtigung des Gartens findet eine religiöse Übung statt, die der eigentliche Grund des Besuches sein sollte.

Das Viertel um **Arashiyama** und Sagano übte zur Blüte der Kirschbäume (Sakura) im April, oder im Herbst, wenn sich die Blätter des Ahorns (Momiji) verfärben, schon immer eine besondere Anziehungskraft

KYOTO/Westen

aus und bietet viele Möglichkeiten zu Spaziergängen. 500 m westlich des Hankyu-Endbahnhofs liegt der *Horinji,* nahe der Straße, die über den Oi- (oder Katsura-)Fluß zum Keifuku-Endbahnhof führt (weitere 600 m). Von dort dauert ein Rundgang über den *Tenryuji* (1339, 1900 neu) mit seinem Landschaftsgarten, den Seiryoji (Shaka-Statue), den weiter westlich gelegenen Jojakukoji und zurück zum Kameyama-Park etwa eine Stunde. Am 3. Sonntag im Mai wird das Mifune Matsuri mit Booten auf dem Oi-Fluß gefeiert; es geht auf weit zurückliegende Vergnügungsausflüge des Kaisers zurück.

Etwas weiter nördlich (Busverbindung vom Keifuku-Endbahnhof) befindet sich der **Daikakuji**, der ursprünglich als Kaiserliche Landresidenz errichtet, aber schon bald in einen Tempel umgewandelt wurde. Im 13. Jh. zog sich erneut ein Kaiser dorthin zurück und verhalf der Anlage u.a. mit einer Empfangshalle (Kyakuden) zu neuem Glanz. Danach blieb der Daikakuji ein Tempel. Alle heutigen Gebäude stammen möglicherweise aus dem 17. Jh.

Die Keifuku-Bahn fährt in ca. 25 Minuten zurück in die Stadt, Endstation Shijo-Omiya (Anschluß nach Gion). Etwa auf halber Strecke, neben der Station Uzumasa, liegt der **Koryuji** mit dem zweitältesten Gebäude von Kyoto und weiteren Kunstschätzen der Heian-Zeit. Die Einzelheiten sind im geschichtlichen Zusammenhang beschrieben. (s.S. 66).

**Südlich des Bahnhofs**

Der **Toji** liegt 15 Minuten südwestlich des Bahnhofs und ist aus einer Seitenstraße von Norden her zugänglich. Die ursprünglichen Gebäude wurden im 15. Jh. zerstört, nur das Schatzhaus (*Hozo,* 1197) ganz links an der Tempelmauer, das wie das Schatzhaus des Todaiji in der Azekura-Technik gebaut ist, ein Tor (*Rengemon,* 1191) und die Gründerhalle (*Mieido,* 1179) hinter der Tempelhofmauer rechts blieben in älterem Stil erhalten. Von den drei Hallen, die vor dem Besucher liegen, ist die letzte, die Haupthalle (*Hondo*) mit ihrem gestuften Fußwalmdach, eines der größten Beispiele der Momoyama-Architektur (1568-1603). Die Vortragshalle (*Kodo,* 1598) unmittelbar davor beherbergt drei gleichartig aufgebaute Figurengruppen mit einem Dainichi Nyorai in ihrer Mitte. Die fünfstöckige *Pagode* (Mitte 17. Jh.) ganz hinten ist mit 56 m die höchste Japans.

Im *Tempelmuseum* (Homotsukan) werden berühmte Malereien aufbewahrt, unter anderem von Sesshu (1420-1506), dem ersten großen, biogra-

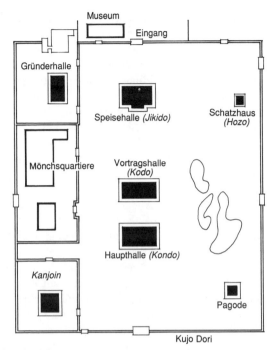

*Toji, Lageplan des Klosters (12., 16. und 17. Jh.)*

phisch faßbaren Maler Japans. Denn früher waren die Werke — anders als in China — meist unsigniert. Faltschirme zeigen frühe Beispiele der typischen Landschaftsbilder des Yamatoe aus der zweiten Hälfte des 11. Jh. Die Zwölf Deva-Könige (Juniten, 1127) sind in der Malweise der »Umgekehrten Schattierung« dargestellt. Das Museum ist von Mitte März bis Ende Mai und von Mitte September bis Ende November geöffnet.

Entlang der Kujo Dori an der Südseite des Toji verkehren Busse bis zur Haltestelle Tofukuji (10 Minuten). Von dort geht man 5 Minuten, von den gleichnamigen Bahnhöfen der JR und der Keihan-Bahn 10 Minuten in südöstlicher Richtung zum **Tofukuji**. Von den zahlreichen Gebäuden stammt das zweistöckige Haupttor (*Sammon*) noch aus dem 13. Jh., die Haupthalle wurde 1932 wiedererrichtet.

Im Süden des Tofukuji (1,3 km) befindet sich der **Inari-Schrein** von Fushimi (auch: Fushimi Inari Taisha). Nach 5 bzw. 10 Wegminuten von der Bahn (JR bzw. Keihan) in östlicher Richtung leuchtet hinter dem ersten Torii schon das Zinnober des großen Haupttores hervor. Baugeschichtlich der buddhistischen Architektur entlehnt, gehört es dennoch zur Formensprache des Ryobu-Shinto. Insgesamt zeigt der Fushimi Inari-Schrein die dekorreiche Architektur der Momoyama-Zeit. Das nur von einem niedrigen Zaun umgebene Hauptgebäude (*Honden*, 1499) besitzt das für den Nagare-Stil typische schwungvoll über die Eingangstreppe verlängerte »fließende« Dach. Die Gebetshalle daneben kam 1961 hinzu.

Die Fuchsskulpturen im Gelände entsprechen den Rehen im Park des Kasuga-Schreines, beides waren Götterboten. Vorbei an zahlreichen kleinen Nebenschreinen und über mehrere Treppenabsätze gelangt man durch einen 100 m langen Tunnel aus einzelnen Torii auf einen Vorplatz. Hier beginnt und endet eine 4 km lange Allee aus ca. 10 000 dichtgesetzten, von Gläubigen gestifteten Torii. Der Korridor führt durch die Wälder des Fushimi-Berges, begleitet von Andachtsstätten und unterbrochen nur von einigen Zuwegen (Farbabb. 10).

Auf dem »Hügel der Pfirsichbäume«, Momoyama, stand einst das um 1594 begonnene **Fushimi-Schloß** des Toyotomi Hideyoshi; heute liegen nicht weit davon die Gräber des 1912 verstorbenen Meiji Tenno und seiner Gemahlin (1,5 km östlich von Fushimi). Fushimi liegt 6 km südlich des Bahnhofs und ist von dort gut zu erreichen (JR, Kinki Nippon, Keihan). Das Schloß mit seinem dreistöckigen Hauptgebäude, vier Seitentrakten und ganzen Wohnvierteln für die Freunde des Hideyoshi war im prachtvollen Stil der Momoyama-Zeit (1568-1603) errichtet. Nachdem aber bei einem Feldzug eines feindlichen Lehensfürsten (Daimyo) eine große Zahl der Verteidiger im Kampf für die Tokugawa, die Nachfolger der Toyotomi, fielen, durfte niemand mehr den Boden des Schlosses betreten, und es begann zu verfallen (ab 1600). Die Schätze und Gebäude wurden an Tempel in der Nachbarschaft verteilt (Nishi Honganji, Nanzenji, Daitokuji u.a.), der Rest 1632 abgetragen.

Der **Daigoji** wurde 874 von der buddhistischen Shingon-Schule gegründet und vom 60. Tenno (Daigo, 902) errichtet. Von der Bushaltestelle vor dem Tempelgelände weist ein Tor in einen von Tempelmauern eingeschlossenen Weg. Rechts dahinter liegen das Tempelmuseum, das vom 3. April bis 25. Mai und vom 1. Oktober bis 25. November geöffnet ist, und ein Trainingszentrum, das zum tausendsten Todesjahr des Daigo Tenno entstand.

Hinter den Mauern auf der linken Wegseite befindet sich der für Hideyoshi im Daigoji errichtete *Samboin*, ein prächtiger Repräsentations-Wohnbau im Stil der Momoyama-Zeit mit einer besonders schönen Gartenkonzeption jener Epoche. Auch für den Wohnungsbau des Adels galt das ungeschriebene Gesetz, daß die Maße des Raumes auf die des Menschen bezogen sein sollten. Die Schiebewände der wohlproportionierten Räume schmücken wandhohe Gemälde, von denen jene mit großem Nuancenreichtum höchste Meisterschaft erkennen lassen. Im Daigoji befinden sich auch Beispiele für die einsetzende Japanisierung der buddhistischen Malerei (um 951) sowie eine Kalligraphie-Sammlung.

Nach Verlassen des Samboin wendet sich der Besucher nach links, folgt dem Weg, der direkt zum *Niomon* und zwischen den beiden drohenden Wächterfiguren hindurchführt, und erreicht nach zwei Wegbiegungen die weiteren Gebäude des Daigoji: die Haupthalle (*Hondo*) auf der linken Seite, die fünfstöckige *Pagode* (951) rechts, den Glockenturm, die *Fudodo* mit einem Granit-Bosatsu davor, und nach 400 m Höhenunterschied schließlich die Gebäudegruppe des *Oberen Daigoji*. Wer hier einer Gruppe von ganz in Weiß gekleideten Menschen begegnet, soll wissen, daß sie zur rituellen Reinigung des Körpers und mit in-

*Wächterfigur am Niomon des Daigoji*

nerer Freude die Anstrengung der Bergbesteigung auf sich nehmen. 2 Stunden sind für einen Besuch nicht zuviel. Der Bus braucht zur Keihan-Station Rokujizo (zur Weiterfahrt nach Obaku und Uji) 10 Minuten oder über Yamashina zurück nach Kyoto/Higashiyama ungefähr 40 Minuten.

Von Rokujizo nach Obaku fährt die Bahn in 10 Minuten, und ebenso lang geht man vom Bahnhof Obaku in östlicher Richtung bis zum **Mampukuji** (1651 begonnen), dem Zentrum der Obaku-Schule des Zen-Buddhismus. Diese Lehre enthält Elemente indischer Religionen und des Lamaismus und wurde noch Jahrzehnte nach der Tempelgründung (17. Jh.) von chinesischen Priestern unterrichtet. Die runden Fenster der Buddhahalle und die schweren Ziegeldächer erinnern stark an die Architektur der späten Ming-Dynastie in China.

Von Obaku bis zur Endstation Uji braucht die Keihan-Bahn wiederum 10 Minuten, und nicht länger dauert der Weg vom Endbahnhof bis zu den Gebäuden des **Uji-Schreines**, der nicht, wie sonst üblich, regelmäßig neu errichtet wurde. Daher stammt der Untere Schrein aus der Kamakura-Zeit und der Obere Schrein noch aus dem 10. Jh. Er gilt als das älteste bestehende Gebäude der Shinto-Religion.

Auf der anderen Seite des Uji-Flusses überlieferte uns, kaum 10 Minuten von der JR-Station Uji entfernt, der **Byodoin** in nahezu vollkommener Weise die Palast-Architektur der Heian-Zeit (s.S. 66 ff.). Die JR fährt von Uji weiter nach Nara (40 Minuten) oder zurück nach Kyoto (25 Minuten).

In südwestlicher Richtung, wo sich das Landschaftsbecken von Kyoto in die Ebene von Osaka öffnet und die drei Flüsse Katsura, Uji und Kizu sich vereinigen, führt eine Seilbahn an den Hängen des Otokayama hinauf zum **Iwashimizu Hachiman-Schrein**. Er wurde 859 gegründet, besitzt eine schöne Haupthalle und veranstaltet am 15. September ein Schreinfest, bei dem Kostüme der Heian-Zeit getragen werden. Neben der Talstation der Seilbahn, am Bahnhof Yawatashi, halten die Züge der Keihan-Hauptlinie aus Kyoto (20 Minuten) und aus Osaka/Yodoyabashi (30 Minuten).

Auf der westlichen Seite der Flüsse, bei der JR-Station Yamazaki, liegt der im Shoin-Stil erbaute Tempel **Myokian** (1469 begonnen) mit dem so idealtypischen Teeraum *Taian*, den der große Meister der Teekunst, Sen no Rikyu, selbst entworfen hatte. Am Fuße des nahen Tennozan (270m), von der Autobahn untertunnelt, stehen zwei weitere Tempel, der Hoshakuji und der Kannonji. Die Hankyu-Bahn verbindet Yamazaki mit Katsura (10 km), während die Züge der JR vom Bahnhof Kyoto (20 Minuten) über Yamazaki weiter nach Osaka/Umeda fahren (30 Minuten).

# KYOTO – OHNE TEMPEL

## Gartenkunst

Auch auf kleinsten Flächen gibt der japanische Garten die Landschaft in ihrer Ganzheit wieder. Seine Grundelemente sind stets die gleichen. Ein Teich, eine Insel, ein kleiner Hügel oder einfach Sand stehen in einer direkten, symbolischen Beziehung zum Menschen, der diesen Garten betritt oder auch nur durch das Fenster des Studierzimmers (Shoin) betrachtet. Steine werden in ausgesuchter Vielfalt gesetzt, häufig einzeln als zentraler Gartenstein oder in Dreiergruppen, auch in Verbindung mit einem Wasserlauf als Ufergestaltung, als »schwimmende Steine«, begehbare Steinbrücken, Trittsteine als Gartenweg oder als Schwellen vor der Veranda. Buschwerk ist häufig geschnitten und kaum einen halben Meter hoch. Blühende Pflanzen spielen nur in den Gärten der frühen Heian-Zeit und seit dem 19. Jh. eine Rolle, so daß die feinen Variationen des Blattgrüns den farblichen Eindruck bestimmen.

Schon vor den Anfängen der japanischen Gartenkunst, die bis in die Asuka-Zeit (552-645) zurückreichen, waren Motive wie heilige Felsen und Berge (aus dem Shinto) oder die Darstellung der Insel oder des Berges der Unsterblichen (aus dem chinesischen Tao) vorhanden, die im 7. Jh. noch durch den Stein, der den Weltberg symbolisiert (aus dem Buddhismus), ergänzt wurden. In der Nara- (710-) und Heian-Zeit (-1185) besaßen viele Adelswohnsitze vor der Haupthalle (Shinden) und nach chinesischem Vorbild meistens im Süden ein weites Gartenareal, in dem ein Teich mit Inseln von Ufern, Büschen, Bäumen und kleinen Hügeln wie von einer natürlichen Landschaft umgeben wird. Von diesem auch in der Garten-Architektur so bezeichneten Shinden-Stil sind keine Beispiele mehr erhalten. Ihm entspricht aber der *Paradiesstilgarten*, den ein Lotosteich und meist eine Laterne vor der Amida-Halle charakterisieren. Denn zahlreiche Amida-Hallen waren nichts anderes als in Tempel umgewandelte Paläste (11. Jh.). Seit der Kamakura-Zeit (1192-1333) beeinflußte die buddhistische Zen-Schule die Gartenkunst und beeindruckte vor allem durch die *Steingärten*, bei denen das Wasser durch Sand oder Kies ersetzt wird (**Trockenlandschaften**: Karesansui). Die Landschaft wird auf einige Inseln oder Hügel (*Hügelgarten*) oder lediglich auf eine Fläche (*Flachgarten*) mit jeweils nur wenigen Steinsetzungen reduziert und lebt durch eine Symbolik im Sinne der Zen-Philosophie. Einige Gärten orientieren sich an den formalen Grundsätzen der Tuschmalerei. Einheit und Harmonie sind wichtige Gestaltungsprinzipien.

Zu Beginn des 16. Jh. entstand mit der Entwicklung der Teekunst der jüngste der japanischen Gartentypen, der **Teegarten** (Roji). Er zeichnet sich durch die Gestaltung des Weges aus, der bis zum Teehaus zurückgelegt werden muß und zur inneren Sammlung, zur Besinnung führen will. Zwischen Bäumen und Buschwerk, einer alten Steinlaterne oder einem steinernen Wasserbecken schreitet der Gast von einem äußeren in den inneren Bezirk — die Einfachheit ist das oberste Prinzip.

In der frühen Edo-Zeit (1603-1867) entstanden Tempel- und Palastgärten, die, wie dann auch die Hausgärten, zu einer Art Spaziergarten ausgebaut wurden. Sein Mittelpunkt ist wie beim Palastgarten der Heian-Zeit und dem Paradiesstilgarten ein Teich mit Inseln (**Teichgarten**: Chitei). Durch einen Park führen wirkungsvoll angelegte Wege zu einzelnen Pavillons oder separaten Teegärten.

Nach dem Zusammenbruch des letzten Shogunats (1867) und der Öffnung des Landes geriet auch die Gartenkunst unter westlichen Einfluß, was aber schon bald zu einer Rückorientierung auf die traditionellen Gartenbauformen führte. Heute ist die japanische Gartenkunst auch in vielen westlichen Ländern von großer Bedeutung.

## Der Paradiesstilgarten des Byodoin

Dem Inhalt nach stellt die Anlage das Paradies des »Reinen Landes« dar (Paradiesstilgarten), jenes im Westen vermutete Paradies des Buddha Amida, das in so phantasievollen Werken der chinesischen Landschaftsmalerei weiterlebte und auch auf die Entwicklung der Architektur einen entscheidenden Einfluß nahm.

Die Amida-Halle oder Phönixhalle, vor der auf kurzer Säule eine Steinlaterne ruht, war aber vor ihrem Umbau zum Tempel ein Landsitz des Hofadels. Vor der Haupthalle befand sich ein Palastgarten, dem die jetzige Gartenanlage weitgehend entspricht. Vor der Phönixhalle und ihren Seitentrakten, den am Ende abgewinkelten Galerie-Flügeln, liegt der Teich, dessen kurvenreiches Ufer an der vom Tempel weiter entfernten Seite mit Bäumen und Büschen besetzt ist. Der Zufluß ist so angelegt, daß der Tempel eigentlich auf einer Insel liegt.

Reste eines ähnlichen Gartens aus der Heian-Zeit sind auf dem Gelände des *Motsuji* in Hiraizumi erhalten.

## Der Spaziergarten des Kaiserlichen Landsitzes Katsura

Dieser Garten (Farbabb. 12) besitzt, obwohl auch er zum Typ des Teichgartens gezählt wird, eine völlig andere Konzeption. Den Besucher empfängt eine scheinbar ungeordnete Teich- und Gartenlandschaft, durch die ihn ein geschickt und phantasievoll angelegtes Wegesystem führt. Durch den Bodenbelag, das begleitende Buschwerk, die so unterschiedlichen Teichbuchten, die Inseln und die wechselnden Perspektiven zur Hauptgebäudegruppe mit dem Alten und dem Neuen Shoin entstehen laufend neue Eindrücke.

*Hausgarten mit Laterne*

### Ikebana —
### Die Kunst des Blumensteckens

Obwohl es bereits in vorbuddhistischer Zeit die Blumenopfer für Gottheiten des Shinto gegeben hat, nahm die Geschichte des Ikebana doch erst mit den Blumenopfern in den buddhistischen Tempeln (7. Jh.) ihren Anfang. Mit der Vorstellung von einem blumenerfüllten Paradies (buddhistische Jodo-Schule, 10. Jh.) wurde das Blumenstecken immer wichtiger. Die Wettbewerbe in dieser höfischen Zeit trugen dazu bei, daß das buddhistische Blumenopfer allmählich zu einer Kunst wurde, die es zu präsentieren galt. Waren diese Blumenarrangements zunächst noch dem Adel und den Samurai vorbehalten, so begann um die Mitte des 15. Jh. das heutige Ikebana zu keimen: in eine hängende bootförmige Schale waren Blumen gesetzt.

Zu den Blumenkünstlern jener Zeit gehörten vor allem Priester, aber auch Beamte, die für eine weitere Verbreitung dieser Kunst sorgten. Sie erwies sich als besonders geeignet, die Innenräume von Schloß- und Burgbauten zu schmücken (Rikka-Stil). Eine ganz andere Vorstellung entwickelten, insbesondere durch Sen no Rikyu (1522-1591), die Teemeister, deren Stil (Nage-ire, Chaban) sich durch Einfachheit und Natürlichkeit auszeichnete. Daraus leitete sich in der Edo-Zeit (1603-1867) wiederum eine etwas differenziertere Richtung des Ikebana ab, das jetzt auch unter den Bürgern sehr beliebt wurde. Die drei Grundstile (1740) waren: ein asymmetrischer Dreizweige-Stil (Seika), der sich besonders für Räume der Shoin-Architektur eignete; ein (erneut als Nageire bezeichneter) Stil,

## Die Steingärten im Daisenin des Daitokuji und im Ryoanji

Nichts in Japan ist schwieriger zu beschreiben als ein Zen-Garten. Jede wörtliche Fassung seiner Gestaltungselemente scheint unvollständig, und sie ist im Sinne des Zen auch nicht wichtig. Denn in der Praxis der Meditation, der »sitzenden Versenkung«, ist der Garten nur ein Medium auf dem Weg bis zur plötzlich eintretenden Erkenntnis, der Einheit allen Seins. Der Stein, der aussieht wie ein Schiff auf den Wellen des gehark-

*Zen-Garten im Daisenin (Anfang 16. Jh.); im Bild links: Takara Bune (Stein des Schatzbootes), rechts: Eizan Seki (Stein des Hiei-Berges)*

ten Sandes, trägt er nicht die Seele auf der Reise durch das irdische Leben? Welche Rolle spielt es dabei, ob der »Ozean der Ewigkeit« aus Wasser ist oder aus Sand, ob die fernen Berge, vielleicht als »Felsen der Barmherzigkeit«, in der Ecke eine Gruppe eng gesetzter Steinblöcke bilden oder sich, wie im Ryoanji, zwischen ein wenig Moos in der Weite der Kiesfläche verlieren? Gerade um den Garten des Ryoanji gab es immer wieder weit ausholende Interpretationen, die ich mit der Antwort eines Meisters umgehen möchte, der von einem ratlosen Mönch gefragt wurde, wo er denn nach so langer Suche noch nach Buddha suchen solle: es sei so, wie wenn man den Ochsen sucht, auf dem man reitet.

bei dem eine einzelne Blume bevorzugt wurde, etwa für einen Teeraum; und ein Stil mit möglichst vielen möglichst natürlich zusammengestellten Blumen (Ikekomi: »hineinwerfen«), bei dem meist große Körbe verwendet wurden.

50 Jahre später erhielt der Seika-Stil durch die Verbindung des formalen, strengen Rikka- mit dem Nageire-Stil eine neue Bedeutung und wurde zum beliebten Schmuck der Bildnische (Tokonoma) im Studierzimmer (Shoin), im Teeraum und heute im Wohnzimmer.

Die stets dreiteilige Komposition ist nach ästhetischen Gesetzen zusammengestellt. Dabei finden der Hintergrund (Bildnische), die Lichtverhältnisse, die Stimmung des Raumes und die spezielle Eigenart der Pflanze ihre Berücksichtigung, und immer erhält das Arrangement eine Schauseite. Die besondere Kunst dabei ist es, die drei Hauptzweige, den hohen (wahr, Himmel), den mittleren (begleitend, Mensch) und den niedrigen (unterstützend, Erde), ins rechte Verhältnis zueinander zu setzen, denn die Proportionen müssen immer ausgewogen sein. Auch die Neigungswinkel der Zweige sind dabei wichtig. Den drei Hauptzweigen können beliebig viele Nebenzweige hinzugefügt werden.

Heute ist Ikebana, das mit den Schriftzeichen »am Leben erhalten« und »Blume« geschrieben wird, ein Unterrichtsfach an den Schulen, in denen es praktisch geübt wird, und es ist auch im Ausland verbreitet.

## Der Moosgarten des Saihoji

Auch dieser Garten, der in der Kamakura-Zeit angelegt wurde, bemüht sich um die Darstellung eines Raumes, der die Grundideen der Zen-Lehre enthalten soll. Seine Wirklichkeit besteht in der Vorstellung einer symbolischen Landschaft, in einer vollständigen Einbeziehung der Wege und Pavillons als Werke des Menschen in den von der Natur vorgegebenen Rahmen. Ein See mit einer dem Schriftzeichen für »Herz« ähnlichen Form, an dessen buchtenreichen Ufern einst Gebetshäuschen gestanden haben, gilt als das Meer zwischen den Kontinenten mit seinen Bergen, Tälern und Wüsten, sparsamen Steinsetzungen und vor allem den vielleicht 40 verschiedenen Moosarten, die diesen Garten so berühmt gemacht und ihm seinen Beinamen »Tempel der Moose« (Kokadera) gaben. Der Pfad durch dieses von natürlicher Kraft erfüllte Abbild der Welt ist schmal und unbequem.

*Zen-Garten (14. Jh.) des Saihoji (»Tempel der Moose«)*

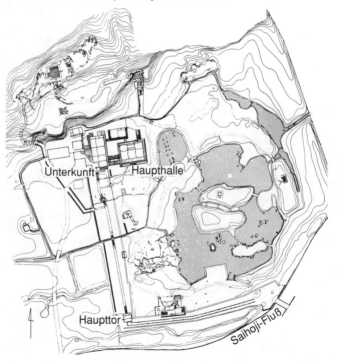

**Wohnbauten und Paläste**

Die frühen Formen des japanischen Wohnhauses lassen sich auf die Pfahlbauten der Inselwelt Südost-Asiens und der Südsee sowie auf ein Blockhaus zurückführen, das möglicherweise sibirischen Ursprungs ist.

Mit der Einführung des Buddhismus (6. Jh.) und damit auch der *chinesischen Tempelarchitektur* schließen sich die Palastbauten sowohl in ihrer Anlage als auch in der Formgebung dem neuen Vorbild an. In der Ausführung waren sie deutlich einfacher gehalten, wie uns die heutige Gebetshalle (Dempodo, 739 oder 741 dem Tempel gestiftet) im Osttempel des Horyuji und die Lesehalle (Kodo) des Toshodaiji (beide in Nara) zeigen.

*Japanische Bauformen* entwickelten sich in der profanen Architektur seit dem Niedergang der chinesischen Tang-Dynastie (10. Jh.) weiter. Lag der Kaiserpalast in Nara noch, wie in China üblich, mit allen seinen Gebäuden symmetrisch auf der Nord-Süd-Achse, so wurde in Kyoto (Heiankyo) die eigentliche Residenz (Daidairi) des Alten Kaiserpalastes neben dieser Achse errichtet. Von ihm ist leider ebenso wenig erhalten wie von den Adelswohnsitzen der Heian-Zeit. Wir wissen aber aus Bildrollen des Yamatoe, daß die Bauten der Adelspaläste zunächst noch symmetrisch um die große Haupthalle (Shinden, daher *Shinden-Stil*) angeordnet und durch Korridore miteinander verbunden waren. Ihre Räume nahmen auf die natürliche Umgebung oder einen Garten bezug. Im Wesentlichen besteht eine derartige Anlage im **Byodoin** (11. Jh.), auch wenn er in einen Amida-Tempel umgebaut wurde.

In der Kamakura-Zeit (1192-1333), als der Hofadel die Macht an den Kriegeradel (Samurai, Bushi, Buke) und seine Shogune abgegeben hatte, wurde der Shinden-Stil vereinfacht (Buke-Stil). Auch bilden die Gebäude in dieser unsicheren Epoche häufig einen Innenhof, eine Tendenz, die in manchen Klöstern Nachahmung fand. Das entscheidende und kontinuierlichste Merkmal des neuen Stils, dem er auch seinen Namen verdankt, ist jedoch der Schreibplatz (*Shoin*) hinter dem nur wenig vorspringenden Erker des Wohnzimmers. Shoin heißt auch der gesamte Raum in seiner einfachen, genialen Bauweise.

Das Studierzimmer ist mit dicken Matten aus Reisstroh ausgelegt, die mit feinem Gras gepolstert sind (*Tatami*), und neben dem mehrteiligen Erkerfenster gliedern Regalbretter (*Chigaidana*) eine fensterhohe Nische (*Tokonoma*) in unregelmäßige Fächer. Möbel gibt es nicht. Zu seiner Vollendung gelangte der Shoin-Stil im 16. und 17. Jh., als er den zur Repräsentation neigenden Bauten der Momoyama-Zeit ebenso wie der äußerst schlichten Architektur der Teemeister — und ihr ganz besonders — zu einer typisch japanischen Ästhetik verhalf. Die Länge einer Reisstrohmatte entspricht einem Pfostenabstand (ca. 1,75 bis 1,90 m) und genau dem Doppelten ihrer Breite. Zwei Matten ergeben also ein Quadrat. Die Abmessungen der Räume erlauben eine lückenlose Verlegung der Tatami, und weil die Deckenhöhe aus der Anzahl der im Zimmer verlegten Matten errechnet wird, besitzen große und kleine Räume verschiedene Höhen und damit jeder Raum ausgewogene Proportionen. Erst seit der Mitte des 17. Jh. beginnt eine Normung, das heißt, in verschiedenen Regionen werden bestimmte Maße üblich.

Die Bauteile, aus denen diese Räume zusammengefügt wurden, sind aus Holz, Lehm, Stroh und Papier gefertigt. Höchstens an zwei Seiten befinden sich feste Wände, deren Lattung mit Lehmbewurf außen meist mit Holz verschalt und von innen verputzt wurde. Alle anderen Raumbegrenzungen bestehen aus Schiebeelementen, die die Möglichkeit bieten, Räume zusammenzulegen oder nach draußen zu öffnen, was vor allem in den heißen Sommermonaten für angenehme Kühlung sorgt. Als Außenwand besitzt der leichte Holzrahmen dieser Schiebetüren (*Shoji*), der auf den Schwellenhölzern in einer doppelten Nut geführt wird, eine Bespannung aus hellem, durchscheinendem Papier (später auch eine Glasfüllung). Als innere, raumtrennende Schiebetür (*Fusuma*) hingegen läßt die feine Papierbespannung kein Licht durch. Sie ergab eine bessere Raumteilung als vorher die Wandstellschirme und bot den Malern große, für dekorative Gemälde geeignete Flächen.

Die Schiebetüren sind in der Regel so breit wie die Tatami, aber nicht ganz doppelt so hoch, was der Räumlichkeit eine gewisse Spannung verleiht. Die Oberwand, die vom Schiebetürrahmen bis zur Decke reicht, ist

*Tokonama-Varianten mit verschiedenen Anordnungen der Stellbretter (Chigaidana)*

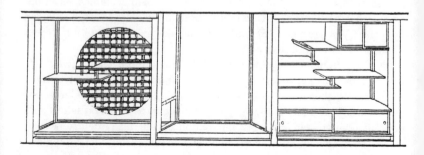

zwischen zwei Wohnräumen häufig offen oder mit durchbrochenen, manchmal reich beschnitzten oder bemalten Holztafeln besetzt (*Ramma*). Fusuma verschließen auch die türhohen Wandschränke, die vor allem die Matratzen und Bettdecken aufnehmen. Nur die Tokonoma neben dem Fenster bietet Gelegenheit für ein Bild oder eine Blumenkomposition, für besonders angeordnete Stellbretter oder Unterschränke.

Häufig begleitet ein Korridor (*Engawa*) die Außenwände des Hauses und wird an der dem Garten zugewandten Seite zur überdachten Veranda. Dieser Umgang läßt sich gegen Schlagregen und schweren Sturm durch Holzläden (*Amado*), die in der Art der Schiebetüren gefertigt sind, nach außen abschließen.

Ein frühes Beispiel der Shoin-Architektur, die **Togudo** (1486), befindet sich im Garten des *Ginkakuji*, ist in der Regel jedoch nicht zugänglich. Das schlichte Konzept des Shoin (der hier nicht zum Wohnen bestimmt war) durchdringt das Gebäude nach außen und gibt ihm eine ideale Hausform. Aus der Momoyama-Zeit sind mehrere Profanbauten dieser Bauweise erhalten. Im *Nishi Honganji* steht der aus einem Palast stammende **Hiunkaku** (1587) mit seinem ebenso einfallsreichen wie typischen versetzten zweiten Stockwerk und dem Teeraum des Hideyoshi. So mancher Repräsentationsbau dieser Zeit hat die Jahrhunderte im Kloster überdauert, etwa der **Samboin** im *Daigoji* oder einige Gebäude des ehemaligen Fushimi-Schlosses.

Die Prachtfülle im **Schloß Nijo** (1603) dagegen sprengt die Maßstäblichkeit der bisherigen Adelswohnsitze. Dennoch sind die fünf Gebäude des *Ninomaru*, gegeneinander versetzt und durch Korridore verbunden, im Shoin-Stil gehalten. Nur knapp entgingen sie der Vernichtung durch einen Brand, den ein Blitzschlag (1791) verursachte und dem der Hauptbau (Honmaru) zum Opfer fiel. Das Schloß wurde als Zweitsitz des Shogun Ieyasu errichtet und wie eine Burg mit Wassergräben, Mauern und Toren geschützt. Der Zugang erfolgt durch das Osttor. Das zweite Tor (*Karamon*) zieren Schnitzereien, es stammt noch aus dem Fushimi-Schloß. Unter die Fußbodendielen der Korridore sind Metallklammern genagelt, die ein Anschleichen ungebetener Gäste durch die entstehenden Geräusche unmöglich machten. Ausdrucksstarke Wandmalereien der Kano-Schule (des 17. Jh.), oft auf wandfüllendem Goldgrund, bilden die üppige Dekoration in den Sälen, Empfangszimmern und Wohnungen. Manchmal ist die Oberwand vollständig in feines Schnitzwerk aufgelöst.

Eine entgegengesetzte Interpretation erfährt der Shoin-Stil durch die Ideale der Teemeister. In ihrem Sinne und ganz in der oben beschriebenen

Bauweise entstand der kaiserliche Landsitz Katsura (**Katsura Rikyu**, wohl Ende 16. Jh. begonnen) mit der Hauptgebäudegruppe des *Alten Shoin* (ältester Teil), des *Mittleren Shoin* und des *Neuen Shoin* (Anbau im 17. Jh.), die zueinander versetzt, aber mit Korridoren verbunden und durch den Unterbau vor Hochwasser geschützt sind. Die schmucklosen Einbauten der in jüngster Zeit restaurierten Gebäude werden, auch wenn die gedämpfte, schwarze und gelbbraune Farbgebung der naturbelassenen Sandel- und Ebenhölzer besticht, vor allem wegen ihrer Einfachheit bewundert. Kleine Details wiederum, wie Griffe von Schiebetüren oder die Schlüsel, sind aus wertvollsten Materialien. In allen drei Räumen des Mittleren Shoin befinden sich Wandmalereien der Kano-Schule. Andere, kleinere Gebäude desselben Stils stehen in der Landschaft des nicht weniger bemerkenswerten Teichgartens. Unbedingt lohnt sich ein Blick in den Teeraum des *Shokintei*, das gegenüber dem Shoin auf der anderen Seite

*Kaiserlicher Landsitz Katsura (Katsura Rikyu, Ende 16. Jh. begonnen) in Kyoto*

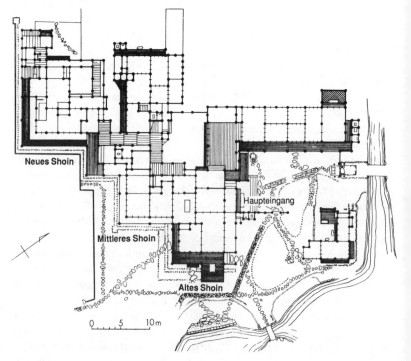

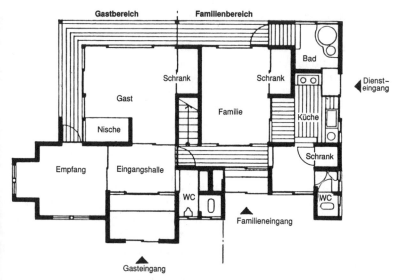

*Grundriß eines japanischen Stadthauses zu Beginn des 20. Jh.*

des Teiches liegt. Das Teehaus *Gepparo* neben (vor) dem Alten Shoin besteht fast vollständig aus Bambus.

Auch die drei Sommervillen des **Shugakuin Rikyu** (17. Jh., wiederholt renoviert) zeigen sich in diesem Baustil, insbesondere die Mittlere mit der Empfangshalle (Kyakuden) und Wandmalereien.

Eine weitere Variante des Teestils entwarf der Gartenmeister Kobori Enshu mit den Teehäusern des **Kohoan** (vermutlich 1612), der heute beim Daitokuji steht.

Seit dem Ende des Zweiten Weltkrieges gibt es Wohnungen, deren europäisches Muster mit einem oder zwei japanischen Räumen — Tatami statt Möbel — ergänzt wurde. Die um eine Wohnküche angeordneten Räume lösten die Wohnform mit Gästezimmer und abgelegener Küche ab. Der moderne Wohnungsbau westlicher Prägung wird jedoch vielfach nur in Kombination mit einer Möbelarchitektur verkauft, welche die traditionelle Nutzungsvielfalt der japanischen Wohnräume einschränkt, und erscheint daher geeignet, das Wohnverhalten des Japaners im Sinne westlicher Verhaltensmuster zu manipulieren. Vielleicht findet die Architektur gerade der japanischen Moderne jedoch einen Weg, die erprobte Fähigkeit zur räumlichen Bescheidenheit in einen neuen Anspruch umzusetzen (Farbabb. 19).

## Teekunst

Auch wenn die Teepflanze selbst aus klimatisch wohl noch günstigeren Hochlagen stammt (sie soll in China schon 2700 v.u.Z. bekannt gewesen sein), so ist die Kunst der Zubereitung dieses belebenden Getränks doch in Japan beheimatet. Zum ersten Mal 729 erwähnt, fand das Teetrinken in Adelskreisen bald guten Zuspruch (9. Jh.). Seine eigentliche Verbreitung begann aber erst um 1200, nachdem ein Zen-Mönch auf seiner China-Reise den zu Pulver zerriebenen grünen Tee entdeckte und die Pflanze ein zweites Mal einführte. Das Getränk galt zunächst als Medizin, wurde Buddha dargebracht und half bei langen Meditationssitzungen, bevor es um die Mitte des 14. Jh. zum Mittelpunkt eines chinesischen Gesellschaftsspiels wurde, bei dem die besten Teesorten herauszuschmecken waren. Im folgenden Jahrhundert kamen noch weitere Formen der Teegesellschaft hinzu, die bald unter den wesentlichen Einfluß der Samurai gerieten. Denn sie waren es, die die ersten Regeln aufstellten, die für das gemeinsame Teetrinken gelten sollten. Bedeutsam war dabei die Verlegung der Teegesellschaft vom Teehaus in den Teeraum (Shoin) des Wohnsitzes, so wie er sich noch heute in der Togudo (1486) des Ginkakuji zeigt. Manchmal stand noch ein kleiner Tisch in dem nüchternen, wenige Matten großen Raum. Der Gastgeber hat sich mitunter monatelang auf eine Teegesellschaft, die mehrere Stunden dauerte, vorbereitet. Und wenn die wenigen, aber ausgesuchten Kunstgegenstände oder das Teegerät ihren Platz wie zufällig einnahmen, dann sprach daraus die hohe Kunstfertigkeit im Arrangement. Der Einfluß schon der ersten großen Teemeister (Shuko, Joo, 15. Jh. und erste Hälfte 16. Jh.) reichte weit über den Rahmen ihrer eigentlichen Kunst hinaus. Der bedeutendste unter ihnen, Sen no Rikyu (1521/22-1591), schuf viele Räumlichkeiten selbst, etwa den berühmten Teeraum im Myokian. Der geniale Kobori Enshu (1579-1647), wie Rikyu kein Mönch, aber in der Schule des Zen sehr wohl bewandert, war außerdem Architekt und Gartenmeister und entwarf unter anderem das elegante Kohoan. Um diese Zeit entstanden auch die Teehäuser des Katsura Rikyu und des Shugakuin Rikyu.

Die Kunst des Teetrinkens wird heute von etwa 40 Schulen unterrichtet, die unterschiedliche Auffassungen vom Ablauf einer Teegesellschaft entwickelt haben. Die bedeutensten sind die Schulen Omote Senke und Ura Senke, deren Meister beide von Enkeln des Sen no Rikyu abstammen, sowie die Schulen Enshu und Mushanokoji Senke. An diesen Schulen ist die Ausbildung sehr teuer und kann Jahre dauern. Eine Teegesellschaft,

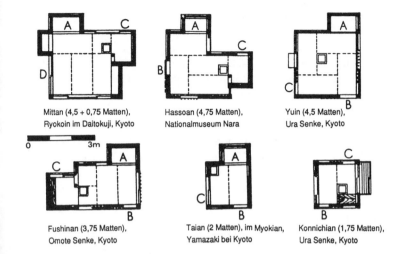

*Grundrisse berühmter Teeräume*
A  *Tokonama*
B  *Niedriger Eingang (es war üblich, daß Gäste den Teeraum ohne Schwert und in gebückter Haltung betraten)*
C  *Eingang für den Gastgeber*
D  *Eingang für hochrangige Personen*

deren Grundformen bei allen Schulen ähnlich aussehen, findet meistens im Teeraum statt, kann aber auch ganz offen, im Freien oder etwa in gemieteten Tempelräumen, abgehalten werden. Für den Ausländer ist es nicht einfach, daran teilzunehmen, oft lernt er nur einen Teil des Ablaufs oder einen für Ausländer entwickelten Stil mit schwarz lackierten Tischen und Bänken kennen, oder er begnügt sich mit dem angebotenen Tee in einem Zen-Tempel oder der Vorführung im Hotel. Die Freude, das Teetrinken in Japan neu zu entdecken, soll aber nicht durch eine vorwegnehmende Schilderung beeinträchtigt werden, das eindrucksvollere Erlebnis ergibt die eigene Beobachtung.

| | |
|---|---|
| *Murasame no* | Des Regenschauers |
| *tsuyu mo mada hinu* | Tau ist noch nicht vergangen |
| *maki no ha ni* | Von der Zedern Nadeln |
| *kiri tachinoboru* | steigt hauchfein Nebel empor |
| *aki no yugure* | beim Abendzwielicht im Herbst. |
| | JOO |

(zitiert nach HORST HAMMITZSCH 1958)

BAUSTILE

## Die Baustile im Überblick

Wer in Japan die alte chinesische Holzarchitektur studieren möchte, weil sie im Ursprungsland nicht mehr existiert, wird bald belehrt: dies sei ureigenstes japanisches Kulturgut, und nur an wenigen Bauten lasse sich — mit einigen Einschränkungen — noch die eigentliche chinesische Bauart ablesen. Und in der Tat entstand mit Hilfe einer bis heute hervorragenden Zimmermannstechnik im buddhistischen Tempelbau ein Monumentalstil, der seine chinesischen Vorbilder nicht nur anpaßte, sondern sie auch zu überdauern vermochte (Wayo). Die ältere Bautradition besitzen allerdings die Shinto-Schreine, deren Stilarten auf ein ursprüngliches japanisches Wohnhaus zurückweisen und uns in ihrer ältesten Form seit 2000 Jahren fast unverändert überliefert sind.

Beim älteren der beiden Urstile der Schrein-Architektur, dem Taisha-Stil, liegt der Eingang an der Giebelwand, beim jüngeren Shimmei-Stil dagegen an der Traufseite. Für alle Stilarten in Japan gilt, daß sie weniger in ihrer Entwicklung beeindrucken, wie diejenigen Europas, sondern durch ihre Konstanz über lange Zeiträume.

Mit der Einführung des Buddhismus im 6. Jh. kam auch die chinesische Tempelbauweise nach Japan, wo sie heute Asuka-Stil oder Asuka Zukuri genannt wird (Horyuji bei Nara). Auch von den Tempeln der Nara-Zeit (8. Jh.) zeigen einzelne Bauten noch die ursprüngliche Architektur der Tang-Zeit (618-906), wie etwa die Kondo des Toshodaiji (jedoch schon mit japanischem Doppelschalendach) oder die Kondo des Shin Yakushiji (beide in Nara). Ohne Vorbild sind die Pagodendächer des Yakushiji (Nara), und auch das Schindeldach auf der Kondo des Muroji (bei Sakurai) ist eine japanische Erfindung. Die erhaltenen Palastbauten der Nara-Zeit sind Stiftungen an die Tempel (Dempodo im Horyuji, Kodo des Toshodaiji).

Das 8. Jh. brachte auch zwei neue Schreintypen. Aus dem Taisha-Stil entwickelte sich der Kasuga-Stil, dessen wesentliches Merkmal die pultförmige Überdachung über der Freitreppe zum giebelseitigen Eingang ist. Und aus dem Shimmei-Stil entwickelte sich der Nagare-Stil, dessen Neuerung in einem elegant verlängerten Vordach über den Stufen zum traufseitigen Eingang besteht.

Vor allem während der Zeit des Ryobu-Shinto kommt es zu gegenseitiger Beeinflussung von buddhistischer und Shinto-Architektur. So zeichnet sich der Gongen-Stil des Shinto durch einen vom buddhistischen Tempel jener Zeit entlehnten Verbindungsbau aus, der hier den eigentlichen

(Haupt-)Schrein mit der vorgelagerten, meist kleineren Opfergabenhalle verbindet.

Die Bauten wie auch die Gärten von Adelswohnsitzen der Heian-Zeit waren im Shinden-Stil angelegt. Auch wenn keine originalen Beispiele mehr erhalten sind, gibt in der Grundform doch der Byodoin (in Uji bei Nara) eine gute Vorstellung davon.

Tahoto ist ein japanischer Pagodentyp, der den einmaligen Versuch unternimmt, die Formen von Stupa und Pagode miteinander zu verschmelzen. Seine Entstehung reicht bis in die Heian-Zeit zurück. Nur kurze Zeit wirksam (Ende 12. Jh.) war der Daibutsuyo mit der einfachen, aber schwer wirkenden Struktur seiner Bauteile. Während der Song-Dynastie war er in ostchinesischen Küstenprovinzen verbreitet.

In der Kamakura-Zeit errichteten Krieger (Buke) ihre Wohnsitze in einem vereinfachten Shinden-Stil, es sind jedoch keine Beispiele dieses Buke-Stiles mehr erhalten.

In der zweiten Hälfte des 13. Jh. kam aus dem südlichen China ein Stil nach Japan, dessen leichter, unauffälliger Dekor den großen Bauteilen die Schwere zu nehmen vermochte. Zen-Mönche bereicherten diesen Karayo in Japan unter anderem durch das typische, glockenförmige Fenster.

**Die moderne Architektur**

Entscheidend für die neueste Architektur in Japan war die Technologische Hochschule, die schon bald nach ihrer Gründung (1877) zur Fakultät der Bauingenieure an der Universität von Tokyo wurde. Studienreisen nach Europa brachten historisierende Bauformen, es folgten die Skelettbauweise aus Stahl und der Stahlbeton (Rathaus in Osaka; Parlament in Tokyo).

Nach dem Vorbild der Wiener Sezession (1897) und der Jugendstil-Bewegung entstanden 25 Jahre später die ersten Bauten, die eine Stilnachahmung (Eklektizismus) bewußt vermieden. Mit der Industrialisierung hielt auch der Internationale Stil (zweites Viertel 20. Jh.) Einzug, was den Anstoß zur Auseinandersetzung mit der eigenen Tradition gab. Viel Beachtung fand das Seminar von Konrad Wachsmann (1955), der in den USA lehrte, und starken Einfluß übten die kubischen und flächigen Formprinzipien von Le Corbusier aus: Präfektur-Verwaltung in Takamatsu, K. Tange 1958; Städtische Festhalle in Tokyo, K. Maekawa 1961 (Maekawa wurde auch mit dem Entwurf für das Museum für Ostasiatische Kunst in Köln [1977] beauftragt).

Die Entwürfe erweiterbarer Großstrukturen (»Metabolismus«, 1959-1970) wurden glücklicherweise nur in geringem Maße verwirklicht. Die Bauindustrie war während des Wiederaufbaus zum bestimmenden Faktor geworden. Die Architekten zeigten in der »Ära der Unmoral (1965-1973) anstelle eines Engagements für soziale Aufgaben eine Suche nach künstlerischem Ausdruck« (H. Suzuki). In einem Jahrzehnt, in dem die Grundstückspreise in städtischen Verdichtungsräumen um 400 % stiegen (1960-70), das Realeinkommen aber nur um 76 %, trat das Wohnhaus als Architekturform in den Hintergrund.

Dennoch gibt es auch in dieser Zeit Glanzlichter, etwa das beispielhafte Einfamilien-»Regenschirmhaus« in Tokyo/Nerimai, dessen Dachkonstruktion von innen wie ein aufgespannter Regenschirm aussieht (K. Shinohara, 1961); oder das achteckige Nippon-Budokan in Tokyo/Chiyoda (M. Yamada 1961); das Museum der 26 Märtyrer in Nagasaki (K. Imai, 1962); das Verwaltungsgebäude des Izumo-Schreines in Taisha (K. Kikutake, 1963); die Internationale Kongreßhalle in Kyoto (S. Otani, 1966, 1971 erweitert); die Shohondo des Taisekiji in Fujinomiya (K. Yokoyama, 1972).

Der »New Brutalism« ist in Tokyo/Shibuya mit den »Reihenhäusern am Hang« von F. Maki vertreten (1969/79), und in Urawa steht das Kunstmuseum der Präfektur Shimane von K. Kurokawa (1982), der in der »Ära der Unmoral« mit seiner Kapselarchitektur bekannt wurde.

Heute zeigt sich die japanische Architektur in größerer Vielfalt als je zuvor und beginnt, ihre einstigen Lehrmeister zu übertreffen. In Fukuoka entstand die tonnenförmige Konko-Kirche, erbaut von einer Schule des Shinto (K. Rokkaku, 1980); in Tokyo/Shibuya entwarf H. Oe das Nationale No-Theater (1983), das durch die Pyramidendächer mit ihren Aluminiumstäben auffällt; und in Tsukuba, 70 km nordöstlich von Tokyo, entsteht ein Zentrum für 11 000 Wissenschaftler, dessen Design immer wieder neue Einfälle des Architekten A. Isozaki schildert.

Seit der Kamakura-Zeit entwickelte sich aus den heimisch gewordenen älteren Bauweisen und dem neuen, zum Karayo modifizierten Stil ein als Wayo bezeichneter japanischer Baustil, wie er in der Tempelarchitektur der Muromachi-Zeit (1392-1573) vorherrschte und bis in die Edo-Zeit die Regel blieb. Typisch für den Wayo ist neben der zentralen Haupthalle, der flachen Dachschwingung und dem tiefen Dachvorsprung eine variantenreiche Ausbildung von Trauf- und Giebelansichten und die Naturbelassenheit der Bauteile.

Die Wohnbauten und Paläste der profanen Architektur hingegen greifen mit der Maßordnung des Grundrisses und der Addierbarkeit der Wandbauteile den technischen Gedanken der Industrialisierung schon 200 Jahre vor den Europäern auf. Dieser Shoin-Stil liefert die architektonische Grundlage sowohl für die Adels- und Priesterwohnsitze der Momoyama-Zeit (16. Jh.) als auch für die so berühmt gewordenen schlichten japanischen Teehäuser des 16. und 17. Jh.

| | Shintō Schreine | Buddhistische Tempel | Wohnbauten, Paläste |
|---|---|---|---|
| Taisha-Stil (Eingang giebelseitig) | Izumo Taisha, 71 v.u.Z.(?) gegründet, Izumo<br>Sumiyoshi Taisha, 3.Jh.(?) gegründet, Osaka | | |
| Shinmei-Stil (Eingang traufseitig) | Ise Daijingu, 3./5.Jh. gegründet, bei Iseshi<br>Atsuta Jingu, 3.Jh.(?) gegründet, Nagoya | | |
| Asuka-Stil | | Horyuji, 7.Jh., bei Nara<br>Hokkiji, Pagode, 7.Jh., bei Nara | |
| Tang-Stil | | Toshodaiji, Kondo, 8.Jh., Nara<br>Shin-Yakushiji, Kondo, 8.Jh., Nara | Toshodaiji, Kodo, 8.Jh., Nara<br>Dempodo im Horyuji, 8.Jh. |
| Kasuga-Stil | Kasuga Jinja, 8.Jh. gegründet, Nara | | |
| Nagare-Stil | Inari-Schrein in Fushimi, 711 gegründet, Kyoto | | |
| Gongen-Stil | Kitano Temmangu, 10.Jh. gegründet, Kyoto | | |
| Shinden-Stil | | Byodoin, 11.Jh., Uji | |
| Tahoto | | Ishiyamadera, 12.Jh., bei Otsu | |
| Daibutsuyo (Daibutsu-Stil) | | Todaiji, Wiederaufbauten, 12.Jh., Nara | |
| Ryobu | Kotohiragu, ab 17.Jh., Kotohira (auf Shikoku)<br>Toshogu, 1636, Nikko | Daiyuin, 17.Jh., Nikko | |
| Karayo ("Zen-Stil") | | Engakuji, Shariden, 14.Jh., Kamakura<br>Eiheiji, Butsuden, Hatto- bei Fukui | |
| Wayo (Japanischer Stil) | | Daitokuji, Sammon, 1479 begonnen, Kyoto<br>Kofukuji, (To)Kondo, 1415, Nara<br>Ninnaji, Kondo, 17.Jh., Kyoto | |
| Shoin-Stil | | | Togudo, 1486, im Garten des Ginkakuji, Kyoto<br>Samboin, Ende 16.Jh., im Daigoji, bei Kyōto<br>Katsura Rikyu, Ende 16.Jh begonnen, Kyoto<br>Nijojo, 1603, Kyoto |

# WEST-HONSHU

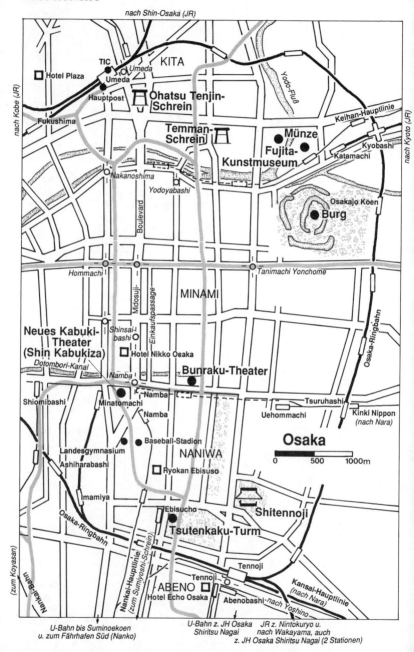

# NACH WESTEN

## Osaka

Bereits im 7. und 8. Jh. residierten in Naniwa, dem heutigen Osaka, mehrere Herrscher und hielten über den Hafen wichtige Verbindungen, vor allem zu Korea. Eine zentrale Bedeutung erhielt die Stadt aber erst im 16. Jh. durch den Entschluß von Hideyoshi, hier seine Burg zu errichten und Kaufleute heranzuziehen. Als sein Nachfolger Ieyasu das Shogunat nach Edo (Tokyo) verlegte, blieb Osaka bis ins 19. Jh. der größte Handelsplatz Japans. Es besitzt heute als wichtigstes Industrie- und Handelszentrum nach Tokyo den internationalen Flughafen Itami (30 Busminuten nördlich vom Bahnhof Shin-Osaka) mit Flugverbindungen nach Frankfurt und in die europäischen Hauptstädte, nach Asien und Amerika. Über den **Seehafen** wird mehr als ein Drittel des gesamten Außenhandels abgewickelt. Schiffsverbindungen führen von der Anlegestelle am Benten-Kai (Benten Futo; 15 Wegminuten zur JR/U-Bahnstation Bentencho) oder vom Fährhafen Süd (Nanko; Straßenbahn zur U-Bahnstation Suminoekoen) über Takamatsu und Matsuyama (beides auf Shikoku) bis nach Beppu auf Kyushu (13 bis 17 Stunden) oder direkt bis nach Naha auf den Ryukyu-Inseln (2 Tage). 2 Tage braucht auch die wöchentliche Fähre nach Shanghai, während eine andere Fährlinie in 21 Stunden nach Pusan (Korea) übersetzt.

Das Gelände, auf dem 1970 die Weltausstellung **EXPO 70** stattfand, wurde in einen großen Park verwandelt mit einem Japanischen Garten, einem auch architektonisch bemerkenswert gestalteten Völkerkundemuseum und einem großen Vergnügungspark (beide mittwochs geschlossen). Zu erreichen ist das nördlich der Stadt gelegene Areal in etwa 20 Busminuten entweder von der JR-Station Ibaraki oder von der U-Bahnstation Senri Chuo. Das neue **Internationale Ausstellungszentrum** (1985) mit 45 000 m² Ausstellungsfläche liegt im Südosten im Hafen der Stadt und ist durch eine Straßenbahn mit der U-Bahn-Endhaltestelle Suminoekoen verbunden.

Die Züge der Shinkansen-Linie halten in Shin-Osaka, 5 Bahnminuten nördlich des Hauptbahnhofs; die Fahrzeit nach Tokyo beträgt ebenso wie die nach Hakata (Fukuoka) in die entgegengesetzte Richtung nur 3 Stunden. Von den sechs U-Bahn-Linien verbindet die Midosuji-Linie die Station Shin-Osaka mit dem Hauptbahnhof (5 Minuten) und den Stadtteilen Namba (15 Minuten) und Tennoji (20 Minuten).

Der Hauptbahnhof im Stadtteil **Umeda** bildet den Kern des nördlichen Verkehrszentrums der Stadt. Die Stationen der JR, der anderen Privatbahnen und der U-Bahnen sind durch eine unübersehbar große Einkaufsfläche mit weit über 500 Geschäften und Restaurants miteinander verbunden. Außer der U-Bahn führt auch eine Ringbahn der JR in etwa 20 Minuten zu den südlichen Verkehrsknotenpunkten Tennoji und Namba. Dazwischen liegen das Hotel- und Verwaltungsviertel um die Flußinsel Nakanoshima und die beiden durch den 44 m breiten **Midosuji-Boulevard** verbundenen Einkaufsparadiese Hommachi und Shinsaibashi. Die auf 700 m überdachte Shinsaibashi-Einkaufspassage, die an der östlichen Seite des Midosuji-Boulevards und parallel dazu verläuft, führt zum Dotombori-Kanal in ein Viertel, das nachts noch belebter ist als tagsüber.

Südlich davon befinden sich neben anderen Theatern das für seine Aufführungen des Bunraku (Puppenspiel) bekannte *Asahi-Theater* und, schon in **Namba**, das *Shin-Kabukiza* mit ebenso bedeutenden Kabuki-Aufführungen. Etwa auf halber Strecke zwischen diesen beiden Theatern liegt die unterirdische Einkaufsstraße Nijinomachi, und ein weiteres Einkaufszentrum ist in das Gebäude der Endstation Namba der Nakai-Hauptlinie integriert. Die Wettkämpfe einer der beliebtesten Sportarten Japans finden 500 m weiter südlich im Baseball-Stadion statt. Vom Kintetsu-Endbahnhof Namba erreichen die Züge der Linie Kinki Nippon in ½ Stunde Nara.

Die **Burg** von Osaka, einst die mächtigste Festung des Landes

(1583), wurde mehrmals zerstört. Die eindrucksvolle Rekonstruktion aus Beton (1931 und nach dem Zweiten Weltkrieg) mit dem fünfstufigen Dach über sieben Stockwerken steht auf dem alten Steinsockel, der, schon begrünt, 14 m hoch aus dem Wassergraben ragt, und bietet heute einem *Museum* Platz (Wandschirm-Malereien u.a.). Von oben beeindruckt das Häusermeer rund um die ausgedehnten Park- und Sportanlagen. Der Fußweg dauert von der U-Bahnstation Tanimachi Yon Chome auf der einen oder von der Ringbahnstation Osakajo Koen auf der gegenüberliegenden Seite 15 bis 20 Minuten.

Eine Viertelstunde nördlich der Burg zeigt das **Fujita-Kunstmuseum** (Fujita Bijutsukan) 4000 Exponate, darunter wertvolle Kalligraphien. Es ist nur von Mitte März bis Mitte Juni und von Mitte September bis Anfang Dezember geöffnet.

Auf der anderen Seite des Yodo-Flusses steht die 1871 gegründete **Münze** mit einem kleinen Museum. Der Garten der Münze darf von den Besuchern nur zur Kirschblüte Mitte April betreten werden, wobei man sich mindestens 10 Tage vorher anmelden sollte. Der **Temman-Schrein** (Temmangu, 949 gegründet) ist einem Gelehrten geweiht und bekannt durch sein Fest, das Tenjin Matsuri, bei dem ein Umzug von vielleicht 50 Booten auf dem nächtlichen Dojima, einem Arm des Yodo-Flusses, ein großartiges Lichterschauspiel bietet (25. Juli).

Versteckt in einem Viertel mit kleinen Lokalen liegt der **Ohatsu Tenjin-Schrein** (10 Minuten vom Hauptbahnhof); hier spielte die tragische Liebesgeschichte »Sonezaki Shinju«, zu der einer der populärsten Schriftsteller der Edo-Zeit, Monzaemon Chikamatsu, ein Drama schrieb.

Nur noch die jüngste der zahlreichen Rekonstruktionen (1963, Beton) ist von der wohl ältesten bekannten buddhistischen Tempelgründung (593), dem **Shitennoji**, zu sehen. An seiner Westseite steht der *älteste Stein-Torii Japans* (1294). Zum Todestag des Gründers, Prinz Shotoku (22. April), werden Bugaku-Tänze aufgeführt. Der Shitennoji liegt im südlichen Stadtgebiet nur wenige Straßenzüge von der Ringbahnstation **Tennoji** entfernt. Von hier fahren alle 10 bis 20 Minuten Züge der JR über Horyuji (20 Minuten) nach Nara (weitere 10 Minuten). Eine Aussicht weit über den Stadtteil Tennoji hinaus bietet aus 94 m Höhe der *Tsutenkaku-Turm*.

Von der Station Ebisucho in der Nähe des Aussichtsturmes oder auch von den Bahnhöfen Tennoji oder Namba gelangt man jeweils mit Zügen der Nankai-Bahn in ca.

20 Minuten zum Sumiyoshi-Schrein (**Sumiyoshi Taisha**) im Süden der Stadt. Er wurde (angeblich im 3. Jh.) den Meeresgottheiten geweiht und im 5. Jh. von Kaiser Nintoku an den heutigen Standort verlagert. Die Hausform der vier Hauptschreine, denen je eine Gebetshalle vorgelagert ist, zeigt den älteren der beiden Urstile des Schreinbaues, den Taisha-Stil, mit der bemerkenswerten Änderung, daß die Eingangsöffnung, die sich bei dieser Bauweise stets an der Giebelseite befindet, genau in der Mitte der Wand liegt (von F. BALTZER auch als Sumiyoshi-Stil bezeichnet). Beim unveränderten Taisha-Stil war der Eingang in der einen Hälfte der Giebelwand, neben dem Pfosten, der den Firstbalken trug. Eine doppelte Umzäunung aus einem Balken- und dem dahinterliegenden Bretterzaun befindet sich unmittelbar vor den Schreingebäuden und ist niedrig genug, um die Bauweise auch einmal aus der Nähe studieren zu können. Nach der Zerstörung im Zweiten Weltkrieg wurden die in rot und weiß gehaltenen Schreine unter anderem aus Beton, aber mit ihrem Dach aus den feingeschnittenen Baststreifen der Zypresse, wieder aufgebaut. So ein Dach liegt auch über dem Umgang aus grün gestrichenen Holzgittern zwischen roten Pfeilern, der den inneren Bereich vom Parkgelände außen abgrenzt. Am westlichen Ausgang verbergen vitrinenartige Häuschen hinter einem hölzernen Rautengitter vier besonders schöne *Steinlaternen (Ishidoro)*.

*Sumiyoshi Taisha, gegründet im 3. Jh. (?)*

Beim ersten der beiden Schreinfeste (14. Juni) pflanzen zwölf Mädchen in bäuerlichen Trachten die Setzlinge der Reispflanzen in die Reisfelder des Schreines, wobei Musik und Volkslieder die Zeremonie begleiten. Das Große Schreinfest findet vom 30. Juli bis 1. August statt.

## Im Umkreis von Osaka

**Kobe**, Verwaltungssitz der Präfektur Hyogo und heute eine der bedeutendsten Hafenstädte, wurde im Zweiten Weltkrieg so stark zerstört, daß keine alte Bausubstanz mehr erhalten ist. Die 1,4-Millionen-Stadt entstand aus den beiden Orten Hyogo, schon früh als Hafen bekannt und im 12. Jh. Sitz der Taira, und Kobe, das nach der Öffnung des Landes für Ausländer als deren Wohnbezirk bestimmt wurde. Auch heute leben Zehntausende von Ausländern hier, und im Yamate-Viertel trifft man noch auf Häuser im viktorianischen Kolonialstil. Im *Hafen*, der 1906 ausgebaut wurde und von Tausenden ausländischer Schiffe angelaufen wird, wurde eine über 4 km² große Hafeninsel angelegt mit Internationalem Konferenzzentrum, Hotel, Einkaufsbereich, Sportzentrum, Vergnügungspark (im Minamikoen) und einer Perlen-Ausstellung. Denn Kobe ist ein Zentrum der bearbeitenden Industrie für Zuchtperlen. Hafenrundfahrten und die Fähren nach Shikoku, Awaji und Kyushu legen vom Nakatottei-Kai ab. Hier steht ein über 100 m hoher *Aussichtsturm* (»Port Tower«, 1963). Bekannt sind auch das Rathaus (1957), das Stadtmuseum, dem das Namban-Kunstmuseum (Namban Bijutsukan) angeschlossen ist, und ein Sake-Brauereimuseum (Hakutsuru Sake). Der *Sake* (Reiswein) aus der Region Kobe wird auch heute noch wegen seiner vorzüglichen Qualität sehr geschätzt. Tradition besitzen auch die Schwerindustrie und die Werften, die sich an der kilometerlangen Stadtküste ansiedelten. Sehenswert ist der Ausblick von den *Rokko-Bergen*, die die langgestreckte Stadt zum Land hin begrenzen, auf das nächtliche Kobe. Gut 10 km westlich des Zentrums, von der JR-Station Akashi noch eine halbe Busstunde entfernt, liegt der *Taisanji* mit einer Haupthalle aus dem Jahr 1304.

Im Süden Osakas befinden sich zahlreiche Hügelgräber, unter ihnen das **Nintokuryo** (5. Jh., s.S. 14), das allerdings nicht betreten werden kann, da es zum kaiserlichen Besitz gehört. Die Gräber sind zu erreichen mit der Nankai-Linie (z.B. von der Station Sumiyoshi Higashi östlich des Sumiyoshi-Schreines) bis Mikunigaoka

# WEST-HONSHU

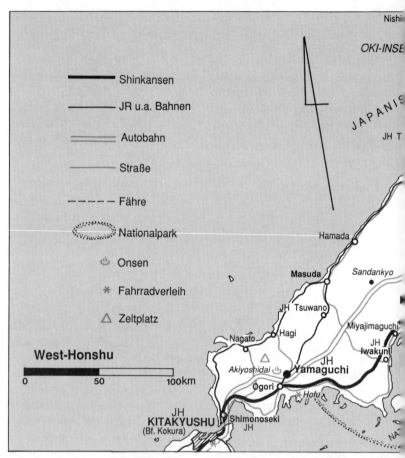

oder mit der JR vom Bahnhof Tennoji bis Muzo (ca. 20 Minuten).

### In den Bergtälern der Halbinsel Kii

In südöstlicher Richtung von Osaka, schon auf der Halbinsel Kii, (s. Karte S. 186), liegt der *Yoshino Mikumari-Schrein* (1604), ein ausgeprägtes Beispiel für die reichhaltige Architektur der Momoyama-Zeit. Er war über ein halbes Jahrhundert lang Sitz jenes Kaiserhauses, das sich im 14. Jh. vor den Truppen der Ashikaga hier in Sicherheit brachte (Nambokucho-Zeit). Die bis auf 455 m ansteigenden **Yoshino-Berge** sind

seit frühester Zeit berühmt für die Blüte des *Sakura*-Baumes, der japanischen Kirsche. Die Sakura-Wälder von Yoshino ziehen sich über mehrere Kilometer und bestehen aus Zehntausenden von Bäumen. Die Blütezeit der Haine, deren Anlage auf einen buddhistischen Mönch (7. Jh.) zurückgeht, dauert etwa vom 8. bis 18. April.

Der Ort **Yoshino** mit seiner sehenswerten Altstadt besitzt in der 34 m hohen Zaodo (im 15. Jh. neu) des Kimpusenji die zweithöchste aus Holz gebaute Tempelhalle Japans. Am Tempeltor wachen Nio-Statuen berühmter Meister des 12. und 13. Jh. Aus derselben Zeit stammen der Yoshimizu- und der Katte-Schrein, und der Landschaftsgarten des Chikurinji wurde von Sen no Rikyu angelegt. Die Anfahrt von Osaka/Abenobashi (gegenüber der Station Tennoji) oder auch von Osaka/Namba über Yoshinoguchi dauert über 1 Stunde.

Zu den Tempeln des **Koyasan** fahren vom Bahnhof Tennoji aus Züge der JR in 1 Stunde über Oji (umsteigen) bis Hashimoto; von hier dauert die Weiterfahrt über Gokurabashi bis auf den Koyasan noch 40 Minuten. Von der Station Namba fährt die Koya-Linie der Nankai-Bahn direkt bis Gokurabashi (80 Minuten); von dort gelangt man mit einem Schrägaufzug in 5 Minuten auf das annähernd 900 m hoch gelegene Plateau des Koyasan, auf dem eine weitläufige Klosteranlage mit über 100 Gebäuden auch viele Möglichkeiten zur Übernachtung bietet. Die Teilnahme an einer Morgenandacht der Mönche wird gern ermöglicht und sogar begrüßt.

Ein Bus fährt von der Seilbahnstation bis zur Nyonindo (1,7 km), der ehemaligen Halle der Frauen. Noch im vorigen Jahrhundert hatten Frauen nur bis zu diesem Gebäude Zutritt. Wer keine Übernachtung durch ein Reisebüro gebucht hat, kann sich hier noch anmelden.

Etwa in der Mitte der Klosterstadt, die sich zwischen Zedern- und Pinienbeständen auf einer Fläche von 5,5 mal 2,2 km ausbreitet, befindet sich der zuletzt 1861 wiedererrichtete Haupttempel *Kongobuji* (10 Gehminuten von der Nyonindo). Einen halben Kilometer weiter westlich steht das älteste Gebäude auf dem Koyasan, die *Fudodo* (1198). Das Motiv ihrer Dachfläche, die bis über die Eingangsstufen verlängert wurde, stammt aus der Schrein-Architektur des Shinto (Nagare-Stil) und belegt ihren Einfluß auch auf buddhistische Tempel. Auf der westlichen Seite stehen auch die Haupthalle (Kondo, 1932), die Gründerhalle (Mieido) mit einem Bild des Tempelgründers Kobo Daishi und einem 1096 entstandenen Gemälde, das den Eingang Buddhas ins Nirwana darstellt, sowie eine Pagode (Kompon Daito, 1937 neu) und das Große Tor (Daimon, 1708).

Das Schatzhaus des Koyasan (Reihokan) im südlichen Bereich der Klosterstadt hat seine bedeutendsten Kunstwerke dem Nationalmuseum in Tokyo anvertraut. Im Süden stehen auch die Koyasan-Hochschule und eine weitere Pagode.

Das Hauptziel der Pilger, die Grabstätte des Gründers, liegt gut 3 km östlich des Kongobuji. Von der Seilbahnstation fahren Busse in 15 Minuten bis zur Ersten Brücke (Ichinohashi). Die 2 km lange

Straße zum Mausoleum (*Okunoin*) führt über die Brücke weiter durch einen dichten Wald alter Zedern, in dem die Gräber Tausender von Gläubigen liegen, bis zu einer kleinen Erhebung mit dem von Bäumen umgebenen Grabmal.

**Die Küsten der Halbinsel Kii**

Eine Rundfahrt entlang der Küste der Halbinsel Kii könnte in **Wakayama**, der Hauptstadt der gleichnamigen Präfektur, etwa 60 km (45 Bahnminuten) südwestlich von Osaka, beginnen. Eine Fähre verbindet Wakayama mit Komatsujima auf Shikoku. Hauptattraktionen Wakayamas sind die vor 400 Jahren entstandene *Burg* (1958 neu) mit Blick auf die Küste, der fast 10 km weiter südlich gelegene Küstenabschnitt von Wakanoura mit dem Kada-Strand und der unter jüngeren Japanern beliebten Tomoga-Insel, sowie der landeinwärts gelegene Kimiidera, dessen Tempelgebäude zwischen Hunderten von Kirschbäumen stehen (Blüte Ende März) und eine Kannonstatue aus Holz beherbergen.

Bei Fujinami etwa 30 km südlich von Wakayama liegen die größten Mandarinen-Plantagen Japans. Weitere 30 km südlich, bei **Gobo**, wurde der *Dojoji* in ganz Japan bekannt durch das Kabuki-Drama »Musume Dojoji«, in dem sich das Mädchen Kiyohime in den Mönch Anchin verliebt. Nach nochmals 40 km, bei Minabe und Ishigame, trifft man auf insgesamt mehr als 300 000 Aprikosenbäume (*Ume*). Die Ume blüht bereits im Winter (Februar), und es herrscht Vorfreude auf den Frühling — und auf die Kirschblüte. Die Blüten des Aprikosenbaumes erscheinen noch bevor die Blattknospen aufgehen: die weißen Blüten kontrastieren mit den schwarzen Zweigen und Ästen.

Von Tanabe, einem Zentrum der Hochseefischerei an der Bucht von Shirahama, verkehren Busse landeinwärts zu den heißen Quellen von **Ryujin** (2 Stunden und 20 Minuten). Hier haben viele Unterkünfte noch die herkömmliche Architektur bewahrt.

Den beliebten Kurort **Shirahama**, dessen Unterkünfte das Wasser der heißen Quellen meist im Hause haben, verbinden Fluglinien mit Tokyo und Nagoya sowie Tragflügelboote mit Wakayama, Osaka und Kobe. Die Bahnfahrt (JR) nach Osaka/Tennoji dauert 2 Stunden.

Mehr als 100 Hotels konkurrieren mit den beiden anderen berühmten Badeorten, Beppu auf Kyushu und Atami auf der Izu-Halbinsel. Beliebte Ausflugsziele sind die Felsformen der Küste und die kleine Engetsu-Insel.

Nach einer weiteren Stunde erreicht die Bahn den Fischereihafen **Kushimoto** an der Südspitze der Kii-Halbinsel. 6 km sind es bis zum Leuchtturm am Kap Shio (Shio no Misaki). An die 40 bizarr geformte, Hashikui genannte Felsen verbinden die 2 km entfernt liegende Insel Oshima mit der Küste. Sie gehört bis zu den an Kamelhöcker erinnernden Inseln vor **Katsuura** zum *Nationalpark Yoshino-Kumano*. Von Kushimoto bis Katsuura benötigt die Bahn 35 Minuten und der Bus doppelt so lange.

Ein Teil dieses Nationalparks sind auch die bis 130 m hohen Nachi-Wasserfälle am Berg Nachi (40 Minuten mit dem Bus von Katsuura). An seinen Hängen liegt einer der drei im 4. Jh. gegründeten *Kumano-Schreine* sowie der Seigantoji.

Der *Kumano Hayatama-Schrein* befindet sich in der Stadt **Shingu** 20 km nördlich von Katsuura an der Mündung des Kumano-Flusses.

Ein besonderes Erlebnis verspricht die zwei- bis dreistündige Bootsfahrt von Shingu den Kumano-Fluß hinauf bis Shiko und weiter den Kitayama flußaufwärts bis in die felsige Doro-Schlucht (*Dorokyo*). Von Shiko fährt ein Bus in ½ Stunde zum *Kumano-Hauptschrein* (Hongu). Von dort sind es 1½ Busstunden zurück nach Shingu. Von Shingu läßt sich die Reise in den Ise-Shima-Nationalpark oder weiter bis Nagoya mit der Bahn (4 Stunden) fortsetzen.

# Himeji

Auf einer kleinen Anhöhe etwa 900 m nördlich des Bahnhofs überragen die weißen Aufbauten der **Burg**, die diese Stadt erst entstehen ließ, die Pinien und Kirschbäume eines Parkgeländes (Farbabb. 6). Eine vierspurige Allee verläuft vom Bahnhof geradewegs bis zur Burganlage, die noch vom innersten der ehemals drei Wassergräben umschlossen wird.

Durch die beiden schweren, mit Eisen beschlagenen Flügel des Otemon (Farbabb. 9) betritt der Besucher eine weite Parkfläche und schreitet auf breitem Sandweg den weißen Mauern entgegen. An der Stelle einer älteren Festung errichtet, wurde der von zwei Ecktürmen flankierte *Hauptturm* 1608 auf fünf Stockwerke ausgebaut; ihnen entsprechen im Innern sechs Etagen und ein Sockelgeschoß. Die weitläufigen Befestigungsanlagen werden durch ein ausgesuchtes Verteidigungssystem von Gängen und Pforten ergänzt. Allein der Aufstieg (in Hausschuhen) auf den Hauptturm, in dessen Räumen aus dunklem, mächtigem Gebälk Waffen und Rüstungen, Trachten und Festgewänder ausgestellt sind, ist

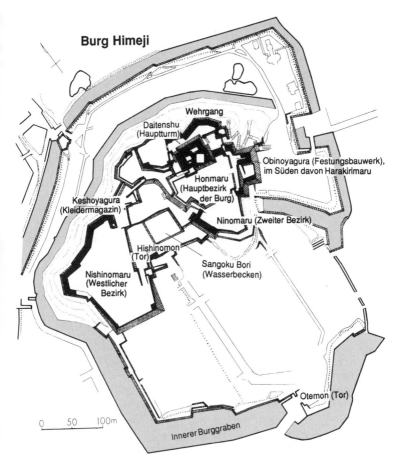

*Shirasagijo, die Burg von Himeji (1608), Lageplan*

ein Erlebnis, und von oben bietet sich ein Ausblick über den Park und die Stadt bis in die ferne Landschaft. Die »Burg des Weißen Reihers«, *Shirasagijo*, wie sie eigentlich heißt, ist eine der wenigen und zudem die größte der vollständig erhaltenen Burgen Japans.

Südöstlich des Hauptturmes befinden sich der Harakirimaru, ein Verteidigungsbau, der irrtümlich — wegen seines Namens — für einen Ort der Hinrichtung gehalten wurde. Im 12. Jh. wurde es üblich, daß insbesondere der im Kampf unterlegene Samurai seine ge-

129

kränkte Ehre durch *Seppuku*, eine Art des rituellen Selbstmordes, wiederherstellen konnte. Harakiri ist eine in die japanische Umgangssprache eingegangene Lesung der Wortzeichen für »Seppuku« (und wurde in Europa anstatt der richtigen Bezeichnung bekannt). Die durch genaue Regeln festgelegte Handlungsweise eines Seppuku (Aufschlitzen der Bauchhöhle mit dem Schwert) bot manchem Krieger oder Adligen die Möglichkeit, sich einer entehrenden Lebenslage zu entziehen. Später (17. Jh.) wurde Seppuku auch als ehrenvolle Todesstrafe für Adlige verhängt.

Mit den Zügen der Shinkansen-Linie ist Himeji in 40 Minuten von Shin-Osaka (oder 1 Stunde von Kyoto) aus zu erreichen. Die Weiterfahrt nach Okayama dauert eine halbe Stunde.

## Um den Nationalpark
## Sanin Kaigan (Nordmeerküste)

Von Himeji lohnt sich ein Abstecher zum *Nationalpark Sanin Kaigan* an der Nordküste, die mit der Bahn in 2 Stunden (bis Kinosaki) oder gut 3 Stunden (bis Tottori) zu erreichen ist. Die malerische, über 70 km lange Küste hat schon im 18. Jh. die Künstler fasziniert, und viele ihrer Bilder werden im Daijoji, einem Tempel in **Kasumi**, gezeigt. Etwa 6 km nördlich von **Tottori** (Busverbindung) beginnt ein bis zu 2 km breiter und 16 km langer Küstenstreifen mit Sanddünen wie in der Wüste. Erst 1963 wurde die Vielfalt der Küstenbildungen des Sanin zum Anlaß, sie zum Nationalpark zu erklären. Von Tottori fährt die Bahn in gut 2 Stunden nach Okayama an der Südküste oder entlang der Nordküste in 3 Stunden bis Matsue.

Auch die *Bucht von Wakasa* (Quasi-Nationalpark), östlich des Sanin, ist ein beliebtes Ausflugsziel. Schon vor 350 Jahren zählte man die Nehrung von **Amanohashidate** (6 km nördlich von Miyazu) zu jenen drei Landschaften, die als besonders typisch für Japan gelten (siehe Itsukushima [auf Miyajima] und Matsushima [bei Sendai]). Ihnen gemeinsam sind uralte Kiefernbestände, wie sie auch hier noch auf der dreieinhalb Kilometer langen, aber sehr schmalen Landzunge wachsen.

Nach altem Mythos standen auf dieser »Himmelsbrücke« (Amanohashidate) die Stammeltern Izanagi und Izanami, als sie die Welt erschufen. Die ersten japanischen Geschichtswerke (8. Jh.) berichten: »Und siehe, die Masse verdickte, und was von dem herausgezogenen Speer herabtropfte, war die erste der japanischen Inseln, die Insel schlechthin. Zu ihr stieg das [...] Paar hinab. ‚Wie ist', so fragte Izanagi, ‚dein Körper beschaffen?' ‚Mein Körper', antwortete Izanami, ‚wächst an allen seinen Teilen außer an einem.' ‚Auch der meinige', sagte Izanagi, ‚wächst an allen seinen Teilen, doch an einem ganz besonders. Gut wäre es, ich verbände diesen Teil meines Körpers mit dem Teil des deinen, der nicht wächst.' Und sie schritten um den Mittelpfeiler ihres Hauses und zeugten miteinander die Fülle der anderen Inseln.« (nach HANS SCHWALBE).

Von **Miyazu** fährt ein Boot entlang der Küste bis Monju (Seilbahn auf den Aussichtsberg) und entlang der Landzunge auf die andere Seite der Miyazu-Bucht. Auch dort blickt man vom Nariai-Berg (Seilbahn bis zum Kasamatsu-Park) weit über die Bucht. Miyazu ist ebenso wie Monju, dessen Bahnhof Amanohashidate heißt, auch von Kyoto (gut 2½ Stunden) oder Osaka (3½ Stunden) zu erreichen.

## Okayama und Umgebung

Vom Platz vor dem Bahnhof von **Okayama**, unter dem sich eine große Einkaufszone befindet, führt eine Hauptstraße (mit Straßenbahn) geradeaus nach Osten in Richtung der fast 2 km entfernten »Rabenburg« *Ujo*. Die Wände der am Ufer des Asahi-Flusses gelegenen Burg (1573 begonnen) waren ursprünglich schwarz verputzt; unglücklicherweise wurde sie im Zweiten Weltkrieg zerstört, bis 1966 aber wieder rekonstruiert.

*Ujo, die Rabenburg in Okayama*

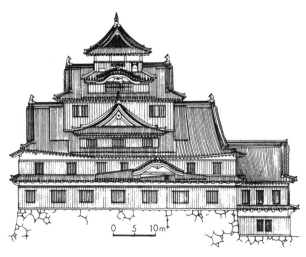

*Wegführung im Korakuen, Okayama*

Auf der anderen Seite des Flusses — genauer: auf einer Flußinsel — liegt der um 1700 angelegte *Korakuen*, einer der schönsten Gärten Japans. Er wurde von der Schule des Meisters Enshu als typischer Spaziergarten angelegt. Vom Eingang an der Nordseite gelangt der Besucher auf sorgfältig angelegten Sandwegen zu mehreren Teichen, einem Gästehaus, zwei Teehäusern, einer No-Bühne und weiteren Pavillons. Alle Gebäude entstanden nach 1945, aber an ihrem ursprünglichen Standort. Wie viele Arten es doch gibt, den Weg über einen Bach zu führen! Ein 7 m hoher Felsen wurde in 93 Teilen herbeigeschafft. Von der mit Azaleen und dem immergrünen Teestrauch bewachsenen Erhebung (Yuishinzan) in der Mitte des Parks sieht der Betrachter auf eine verkleinerte Natur. Es will scheinen, daß die Burg zum Garten gehört, nicht umgekehrt.

Die Gegend um Okayama und östlich davon, die Altprovinz Bizen, wurde bekannt durch ihre Keramik (Bizen Yaki). Westlich von Okayama (etwa 10 Minuten mit der JR-Kibi-Sen-Linie bis **Ichinomiya**) befindet sich der *Kibitsu-Schrein* mit einem Hauptgebäude (1425), dessen Äußere Kammer eine Innere Kammer umschließt. Über beiden Räumen liegt ein gemeinsames Fußwalmdach, dessen Firstaufbau aber verdoppelt wurde. Dieses Motiv der Firstverdoppelung entstand durch das Aneinanderrücken zweier Schreingebäude.

2 km weiter westlich liegt der 350 m lange und 24 m hohe *Tsukuriyama* mit einem der größten Hügelgräber Japans. Nicht weit davon zieht die fünfstöckige Pagode des Bitchu Kokubinji den Blick auf sich — daneben ein weiteres Hügelgrab (Koruhime).

Ein relativ gut erhaltenes Stadtbild besitzt **Kurashiki** (¼ Bahnstunde westlich von Okayama). Unter seinen zahlreichen Museen befinden sich das einem griechischen Tempel nachempfundene Ohara-Kunstmuseum (Ohara Bijutsukan) mit Werken moderner Künstler, zwei Städtische Kunstmuseen mit dem 3 Minuten entfernten »Efeu-Platz«, einem beliebten Treffpunkt junger Leute, und ein Archäologisches Museum mit Sammlungen aus China und Südamerika. Letzteres ist ebenso wie das Kurashiki-Volkskunstmuseum in einem jener weißverputzten zweistöckigen *Speicherhäuser* mit dunkler Eckeinfassung und schwarzen Dachziegeln untergebracht, wie sie noch in der Edo-Zeit gebaut wurden.

Wem mehr an einer Aussicht über die Inseln der Inlandsee (*Nationalpark Setonaikai*, s.S. 145 ff.) und die 145 m und 194 m hohen Stahlmasten der Brücke nach Shikoku gelegen ist, fährt vom Bahnhof Kurashiki mit dem Bus zum **Washuzan** (1½ Stunden), um in einer halben Stunde auf den 133 m hohen Aussichtsberg zu wandern.

*In Kurashiki*

## Hiroshima und Umgebung

Die Innere Stadt bietet sich für einen mehrstündigen Rundgang an, der am Hauptbahnhof beginnen könnte (reine Gehzeit ca. 2 Stunden). In westlicher Richtung führen zwei Brücken über Mündungsarme des Ota-Flusses, und nach einem Blick in den *Shukkeien*, einen Garten (1620), der eine originale Landschaft in China mit verkleinerten Modellbauten nachbildet, erhebt sich in einem Park, von einem breiten Wassergraben umgeben, der fünfstöckige Hauptturm der »Karpfenburg«, *Rijo*. In der gelungenen Rekonstruktion (1958) des alten Bauwerks (1593) sind Waffen und Kleidungsstücke aus der Stadtgeschichte ausgestellt (auch Busverbindung vom Hauptbahnhof). Daß diese hochräumigen Burgen auch ihre Nachteile haben, wird jenem entschlossenen Besucher bald klar, der vielleicht bei Schnee und Regen lieber naß wird, als auf seinen Spaziergang zu verzichten: die Freude auf eine angenehme Wärme hinter der natürlichen Holzfassade kondensiert auch dort nur zu weißem Atem.

Über die südlichen Wassergrabenbrücken erreicht man nach wenigen Straßenzügen die Ruine eines ehemaligen Verwaltungsgebäudes (*Atombomben-Dom*), über dem sich das Zentrum der Explosion befand, bei der 200000 Menschen starben (6. August 1945). Als Mahnung an diese Katastrophe

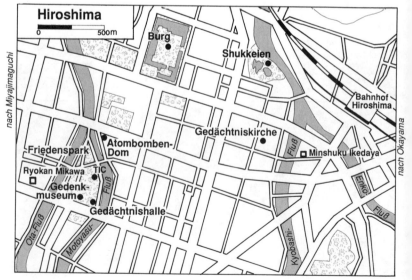

*Atombomben-Dom, Hiroshima*

wurde der Friedenspark auf der anderen Seite des Flußarmes angelegt. Die Ruine, die Ewige Flamme im Friedenspark und das Gedenkmuseum dahinter liegen genau in einer Linie; neben dem Museum steht die Gedächtnishalle.

Der Rückweg zum Bahnhof führt durch überdachte Straßenzüge an langen Ladenreihen und, was nur einen kleinen Umweg bedeutet, auch an der *Gedächtniskirche* für den Weltfrieden vorbei. Diese von einem Jesuitenpater initiierte Stiftung wurde von vielen Staaten unterstützt.

Der *Hafen* von Hiroshima, Ujina (Straßenbahnverbindung), ist auch Anlegestelle für die Schiffsverbin-

## Japans später Imperialismus

Nachdem Mitte des 19. Jh. amerikanische Kriegsschiffe in der Bucht von Tokyo den Abschluß eines Handelsvertrages erzwungen hatten, wurde offensichtlich, daß die seit zwei Jahrhunderten verfolgte Politik der Landesabschließung nicht aufrechterhalten werden konnte. Mit der einsetzenden Meiji-Restauration, vielleicht am treffendsten als »Revolution von oben« bezeichnet (P. WEBER-SCHÄFER in HAMMITZSCH 1981), wurden Shogunat und Feudalismus abgeschafft und ein Industrialisierungsprogramm auf Kosten der Landwirtschaft initiiert. Die damit auftretenden sozialen Mißstände erschienen als Folge eines volksfremden Materialismus und führten verstärkt zur Wandlung in einen Nationalstaat westlicher Prägung. Die Weigerung der beiden angelsächsischen Länder, Japan die militärische und wirtschaftliche Gleichrangigkeit zuzugestehen (Einwanderungssperren, Schutzzölle, Flottenabkommen von 1930), wurde als Bedrohung und nationale Demütigung empfunden. Daher unternahm Japan den Versuch, mit imperialer Macht mit seinen westlichen Konkurrenten gleichzuziehen, wozu eine Expansionspolitik gehörte, um sich den Zugang zu Rohstoffquellen zu sichern. Dabei geriet es in China in Konflikt mit ähnlich gearteten Interessen der USA. Ideologisch untermauert wurde diese Politik mit der Pflicht zur Befreiung der anderen Staaten vom Kolonialismus. Nach dem von Militärs betriebenen Mandschurei-Konflikt (1931) folgten der Austritt aus dem Völkerbund (1933), die Kündigung des Flottenabkommens, die Unterzeichnung des Antikomintern-Paktes mit Deutschland (1936, gegen die Kommunistische Internationale gerichtet) und der Krieg gegen das seit elf Jahren unter Chiang Kaishek geeinigte China, der zu einer Einheitsfront der National-Chinesen mit den fast besiegten Kommunisten gegen die Japaner führte. Der Dreimächte-Pakt zwischen Japan, Deutschland und Italien (1940) sollte dazu dienen, die USA von einem Kriegseintritt an der Seite Großbritanniens oder Chinas abzuhalten. Mit dem Angriff auf Pearl Harbor (Dezember 1941) und den Kriegserklärungen an Großbritannien und die USA kam es zum Eintritt in den Zweiten Weltkrieg. Nach der Kapitulation 1945 entzog die neue Verfassung dem extremen Nationalismus die ideologische Grundlage, während die von Japan begonnene »Befreiung« der ostasiatischen Völker ihr Nationalbewußtsein weckte und schließlich eine Wiederkehr der vormaligen Kolonialherren verhinderte. Da Japan nach Kriegsende auf das Militär verzichtet hat, gibt es nur »Selbstverteidigungsstreitkräfte«, die über keine Offensivwaffen verfügen; eine Wehrpflicht besteht nicht. Für Japaner ist ihr Imperialismus ebenso Geschichte geworden wie das British Empire, die Unterwerfung der Völker Sibiriens oder der Indianer. Nach Hiroshima war das Konto ausgeglichen.

*Verschneite Boote bei Hiroshima*

dungen zur kleinsten der vier Hauptinseln, Shikoku, sowie zu den zahlreichen Inseln der Inlandsee, die zwischen Honshu und Shikoku liegen. Luxusschiffe kreuzen in 3 bis 7 Stunden durch die Bucht von Hiroshima. Die Überfahrt mit der Fähre nach Matsuyama dauert fast 3 Stunden, während das Tragflächenboot schon nach 1 Stunde ankommt.

Am westlichen Ende der Bucht von Hiroshima, etwa doppelt so weit von der Stadt entfernt wie die Schreininsel Miyajima (s.u.) liegt die von einer kleinen Burg über-

ragte Stadt **Iwakuni** (45 Bahnminuten). Vom Bahnhof fährt ein Bus in 15 Minuten zur 193 m langen *Kintai-Brücke* (Kintaibashi), die den Fluß Nishiki in fünf Bögen überspannt. 1673 erbaut, wurde sie vor allem wegen ihrer Form, aber auch wegen der Klarheit der Konstruktionsprinzipien weltberühmt: die Bögen dieser Holzkonstruktion, die außer einigen Klammern und Drähten keine Nägel enthält, finden ihr statisches Gleichgewicht ausschließlich durch Druckkräfte (Gegensatz: Zugkräfte, etwa bei Hängebrücken).

Ein anderer Ausflug von Hiroshima führt vom Buszentrum, das etwa zwischen dem Schloß und dem Friedenspark liegt, in 2 Stunden und 15 Minuten bis zur nordwestlich gelegenen **Sandan-Klamm** (auch Bahnverbindung: 2½ Stunden). Die 10 km lange, fast mäanderförmig verlaufende Schlucht des Ota-Flusses mit mehreren Wasserfällen und Stromschnellen kann nur zu Fuß erwandert werden und zieht durch die herbstlich gefärbten Blätter der Ahorn-Bäume (Momiji, Kaede) immer wieder die Naturfreunde an.

## Auf der Schreininsel (Miyajima)

An der westlichen Seite der Bucht von Hiroshima liegt die Schreininsel, die im Glauben des Shinto schon lange eine besondere Bedeutung hat. Höchstens eine Viertelstunde dauert der Spaziergang auf der Uferpromenade von der Bootsanlegestelle bis zum Itsukushima-Schrein (**Itsukushima Jinja**). Links führen steile Treppen hinauf zu einem anderen, im Wald verborgenen Schrein und von da noch steiler hinunter in ein Dorf, dessen glänzende Ziegeldächer so eng beieinander liegen, daß sie die winkeligen Gassen zwischen den Häusern verbergen.

Im 12. Jh. wurden unter der Schutzherrschaft der Taira die Gebäude des Itsukushima-Schreines auf kurzen Pfählen in eine seichte Bucht gebaut und durch Holzstege miteinander verbunden, so daß sie bei Flut ganz vom Wasser umspült werden. Dann spiegeln sich die weißen Wände, unterteilt vom rotgestrichenen Gebälk, in den Wellen, und bei Ebbe stößt der feine Sand an die Natursteinplatten des von Steinlaternen und ausladenden

*Dachlandschaft auf Miyajima*

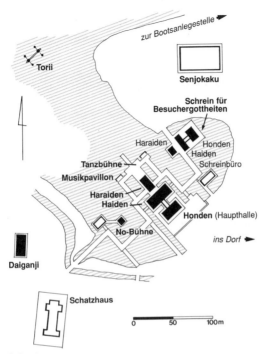

*Itsukushima-Schrein*

Baumkronen gesäumten Ufers. Dem Land am nächsten steht die Haupthalle (Honden), die ein kurzer Korridor mit der Gebetshalle (Haiden) verbindet. Dann kommt die Reinigungshalle (Haraiden) und eine Bühne für Bugaku- und Kagura-Aufführungen mit zwei Musikpavillons für die Orchesterbegleitung aus Flöten, Zupfinstrumenten (darunter das aus Südostasien stammende *Shamisen*), Mundorgeln und Trommeln. Die Begleitung von Kagura-Tänzen steht in einer uralten rein japanischen Musiktradition. Zwei Bronzelaternen markieren den Steg, der von der Tanzbühne hinaus auf die Öffnung der Bucht weist; dort ragt der 23 m hohe, rotgestrichene *Torii* (Holz, 1875) aus der Wasserfläche (Farbabb. 1).

Auf der einen Seite der Schreingebäude (im 16. Jh. gründlich restauriert), noch in der Bucht, steht die älteste *No-Bühne* Japans (1568), und weiter im Land, hinter den Baumkronen, der *Daiganji* und das Schatzhaus, das viele wertvolle Kunstgegenstände, wie Masken, Gewänder und Rollbilder, auf-

139

bewahrt. Auf der anderen Seite befinden sich ein Schrein für Besuchergottheiten und die »Halle der 1000 Matten« (Senjokaku, 1587); daneben steht eine fünfstöckige Pagode (1405/7).

Zum Pfirsichblütenfest am 16. April beginnt eine dreitägige No-Aufführung. Das größte der zahlreichen Schreinfeste wird am 17. Juni mit einer Prozession über den See begangen. Das Kangensai, ein großes Musikfest, findet Ende Juli oder Anfang August statt. Auf Booten draußen in der Bucht wird *Gagaku* (»elegante, verfeinerte Musik«) gespielt, wie sie einst aus kontinentalen Musikkulturen hervorging und seit dem 9. Jh. als Kaiserliche Hofmusik bis heute gepflegt wird. Ihr absichtlich verlangsamter und übermäßig gedehnter Ablauf basiert auf einem Rhythmus, der aus dem Körper, dem Atem und dem Tanz (Bugaku) entsteht.

In den benachbarten Hügeln der Parks finden sich neben zahmen Rehen und einer weiteren Pagode noch mehrere Tempel sowie eine Seilbahn auf den 530 m hohen *Berg Misen*. Der Ausflug bis auf diesen sehr lohnenden Aussichtsberg dauert dennoch 50 Minuten.

Miyajima ist mit dem Fährboot in 10 Minuten von der Bahnstation Miyajimaguchi (½ Stunde von Hiroshima) aus oder auch von Ujina, dem Hafen von Hiroshima, zu erreichen. Vom Busbahnhof Hiroshima fahren auch Busse zum Miyajimaguchi-Pier.

## Matsue und Umgebung

Ein Abstecher an die Küste des Japanischen Meeres beginnt am besten in Okayama. In weniger als 3 Stunden durchqueren die Expreßzüge die Chugoku-Berge im 160 km breiten südwestlichen Teil von Honshu und erreichen **Matsue**, das Verwaltungszentrum der Präfektur Shimane. Mehrere Brücken über den Fluß Ohashi verbinden den südlichen und älteren Stadtteil um den Bahnhof mit dem nördlichen, wo sich auf einem von Flußarmen umgebenen Gelände die alte *Burg* mit dem noch erhaltenen Hauptturm (1642) befindet (2 km vom Bahnhof, oder Bus).

15 Busminuten südlich vom Bahnhof Matsue bietet der Besuch des *Kamosu-Schreines* die Gelegenheit zu einem ländlichen Spaziergang. Von der Bushaltestelle Oba Jujiro folgt man einer schmalen Straße 200 m nach Westen, biegt nach links und läßt die Häuser hinter sich, um bald nach dem Torii die Natursteinquader zum Schrein hinaufzusteigen (insgesamt 15 Minuten). Das schon recht verwitterte Hauptgebäude (1346) mit Strohdach und auf hohem Holzgerüst ist das älteste so erhaltene Beispiel im Taisha-Stil.

*Reisanbau bei Matsue*

Von den Stufen zum Kamosu-Schrein sieht man über die Reisfelder, durch die sich die asphaltierte Straße windet; nach etwa 1/2 km, hinter einem Parkplatz, liegt auf der rechten Seite das *Museum Fudoki no Oka*, das wichtige Fundstücke (Haniwa-Tonfiguren, Bronzespiegel) aus dieser Gegend ausstellt. Zu seinem großen archäologischen Park gehören die Rekonstruktionen von Wohnhäusern aus vorbuddhistischer Zeit, mehrere Hügelgräber mit unterschiedlichen Grundrissen und Reste des historischen Zentrums der alten Provinz Izumo; dazu zählten auch der Yaegaki-Schrein und der Kokubunji. Das Museum ist vom 28. Dezember bis 4. Januar geschlossen.

Die nahe Hauptstraße führt in südöstlicher Richtung weiter zum *Gedenkmuseum des Abe Eishiro* (30 Busminuten von Matsue), das die Herstellung des traditionellen handgeschöpften Papiers, Washi, zeigt. Unter Zugabe von Wasser wird aus der zerkleinerten Rinde von Bergsträuchern (Gampi), aus dem Papiermaulbeerbaum und dem Papierstrauch (Mitsumata) eine breiige Masse geschlagen und auf ein Rüttelbrett mit Rahmen gegossen, von dem dann das Blatt Papier abgezogen werden kann. Neuerdings erfährt diese alte Kunst durch Recycling eine Wiederbelebung.

Noch weiter östlich, aber viel besser von der 22 km von Matsue entfernten Bahnstation **Yasugi** (in 15 Busminuten) zu erreichen, liegt der *Kiyomizu-Tempel* mit seiner bemerkenswerten Kompondo sowie einer dreistöckigen Pagode (auch direkte Busverbindung von Matsue, 40 Minuten).

Auch ein Ausflug zum 1 713 m hohen Vulkankegel des **Daisen** führt von Matsue über Yasugi, das etwa auf halber Strecke liegt, nach Osten. Der erloschene Vulkan ist Teil des *Nationalparks Daisen-Oki* und kann vom Daisenji, einem Tempel am Ende der Mautstraße (Busverbindung), in 2 Stunden erstiegen werden. Der Nordhang des gleichförmigen Kegels (»Izumo Fuji«) reicht bis ans Meer, wo die Küste seinen Fuß in einem 35 km langen Viertelkreisbogen nachzeichnet.

Von den Häfen Shichirui und Sakai, 30 km nordöstlich von Matsue, legen die Schiffe zu den beiden **Oki-Inseln** Dogo und Dozen ab, die etwa 60 km weit im Japanischen Meer liegen. Während die fast kreisrunde Insel Dogo aus einem ca. 400 m hohen Lavaplateau besteht, bildet die Inselgruppe Dozen aus drei schmalen, sich ringförmig zusammenschließenden Inseln den Rand eines gewaltigen, im Meer versunkenen Kraters (Caldera), aus dessen Mitte die 452 m hohe Halbinsel des Zentralkegels ragt. An der Westseite von Nishinoshima, einer dieser drei Inseln, bieten über 200 m hohe Klippen, die kilometerlang die Kuniga-Küste säumen, einen besonders schönen Anblick.

Zum Nationalpark Daisen-Oki gehört auch noch der 1 126 m hohe **Sambeyama** mit seinem 100 m tiefen und 900 m weiten Eruptionskrater. Er liegt etwa ebensoweit westlich von Matsue wie der Daisen östlich und ist wie dieser im Winter ein beliebtes Skigebiet. Vom Kurort Sambe dauert der Aufstieg noch 1 Stunde.

Auf dem Weg nach Westen können sich reisemüde Leute ein Bad in den berühmten heißen Quellen von **Tamatsukuri** gönnen. Von Matsue verkehrt ein Bus (¹/₂ Stunde), und auch die Bahn hält in der Station Tamatsukuri Onsen. Die Quellen wurden schon im 8. Jh. beschrieben; ihr Wasser enthält Radium, Eisen und Schwefel.

## Von Izumo an der Küste des Japanischen Meeres nach Kyushu

Das berühmteste Bauwerk der Präfektur Shimane ist das Shinto-Heiligtum **Izumo Taisha**. In ¹/₂ Stunde fahren die Expreßzüge von Matsue zunächst direkt am Ufer des gerade 6 m tiefen Shinji-Sees (Shinjiko) entlang und weiter nach Izumo. Von hier verkehren Busse bis zum Schrein oder auch ein

Schienenbus bis zum Bahnhof Taisha (12 Minuten). Vom Vorplatz des Bahnhofs, der selbst fast wie ein Tempel wirkt, führt die Hauptstraße nach einer scharfen Rechtskurve 600 m geradeaus und nach einer leichten Rechtsbiegung unter dem ersten, die Straße überspannenden gewaltigen Beton-Torii hindurch, um nach wiederum 600 m und einer kurzen Steigung vor dem zweiten Torii zu enden. Ein weiter Park umgibt den Besucher bis zum dritten Torii aus schwarzgestrichenem Stahl, und der folgende Kiesweg durch eine hohe Allee öffnet sich nach vielleicht 500 m und dem vierten Torii endlich auf den Vorplatz des Schreines.

Hinter der Gebetshalle überragen die aus Zypressenrinde gefertigten Dächer der inneren Schreingebäude das Dach des geschlossenen Umgangs, der diesen Bezirk vor den Augen der Besucher verbirgt. Der Portalbau in der Mitte dieses Umgangs wird durch Stufen erhöht und dient als Ort der Andacht und des Gebets, bleibt aber verschlossen.

Die Haupthalle (*Honden*; s.S. 52 f.), bis 1744 regelmäßig neu errichtet und seitdem erhalten, stand ursprünglich auf einem vielleicht 30 m (?) hohen Unterbau, der jedoch mehrmals einstürzte. Die Honden zeigt den älteren der beiden Urstile der Shinto-Architektur, den Taisha-Stil. Eindrucksvoll ruht ihr mit Chigi und Katsuogi gezierter Dachfirst, umgeben von den anderen Gebäuden des inneren Bezirks (1874) und flankiert von den beiden langen Hallen für die jährlich zu Besuch weilenden Besuchergottheiten, unmittelbar vor den dichtbewaldeten Ausläufern des hügeligen Berglandes. Links vor der äußeren Umzäunung steht noch die außergewöhnlich große Kagura-Halle.

Eine der schönsten Bahnstrecken Japans führt von Izumo an der Küste des Japanischen Meeres entlang bis auf die Insel Kyushu. Ab Hamada wird die Küstenstrecke unverhofft zur Bergstrecke, um bis **Masuda** und auch danach immer wieder an die oft steile Küste zurückzufinden. Ein Aufenthalt in Masuda läßt sich zum Besuch des Mampukuji und des Ikoji, beide mit schönen Landschaftsgärten, oder des Kakinomoto-Schreines nutzen, der einem großen Dichter des 8. Jh. geweiht ist. Die kleine Hafenstadt **Hagi**, zu deren Stadtbild noch alte Samurai-Residenzen gehören, blieb seit fast 400 Jahren ein Zentrum der Tee-Keramik (Hagi Yaki). Von **Nagato** (ca. 25 km weiter westlich) fahren Boote in die interessante Inselwelt dicht vor der Küste, deren bekannteste Naturbildung die hohen Felsformen der Naminohashidate, der »Wellenbrücke«, sind. Am südwestlichen Ende von Honshu, wenn die unvorstellbar häßlichen Gebäudeklötze von Shimonoseki ins Blickfeld rücken, verschwindet der Zug in einem langen Tunnel, um erst auf Kyushu wieder ans Tageslicht zu kommen.

Bei **Shimonoseki** fand 1185 die Entscheidungsschlacht zwischen den Taira und den Minamoto statt, bei der die Flotte der Taira vernichtet und ihre Familie ausgelöscht wurde, und auch der fünfjährige, unter Vormundschaft stehende Kaiser kam dabei ums Leben. Ihm wurde der Akama-Schrein in Shimonseki geweiht. Hervorzuheben ist auch noch das Aquarium der Stadt. Von Shimonoseki verkehren regelmäßig Fähren nach Pusan in Korea (ca. 15 $^1/_2$ Stunden).

Die häufiger befahrene Strecke nach Kyushu führt von Masuda über **Tsuwano** und Yamaguchi nach Ogori (Anschluß an die Shinkansen-Linie). Tsuwano liegt in einem Tal, das der 908 m hohe Aonoyama beherrscht, und besitzt neben Schreinen und Tempeln noch ein Stadtbild, das von Häusern im Stile alter Samurai-Residenzen geprägt wird.

In **Yamaguchi** sind die fünfstöckige Pagode des Rurikoji, deren Dächer mit dem Bast der Zypresse gedeckt sind, und der Zen-Garten des Joeiji zu erwähnen. Eine katholische Kirche (1952) erinnert an die Missionstätigkeit von Franz Xavier, dem ersten christlichen Missionar in Japan. Sein Denkmal, ein 6 m hohes Granitkreuz (1962), steht im Daidoji, der dem Jesuitenpater vor über 400 Jahren für seine Predigten offenstand.

In der Karstlandschaft **Akiyoshidai** nordwestlich von Yamaguchi (Busverbindung) bildeten sich weitverzweigte Tropfsteinhöhlen, die sich kilometertief ins Erdinnere fortsetzen. In die größte von ihnen werden zweistündige Führungen angeboten (Lift).

# DIE INSELN SHIKOKU UND KYUSHU

**Der Inlandsee-Nationalpark**

Die durch Bruchsenkungen entstandene Inlandsee (Setonaikai) zwischen Shikoku, Honshu und Kyushu erstreckt sich über 420 km und mißt in weiten Teilen nur 10 bis 20 m Tiefe. Die Wasserstraßen von Kammon (bei Shimonoseki) und Hoyo im Westen und die durch die Insel Awaji entstandenen Meerengen von Akashi (Honshu) und Naruto (Shikoku) im Osten bilden den Zugang zum offenen Meer. Der Wasserspiegel der Inlandsee liegt aufgrund der stärkeren Verdunstung bis zu 1 m tiefer als der Meeresspiegel.

# SHIKOKU

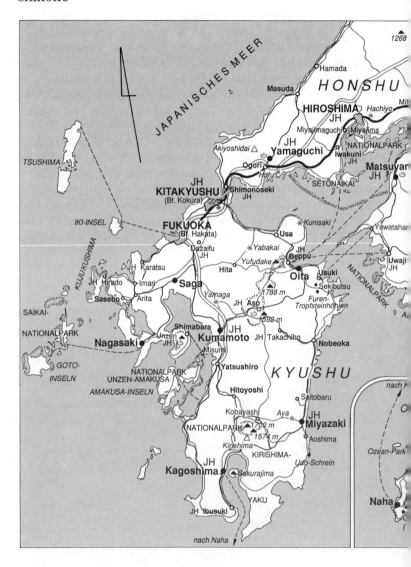

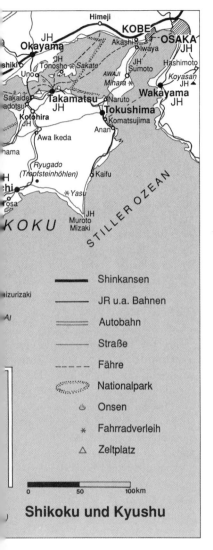

**Shikoku und Kyushu**

**Awaji** ist bei weitem die größte der über 3000 Inseln der Inlandsee, von denen die meisten zum Nationalpark gehören. Sie kann mit dem Boot von Kobe (1 Stunde 40 Minuten bis Sumoto) oder Akashi (25 Minuten bis Iwaya) erreicht werden, und über die nur 1 km breite und von starken Strudeln bewegte Meerenge von Naruto führt sogar eine Brücke. Awaji gilt neben Osaka und Tokushima als Ursprungsgebiet des japanischen Puppentheaters (Bunraku), und auch der Bugaku wird hier noch auf ländliche Art getanzt. 5 ½ km nördlich von *Sumoto*, der größten Stadt auf Awaji, bietet der über 400 m hohe Senzan, auf dem ein Tempel steht, eine Aussicht bis zu den Bergen von Shikoku. An der Westküste liegen die 4 bzw. 3 km langen Strände Goshikihama (Kies) und Kei no Matsubara (Sand), beide von Sumoto aus in 50 Minuten mit dem Bus zu erreichen. Von März bis November finden an Wochenenden auch Busrundfahrten statt (6 Stunden).

Landschaftlich besonders reizvoll zeigt sich die Insel **Shodo**. Zum Fischereihafen *Tonosho* im Westen der Insel verkehren häufig Fähren von Okayama (1 Stunde 20 Minuten) und Takamatsu (1 Stunde), während die Schiffe von Osaka in Sakate an der Südseite anlegen; auch Fukuda im Osten von Shodo wird mehrmals täglich von Fähren aus Richtung Himeji angelaufen. Untereinander sind die Ortschaften der Insel mit Buslinien verbunden.

In Tonosho beginnen die mehrstündigen Busrundfahrten etwa zum Kujakuen, einem Pfauengarten, zum Tal des Dempo-Flusses (Choshikei), zum Affenpark oder auf das Aussichtsplateau Shihozashi. Das schönste Tal auf Shodo, das 2 km breite und 8 km lange *Kankakei* (1 Busstunde von Tonosho) mit seinen romantisch verwitterten Felsformen wird jedes Frühjahr von der Blüte der Rhododendren (*Tsutsuji*) verzaubert und jeden Herbst in ein überaus buntes Farbengemisch der Ahornblätter (*Momiji*) gekleidet. Momiji bedeutete ursprünglich nur »rotgefärbte Blätter«, aber schon immer besaß das Rot des Ahorns die größte Vielfalt. Stets kontrastiert damit das tiefe Dunkelgrün der immergrünen Laubbäume, deren Wälder allerdings gerade an den Küsten der Inlandsee durch den Menschen dezimiert wurden. Das Erscheinungsbild ihrer Kliffe und Inseln prägen heute vor allem die grünen Baumgruppen der Schwarzkiefern (*Kuromatsu*).

Mit regelmäßigen Booten zu erreichen sind unter anderem Teshima (von Tonosho), Naoshima (von Uno), Megijima (von Takamatsu in 20 Minuten; mit einer Höhle und dem schönen Aussichtspunkt Washigamine), die Shiwaku-Inseln (von Marugame in 40 Minuten), Shiraishijima und Manabejima (von Kasaoka auf Honshu in 1 bzw. 2 Stunden).

Weiter westlich zieht sich eine breite Inselbrücke von Südwest-Honshu nach Shikoku. Auf **Ikuchijima**, einer dieser Inseln (45 Minuten von Mihara auf Honshu), stehen zwei Tempel: der Kojoji mit einer dreistöckigen Pagode und der Kosanji mit Nachbildungen mehrerer berühmter Gebäude Japans, darunter das Yomeimon des Toshogu (Nikko), ein Tor des Alten Kaiserpalastes (Kyoto), die Halle der Träume im Horyuji (bei Nara) und die Phönixhalle des Byodoin (Uji bei Kyoto).

1 km östlich des Hafens von Miyaura auf **Omishima**, einer der von Granitrücken geprägten Nachbarinseln von Ikuchijima (Bootsverbindungen), befinden sich die um 600 Jahre alten Gebäude des *Oyamazumi-Schreines*. Sein Schatzhaus beherbergt fast 80 % aller japanischen Samurai-Ausrüstungen, die von der Kulturbehörde als besonders wertvoll eingestuft wurden. Auf dem Schreingelände sehr geschätzt wurde seit je auch der Kampferbaum (*Kusunoki*), der hier wie auch an anderen Orten Südwest-Japans eine besondere Pflege erfährt. Der auf Kyushu und Süd-Shikoku noch heimische immergrüne Laubbaum ist vor allem am

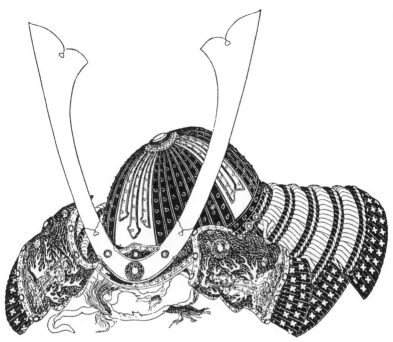

*Helm (ca. 1100)*

Geruch seiner lederartigen, glänzenden Blätter zu erkennen.

**Auf der Insel Shikoku**

Shikoku, die kleinste der vier Hauptinseln Japans, mißt im Mittel etwa 80 km in der Breite und 230 km in der Länge. Die Bahnfahrt von Okayama auf Honshu nach **Takamatsu**, dem Verwaltungszentrum von Shikoku, dauert 1 Stunde und ist ein Erlebnis für sich. Frontal bewegt sich der Zug auf die beiden Hügelketten zu, welche die Sicht auf das Meer versperren, und durchstößt sie in kurzem Tunnel, um plötzlich ins Licht über dem weiten Meer zu tauchen. Die silbergrau gestrichene Stahlkonstruktion einer kombinierten Bahn- und Straßenbrücke, der zwei kleine und drei winzige Inseln als Hauptstandpunkte dienen, überspannt die 9,4 km der Meeresenge zwischen Honshu und Shikoku.

Takamatsu kann auch mit der Fähre (1 Stunde Überfahrt) oder einem Luftkissenboot (25 Minuten) erreicht werden, die beide von Uno (30 Bahnminuten von Okayama) ablegen. Außerdem verkehren Autofähren von Osaka über Takamatsu und Matsuyama bis nach Beppu auf Kyushu. Takamatsu ist Ausgangspunkt für Inselfahrten durch die Inlandsee, zum Beispiel nach Shodoshima und Megijima.

Der Tamamo-Park, der bis an den Hafen von Takamatsu reicht, verbirgt die drei noch erhaltenen und weiß gestrichenen Außentürme der *Burg* (16. Jh.). Vom Pier aus führt die Chuo Dori 3 km durch die Stadt nach Süden (10 Minuten mit dem Bus) bis zum *Ritsurinkoen*, einem sehr berühmten Teichgarten. Durch das in der ersten Hälfte des 17. Jh. angelegte Gelände führen großzügige Wege zu den zahlreichen Teichen, den Teehäusern (z.B. Kikugetsutei, um 1700), den beiden Museen und sogar zu einem Schwimmbad. Die benachbarten Hügel sind ein Teil des Gesamtkonzeptes, weshalb die Anlage gern als ein nach dem Prinzip der »Geborgten Landschaft« (*Shakkei*) gestalteter Garten bezeichnet wird. Das Wesentliche einer Shakkei ist tatsächlich die geborgte Landschaft, vielleicht ein Berg in der Ferne, auf den sich der Garten ausrichtet: flach gehalten, sparsam in den Formen und mit wenigen Elementen wie Steinen, Moos und kleinen Sträuchern versehen (z.B. im Entsuji, Kyoto). Im Ritsurinkoen bildet eher der Garten selbst den Mittelpunkt, und die Umgebung stellt einen malerischen Hintergrund.

6 km östlich von Takamatsu fährt eine Seilbahn auf das Aussichtsplateau der Halbinsel *Yashima*, auf der auch ein gleichnamiger Tempel und ein Freilicht-Museumsdorf liegen (Bahn- und Busverbindungen). An der weiteren Strecke entlang der Küste lädt der weiße Strand von Tsuda no Matsubara (22 Minuten mit der JR von Takamatsu) zum Baden ein, bevor die 1,6 km lange Hängebrücke bei Naruto (40 Bahnminuten von Tokushima) über die schmale Meerenge auf die Insel Awaji führt (s.S. 147). In **Tokushima**, das von Takamatsu mit den Zügen der JR in 1 Stunde und 15 Minuten zu erreichen ist, finden vom 12. bis 15. August Aufführungen der für ihren ländlichen Humor bekannten Tänze *Awa Odori* statt. Ein Spaziergang im Landschaftsgarten des Tokushima-Parks mit den Ruinen der Burg oder eine Seilbahnfahrt auf den 279 m hohen Bizan bieten sich an. Südlich von Tokushima finden sich eine malerische, mit kleinen Inseln übersäte Bucht (30 km, bei **Anan**), ein 10 km langer Badestrand an der Endstation der Bahnlinie (170 km, bei **Kaifu**) und das **Kap Muroto** mit seinen in Jahrhunderten aus dem Fels gewaschenen Formen der Verwitterung. Bei einem Erdbeben 1946 wurde das Kap gut 1 m aus dem Meer gehoben. Der Autobus weiter nach

Kochi (s.S. 152) braucht etwa 2 Stunden.

Eines der größten Pilgerziele Japans, der *Kotohira-Schrein* (Kotohiragu oder Kompirasan), befindet sich in dem nach ihm benannten Ort **Kotohira** etwa 45 Bahnminuten südwestlich von Takamatsu (oder 1 Stunde von Okayama) am bewaldeten Hang des 521 m hohen Zozusan. Vom Bahnhof folgen die Pilger der Straße mit dem steinernen Torii nach Westen und biegen, wenn es geradeaus nicht mehr weitergeht, nach links. Nach 5 Minuten zweigt rechts der auf beiden Seiten von zahlreichen kleinen Läden flankierte Weg zum Schrein ab, und bald beginnen die ersten der insgesamt 785 Granitstufen. Besondere Aufmerksamkeit verdienen das Große Tor (Daimon), die ehemalige Abtresidenz (Shoin, 1659), der »Schrein der Morgensonne« (Asahisha) mit Schnitzereien aus dem 19. Jh. und der Hauptschrein mit seinem kunstvoll geformten und mit Zypressenrinde gedeckten Dach. Wer nach diesen 2 km nicht auf halber Höhe umkehren möchte, steigt weiter den Berg hinauf und genießt von dort den Fernblick über den Nationalpark Setonaikai. Der Kompira-Schrein ist ein Heiligtum des Ryobu-Shinto, der vom 7.-9. Jh. aus einer Symbiose von Shinto und Buddhismus entstand und auch

*Kotohira, Wegweiser für Pilger*

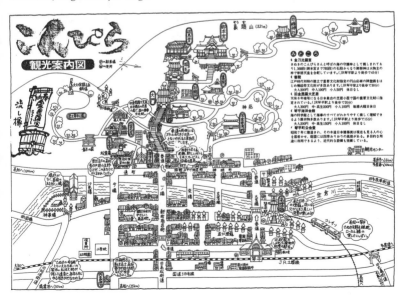

# SHIKOKU

heute noch eine große Anhängerschaft besitzt. Das große Schreinfest findet im Herbst vom 9. bis 11. Oktober statt.

Etwa 10 Busminuten nördlich von Kotohira steht der Anfang des 9. Jh. gegründete *Zentsuji*, der Haupttempel der buddhistischen Shingon-Schule. Seine Kampferbäume werden fast ebenso verehrt wie die Gebäude, von denen die Haupthalle und die fünfstöckige Pagode schon von weitem auffallen. Der Tempel ist auch von der gleichnamigen Bahnstation (JR) in zehnminütigem Fußweg zu erreichen.

Vor allem im Herbst wird das Felsental des *Iyadani*, ein Seitental des Yoshinogawa, zum beliebten Ziel zahlreicher Momiji-Freunde. Als Ausgangspunkt wählt man am besten das ½ Bahnstunde südlich von Kotohira gelegene **Awa Ikeda**.

2 Bahnstunden südlich von Kotohira blieb im Stadtzentrum von **Kochi**, 20 Minuten vom Bahnhof entfernt, der fünfstöckige Wohnturm der *Burg* (1748) erhalten. Das heute als Museum genutzte Wahrzeichen der Stadt bietet einen Ausblick bis zur Küste des Pazifik. Ein anderer Aussichtspunkt ist der 4 km östlich liegende Godaisan-Park (Busverbindung) mit einem Tempel (Chikurinji) und einem Botanischen Garten. Die Busfahrt zum *Tosa-Schrein*, dessen über 300 Jahre alte Honden ebenso wie der Shoro buddhistische Architekturformen aufnehmen, dauert 10 Minuten, und ein Ausflug (Bahn/Bus) zu den 4 km langen *Ryugado-Tropfsteinhöhlen* etwa 1 Stunde. An der Hafenbucht von Kochi bilden Riffe und Felsen im Kontrast zum weißen Sand und den typischen Kiefern den romantischen Strand von *Katsurahama*. Er ist vom Bahnhof mit dem Bus in einer guten halben Stunde zu erreichen. Autofähren verbinden Kochi mit Osaka und Tokyo (1 Tag), direkte Busse fahren in knapp 4 Stunden bis Matsuyama.

Von Takamatsu führt eine durchgehende Bahnverbindung entlang der **Nordküste von Shikoku** nach Matsuyama. An dieser Strecke liegen die Industriestadt Sakaide (20 Minuten von Takamatsu), die als Endpunkt der insgesamt 39 km langen und aus sechs Teilbrücken bestehenden Seto Ohashi oder Honshi-Brücke über die Inlandsee bekannt wurde, die Hafenstadt *Marugame* (25 Minuten von Takamatsu) mit einer alten Burg (1597) und Schiffsverbindungen auf die Shiwaku-Inseln und nach Honshu; ferner die Industriestädte Niihama (Edelmetallverarbeitung) und Saijo, von der man den Quasi-Nationalpark um den Ishizuchiyama, den mit 1981 m höchsten Berg von Shikoku, erreicht (Seilbahn), und schließlich *Imabari* (2 Stunden von Takamatsu) mit einem Tragflächenboot nach Miyaura auf Omishima (s.S. 148) und Fährverbindungen nach Takamatsu und Osaka sowie nach Beppu auf Kyushu.

**Matsuyama**, die größte Stadt auf Shikoku, ist von Takamatsu wie auch von Okayama in etwa 3 Bahnstunden zu erreichen. Außerdem verkehren Fähren (3 Stunden) und Tragflächenboote (1 Stunde) zwischen den Häfen Kanko (Matsuyama) und Ujina (Hiroshima). Die sehr gut erhaltene *Burg* (1603 begonnen), die auf dem bewaldeten Hügel nur 500 m vom Bahnhof entfernt steht, bietet einen guten Überblick. In dem dreistöckigen Hauptgebäude aus dem 19. Jh. werden Waffen und Rüstungen aus dem Familienbesitz aufbewahrt. Eine Straßenbahn fährt in 20 Minuten vom Bahnhof zum *Dogo Onsen*, einem der ältesten Heilbäder Japans (Wassertemperatur 50 °C). Nicht weit davon lohnen die Gebäude des Ishiteji aus dem 14. Jh.,

*Im Dogo Onsen*

insbesondere das Eingangstor (Niomon), einen Besuch.

Wer mehr Zeit hat, erkundigt sich nach den seit Jahrhunderten zur Tradition gewordenen Stierkämpfen in **Uwajima**, 2 Bahnstunden südlich von Matsuyama. Die Reste der Burg stammen noch aus dem Jahr 1665, der Landschaftsgarten Tenshaen wurde im 19. Jh. angelegt.

Uwajima ist auch ein Ausgangspunkt für den *Nationalpark Ashizuri-Uwakai* an der Südküste von Shikoku. Subtropische Vegetation und Wanderwege am Kap Ashizuri, fantastische Felsformationen, ein Korallenmuseum und eine Unterwasser-Beobachtungsstation am Strand von Tatsukushi (1 Busstunde vom Kap Ashizuri) und die fast ebenso interessante Küste von Minokoshi, die mit dem Boot von Tatsukushi in 20 Minuten zu erreichen ist, versprechen viel Abwechslung. Vom Kap Ashizuri fahren Busse in 2 Stunden zur Bahnstation Nakamura (von dort 2 Stunden bis Kochi, 5 Stunden bis Okayama).

**Im Norden der Insel Kyushu**

Die schnellsten Züge der Shinkansen-Linie benötigen für die 1181 km von Tokyo bis Fukuoka (Bahnhof Hakata) im Norden der Insel nur 6 Stunden. 18,5 km lang ist der 1975 fertiggestellte Tunnel unter der Meerenge von Kammon (Kammon Kaikyo), der mit einem zweiten Bahn- und einem parallel geführten Straßentunnel das »Japanische Festland« (Honshu) mit Kyushu verbindet. Der *Mekari-Park* am gleichnamigen nördlichsten Kap, auf dessen Hügeln die birmanische Regierung den Bau einer »Friedenspagode« unterstützte, bietet einen glänzenden nächtlichen Blick über die Straße von Kammon.

Beim Auftauchen aus der Tunnelfinsternis, noch 70 km vor Fukuoka, prägt der langgestreckte städtische Verdichtungsraum von **Kitakyushu** die Küste. Hervorgegangen aus fünf großen Städten, darunter Kokura (Shinkansen-Station), sind noch heute die Stahlwerke der wichtigste Industriezweig dieses Wirtschaftsraumes mit über 1 Million Einwohnern. An den Berghängen aber sind, zum Beispiel in Yahata (kaum ½ Bahnstunde von Kokura), zahlreiche kleinräumige Wohnviertel entstanden, oft mit neuen glänzenden Ziegeldächern gedeckt und durch steile Gäßchen miteinander verbunden (Farbabb. 19). Von dort reicht die Aussicht über die Häuser und Schornsteine bis auf das Japanische Meer.

Von der im Nordwesten vorgelagerten kleinen Insel **Tsushima** (6 Stunden mit der Fähre von Fukuoka) ist die koreanische Küste erkennbar. Darum kamen schon in frühester Zeit die Menschen auch mit kleinen Booten und nach gefährlicher Überfahrt auf diesem Weg nach Japan. Die Absichten waren nicht immer friedlich, und als die Gesandten des Kublai Khan (mongolische Yüan-Dynastie, 1277-1368) in Kamakura, dem Sitz des Shoguns, ihre Forderungen vortrugen, wurden sie hingerichtet (1275). Noch bevor die Mongolen-Dynastie ihre Herrschaft auch im Süden Chinas festigen konnte, begann sie 1274 den ersten Invasionsversuch, der zweite folgte sieben Jahre später.

MARCO POLO, Sohn eines Kaufmanns aus Venedig, berichtete darüber nach 17jährigem Aufenthalt am Hof von Kublai Khan. Dort hatte man von einem Herrscherpalast im Land Cipangu (Japan) gehört, dessen Dach, die Fußböden und die Säle mit fingerdickem Gold belegt seien. Möglicherweise war damit die Goldene Halle (1124) des Chusonji im heutigen Hiraizumi (Nord-Honshu) gemeint. Auch von kostbaren Perlen wurde erzählt, und so ließ der Großkhan eine Flotte und eine starke Armee ausrüsten, um sich des unvorstellbaren Reichtums zu bemächtigen. Die beiden Heerführer aber mißtrauten einander, und so konnten sie nur eine Stadt in ihre Gewalt bringen. Ein aufkommender

Sturm zwang sie, sich mit ihren zu eng beieinander liegenden Schiffen von der Küste auf das offene Meer zurückzuziehen. Noch bevor sie es erreichten, steigerte sich der Wind zu einem jener Taifune, die seitdem von den Japanern *Kamikaze* (»göttlicher Wind«) genannt wurden, und trieb einen großen Teil der Flotte gegen die Klippen einer Insel, auf der die Schiffbrüchigen von den beiden flüchtenden Führern ihrem Schicksal überlassen wurden. Die einen ertranken, wurden getötet oder gefangengenommen, die anderen nach ihrer Rückkehr grausam bestraft.

Noch 50 Jahre lang bewachte man die Befestigungsanlagen in der Bucht von Hakata (**Fukuoka**), wo die Schiffe des Kublai Khan, Enkel des in Europa bekannteren Dschingis Khan, landeten. Heute sind von den Anlagen nur noch Ruinen zu sehen, etwa im Park Nishikoen (ca. 1 km nördlich der U-Bahnstation Ohorikoen) oder noch weiter westlich bei Meinohama (½ Stunde Busfahrt).

Mit fast 1,2 Millionen Einwohnern ist Fukuoka das wirtschaftliche und kulturelle Zentrum Kyushus. Vom internationalen Flughafen Itazuke (15 Minuten bis in die Stadt) gibt es Linienverbindungen nach Süd-Korea, in die Volksrepublik China, nach Taiwan (Republik China), nach Hongkong und Singapur. Geschäfte und Banken konzentrieren sich um die Tenjin-Straße, während der Ohori-Park (U-Bahnstation Ohori) den Menschen an den Ufern eines großen Sees, auf dem man bootfahren kann, Entspannung bietet. Eine Besonderheit der Andenken-Industrie sind die nach dem heutigen Stadtteil Hakata benannten *Porzellan-Puppen*, die unglasiert gebrannt (Biskuitporzellan) und erst danach bemalt werden.

Nur 500 m geht man vom Hauptbahnhof im Stadtteil Hakata entlang der Sumiyoshi Dori bis zum *Sumiyoshi-Schrein*, der wie das gleichnamige Heiligtum in Osaka Meeresgottheiten geweiht ist. Der Hauptbau (1623) zeigt solide Shinto-Architektur. Beim Schreinfest am 13. Oktober wird der traditionelle japanische Ringkampf (Sumo) ausgetragen.

Im *Higashi-Park* nördlich des Hauptbahnhofs (JR-Station Yoshizuka, 2 km) erinnert ein Denkmal an die Invasion der Mongolen, während die Statue des Mönches Nichiren den Gründer der nach ihm benannten buddhistischen Schule darstellt, die mitunter kompromißlos an die nahende Endzeit gemahnte.

Einen weiteren Kilometer nördlich (U-Bahn) befindet sich der Hakozaki-Schrein (*Hakozakigu*) mit einem zweistöckigen Torbau (1594), fast ebenso alten Haupt- und Gebetshallen (beide 1609) sowie einem Steinanker, den die Mongolen zurücklassen mußten. Beim Schreinfest, dem Tamaseseri (3. Januar), kämpfen Jugendliche in zwei Gruppen um einen hölzernen Ball.

Fukuoka ist auch bekannt für das Hakata Dontaku (3.-4. Mai), ein Fest, dessen Umzug in ausgedachten Verkleidungen von Gottheiten zu Pferde und traditionellen Musikinstrumenten begleitet wird. Bei einem anderen Fest, dem Hakata Yamagasa (15. Juli), werden Wagen mit Modellen von Burgen und Puppen durch die Straßen gezogen.

Die Wallanlagen bei **Dazaifu**, das etwa 15 km südöstlich von Fukuoka liegt (1/2 Busstunde oder JR), wurden aus Furcht vor einem Angriff der Chinesen schon im 7. Jh. errichtet. Aus demselben Jahrhundert stammt die bronzene Glocke des Kanzeonji. Von Studenten gern besucht wird der Dazaifu Temman-Schrein (1591), der einem 903 hier verstorbenen Gelehrten geweiht ist (Schreinfest am 7. Januar).

Eine gute Bahnstunde westlich von Fukuoka, bei **Karatsu** in der Matsuura-Bucht, erstreckt sich der 5 km lange Sandstrand von Niji no Matsubara entlang der dicht mit Kiefern bewachsenen Küste. Südlich davon liegen die für Porzellan-Liebhaber interessanten Orte **Imari** (40 Minuten) und **Arita**. Die Porzellan-Öfen von Imari zeugen von der Pflege dieses traditionellen Kunsthandwerks, das als Imari Yaki und Arita Yaki über die Region hinaus bekannt wurde.

Eine andere Route führt von Fukuoka über **Saga**, den Verwaltungssitz dieser Präfektur, nach Westen (40 Bahnminuten). An der 4 km langen Ost-West-Avenue stehen die im Herbst goldblättrigen Gingko-Bäume (Fächerbäume), und den Burggraben säumen alte Kampferbäume.

Die Bahnfahrt von Fukuoka über Saga und Arita nach **Sasebo** dauert 2 Stunden. Sasebo, ein ehemaliger Kriegshafen, ist Ausgangspunkt für die bis zu 110 km voneinander entfernten Küsten und Inseln des *Saikai-Nationalparks*. In Hirado auf der gleichnamigen Insel (Boot- oder Busverbindung) durften Mitte des 16 Jh. die ersten ausländischen Fabriken gebaut werden, an die noch Gedenktafeln erinnern. Bootsrundfahrten führen auch zu den »99 Inseln«, Kujukushima, auf denen Perlen gezüchtet werden. Auf den Goto-Inseln (3 bis 4 Stunden von Sasebo oder Nagasaki) leben viele Menschen vom Fischfang. Zwischen Sasebo und Nagasaki ermöglicht die Saikai-Brücke Busverbindungen in 2 Stunden.

## Nagasaki und Umgebung

**Nagasaki** wurde erst nach der Landung der ersten Europäer im 16 Jh. zu einer bedeutenden Hafenstadt ausgebaut und blieb, nachdem Ieyasu das Land aus machtpolitischen Gründen nach außen abschloß, in der Zeit von 1641 bis 1857 einzige Kontaktstelle mit dem Ausland. Portugiesen und Holländern war es erlaubt, auf der am Hafenrand gelegenen künstlichen Insel *Dejima* — heute verlandet und Teil des gleichnamigen Stadtviertels — ihre Fabriken zu unterhalten. Nach der von amerikanischen Kriegsschiffen erzwungenen Öffnung der Häfen und dem Abschluß von Handelsverträgen auch mit anderen Staaten begann die Industrialisierung. Werften und Maschinenbau machten aus Nagasaki bis heute ein modernes Wirtschaftszentrum. Mit dem Flugzeug ist Nagasaki in 90 Minuten von Tokyo aus zu erreichen; ebenso lange dauert die Busfahrt vom Flughafen in die Stadt. Die Bahn braucht von Fukuoka gut 2 Stunden.

In der Nähe des Bahnhofs steht das *Denkmal der 26 Märtyrer* (1926), die 1597 hier als Christen gekreuzigt wurden. Im Friedenspark im nördlichen Stadtteil Urakami (Straßenbahn) erinnern eine bronzene Friedensstatue und ein Museum (»Internationale Kulturhalle«) an den Abwurf der zweiten Atombombe (9. August 1945). In der Nähe steht auch die 1959 wiedererrichtete katholische *Urakami-Kathedrale*.

Dank des hügeligen Geländes blieben im Zentrum der Stadt auch alte Bauwerke erhalten. Der *Suwa-Schrein* in der Nähe des Nagasaki-Parks, östlich des Bahnhofs, veranstaltet vom 7. bis 9. Oktober das Okunchi-Fest, dessen Umzug ein Drachentanz chinesischen Ursprungs begleitet. Auf dem Weg nach Süden lohnt sich ein

Umweg entlang des Flusses, über den mehrere Steinbogenbrücken führen, bis zur bekannten »Brillenbrücke« (*Meganebashi*, 1634).

Einige hundert Meter weiter betont der *Kofukuji* mit seiner roten Bemalung ein typisches Element der chinesischen Tempelbauten, und auch der *Sofukuji* (1629) noch weiter südlich zeigt besonders in seinem zweiten Tor und in der Haupthalle eine chinesische Architektur der Ming-Zeit.

Im Süden der Stadt (Straßenbahn) steht die 1865 aus Holz erbaute katholische *Kirche Oura*, die den 26 Märtyrern geweiht wurde. In diesem Viertel befinden sich mehrere Gebäude der ersten Kaufleute und Industriellen, die sich nach der Öffnung der Häfen hier niedergelassen hatten. Das älteste von ihnen, das »Glover Mansion«, gehörte einem Schotten, besitzt einen schönen Garten und bietet einen Blick bis auf den Hafen.

Die heißen Quellen des untätigen Vulkans Unzen (1 360 m) im nördlichen *Unzen-Amakusa-Nationalpark* sind von Nagasaki in 2 Stunden mit dem Bus zu erreichen. Besonders eindrucksvoll zeigt sich der Berg im Mai, wenn die Rhododendren (Alpenrosen) blühen, oder auch im Herbst, wenn sich die Ahornblätter färben.

In der Stadt **Shimabara** erinnert die restaurierte Burg an den Aufstand der japanischen Christen (1637). Nicht einmal 50 Jahre hatten die Jesuiten vor allem in West-Japan missioniert, als sie im Zuge der Abschließung des Landes von den ersten Verboten und von Verfolgungen betroffen waren. Die christliche Missionstätigkeit fiel zeitlich mit einem wachsenden Einfluß ausländischer Handelsmissionen zusammen, von deren Methoden sich die Japaner beein-

*Kofokuji in Nagasaki*

trächtigt fühlten. So war denn die Verfolgung von Christen, die zum Teil selbst Ausländer waren oder mit ihnen in Verbindung standen, weniger religiös, sondern politisch motiviert (I. WENDT, 1978). Aus der Befürchtung, das Christentum könnte die gerade wiedergewonnene Ordnung gefährden, folgte dem Aufstand von Shimabara ein gesetzliches Verbot des Christentums, das erst 1889 durch die Anerkennung der allgemeinen Religionsfreiheit abgelöst wurde.

Von der Halbinsel Shimabara verkehren mehrere Fähren, eine davon in einstündiger Überfahrt nach **Misumi**. Von hier können die »Fünf Brücken von Amakusa«, die über eine Inselkette führen, in etwa einer halben Stunde befahren werden. Die Bahn verbindet Misumi in ca. 50 Minuten mit Kumamoto.

*1 Torii des Itsukushima-Schreines auf Miyajima (Holz, 1875)*

2 Goldener Pavillon (1397 und 1955) im Kinkakuji, Kyoto
3 Halle des Großen Buddha (8./12./18. Jh.) im Todaiji, Nara
4 Yasaka-Pagode (1440), Kyoto

*5 Torbau zum Yasaka-(oder Gion-)Schrein, Kyoto*

*6 Shirasagijo, die Burg des Weißen Reihers (Hauptturm 1608), Himeji*
**nächste Doppelseite:**
*7 Ziegeldach der Giyoden (19. Jh.) im Alten Kaiserpalast, Kyoto*
*8 Bronze-Plastik des Yakushi Nyorai (Heilender Buddha) im Yakushiji, Nara*
*9 Otemon (Haupttor) der Burg in Himeji*
*10 Allee der 10 000 Torii des Inari-Schreines in Fushimi, Kyoto*

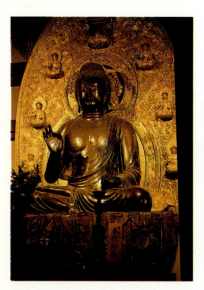

11 Shinto-Hochzeit vor dem Tsurugaoka Hachimangu, Kamakura
12 Im Garten des Kaiserlichen Landsitzes Katsura, Kyoto
13 Vor dem Eingang zur Burg von Osaka

14-16 *Toshogu (1636), Nikko: Giebeldekor an der Bibliothek;
Schnitzereien an der Rückseite der Tanzbühne (Kaguraden);
Glockenturm*

17 Zum Fest der Kinder wehen die bunten Fische
   (Koinobori) im Wind — für jedes Familienmitglied einer
18 Cafe im Eigenbau, Kamakura
19 Wohnhäuser am Berghang von Yahata, Kitakyushu

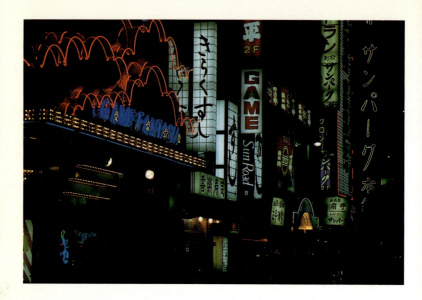

20 Shinjuku, Toyko
21 Superexpreßzug (Shinkansen)
22 Kabukicho in Shinjuku, Tokyo

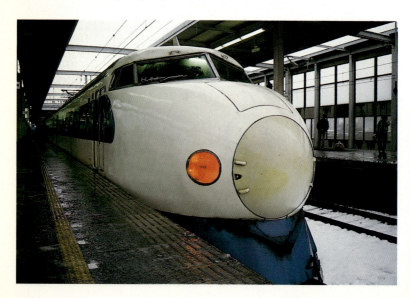

23 Warten auf das Klassenfoto (vor Schloß Nijo, Kyoto)

**Der mittlere Teil von Kyushu**

Für den direkten Weg von Fukuoka nach **Kumamoto** brauchen die Züge nicht mehr als 1 ½ Stunden. Mittelpunkt der Stadt ist die über den Baumkronen des Hügels ruhende *Burg* (1601 beg.), deren gewaltige Mauern oben fast überhängen und ebenso wie die restaurierten Ecktürme einer 50tägigen Belagerung (1877) standhielten. Das über 40 m hohe Hauptgebäude wurde 1960 rekonstruiert. Vom Bahnhof fährt ein Bus in 10 Minuten zum Kotsu Center, von da sind es noch 5 Minuten zu gehen bis zur Burg.

Vom Kotsu Center weiter erreicht man mit dem Bus in 20 Minuten den *Suizenji-Park* (5 km östlich des Bahnhofs), dessen Garten, vor 350 Jahren angelegt, zahlreiche Landschaften Japans, darunter den Fujisan und den Biwako, in verkleinertem Maßstab nachbildet.

Vulkane prägen das Inselinnere von Kyushu, und so wurde der Aoi-Aso-Schrein bei **Hitoyoshi**, dessen Haupthalle und der Torturm die bewegte Formensprache der Momoyama-Architektur zeigen, einer Vulkangottheit geweiht. Hitoyoshi ist von Kumamoto (über Yatsushiro) in 1 ½ Bahnstunden zu erreichen und gibt Gelegenheit zu einem 2 ½ stündigen Abenteuer auf den Stromschnellen des Kuma.

Im Zentrum der Insel, zwischen Kumamoto im Westen und Oita an der Ostküste, entstanden inner-

*Die Burg von Kumamoto im 19. Jh.*

halb eines riesigen Kraters mit einem mittleren Durchmesser von 21 km mehrere jüngere, 1000 bis 1600 m hohe Vulkane. Die Züge von Kumamoto in Richtung Oita halten nach gut 1 Stunde in **Aso**. Das Aso-Bergland mit einigen heißen Quellen an der Westseite des Massivs (Yunotani, Tarutama, Jigoku) gehört zum *Aso-Kuju-Nationalpark*. Mautstraßen mit Busverbindungen erschließen das von Kratern und Explosionslöchern durchsetzte Kegelgebirge, und auf den Kraterrand des Nakadake, (»Mittlerer Gipfel«), der als einziger der fünf Hauptvulkane des Asosan noch tätig und an seiner Rauchfahne erkennbar ist, fährt eine Seilbahn. Die bessere Aussicht über die Lavaflächen innerhalb der Riesen-Caldera des Asosan bietet allerdings der benachbarte etwa 270 m höhere Takadake, auf den ein Wanderweg führt (1592 m).

Eine gute Busstunde nördlich des Asosan befindet sich der *Kujusan*, mit 1787 m der höchste Gipfel auf Kyushu. An den wie flach geneigte Tafeln wirkenden Lavaflächen wachsen Rhododendren, die hier von April bis Juni blühen, und auch Preiselbeeren sind zu finden.

Die Bahnfahrt von Aso weiter nach **Beppu** dauert noch 2½ Stunden. Von Beppu aus werden eintägige Busreisen durch den Nationalpark bis nach Kumamoto organisiert. Das wegen seiner Heilbäder und der 90°C heißen »Höllen kochender Teiche« (Jigoku) berühmte Beppu liegt an der Ostküste (Inlandsee) von Kyushu, umgeben von den gleichmäßig geformten Vulkankegeln des Yufudake (1584 m) und des Tsurumidake (1375 m). Die größten dieser Teiche aus kochendem Wasser und Schlamm sind über 100 m tief (Umi Jigoku), andere von bläulicher oder rötlicher (Chinoike Jigoku) Farbe.

Eine Attraktion im benachbarten **Oita**, einem Zentrum der Schwerindustrie (15 Bahnminuten), sind die 1800 wild lebenden Affen am Fuße des Takasakiyama.

Züge verkehren von Beppu nach Nishi-Kagoshima (6 Stunden), nach Fukuoka (2½ Stunden) und Kokura (1½ Stunden), und die Autofähre nach Osaka legt auch in Matsuyama und Takamatsu auf der Insel Shikoku an und benötigt für die 400 km lange Route 13 bis 17 Stunden.

Unbekannten Ursprungs sind die etwa 60 in das vulkanische Gestein gehauenen Buddha-Darstellungen (*Sekibutsu*) bei **Usuki**, eine in Japan einmalige Ansammlung derartiger Skulpturen. Von Beppu gelangt man mit der Bahn in 45 Minuten über Oita nach Usuki, von wo ein Bus die Besucher in einer Viertelstunde an den Ausgang des flachen Tales bringt. Hier wird der Eintritt gezahlt für den Rundgang über das Gelände, vorbei an den verborgenen steinernen Zeugen aus dem 9. bis 12. Jh., vorbei auch an dem neu errichteten Gebäude des Mangetsuji, aber etwas taleinwärts mitten durch einen idyllischen Töpfergarten. Das wichtigste Bildnis fand sich in einer Darstellung des Dainichi Nyorai, dessen Kopf — von der Witterung abgesprengt — jetzt auf einem Steinsockel ruht. Für den Rundgang sollte mit mindestens 1 Stunde gerechnet werden.

Die beiden 420 m und 80 m langen *Furen-Tropfsteinhöhlen* mit Temperaturen um 15 °C sind ebenfalls von Usuki aus mit dem Bus in 1 Stunde zu erreichen. In der Stadt Usuki selbst überragt die dreistöckige Pagode des *Ryugenji* die Tempelmauern und Hausdächer (10 Minuten vom Bahnhof).

Das Hauptheiligtum aller Hachiman-Schreine — wovon es in Japan Tausende gibt — befindet sich in der Nähe der Ortschaft Usa. In Usa halten die Züge aus Oita (45 Minuten) und Beppu (½ Stunde) auf dem Weg nach Kokura (50 Minuten) und Fukuoka (fast 2 Stunden). Ein 3 km langer Fußmarsch oder eine kurze Busfahrt bringen die Besucher zum ersten der mit leuchtend roter Farbe gestrichenen Beton-Torii. Auf breitem Kiesweg und vorbei an zahlreichen Abzweigungen zu Nebenschreinen und Teichen geht es

*Friedhof des Ryugenji, Usuki*

vielleicht 15 Minuten eine Treppe durch den Wald hinauf zum Hauptschrein. Der **Usa Hachimangu** ist, wie seine Namensvettern, der Kriegsgottheit Hachiman geweiht und wurde 725 gegründet. Die 820 sowie 1860 wieder aufgebauten Gebäude blicken auf eine bewegte Geschichte zurück. Es war die Gottheit des Usa-Schreines, die im 8. Jh. befragt wurde, wie der Anspruch des Mönchs-Kanzlers Dokyo auf die Kaiserwürde zu entscheiden sei. Sie entschied gegen ihn, der Thron blieb beim Kaiserhaus und dem Land das Schicksal erspart, ein Kirchenstaat zu werden. Im Laufe der Jahre wurde Ha-

# KYUSHU

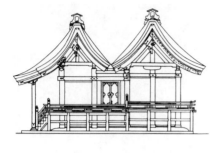
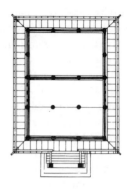

*Usa Hachimangu (gegründet 725)*

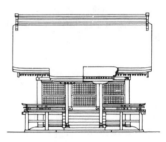

chiman zur besonderen Schutzgottheit des Kaiserhauses. Alle ihr geweihten Schreine fallen durch die intensiv roten Pfosten und Balken der Gebäude auf. 2 Stunden (ab Bahnhof Usa) sind für einen Besuch nicht zu viel.

Von Usa gibt es auch eine Busverbindung über Bungo-Takada auf die Halbinsel **Kunisaki** (über 1 Stunde). Dort steht mit der *Makinoodo* (spätes 12 Jh.) eines der schönsten und mit dem *Fukiji* aus dem 12 Jh. das älteste Beispiel der Baukunst auf Kyushu.

## Der Süden

In der *Bucht von Yatsushiro*, südlich von Kumamoto, lassen sich in den ersten Septembernächten geheimnisvolle rötliche Leuchterscheinungen beobachten. Um diese Zeit vermehren sich die hier lebenden Rotalgen, wobei die von den Einzellern ausgesendeten Leuchtstoffe sichtbar werden (oxidieren). Dieses besonders aus dem Bereich tropischer Meere bekannte Phänomen nennen die Japaner *Shiranui*.

Eine andere Besonderheit auf der dreistündigen Bahnfahrt von Kumamoto entlang der Yatsushiro-Bucht nach (Nishi-)Kagoshima sind die Rast- und Brutstätten der Kraniche (*Tsuru*), die zusammen mit anderen Zugvögeln aus der Mandschurei und Ostsibirien in jedem Winter das wärmere Japan aufsuchen.

**Kagoshima** ist als Verwaltungssitz der gleichnamigen Präfektur auch das wirtschaftliche und kulturelle Zentrum von Süd-Kyushu. Eine Autostunde nördlich des Stadtzentrums liegt der Flughafen mit direkten Flügen nach Tokyo (JAL ca. 100 Minuten), Osaka und auf die Insel Okinawa (75 Minuten) sowie einer Auslandsverbindung nach Hongkong. Die Ryukyu-Inseln sind auch vom Neuen Hafen Kagoshima in einer 18stündigen Seefahrt über Amami bis nach Okinawa zu erreichen.

Einen Einblick in die vergangenen 700 Jahre der Stadt gibt das Shuseikan, ein Fabrikmuseum, das 30 Busminuten nördlich des Hauptbahnhofs Nishi Kagoshima im *Iso-Park* steht. Zum Park gehören ein Landschaftsgarten mit

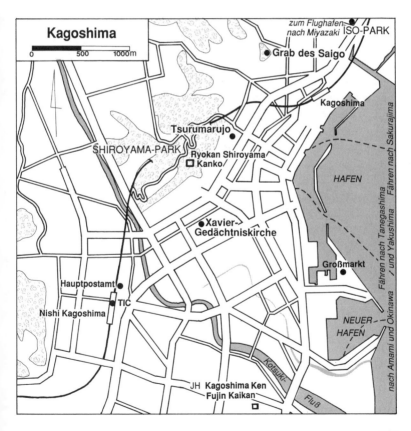

Blick auf die Krater des Sakurajima (s.u.) und die Villa (17. Jh.) der damaligen Herrscher.

Mitten in der Stadt, vielleicht 2 km nördlich des Hauptbahnhofs, bietet die Erhebung des *Shiroyama* (107 m) eine Aussicht bis über die Bucht von Kagoshima. An der Nordseite des Berges befindet sich jene Höhle, in der Saigo, der Führer des letzten großen Samurai-Aufstandes gegen die Meiji-Restauration (s.S. 135), 1877 Seppuku beging. Am östlichen Fuß des Shiroyama liegen die Ruinen der ehemaligen Residenz, *Tsurumarujo*. Obwohl Saigo gegen die »Erneuerung von oben« kämpfte, wurde er durch seine Schlüsselrolle in diesem ein Jahrzehnt währenden Kampf zu einem Symbol für die Geburt des modernen Japan.

Zu Ehren des Paters Francisco de Xavier, der hier 1549 als erster christlicher Missionar in Japan wirkte, wurde 1949 die Xavier-Gedächtniskirche erbaut. Von der Station Nishi Kagoshima ist sie mit der Straßenbahn in 5 Minuten zu erreichen.

In der Bucht von Kagoshima, nur 1,5 km östlich der Stadt, bilden die über 1000 m hohen Krater des seit Jahrhunderten tätigen *Sakurajima* eine Halbinsel. Beim Ausbruch von 1914 verschütteten die Lavamassen den 500 m breiten Meeresarm auf der anderen Seite der damaligen Insel, und die Ufer der inneren Bucht senkten sich durchschnittlich um einen halben Meter. Heute führt eine Straße von Osten über das Lavafeld an den Vulkan heran, während Boote von der nördlichen Anlegestelle des Fährhafens der Stadt in 15 Minuten übersetzen.

Die heißen Quellen am 10 km langen Strand von **Ibusuki** auf der Halbinsel Satsuma, eine gute Bahnstunde südlich von Kagoshima, sorgen für besondere Attraktionen. Dort kann man sich, bekleidet mit dem Yukata, zum Sandbaden bis zum Hals eingraben lassen oder, ganz ohne Hüllen, die unterschiedlichen Thermalbecken des Dschungelbades ausprobieren, das noch wie das traditionelle Ofuro von Frauen und Männern gemeinsam benutzt wird. Dieser Küstenabschnitt gehört zusammen mit dem 924 m hohen Vulkan Kaimon und dem landeinwärts gelegenen Ikeda-See — ebenso wie der Sakurajima — zum **Kirishima-Yaku-Nationalpark**.

Der südlichste Teil dieses Nationalparks liegt auf der fast kreisrunden Yakushima, einer Insel erloschener Vulkane, deren höchster Gipfel, Miyanouradake (1935 m), den Kujusan auf Kyushu noch um 150 m übertrifft. Die Höhenstufung der Wälder, die über dem küstennahen Streifen subtropischer Vegetation (bis 100 m) den immer-

*An der Küste*

grünen und ab 1000 m den sommergrünen Laubwald, ab 800 m auch Nadelbäume, vor allem die japanische Zeder (*Sugi*), und über 1800 m schließlich keinen Baumbewuchs mehr zeigt, vollzieht den pflanzengeographischen Aufbau nach, wie er auf den japanischen Inseln von Süden nach Norden vorherrscht (M. SCHWIND). Zur Yakushima fahren, wie auch zur benachbarten Tanegashima, Boote von der südlichen Anlegestelle des Fährhafens in Kagoshima (4 Stunden).

Das Vulkangebirge Kirishimayama bildet den nördlichen Teil des Nationalparks, der sich etwa auf halber Strecke zwischen Kagoshima und Miyazaki befindet (Autobahn) und auch von Norden über gute Straßen zu erreichen ist. Auf den 1574 m hohen *Takachiho no Mine*, einen der Hauptkegel, entfallen die meisten der bekannt gewordenen Eruptionen der letzten Jahrhunderte. Sein Krater liegt etwa 100 m unterhalb des Gipfels, von dem die Aussicht bis zur Bucht von Kagoshima reicht. Er kann nach einer knapp einstündigen Anfahrt von **Kirishima** in 1½ Stunden erstiegen werden. Auf diesen Berg stieg nach dem Mythos der Enkel der Sonnengottheit Amaterasu herab, um die Gründung des Japanischen Reiches vorzubereiten. Jimmu, der erste Tenno, und auch das japanische Volk galten als seine Nachfahren.

# KYUSHU

Die ursprüngliche Naturverehrung und die Entwicklung der Ahnenverehrung liegen im Wesen des Shinto begründet: fast alle Vulkane waren der Sitz von Gottheiten.

Der Aufstieg auf den 1700 m hohen *Karakunidake*, einen anderen Vulkan des 16 km langen Gebirgszuges, dauert über 3 Stunden und führt an einem der zahlreichen Kraterseen vorbei. Bambusgras (Sasa) und Rhododendron (Tsutsuji) gehören zur typischen Vegetation dieser Gegend, die im Sommer gute Möglichkeiten zum Zelten bietet.

Der *Miyazaki-Schrein* in der nach ihm benannten Stadt, gut 2 Bahnstunden östlich von Kagoshima, ist dem mythologischen Reichsgründer, Tenno Jimmu, geweiht. Im Schreinmuseum und vor allem im Heiwadai-Park, der den alten Hügelgräbern nachgebildet wurde, sind sehr ansprechend modellierte Haniwa-Figuren ausgestellt. Von **Miyazaki** führt eine schön angelegte Straße entlang der Küste des Quasi-Nationalparks Nichinan nach Süden. Auf der Strecke liegt das beliebte Ferienziel **Aoshima** (12 km). Eine winzige Insel ist vollständig mit kurzstämmigen Betelnuß-Palmen (Biro), Feigenbäumen und anderen (sub)tropischen Pflanzenarten bewachsen, die hier ihre nördlichste natürliche Verbreitung gefunden haben dürften. 30 km weiter südlich wurden die Gebäude des **Udo-Schreines** an die Felsformen der Küste gebaut. Er ist einer Gottheit geweiht, die gern während der Schwangerschaft angerufen wird. Auch die Weiterfahrt über das alte Städtchen Obi zum Kap Toi mit frei lebenden Affen oder an die Bucht von Shibushi ist reizvoll und die Landschaft vom milden Klima geprägt.

Auf dem Rückweg von Miyazaki nach Norden lohnt sich ein Abstecher nach **Saitobaru** (1 Busstunde). Dort befinden sich über 300 Hügelgräber (Kofun), die größte derartige Ansammlung in ganz Japan (vgl. S. 14).

Ein anderer Abstecher führt von Nobeoka (1 JR-Stunde und 20 Minuten nördlich von Miyazaki) landeinwärts nach **Takachiho**. Im gleichnamigen Schrein wird allabendlich der Tanz Iwato Kagura aufgeführt. Außergewöhnliche Erosionsformen des vulkanischen Gesteins entstanden in der *Takachihokyo*, einer Schlucht am oberen Gokase-Fluß.

Über Usuki und Beppo (Fähren nach Shikoku oder Hiroshima) läßt sich eine große Rundreise auf Kyushu abschließen.

**Zu den Ryukyu-Inseln**

Zwischen Kyushu und Taiwan (Republik China), etwa auf der geographischen Breite der Kanarischen Inseln, liegen die Ryukyu-Inseln. Fast 90% der Inselbewohner leben auf Okinawa. Die Inselgruppe war im 12. Jh. bis ins 14. Jh. ein unabhängiges Königreich und wurde dann der chinesischen Ming-Dynastie tributpflichtig. Nach einer Blütezeit im 15. Jh. zerstörten Piraten und europäische Seefahrer die Handelsbeziehungen. Der Annexion durch Japan folgten im Zweiten Weltkrieg heftige Kämpfe um Okinawa. Erst 1972 gaben die USA die Insel wieder an Japan zurück. Das Ryukyuanische ist die einzige dem Japanischen verwandte Sprache, die wir kennen, und wird heute noch gesprochen.

Das Frühjahr ist die günstigste Zeit für einen Aufenthalt, denn das subtropische Klima bewirkt eine sommerliche Regenzeit, der von Juli bis Oktober die Zeit der Taifune folgt. Der Flug von Tokyo bis Naha auf **Okinawa** dauert 2½ Stunden, von Fukuoka 1½ Stunden. Es gibt Schiffsverbindungen nach Kagoshima (18 Stunden), Osaka (ca. 33 Stunden) und Tokyo (2 Tage) oder nach Taiwan (38 Stunden).

In der Stadt *Naha* befinden sich Gräber von Königen und deren Angehörigen (Sogenji, Tamaudon), der Naminoue-Schrein, die auf den Gründungsmauern der alten Königsburg (Shuri) errichtete Universität, das als Symbol für die vergangene Kultur geltende Shuri-Tor (Shureinomon) und das landeskundliche Kenritsu-Museum.

Von Naha verkehren Buslinien zu zahlreichen Stränden, zu einer der größten Tropfsteinhöhlen Japans (Gyokusendo, 1 Stunde), zu den Resten einer Festung aus dem 15. Jh. (Nakagusuku) oder zu Burgruinen aus dem 14. Jh., und nicht zuletzt zu einem weiten Ozean-Park mit Unterwassergärten und Museen (3 Stunden Busfahrt). Außerdem werden Bootsfahrten und Flüge zu benachbarten kleinen Inseln angeboten, zum Beispiel zu den vom Krieg verschont gebliebenen Miyako-Inseln mit einem deutschen Kulturdorf, dem Doitsu Bunka Mura, oder zu der aus 19 Inseln bestehenden Gruppe der Yaeyama-Inseln mit der Zucht schwarzer Perlen in der Kabira-Bucht von Ishigakijima, mit schönen Badestränden und zahlreichen Unterkünften.

ZENTRAL-HONSHU

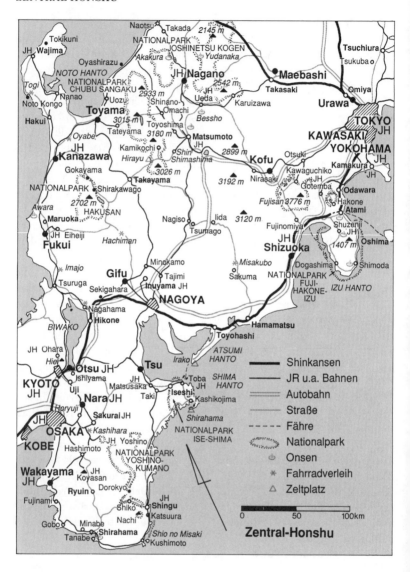

# IM ZENTRUM DER HAUPTINSEL HONSHU

## Die Kamakura-Zeit (1192-1333)

Schon gegen Ende der Heian-Zeit (794-1185) unterhielt der neugebildete Kriegeradel schlagkräftige Haustruppen, auf deren Unterstützung das Kaiserhaus angewiesen war. Denn faktisch wurde das Land seit dem 10. Jh. weniger vom Kaiser als vielmehr von der einflußreichsten Familie des Hofadels, den Fujiwara, regiert. Als sich das Kaiserhaus von den beiden mächtigsten Familien des Kriegeradels, den *Taira* und den *Minamoto*, Hilfe gegen die Fujiwara erbat, kam es jedoch zum Streit zwischen den beiden Familien des Kriegeradels. Die Taira, die sich im Heiji-Krieg (1156-1159) zunächst durchsetzten, wurden 1185 von den Minamoto in einer Seeschlacht an der Westspitze von Honshu (Shimonoseki) vernichtet. Der Sieger wurde vom Kaiser zum Obersten Heerführer, zum *Shogun*, ernannt. Dieser Titel wird erstmals 794 erwähnt, und als »Shogunat« wurde ursprünglich der Ort einer Militärverwaltung bezeichnet. Seit der Errichtung des ersten Shogunats (1192) ist damit jedoch die Regierung des Shoguns gemeint.

Der erste Shogun, Minamoto no Yoritomo, wählte als Sitz seiner Regierung das mehrere Tagesreisen von Kyoto entfernte und bis dahin ruhige Fischerdorf *Kamakura*. Das lag nicht allein an der Tatsache, daß sich in jener Gegend die Hausmacht der Minamoto befand. Es war auch ein Versuch, sich dem direkten Einfluß des Kaiserhauses zu entziehen. Außerdem war die Distanz zwischen dem Leben am Kaiserhof in Kyoto und den bescheideneren Daseinsformen der Samurai durchaus nicht unerwünscht.

Bis zum Ende der Kamakura-Zeit blieb die Stadt das eigentliche Zentrum des Reiches, überdauerte die Invasionen der Mongolen (1274, 1281) und wurde Standort bedeutender Tempel. Ein Untergang in Schutt und Asche (1333), Unwetter und vor allem das verheerende Erdbeben von 1923 ließen davon jedoch nur noch den Großen Buddha (Daibutsu, 1252) und die Reliquienhalle (Shariden) des Engakuji (14. Jh.) übrig. Nach den folgenden Bürgerkriegen (Nambo-

## ZENTRAL-HONSHU

**Die Haltung des Samurai**

Als Samurai (»Dienstmann«) wurde ursprünglich das bewaffnete Begleitpersonal der kaiserlichen Familie und des Adels bezeichnet. Seitdem aber eine zentrale Militärbehörde mit weiten Machtbefugnissen im zivilen Bereich (Shogunat, ab 1192) entstanden war, wurde auch deren Verwaltung und Steuererhebung von Samurai übernommen. Mit der Festlegung ihrer Rechte und Pflichten (1232) entwickelte sich aus den Samurai ein Stand selbstbewußter Krieger, deren fehlende (höfische) Bildung durch eine Schulung in der neuen Lehre des Zen-Buddhismus ausgeglichen wurde. Diese Lehre fand vor allem deshalb eine so weite Verbreitung, weil ihre harten Meditationsübungen vom Kriegeradel der Samurai als Mittel der Selbstdisziplin genutzt wurden.

kucho-Zeit, 1336 1392) kehrten die Ashikaga-Shogune zwar nach Kyoto (Stadtteil Muromachi, Muromachi-Zeit: 1392-1573) zurück, machten Kamakura jedoch zum Sitz der Regierung Ost-Japans. Dann erst wurde aus diesem Ort wieder, was er schon früher gewesen war: ein kleines Fischerdorf.

## Kamakura

Heute ist Kamakura ein beliebter Ausflugs- und Badeort des unübersehbaren städtischen Agglomerationsraumes um Tokyo (1 Bahnstunde) und die Hafenstadt Yokohama. Die Ortsteile erstrecken sich entlang einer Hauptstraße über mehrere Hügel, die der Sagami-Bucht Schutz vor den Nordwinden bieten. Der Ausflug zur Insel Enoshima (7 km) mit ihrer malerischen Hangbebauung, den schmalen Wegen und Treppen und vielen Souvenirläden, die phantastische Muscheln und aus Hartholz geschnitzte Andenken (Kamakura Bori) verkaufen, führt an mehreren Stränden entlang. Hier wird der Seetang an langen Leinen zum Trocknen aufgehängt, um dann in unzähligen Varianten auf den Tisch zu kommen: in der Suppe, getrocknet, gesalzen, als Gewürz, als

*Schauspieler in der Rolle eines Samurai (nach Hokusai, 1760-1849)*

Oblate und in vielen anderen Kombinationen.

Neben dem Bahnhof Kita Kamakura, eine JR-Station nördlich von Kamakura (oder 10 Minuten mit dem Bus), steht als einziges erhaltenes Gebäude der ehemaligen Hauptstadt die Reliquienhalle (Shariden) des **Engakuji**; auch die Tempelglocke (1301) blieb erhalten. Die Reliquienhalle wurde nach dem Sieg über die Mongolen errichtet (1374 Brand) und zeigt samt ihrem später erhöhten Strohdach in sehr typischer Weise jenen fein differenzierten Chinesischen Stil (*Karayo*), wie er aus China zum Ende der Südlichen Song-Dynastie (960 - 1279) von chinesischen Baumeistern eingeführt wurde. Sein typisches Merkmal jedoch, das glockenförmige Fenster, geht auf Zen-Meister zurück, die sich an der Verbreitung dieses Stils in Japan maßgeblich beteiligten. Kleinere, eng gesetzte Konsolen verdichten das Kraggebälk unterhalb der Traufe zu einer Art Fries, das, entgegen der sonstigen Gewohnheit bei Zen-Bauten, dekorativ wirkt. Ausländer können im Engakuji an den morgendlichen Zen-Übungen teilnehmen (täglich).

Denselben Baustil zeigen auch das Tor und die Haupthalle des **Kenchoji** (15 Gehminuten südlich des Engakuji, oder Bus in Richtung Kamakura); die wertvolle bronzene Glocke wurde 1255 gegossen, und

So läßt sich bei der noch heute verbreiteten Sportart des Bogenschießens, bei der das richtige Atmen von entscheidender Bedeutung ist, geradezu von einer Zen-Technik sprechen. Mit größter Konzentration wird der Pfeil auf das Ziel ausgerichtet.

Eine besondere Rolle spielte der Gebrauch des Schwertes, das in der Yayoi-Zeit (3. Jh. v.u.Z. - 3. Jh. u.Z.) zweischneidig war. Bis ins 8. Jh. wurden dann, wie auf dem Festland, einschneidige Schwerter getragen. Das japanische Schwert mit seiner gekrümmten Klinge wurde erst in der Heian-Zeit (794 - 1185) von Schmieden gefertigt, deren Werkstätten höchstes Ansehen genossen. Die Art, wie das Schwert im Kampf geführt wurde, sollte der Überwindung menschlicher Schwächen und Bedenken dienen, nicht nur der Tötung des Feindes. Es wurde ein Symbol für Furchtlosigkeit, für Treue bis in den Tod und für Verachtung von Reichtum im Sinne höfischer Repräsentation.

Neben dem großen Schwert wurden noch ein Kurzschwert und das 30-60 cm lange Kampfschwert getragen. Der feine, zurückhaltende Dekor vor allem des Schwertstichblattes wird erst in der relativ friedlichen Edo-Zeit (1603 - 1867) prunkvoller. Jetzt bildeten die Samurai die oberste Klasse, aus der unter anderem Heerführer, hohe Beamte und Würdenträger der Religionsgemeinschaften stammten. Der Zerfall des letzten Shogunats führte zur Erneuerung der kaiserlichen Macht und zur Öffnung des Landes gegenüber dem westlichen Einfluß (Meiji-Reform, 1868). Mit der Einführung der allgemeinen Wehrpflicht (1872/73) wurden viele Samurai in das Militär übernommen, und ihr Stand starb aus. Die sittliche Grundhaltung aber blieb Teil der japanischen Mentalität, die auch heute noch aus der Architektur des Shoin-Stils spricht. Die Durchlässigkeit dieser Häuser, die keinen Raum boten, sich von der Familiengemeinschaft zurückzuziehen, begünstigte die Entwicklung der Fähigkeit zu einer scheinbar undurchdringlichen Verschlossenheit. Transparenz und Offenheit einerseits, traditionelle Verschlossenheit andererseits sind Ausdruck derselben Geisteshaltung. Diese Fähigkeit zum Rückzug in sich selbst kommt auch in der modernen Gesellschaft dann zum Einsatz, wenn etwa der Kontakt zu den Arbeitskollegen zu eng zu werden droht oder wenn es gilt, Unsicherheit, zum Beispiel im Umgang mit Fremden, zu überspielen. Wer zudem Fairneß und Standhaftigkeit beweist und sich in Bescheidenheit übt, der verhält sich eben — wie ein Samurai.

auch die in der Haupthalle ausgestellte Holzstatue eines Regenten gilt als Meisterstück jener Zeit.

Etwa 1 km südlich des Kenchoji(oder 10 Minuten nördlich des zentralen Bahnhofs von Kamakura) führt eine lange Allee von Kirschbäumen vom Gelände des **Tsurugaoka Hachiman-Schreines** durch drei Torii fast bis zur Küste. Die Hauptgebäude des Schreines wurden 1828 im repräsentativen Stil der Momoyama-Zeit (1568-1603) wiedererrichtet. Bekannt ist das Schreinfest (16. September), bei dem Yabusame, ein Bogenschießen zu Pferde, veranstaltet wird. Der Schrein rechter Hand, der Wakamiya (»Jungschrein«), stammt aus dem Jahr 1624.

Auf dem Gelände des Tsurugaoka Hachimangu befinden sich auch das *Museum für Moderne Kunst* (Gemälde, Skulpturen) und das *Städtische Museum* (Kokuhokan, 1928), das in der Form eines Blockhauses dem Schatzhaus des Todaiji (Nara) nachempfunden wurde und Kunstschätze aus dem 12. bis 16. Jh. besitzt. Beide Museen sind montags und an nationalen Feiertagen geschlossen. Auf den ruhigen Teichen blühen Ende Juli bis Mitte August die — aus Indien eingeführten — Lotosblumen (Hasu).

Ein Spaziergang von etwa 45 Minuten (reine Gehzeit) führt vom Tsurugaoka Hachimangu in östlicher Richtung, vorbei an der

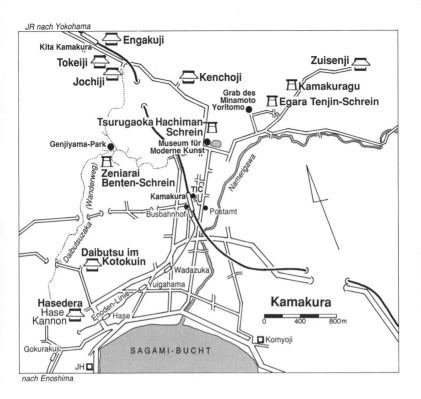

schlichten, aus Stein gehauenen und nur 1,6 m hohen Grabpagode des Minamoto no Yoritomo, zum Egara Tenjin-Schrein, bei dem die Schüler schmale Holztäfelchen (*Ema*) kaufen, ihre Wünsche daraufschreiben und sie in der Nähe des Schreines deponieren; und weiter über den Kamakuragu bis zum **Zuisenji**, dessen Zen-Garten ebenso wie der Tempel im 14. Jh. angelegt wurde. Das Grab des Yoritomo und der Kamakura-Schrein sind (wie auch der Kenchoji und der Genjiyama-Park) während der Kirschblüte Anfang April, der Egara Tenjin-Schrein und der Zuisenji während der Blüte der Aprikosenbäume Mitte bis Ende Februar dankbare Ziele. Vom Zuisenji geht man 15 Minuten zur Haltestelle eines Linienbusses, der in 10 Minuten den Bahnhof Kamakura erreicht.

Vom Bahnhof Kamakura fährt die Enoden-Linie in 5 Minuten bis zur Station Hase. Von da sind es noch 5 Minuten Gehzeit bis zum **Hase Kannon-Tempel**, in dessen Haupthalle (Kannondo) eine 9,30 m hohe elfköpfige Kannon-Statue aus Holz steht. Die Tempelglocke wurde 1264 gegossen.

10 Minuten weiter nördlich ruht auf einem flachen Steinsockel die 11,4 m hohe Bronzeplastik des Amida Nyorai: der **Daibutsu** (»Großer Buddha«, 1252). Er gehört zum Kotokuin und steht im Freien, denn die Halle wurde schon ein Jahrhundert nach dem Bau durch einen Sturm und endgültig durch eine Flutwelle zerstört. Zusammengesetzt aus großen Teilformen, die einen Hohlraum bilden, steht die Plastik in der Tradition des Buddha im Asukadera.

Nach etwa 300 m auf der Hauptstraße in Richtung Nordwesten zweigt rechts der Wanderweg Daibutsuzaka ab und führt nach 50 Minuten zum Genjiyama-Park und dem **Zeniarai Benten-Schrein**. Das Heiligtum befindet sich in einer Grotte, in deren Quellwasser an bestimmten Tagen Münzen und Geldscheine gewaschen werden, die dann nach altem Glauben ihrem Besitzer mehr als das Doppelte wieder einbringen können. Nach weiteren 20 Minuten in nördlicher Richtung, vorbei an den Stufen zum Jochiji mit neueren Gebäuden, aber mit einer Jizo-Statue des berühmtesten Bildhauers der Kamakura-Zeit, liegt auf der linken Seite der Tokeiji, auf dessen Gelände von Ende März bis Anfang Juni Magnolien (Mokuren, Kobushi), Pfirsichbäume (Momo), Pfingstrosen (Botan) oder Schwertlilien (Ayame) in Blüte stehen; Mitte bis Ende September folgt noch der japanische Buschklee (Hagi). Nach 5 Minuten bis zur Station Kita Kamakura läßt sich die (von Hase) knapp 2stündige Wanderung beenden (5 JR-Minuten bis Bahnhof Kamakura) oder in 10 Minuten zum Engakuji (s.o.) fortsetzen.

## Rund um den Fujisan

Während die Trasse der Shinkansen-Linie nördlich der Halbinsel Izu, einem ehemals bevorzugten Ort für die Verbannung, in zahlreichen Tunneln verschwindet, erhebt sich darüber um den Ashi-See, den Fujisan und weitere fünf Seen die Bergwelt des *Nationalparks Fuji-Hakone-Izu*. Die Bahnstation **Kawaguchiko**, die den Namen des schönsten der fünf Fuji-Seen trägt, liegt im Norden des Fujisan und ist von Shinjuku (Tokyo) mit dem Zug (umsteigen in Otsuki) oder besser noch mit dem Bus in 1 Stunde und 50 Minuten zu erreichen. Unvergessen bleibt der Blick über den Kawaguchi-See zum gleichmäßigen Kegel des berühmten Berges, und beliebt ist das Zelten im Sommer oder das Schlittschuhlaufen im Winter.

Von den anderen Seen entlang der Panoramastraße in Richtung

*Am Fuße des Fujisan*

Westen lädt der Saiko zum Angeln ein (Forellen), der kleine Shoji-See zum Wandern, und der Motosu-See (Forellen) friert wegen seiner Tiefe von 133 m nur selten zu. Der größte der fünf Fuji-Seen, der Yamanakako, bietet Gelegenheit zum Zelten und liegt in fast 1000 m Höhe an der Panoramastraße in südöstlicher Richtung von Kawaguchiko. Vom Yamanaka-See fahren Busse nach **Gotemba** (35 Minuten), einem anderen der sechs Ausgangspunkte zur Besteigung des 3776 m hohen *Fujisan*. Vom Bahnhof Shinjuku (Tokyo) verkehren direkte Züge (JR) in 2 Stunden und Busse in 2½ Stunden nach Gotemba.

Wie jede der 15 bis 25 km langen Routen ist auch jene von Gotemba in zehn Abschnitte unterteilt, an denen Steinhütten die Möglichkeit zur Übernachtung bieten. Während der offiziellen Saison (1. Juli bis 31. August) ist der Gipfel meist schneefrei. Viele beginnen die Tour am späten Nachmittag, um vor Sonnenaufgang den Rand des etwa 150 m tiefen Kraters oder — wenn Morgennebel zu erwarten ist — die achte Station einer der ostseitigen Routen zu erreichen. Der Aufstieg dauert höchstens 9 Stunden und läßt sich von Kawaguchiko wie auch von Gotemba durch Busanfahrt auf 4 Stunden verkürzen. Für den Abstieg genügen 5 Stunden bis Gotemba oder 2 Stunden bis zur mittleren Bergstation.

Die durchschnittlichen Gipfeltemperaturen liegen in der Saison bei 5 bis 6 °C. Obwohl der Fuji nicht mehr zu den aktiven Vulkanen gehört (letzter Ausbruch 1707, Bildung des Seitenkraters), bezeichnen ihn die Geologen als noch tätig. Als höchster Berg und Wahrzeichen Japans ist der Fuji gerade bei Japanern sehr beliebt, daher sollte der begeisterte Bergwanderer während der Saison am besten mit der Losung »geteilte Freude ist doppelte Freude« der Morgenröte entgegenstreben. In dieser Zeit verkehren direkte Busse auch von der mittleren Bergstation der Gotemba-Route nach Mishima (2 Stunden), ansonsten regelmäßig bis nach Odawara (jeweils Anschluß an die Züge der Shinkansen-Linie).

**Odawara** liegt als Ausgangspunkt für einen Besuch des Nationalparks Fuji-Hakone-Izu sehr verkehrsgünstig. Die Shinkansen-Züge erreichen die Stadt von Tokyo in 40 Minuten, und von Kamakura braucht die JR eine knappe Stunde (über Ofuna). Die *Burg* von Odawara wurde erst 1960 restauriert. Als Museum eingerichtet, liegt sie etwa 500 m südlich des Bahnhofs in einem Park mit einem Spielplatz, einem kleinen Zoo und dem Hotoku Ninomiya-Schrein.

Vor dem Ostausgang des Bahnhofs fahren die Busse nach Gora, Gotemba und zu fast allen Zielen des Hakone-Gebietes ab. Eine kleine Bergbahn fährt vom Bahnhof Odawara über das älteste dieser Bäder, **Yumoto** (mit dem im 14. Jh. gegründeten Zen-Tempel Sounji), über das für erstklassige Unterkünfte bekannte Miyanoshita (Kochsalzquellen mit starkem $CO_2$-Gehalt) und über Kowakidani, wo Heißluftdämpfe Treib-

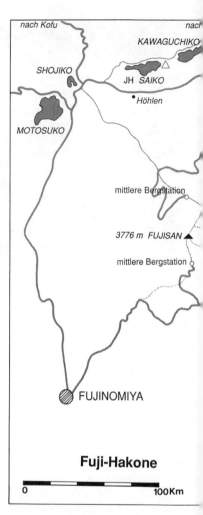

**Fuji-Hakone**

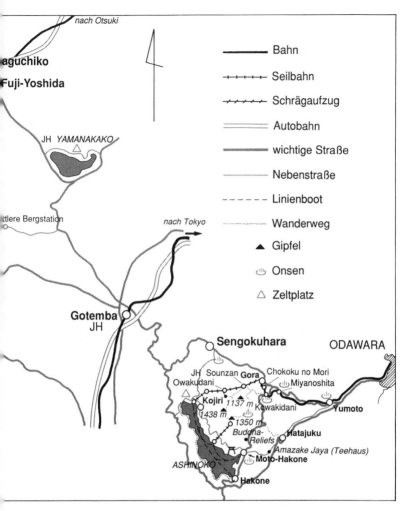

häuser beheizen, bis **Gora** (50 Minuten).

An der vorletzten Station, Chokoku no Mori, 5 Gehminuten in südlicher Richtung, bietet das gleichnamige Freilichtmuseum Gelegenheit, auch im heißen Sommer bei angenehmen Temperaturen die Werke internationaler Plastik des späten 19. und des 20. Jh. zu betrachten (täglich geöffnet). 10 Minuten in entgegengesetzter Richtung (oder 10 Minuten vom Bahnhof Gora) zeigt das

Hakone-Kunstmuseum unter anderem japanisches und chinesisches Porzellan (täglich außer donnerstags).

In Gora läßt sich eine überaus abwechslungsreiche Rundfahrt durch das Hakone-Gebiet beginnen. Schrägaufzug und Seilbahn führen die Besucher in 45 Minuten über die Bergstation (788 m) des Sounzan (1 137 m) und die Station *Owakudani*, die ihren Namen »Tal des großen Kochens« heißen Quellen, Schwefel- und Wasserdämpfen verdankt (Naturkundemuseum), bis zur Talstation Togendai am nördlichen Ende des **Ashi-Sees** (Ashinoko). Der heute 732 m hoch gelegene See, beliebt bei Bootsfreunden, Badegästen und Anglern, bedeckte vor langer Zeit auch die nördliche Sengokuhara, eine Ebene, die von buschigen Hochmoorpflanzen bewachsen ist. Neben einem botanischen Garten wurden auch Golfplätze angelegt. Zum Ort *Sengokuhara* gehören mehrere Onsen und ein Porsche-Museum mit einer Sammlung von ca. 30 Modellen.

Von Togendai oder dem benachbarten Kojiri verkehren fahrplanmäßige Schiffe bis nach Hakone oder Moto-Hakone am Südende des Ashi-Sees (30 Minuten). Einige legen etwa auf halber Strecke am östlichen Ufer an und geben so Gelegenheit zu einem Seilbahnausflug auf die etwa 1350 m hoch liegenden Aussichtspunkte des *Komagatake*. Von Ende November bis Mitte März ist nahe der Bergstation ein Eislaufzentrum in Betrieb (ebenso am Sounzan). Wanderwege führen zurück nach Gora oder über den mit 1438 m höchsten Gipfel des Hakone-Gebietes, den Kamiyama, hinüber zum »Tal des großen Kochens«.

Von der Bootsanlegestelle in **Hakone** geht man kaum 5 Minuten in Richtung Moto-Hakone bis zu einem 1965 rekonstruierten Kontrollposten, der seit 1618 an dem historischen Verbindungsweg zwischen der Residenz des Kaisers in Kyoto und dem Regierungssitz des Edo-Shogunats im späteren Tokyo lag. Diese *Tokaido* (»Ostmeerstraße«), nach der heute eine JR-Linie benannt ist, führte durch jene der ursprünglich sieben großen Regionen Japans, die schon seit der Heian-Zeit Ostmeerregion hieß. Der weitere Spaziergang folgt einer über 1 km langen gewundenen Straße, die von mehrere hundert Jahre alten Zedern gesäumt ist, und endet nach 25 Minuten in **Moto-Hakone**.

Bis zum *Hakone-Schrein* (gegründet im 8. Jh.), dessen Gebäude nahe dem Seeufer liegen und aus dem Jahr 1667 stammen, sind es von Moto-Hakone ungefähr 15 Minuten zu gehen. Beim Seefest (Kosuiai) am Abend des 31. Juli schwimmen Tausende leuchtender

Laternen auf das Wasser hinaus. Etwa 15 Minuten weiter liegt das Kokusai Mura, ein »Internationales Dorf« mit Modellbauten und Kunsthandwerk aus mehr als 20 Staaten. Es gehört, zusammen mit dem benachbarten Vergnügungspark, einem Zeltplatz, der Bootsanlegestelle und der Talstation der Seilbahn auf den Komagatake, zum *Hakone-Park*.

10 Busminuten nördlich von Moto-Hakone sind zu beiden Seiten der Straße mehrere in den Stein geschlagene Buddha-Darstellungen zu finden. Von Moto-Hakone führt eine Wanderung entlang der alten Route der Tokaido in östlicher Richtung vorbei am Amazake Jaya (Teehaus), Hatajuku (Einlegearbeiten, als Hakone Zaiku bekannt) und an mehreren Tempeln bis nach Yumoto (4 Stunden Gehzeit).

An allen Orten um den Ashi-See kann man Motorboote, Ruderboote und Tretboote mieten, oft auch Fahrräder (Kojiri, Hakone-Park). Von den belebtesten Plätzen fahren direkte Busse nach Odawara, von Hakone benötigen sie 45 Minuten. Außerdem gibt es von Hakone Busverbindungen zu allen Orten der Umgebung, nach Gotemba, Atami (ca. 1 Stunde) und nach Tokyo (2 Stunden 10 Minuten).

## Von der Halbinsel Izu nach Nagoya

**Atami**, einer der beliebtesten Kurorte Japans, bietet ausgezeichnete Unterkünfte, von denen die meisten mit dem Wasser heißer Quellen versorgt werden. Die gesamte Halbinsel Izu (Izu Hanto) besteht aus Lavagesteinen und Tuffen, und auch die Orte Ito und das nach dem Tempel benannte Shuzenji im nördlichen oder Shimoda im südlichen Teil besitzen gern besuchte Onsen.

In **Shimoda**, das von Atami über Ito in 80 Minuten und auf tunnelreicher Strecke mit der Bahn zu erreichen ist, erinnern u.a. ein Museum und ein Modellschiff der amerikanischen Flotte (»Schwarze Flotte«) an den von Admiral Perry erzwungenen Abschluß eines Handelsvertrages zwischen dem Shogunat und den USA (1854). Shimoda war damit der erste Hafen Japans, der nach zwei Jahrhunderten selbstgewählter Isolation dem Ausland geöffnet wurde. Im Ryosenji, einem Tempel des Tantra, zeigt eine Sammlung erotischer Plastiken und Dokumente aus dem alten Japan auch einige Darstellungen, wie wir sie in Indien finden.

Von Dogashima an der Westküste der Izu-Halbinsel fahren Boote zu eindrucksvoll ausgehöhlten Felsen oder zurück nach Numazu im

Norden mit Anschluß an die Züge der JR-Tokaido-Linie.

Eine Bahn verbindet Atami mit Shuzenji im Inneren der Halbinsel (40 Minuten). Von dort führen Wanderwege in die Umgebung oder auch auf den 982 m hohen Darumasan. Die höchsten Erhebungen auf Izu sind die vier über 1000 m hohen Gipfelkegel des Amagisan (1407 m).

Von den größeren Orten der Ostküste der Halbinsel Izu (und auch von Tokyo oder Yokohama) fahren Schiffe zu den **Izu-Inseln**, deren nächste, Oshima, etwa 25 km vor der Küste liegt und vollständig vom Vulkan Miharayama (758 m) eingenommen wird. Die Eruptionen von 1950 hielten über zwei Monate an, und die Ausbrüche im folgenden Jahr waren noch stärker. Weiter südlich liegen kleinere Inseln mit geringer vulkanischer Aktivität: die kreisrunde Toshima mit einer fast 100 m hohen Brandungssteilküste, die nur 2 bis 3 km breite Niijima, die gerade 100 m hohe Shikinejima oder die etwas größere Kozushima. Die Inselkette setzt sich fort in der Miyakejima, auf der beim Ausbruch von 1962 ein Erdspalt von 100 m Länge aufriß. Die Vulkane auf Mikurajima und auf der als Ort der Verbannung bekannt gewordenen Hachijoshima sind erloschen. Oshima, Miyakeshima und Hachijoshima besitzen

*Teehaus an der Straße (1882)*

Flughäfen mit Verbindungen nach Tokyo (1 knappe Stunde).

Auf dem Weg entlang der Pazifik-Küste nach Westen führt ein kurzer Abstecher von der JR-Station Fuji oder der Shinkansen-Station Shin-Fuji (25 Minuten von Atami) etwa 10 km nach Norden bis Fujinomiya (Bus- oder Bahnverbindung). 15 Minuten dauert der Spaziergang vom Bahnhof **Fujinomiya** bis zum Hauptschrein der annähernd 2000 Sengen-Schreine Japans, die ihr Bestehen der hohen Achtung verdanken, die die Japaner ihren Vorfahren und der Natur, insbesondere dem zum Landessymbol gewordenen Fujisan, bis heute entgegenbringen.

Eine halbe Busstunde östlich der Shinkansen-Station **Shizuoka** (15 Minuten von Shin-Fuji) befindet sich das erste Grabmal des Ieyasu, der 1617 errichtete Tosho-Schrein (*Toshogu*). Mit seiner prächtigen Architektur gilt er als Vorläufer des gleichnamigen Schreines in Nikko, der letzten Ruhestätte von Ieyasu. Von der Ostseite des Bergrückens (Nihondaira), auf der der Schrein steht, reicht der Blick weit über die Bucht von Suruga.

2,5 km südlich des Bahnhofs von Shizuoka wurde ein 2000 Jahre altes Dorf ausgegraben (*Toro Iseki*). Das dazugehörige Museum zeigt aufschlußreiche Gegenstände aus der Yayoi-Zeit. Nicht geöffnet ist es am Tag nach Sonn- und Feiertagen,

*Reisterrassen bei Hamamatsu*

am letzten Tag des Monats und zum Jahreswechsel.

Auch bei **Hamamatsu** befindet sich eine prähistorische Fundstätte (Shijimizuka) mit einem rekonstruierten Museumsdorf (Busverbindung vom Bahnhof). Westlich der Brücke über die Hamana-Lagune, 5 Gehminuten vom JR-Bahnhof Araimachi, steht ein alter Kontrollposten der historischen Verbindungsstraße zwischen Kyoto und Edo. Wer hier mit dem Fahrrad unterwegs ist, kann bei Toyohashi auf die Atsumi-Halbinsel abbiegen, um sich an einem der Strände auszuruhen, bevor er mit einer der häufigen Fähren in einstündiger Seefahrt über die Ise-

Bucht nach **Toba** setzt. Auf Shima Hanto, der Halbinsel Shima, erwarten ihn neben reich gegliederten Küstenformen und bergigen Panoramastraßen (Buslinien) auch die Großen Schreine von Ise (Ise Daijingu).

Im Süden dieser Halbinsel, die 1946 zum *Nationalpark Ise-Shima* erhoben wurde, gilt neben den Klippen des Kap Daio vor allem die Ago-Bucht als nicht nur sprichwörtliche Perle. Denn **Kashikojima**, mit dem Bus von Toba und mit der Bahnlinie Kinki Nippon von Toba (35 Minuten) oder Iseshi (1 Stunde) zu erreichen, ist nicht nur Ausgangspunkt für Bootsrundfahrten in die Bucht, sondern auch ein Zentrum der Perlenindustrie. Bei Zuchtperlen wird die Muschel (Auster), in denen die Perle heranwachsen soll, mit behutsamer Gewalt geöffnet und ein aus (Gewebe-)Teilen fremder Muscheln zusammengesetzter Fremdkörper als Perlkern eingebracht. Um diesen Kern bilden sich Perlmuttschichten. Bis die neue Perle etwa die Größe einer Erbse erreicht, vergehen bei Zuchtperlen 3 bis 5 Jahre, bei Naturperlen, deren Kern z.B. aus einem Sandkorn bestehen kann, oft 10 bis 15 Jahre. Zur Attraktion für die Besucher wurden die Taucherinnen (*Ama*), die auf den Perlenfarmen die Muscheln aus dem Wasser holen, etwa um sie von Tang und Ablagerungen zu reinigen oder die fertigen Perlen zu sortieren.

Zum erstenmal gelang es K. Mikimoto, nach diesem Verfahren Perlen zu züchten. Auf einer kleinen Insel vor Toba (»Perleninsel«), durch eine Brücke mit dem Land verbunden, führt ein Museum sehr anschaulich die Stadien der Perlenzucht vor und zeigt wertvolle Schmuckstücke. Auf dieser Insel, die in 5 Wegminuten vom Bahnhof Toba zu erreichen ist, finden auch regelmäßige Tauchvorführungen statt.

Auf halber Strecke zwischen Toba und der Stadt Ise (Iseshi) wurde die Küste bei *Futamigaura* bekannt durch zwei aus dem Wasser ragende Felsen (Meotoiwa), die als Symbol des mythologischen Stammelternpaares Izanagi und Izanami angesehen und mit einem gewundenen Strohseil verbunden (»verheiratet«) wurden.

Am besten von **Iseshi** erreicht man zunächst den Äußeren (Geku) der *Großen Ise-Schreine* (ca. 15 Minuten vom Bahnhof) sowie den 6 km entfernten Inneren Schrein, Naiku (Ende 3. Jh. gegründet). Die Gebäude dieses Hauptheiligtums des Shinto (Nationalheiligtum) sind auf Seite 53 ff. beschrieben. Vom Startpunkt der Pilgerstraße zum Inneren Schrein führt eine Panoramastraße über den Asama-Berg — mit einem buddhistischen Tempel und einer Aussicht bis auf die Küste — hinunter nach Toba. Nach Iseshi dauert die Bahnfahrt von Toba 15 Minuten (Kinki Nippon), von Kyoto 2 bis 2 1/2 Stunden (JR oder Kinki Nippon), von Nagoya 2 1/2 Stunden (JR, umsteigen in Taki).

An der weiteren Strecke um die Bucht von Ise nach Nagoya liegt **Matsusaka** (15 Minuten von Iseshi mit Kinki Nippon). Im Matsusaka-Park befindet sich das als Museum eingerichtete Wohnhaus des Gelehrten Motoori Norinaga, der im 18. Jh. unter anderem einen 44bändigen Kommentar zur ältesten japanischen Geschichtsdarstellung (Kojiki) schrieb.

Von Matsusaka fährt die JR in 20 Minuten nach **Tsu**, dem Verwaltungszentrum der Präfektur Mie. Dort stehen der Yuki-Schrein aus dem 14. Jh., ein Tempel aus dem 17. Jh. (Shitennoji) und in den nördlichen Vororten, 5 Minuten von der JR-Station Ishinden zu gehen, der im 15. Jh. hierher verlegte Senshuji. Die Bahnfahrt (JR) von Tsu nach Nagoya dauert noch 1 Stunde.

*Innerer Schrein (Naiku, gegründet im 3. Jh.) der Großen Ise-Schreine*

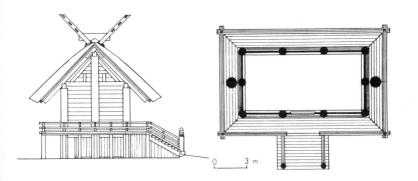

ZENTRAL-HONSHU

## Nagoya und Umgebung

Das im 16. Jh. entstandene **Nagoya** erhielt seine Bedeutung für Mittel-Japan durch die unter Tokugawa Ieyasu (1542-1616) errichtete Burg und blieb bis zum Ende des letzten Shogunats Sitz einer Tokugawa-Familie. Die heutige Zweimillionenstadt, Zentrum und Ausgangspunkt für Zentral-Japan, wurde nach schweren Luftangriffen (1945) großzügig wieder aufgebaut. Die Schwerpunkte der Industrie liegen in der Herstellung von Porzellan- und Keramikwaren (in Seto), von Uhren, Lacken und Farben, in der Baumwollverarbeitung, in den Werften, in der Auto-, Elektro- und der chemischen Industrie.

Flugverbindungen ins Ausland führen nach Korea, Taiwan (Republik China), Hongkong, Australien und Hawaii. Vom Flughafen Ko-

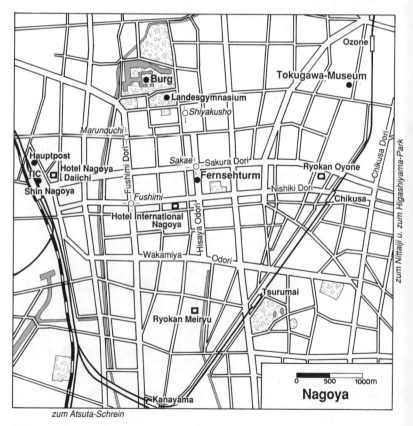

maki nördlich der Stadt fahren Busse in 50 Minuten zum Meitetsu-Busbahnhof, von wo es noch 5 Minuten bis zum Bahnhof Shin-Nagoya zu gehen sind. Die Shinkansen-Züge fahren nach Kyoto in 45 bis 60 Minuten, nach Tokyo in 2 bis 3 Stunden. Außerdem gibt es Bahnverbindungen (JR) nach Matsumoto (gut 2 Stunden), Takayama und Kanazawa (je 3 Stunden) in Zentral-Japan oder nach Iseshi (fast 2 1/2 Stunden) und Shingu (4 Stunden) in südlicher Richtung. Innerhalb der Stadt sorgen die Stationen der JR und anderer privater Bahnlinien, ein U-Bahnnetz und Busse für gute Verkehrsverbindungen.

10 Busminuten vom Bahnhof Shin-Nagoya, in der Nähe der U-Bahnstation Shiyakusho, liegt die 1959 aus Stahlbeton wieder aufgebaute *Burg* (1612). Vom 48 m hohen fünfstöckigen Wohnturm, der bedeutende Schiebetürmalereien enthält, blickt man weit über die Stadt. Einige Mauern, die Ecktürme und das zweite Tor stammen noch aus dem 17. Jh.

Etwa gleich weit vom Bahnhof entfernt, nur eine U-Bahnstation südlich von der Burg, befinden sich der Fernsehturm, dessen Aussichtsplattform auf 90 m Höhe einen Blick über den Kern der City bietet, sowie ein Kulturzentrum.

Im südlichen Stadtgebiet steht das nach den Ise-Schreinen bedeutendste Heiligtum des Shinto, der *Atsuta-Schrein* (Atsuta Jingu). Er ist mit der JR vom Bahnhof Shin-Nagoya (1 Station), mit der Meitetsu Inuyama-Linie bis Jingumae oder mit der U-Bahn bis Jingu Nishi zu erreichen. Der Schrein besitzt, auch wenn seine Gebäude im 20. Jh. neu errichtet wurden, eine alte Tradition. Hier wurde das Schwert aufbewahrt, mit dem im Mythos die Sturmgottheit Susanoo sich das Leben retten konnte. Das Schwert ist eines der drei Reichsinsignien (s. S. 54). Das Schreinfest findet am 5. Juni statt.

Das *Tokugawa-Museum* im Nordosten der Stadt, etwa 1 km südlich der Bahnstation Ozone (oder vom Hauptbahnhof 1/2 Stunde mit dem Bus bis zur Station Shindekimachi), zeigt neben Schwertern und Rüstungen, No-Masken und -Kostümen und anderen Kunstschätzen auch zahlreiche Rollen der berühmten Illustrationen zum Roman vom Prinzen Genji (Genji Monogatari Emaki, 12 Jh.), mit denen die Blütezeit der höfischen Malerei begann.

Ein Geschenk des Königs von Thailand, Chulalongkorn (1868-1910), ist die vergoldete Buddha-Statue, für die 1904 der *Nittaiji* östlich der Stadt errichtet wurde (ca. 1 km von der U-Bahn-Station Kakuozan). Der Tempel, der keiner bestimmten buddhistischen Schulrichtung angehört, bietet auch einen schönen Blick über Stadt und Umgebung.

Zwei U-Bahnstationen weiter östlich (oder 15 Minuten vom Hauptbahnhof) erstreckt sich der *Higashiyama-Park*. Ein Viertel seiner Fläche, das sind 20000 m², gehört zum Zoo, der, wie vor ihm Hagenbecks Tierpark, auf Zäune zu verzichten weiß. Auch der Botanische Garten mit einem Gewächshaus und anderen lehrreichen Einrichtungen gehört zu den besten Japans. Die 10 m hohe Kannon-Statue stammt aus dem Nittaiji. Der nahegelegene Heiwa-Park beherbergt die Gräber des städtischen Friedhofes.

In der Umgebung von Nagoya, an der Strecke nach Matsumoto, stehen noch zwei alte Zen-Tempel. Zu den Gebäuden des *Jokoji* geht man vom gleichnamigen Bahnhof 15 Minuten. Die Züge der JR halten nach ca. 40 Minuten (von Nagoya), auch in **Tajimi**. Hier besitzt der *Eihoji* (Busverbindung vom Bahnhof Tajimi) mit seiner Gründerhalle Kaisando (1352) ein Bauwerk, bei dem die vorgelagerte Anbetungshalle durch einen kurzen Verbindungstrakt an die Halle des Hauptheiligtums angeschlossen ist. Die seit dem 9. Jh. auch in Japan verbreitete buddhistische Shingon-Schule (wie auch die Tendai-Schule) ermöglichte mit dieser Bauweise den Gläubigen, in der Anbetungshalle (*Raido*) dem Ablauf der Zeremonien zu folgen. Auch die Kannon-Halle und der Teichgarten lohnen den Besuch.

Nördlich von Nagoya, 25 Minuten mit der Meitetsu Inuyama-Bahn, liegt *Hakuteijo*, die älteste Burgfestung Japans (1440). Erhalten blieb auf einem Hügel am Fluß Kiso, 10 Minuten von der Station **Inuyama Yuen** zu gehen, nur der Hauptturm mit seinem dreifach gestuften Dach. 300 m östlich der Burg befindet sich der Urakuen, ein Garten, der durch sein schlichtes Teehaus, Joan (1618), so bekannt wurde.

*Meijimura*, das Meiji-Dorf, dürfte für Japaner attraktiver sein als für Europäer. In dieses 15 Busminuten südöstlich von Inuyama gelegene Freilichtmuseum wurden mehr als 50 historische Gebäude übertragen, die während der Meiji-Zeit (1868-1914) entstanden und die Fähigkeit der Japaner zeigen, westliche Technologien in kürzester Zeit zu analysieren. Meijimura ist auch direkt vom Bahnhof Shin-Nagoya in 45 bis 60 Minuten mit der Meitetsu-Bahn oder dem Bus zu erreichen.

Südlich von Meijimura und an derselben Bahnlinie befindet sich der *Tagata-Schrein*. Als Fruchtbarkeitsschrein wird er von Frauen und Männern besucht, die sich Kinder wünschen. Daß sich die Religion des Shinto auch der Lebensfreude zuwendet, zeigt das Schreinfest am 15. März. In ausgelassener Stimmung begleiten die Teilnehmer der Prozession einen riesigen Phallus aus Holz zum Schrein. Auch ein weiblicher Fruchtbarkeitsschrein findet sich in dieser Gegend.

Ein ganz anderes Erlebnis bietet die Teilnahme an einer Wildwasserfahrt auf dem Fluß Kiso (Kisogawa). Die schmalen Boote legen, von Inuyama aus gesehen, 13 km flußaufwärts bei Imawatari ab und brauchen für die schöne, ungefährliche Strecke zurück nach Inuyama höchstens 2 Stunden. Imawatari liegt bei **Minokamo** (JR-Station Minoota), das mit der JR von der Station Unuma bei Inuyama (auf der anderen Seite des Kisogawa) oder von Tajimi zu erreichen ist; andere Möglichkeiten bestehen von Nagoya mit den JR-Zügen in Richtung Takayama oder mit der Hiromi-Linie der Meitetsu-Bahngesellschaft (jeweils 1 Stunde).

Eine uralte Tradition besitzt das Kormoran-Fischen (*Ukai*), heute überwiegend als Attraktion für Touristen bekannt. An der Inuyamabashi, der Brücke über den Kisogawa (nicht weit von der Bahnstation Inuyama Yuen), sammeln sich die Besucher oft schon eine Stunde vor dem Fest, das hier in den Nächten vom 1. Juni bis 30. September stattfindet. Die Kormorane, dunkle Seevögel, werden für den Fischfang abgerichtet und an Leinen von Booten aus geführt. Ein Kormoran kann bis zu 50 Fische in einer Nacht erbeuten. Damit er sie nicht verschluckt, bekommt er einen Ring um den Hals gelegt und erhält seine Mahlzeit erst nach der etwa halbstündigen Jagd. Mit Fackeln und Laternen werden die Fische an die Boote gelockt. Das Licht zeigt allerdings an Vollmondnächten, an denen es mit dem Mond konkurriert, sowie nach starken Regenfällen, die das Flußwasser trüben, keine Wirkung, weshalb in solchen Nächten das Fest ausfällt. Mindestens ebenso bekannt für den Kormoran-Fischfang ist **Gifu** (25 JR-Minuten von Nagoya). Das beliebteste Andenken an das Kunsthandwerk von Gifu sind die handbemalten Lampions. Die Burg auf dem 329 m hohen Kinkazan (Seilbahn) wurde während der Schlacht von Sekigahara zerstört und 1959 rekonstruiert.

Nach der Schlacht von Sekigahara (1600) trat Tokugawa Ieyasu als Shogun die Nachfolge des Toyotomi Hideyoshi an und fand eine sehr stabile Regierungsform, in der die Daimyo das Land regierten. Auf den Hügeln und Feldern nahe der JR-Station *Sekigahara* (ca. zwei Drittel der Strecke von Gifu nach Maibara/Biwasee) erinnern zahlreiche Gedenksteine an jene Schlacht.

## In den Bergtälern Zentral-Japans

Die fast 2½stündige Bahnfahrt von Nagoya nach Matsumoto bietet neben den Tempeln bei Tajimi auch die Gelegenheit, in **Tsumago** (Busverbindung von der JR-Station Nagiso) oder **Magome** (Busverbindung von der JR-Station Nakatsugawa) zwischen den (Wohn-) Häusern aus dem alten Japan die Atmosphäre vergangener Tage auf sich wirken zu lassen. Beide Städte verbindet noch heute eine 8 km lange Strecke der Nakasendo (»Mittelgebirgsstraße«), einer der beiden historischen Verbindungen zwischen Kyoto und Edo, auf der Handel und Post entlang des oberen Kiso-Tales das Kiso-Gebirge überwanden.

Knapp 3 Stunden benötigen die Züge vom Bahnhof Shinjuku in Tokyo bis Matsumoto. Etwa 10 Minuten nach dem Halt in Kofu ist die blendend weiße Buddhafigur von **Nirasaki** gut zu sehen. Dann werden die Berge zu beiden Seiten immer höher, erreichen und überschreiten die Baumgrenze und tragen, manchmal bis in den Mai, schneebedeckte Gipfel. Um diese Zeit verzaubern die blühenden Pfirsichbäume die Talhänge dieser Höhenlagen. In der Nähe des **Suwako**, eines nur 7 m tiefen Mittelgebirgssees unmittelbar vor der Hauptwasserscheide zwischen dem Pazifik und dem Japanischen Meer, errichteten heimische Baumeister den Suwa-Schrein.

Nördlich der Wasserscheide, die von der Bahn wie von der Schnellstraße untertunnelt wird, erstreckt sich in 600 m Höhe das flache Matsumoto-Becken. Es wird im Westen von den bis 3000 m hohen Gipfeln des Hida-Gebirges (von einem englischen Missionar und Alpinisten »The Japan Alps« genannt) flankiert und stößt im Osten an die Ausläufer des von Vulkanen erfüllten Massivs der Fossa Magna. Das von E. Naumann so bezeichnete Massiv verläuft vom nördlichen Joshinetsu-Plateau bis zum Fujisan und zur Izu-Halbinsel und vollzieht eine geologische Querteilung des japanischen Inselbogens.

**Matsumoto** dient den Bergfreunden des ganzen Landes als Ausgangspunkt für ihre Touren. Mitten in der Stadt erheben sich die von einem Wassergraben und einem Wall geschützten Aufbauten der Krähenburg, *Karasujo* (1504). Vom Bahnhof aus erreicht man, sich genau nach Norden haltend, durch die oft schmalen Gassen und Straßen der Stadt auf halbem Weg den kanalisierten Metoba-Fluß und nach insgesamt 20 Minuten die Burg mit der schwarz bemalten Holzverkleidung, die ihr den Namen gab. Kraß heben sich die weiß verputzten Bänder unter den Zie-

*Die Burg von Matsumoto vor den Bergen des Nationalparks Chubu Sangaku*

geln des fünffach gestuften Daches vom dunklen Untergrund ab.

Kieswege führen durch das Parkgelände außerhalb des Grabens, und durch die Holzgitter der Fenster in den oberen Stockwerken reicht der Blick weit über das Tal bis zu den hohen Bergen. Die Burg stellt neben Himeji vielleicht das eindrucksvollste und zudem eines der frühesten Beispiele der noch erhaltenen Festungsbauwerke dar.

Die Stadt selbst lockt mit mehreren Museen. Im Osten laden die heißen Quellen zum Beispiel des Shin Asama Onsen oder des Asama Onsen (ca. 20 Busminuten vom Stadtzentrum) in der Umgebung traditioneller Unterkünfte zu einem erholsamen Bad ein, bevor die später gebührenpflichtige Aussichtsstraße vorbei am Misuzu-See, einem Camping- und Anglertreffpunkt, und auf das 2000 m hoch gelegene Plateau von *Utsukushigahara* führt (Busrundfahrten ab Mai bis Ende Oktober). 25 Busminuten südlich der Stadt liegt der Flughafen (70 Minuten bis Osaka). Noch etwas weiter und genau im Westen von Matsumoto, auf der anderen Seite des Sai-Flusses, befindet sich ein kleiner Schrein, der Omiya Atsuta Jinja.

Überaus beliebt sind die Skigebiete, Wanderungen und Klettertouren an den Hängen der westlichen Gebirgsketten, die bereits zum *Nationalpark Chubu Sangaku* gehören. Dazu tragen auch mehrere Onsen, zum Beispiel die von Shirahone und **Kamikochi**, bei. Zeltfreunde finden ebenso ihren Platz wie die Fahrgäste der Busse, die von Kamikochi in 2 ½ Stunden auf einer Mautstraße bis auf restliche 1 ½ Wegstunden an den 3026 m hohen Gipfel des *Norikuradake* heranfahren. Kamikochi (1500 m) ist vom Bahnhof Matsumoto zunächst mit der Matsumoto Dentetsu-Linie (Matsuden) bis zur Endstation Shin Shimashima (½ Stunde) und weiter mit einem der häufigen Busse das Azusa-Tal hinauf (1 ½ Stunden) zu erreichen. Auch in diese Gegend werden ab Mai bis Ende Oktober Busrundfahrten organisiert, die in Matsumoto beginnen. Der Taisho-See bei Kamikochi wurde erst 1915 nach einem Ausbruch des Yakedake durch Lavamassen aufgestaut. Die Yari-Kette setzt sich nach Norden fort bis zum vielleicht berühmtesten Kletterberg Japans, dem *Yarigatake* (3180 m). Durch das Azusa-Tal führt eine Busverbindung zwischen dem Gebirgsstock des Norikuradake und dem Yakedake in 4 Stunden bis nach Takayama.

Eine besonders schöne Bergtour auf den markanten Granitgipfel des *Jonendake* (2857 m) dauert 8 Wegstunden und wird mit einem phantastischen Rundblick, unter anderem auf die Yari-Kette, belohnt. Ausgangspunkt ist die JR-Station **Toyoshima** ca. 12 km nördlich von Matsumoto. 5 km weiter läßt sich mit einem an der JR-Station Hotaka gemieteten Fahrrad in einer Viertelstunde eine große Rettichfarm erreichen. In fließendem Gebirgswasser von 10 °C wachsen riesige Rettiche, *Wasabi*, heran. Noch vor 100 Jahren gehörte das Tal zu den abgelegensten Gegenden Japans. Heute gibt es auch im nördlichen Matsumoto-Becken entlang der *alten Salzstraße* zum Japanischen Meer, zum Beispiel an den Hängen der Hakuba-Kette mit dem 2933 m hohen Shiroumadake (Ausgangspunkt Hakuba), Berg- und Wintersportzentren mit höchstem Standard. Auch dieses Gebiet gehört noch zum Chubu Sangaku-Nationalpark.

Von der JR-Station **Shinano-Omachi**, ca. 35 km nördlich von Matsumoto, ist in 15 Busminuten sowie einem zehnminütigen Spaziergang der Nishina Shimmeigu mit den bedeutsamen Bauten des Hauptschreines (Honden) und des Mittleren Tores (Nakamon) zu erreichen. Nur 5 Wegminuten von demselben Bahnhof entfernt erinnert das Salzstraßenmuseum (Shionomichi Hakubutsukan) an vergangene Zeiten. Außerdem beginnt hier eine ebenso schöne wie teure Überquerung des Chubu Sangaku-Nationalparks (Mautstraßen). Vom Bahnhof Shinano-Omachi fährt ein Bus bis Ogisawa (40 Minuten), und weiter verkehren Oberleitungsbusse bis zum *Kurobe-Stausee* (15 Minuten). Das Kraftwerk wurde unterirdisch angelegt, um die Schönheit des Bergtales nicht zu beeinträchtigen. Nach dem Spaziergang über die Staumauer führt eine Seilbahn auf die Kurobe-Höhe, und eine andere drüben wieder hinunter nach Daikanbo (je ca. 5 Minuten). Eine eigene Buslinie fährt von dort in 10 Minuten durch den Tunnel unter dem 3015 m hohen Tateyama (bis Murodo), wonach die Fahrgäste, die keine Bergtouren mehr unternehmen möchten, in den Bus nach Bijodaira (1 Stunde) umsteigen. Mit einer weiteren Seilbahn geht es zum Bahnhof Tateyama hinunter, von wo ein Zug der Toyama Dentetsu nach 45 Minuten die Stadt Toyama erreicht. Diese Route von Omachi nach Toyama dauert etwa 4 Stunden.

Die Hauptstrecke der Bahn verläuft von Matsumoto nach **Nagano** (1 knappe Stunde), dem Verwaltungszentrum der gleichnamigen Präfektur. Die Zeit zum Umsteigen läßt sich zum Besuch des *Zenkoji* nutzen, eines im 7. Jh. gegründeten Tempels, der nicht einer bestimmten buddhistischen Schulrichtung angehört und dessen 30 m hohe Haupthalle aus dem Jahr 1707 stammt. Von den seit der Kamakura-Zeit erbauten Tempeln südwestlich von **Ueda** (JR, 40 km südlich von Nagano) besitzt der *Anrakuji* die einzige achteckige Pagode Japans. Die Ueda Kotsu-Bahn hält nach etwa 1/2 Stunde in Bessho Onsen, von da sind es noch 10 Minuten zu gehen.

Die Berge im Norden und Osten des Nagano-Beckens bilden den nördlichen Abschluß der Fossa Magna und sind Teil des *Nationalparks Joshinetsu Kogen*. Auch hier gibt es Gelegenheiten zum Wandern sowie Thermalbäder und Ski-Pisten. Östlich von Nagano liegen zum Beispiel das Yudanaka Onsen, die Quellen des Shiga-Plateaus und der 2145 m hohe Kegel des Naebasan, nördlich der noch 300 m höhere erloschene Myokosan mit dem Akakura Onsen und das schneereiche Gebiet um die Stadt Takada. Dort führte der Österreicher Lerch das Ski-Laufen in Japan ein (1911).

**An der Seite des Japanischen Meeres**

Von Nagano gibt es in fast 3 1/2 Stunden eine direkte Verbindung nach Kanazawa. Bis zur Küste fährt der Zug mindestens so lange im Tunnel wie im Freien, ändert in Naotsu die Fahrtrichtung und hält sich dann zunächst direkt am Ufer des Japanischen Meeres.

Bei **Oyashirazu** enden die Ausläufer des Hida-Gebirges. Auch später folgen häufig Ausblicke auf das freie Meer; lange Brücken überspannen die Schotterbänke der durch Wildbachverbauungen regulierten Flüsse, und erst vor Toyama (bei Uozu) weichen die Berge langsam zurück und auch die Küste entschwindet den Blicken. Reisfelder, deren Ränder oft aus verputzten Mauersteinen gefertigt sind, gehören ebenso zu den Dörfern wie die glänzende Glasur der Ziegeldächer, von denen in jeder Region eine neue Farbe überwiegt.

Eine andere Route in das küstennahe Gebiet zum Japanischen Meer, das entsprechend zu den Regionen von Tokaido und Nakasendo den Namen Hokuriku(do) trägt, führt über **Takayama**. Fast 3 Stunden brauchen die Züge der JR von Nagoya und 4 Stunden die Busse von Matsumoto bis in die für das Takayama Matsuri bekannte Stadt. Das Fest mit seinem Umzug von prachtvoll dekorierten Wagen wird im Frühjahr vom Hie-Schrein (14./15. April) und im Herbst vom Hachiman-Schrein (9./10. Oktober) veranstaltet. Tempel, insbesondere der Hida Kokubunji, traditionelle Profanbauten wie der Takayama Jinya, ein erhaltener Gutsherrensitz (mittwochs und vom 27.12. bis 4.1. geschlossen), und alte Bürgerhäuser, alles aus dem 17. bis 19. Jh., finden sich ebenso wie mehrere Keramik- und Lackausstellungen örtlicher Tradition. Am westlichen Stadtrand wurde in vorbildlicher Weise das Freilichtmuseum *Hida Minzoku Mura* aus zwei Dutzend Bauernhäusern der Region errichtet.

Dieselben Häuser, deren steile Giebeldächer meist mit Stroh gedeckt und deren Stützen und Balken früher mit Stricken verbunden wurden (Gassho-Stil), stehen auch (noch) in Dörfern des *Shirakawago* genannten Gebietes am Fuße des Hakusan (2 702 m, Nationalpark) sowie in Dörfern der 10 bis 15 km weiter talwärts gelegenen Gegend von *Gokayama*. Busverbindungen (umsteigen) gibt es nach Takayama (ca. 4 Stunden), Kanazawa und Eiheiji.

**Kanazawa** ist das Verwaltungszentrum der Präfektur Ishikawa. 3 km südöstlich des Bahnhofs (20 Busminuten) liegt der *Kenrokuen*, der mit 100 000 m$^2$ zu den größten Gartenanlagen Japans zählt. In seiner heutigen Form in der ersten Hälfte des 19. Jh. angelegt, haben ihn die kunstvolle Anordnung der Teiche, Pflanzen und Bauten sowie die im Mai und Juni blühenden Schwertlilien und Azaleen in ganz Japan berühmt gemacht. Die Stammform unserer Topf-Azalee ist in Japan (und China) beheimatet, und auch der Rhododendron (Alpenrose, Tsutsuji) mit seinen etwa 1 300 Arten dringt von Ost-

Asien bis nach Nord-Amerika, Australien und Europa (6 Arten) vor.

Das Städtische Museum (Bijutsukan) neben dem Park stellt vor allem gute Keramik, aber auch alte sowie moderne Kunstwerke der Präfektur Ishikawa aus. Der Seisonkaku gegenüber wurde 1863 erbaut. Das Ishikawa-Tor der Burg stammt noch aus alter Zeit. Fast 1 Busstunde vor der Stadt liegt *Edo Mura*, ein Museumsdorf mit einem Tempel, Wohngebäuden und Samurai-Residenzen aus der Edo-Zeit (1603-1867). Einige Wohnsitze von Samurai finden sich auch in Kanazawa.

Ein Ausflug auf die **Halbinsel Noto** (Noto Hanto) kann mit einer Bahnfahrt von Kanazawa nach Hakui beginnen (40 Minuten) und läßt sich von dort mit dem Bus fortsetzen bis zum Myojoji (20 Minuten), einem ehemals sehr bedeutenden Tempel dieser Region. Weiter nördlich gelangt man zu der zerklüfteten Felsküste von Noto Kongo (1/2 Busstunde), in Fukuura werden Bootsrundfahrten angeboten. Die Kleinstadt *Wajima* ganz im Norden der Halbinsel ist bekannt für ihre alte Tradition in der Herstellung von Lackwaren. 20 km in nordöstlicher Richtung, nicht weit von der von Felsen geformten Sosogi-Küste (Busverbindung), steht ein in elegantem Baustil errichtetes Gutsherrengehöft mit den beiden strohgedeckten Gebäuden des *Kami* (Oberen) und des *Shimo* (Unteren) *Tokikuni*. Hier wohnten Nachkommen von Adelsfamilien der Taira, nachdem der Krieg mit den Minamoto verloren war.

15 Bahnminuten nördlich von Fukui, bei **Maruoka**, blieben die Bauten der Kasumigajo (Nebelburg), einer der ältesten Burgen (1575), erhalten.

Von Fukui fährt eine kleine Bahn in die westlich gelegenen Berge (bis Katsuyama) und hält nach 20 Minuten in Higashi-Furuichi; der Fahrplan an den hölzernen Wänden des Bahnhofs weist die Zeiten in japanischen Zahlen aus. Ein Schienenbus bringt die Reisenden auf stark ansteigenden Gleisen an sorgfältig angelegten Reisterrassen vorbei und durch ein schmales bewaldetes Seitental, um nach nur 10 Minuten die Bergfahrt im Ort **Eiheiji** — er trägt den Namen des Tempels — zu beenden. Die Straße neben dem Bahnhof führt nach einer scharfen Linksbiegung an der Abzweigung zur Jugendherberge im japanischen Stil (nach rechts, 5 Minuten) geradewegs vorbei und steil das Tal hinauf direkt zum Tempel (5 Minuten), dessen Dächer durch einen dichten Wald von Zedern schimmern. Die am weitesten verbreiteten Zedernarten sind Sugi, das wichtigste Nutzholz Japans, und Hinoki, der »Baum des Lebens«.

## ZENTRAL-HONSHU

*Buddhahalle (Butsuden, 1902 neu), Eiheiji*

Beide werden für den Bau von Tempeln, letzteres besonders für den von Schreinen, bevorzugt und erreichen 30 bis 40 m Höhe.

Nur wenige buddhistische Tempel besitzen wie der Eiheiji, einer der beiden Haupttempel der Soto-Schule, noch alle wesentlichen Gebäude jener Zeit in ihrer ursprünglichen Anordnung. Das geschlossene Chokushimon verwehrt den ehemaligen Zugang, der Besucher betritt schon vorher durch das Tsuyomon auf der linken Seite das Tempelgelände, schlüpft in die bereitgestellten Hausschuhe und wartet auf die nächste Führung. Sie verläuft je nach Andrang sehr gestrafft und läßt gerade Zeit genug, sich die 7 wichtigsten Bauten der etwa 70 Gebäude des Eiheiji anzusehen. Das älteste ist das Haupttor (*Sammon*, 1749), hier zweistöckig; dahinter und eine Terrasse höher im ansteigenden Gelände das kleinere Chujakumon. Den Mittelpunkt der Anlage bildet die Buddhahalle (*Butsuden*, 1902 neu), deren Fußboden nicht wie die anderen Gebäude mit Tatami, sondern mit Steinplatten ausgelegt wurde. Den Abschluß bildet weitere zwei Terrassen höher die tausend Menschen fassende Halle der Lehre (*Hatto*, 1843 neu), die gleichfalls den Karayo, den Chinesischen Stil zeigt. Auf der einen Seite der Buddhahalle steht der dreistöckige Bau der Großen Küche (*Daikuin*, 1930 neu), in dem das im Zen-Buddhismus stets vegetarische Essen zubereitet wird, und auf der anderen Seite befindet sich mit der Meditationshalle (*Sodo*, 1902 neu) jenes Gebäude, das der hauptsächlichen Beschäftigung der Mönche dient. Sie können hier außerdem auch essen und schlafen, aber gesprochen oder gelesen wird ebensowenig wie im Bad (*Yokushitsu*) oder in der Toilette (*Tosu*): Zen durchwirkt den Körper ebenso wie den Geist.

# TOKYO

## Schwieriger Einstieg

Gemeint ist weniger der Einstieg in eine der zehn U-Bahnlinien, die von morgens 5 Uhr bis kurz vor Mitternacht verkehren und an deren Eingangstüren das Bahnsteigpersonal während der Stoßzeiten gegen 9 Uhr und 18 Uhr die noch herausragenden Taschen, Arme und Beine der Fahrgäste mehr oder weniger sanft ins Wageninnere faltet, um sie vor den zuklappenden Türen zu schützen. Vielmehr liegt die Schwierigkeit für den Ausländer allgemein in der Orientierung. Die wenigsten können die japanisch beschrifteten Fahrpreistafeln entziffern, und so bleibt als Ausweg oft nur das Lösen des billigsten Fahrscheines, um am Ende der Fahrt, wenn das Ticket eingesammelt wird, nachzuzahlen. Zumindest sind auf den Bahnsteigen die Stationsnamen auch auf Romaji notiert, und die Farbmarkierungen an den Kacheln und Zügen der U-Bahnen helfen dem Unkundigen, sich während der Fahrt von einem Stadtteil in den anderen zurechtzufinden.

Die *Stadtteile* Tokyos sind Metropolen für sich, jede mit allen erdenklichen Einrichtungen städtischen Lebens ausgestattet. Manche besitzen ein bestimmtes Image, zum Beispiel die sonntags autofreie Ginza für die besten und teuersten Warenhäuser (an der Chuo Dori), Akihabara für Diskont-Geschäfte und Hightech-Geräte, Kasumigaseki als Verwaltungszentrum, Akasaka als ehemalige Geisha-Hochburg für die exklusivsten Nachtklubs, Roppongi für Cafés und Gaststätten mit anspruchsvoller Atmosphäre, Shibuya für Einkaufspaläste der mittleren Gehaltsklasse sowie für die neueste Mode (an der Koen

Dori), Ueno mit seinen Museen und dem Tierpark als Kulturzentrum und Shinjuku als riesiges Einkaufs- und Vergnügungsviertel.

Zwischen den Zentren der meisten Stadtteile, insbesondere in den Randgebieten des Agglomerationsraumes, stehen auf miniaturisierten Grundstücken Tausende kleiner Holzhäuser. Selbst vom Sumitomo-Gebäude im Stadtteil Shinjuku, dessen Fahrstuhl die Gäste bis auf eine 200 m hohe Aussichtsplattform mit erstklassigem Restaurant und ständiger Kunstausstellung hinaufkatapultiert, ist nur ein kleiner Teil des über 2 000 km$^2$ weiten Häusermeeres zu überblicken. Schon zu Beginn des 18. Jh. war Tokyo mit 1,3 Millionen Einwohnern die größte Stadt der Erde (bis Anfang des 19. Jh.). Heute leben hier in der City über 8 Millionen, in der gesamten Stadt 14 Millionen und mit dem dazugehörigen städtischen Großraum 27 Millionen Einwohner.

Besonders schwierig gestaltet sich wiederum für Ausländer (und manchmal sogar für Tokyoter Taxifahrer) das Auffinden von *Adressen*. Nach guter Tradition besitzen nicht die Straßen, sondern die Gebäude und Häuserblöcke Namen und Nummern; denn schließlich besteht die Stadt im wesentlichen aus Häusern und nicht aus Straßen. Nur die großen Avenuen, die Dori, erhalten eigene Namen. Die Nummernfolgen der Blöcke werden allerdings in der Reihenfolge vergeben, in der die Gebäude errichtet wurden. Für den Briefträger kommen noch das Viertel (*Chome*) oder der Stadtteil (*Cho*) und der Bezirk (*Ku*) hinzu.

Notfalls findet man sich im *Koban* wieder, einem der so unscheinbaren, zahlreichen Wachthäuschen des Stadtgebietes. Sie sind Tag und Nacht besetzt, und ihre Beamten stehen in dem Ruf, jeden Einwohner des Reviers samt seinem Beruf zu kennen. Die Grenzen der Hilfsmöglichkeiten sind jedoch dann erreicht, wenn es darum geht, zu einem auf Romaji notierten Vor- und Nachnamen die Telefonnummer zu finden. Da hilft oft nicht einmal ein Telefonat bis zur Oberpostdirektion der betreffenden Präfektur. Warum? Allein für die Silbe »ko« gibt es im Japanischen 60 unterschiedliche Schreibweisen (und Bedeutungen).

Für die einfacheren Fragen ist das Touristen-Informationszentrum zuständig (s. Reiseteil).

## Geschichtliches

Die Stadt mit dem früheren Namen Edo (Bedeutung umstritten, dem Schriftzeichen nach »Flußmündung«) war schon vor Beginn unserer Zeitrechnung ständig be-

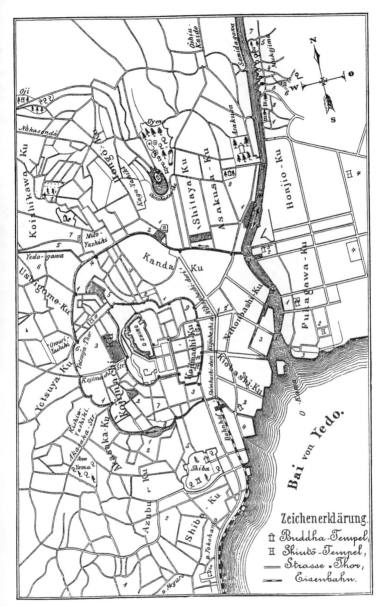

*Tokyo im 19. Jh.*

# TOKYO

## Der Tenno

Nach den ältesten schriftlichen Zeugnissen des Shinto stammt der erste Tenno (»Herrscher«) von einem Enkel der Sonnengottheit Amaterasu ab. Der historische Ursprung der Tenno-Familie liegt in jener Zeit, in der sich die Sippenverbände der japanischen Teilstaaten unter der Führung des ersten Tenno zum Staat Yamato zusammenschlossen (4. Jh.). Während der Höhepunkte der kaiserlichen Macht (7./8. Jh. und 1889-1945) galt der Tenno, der noch heute als Oberhaupt der Shinto-Religion verehrt wird, auch als Inhaber der Staatsgewalt, die allerdings stets in den Händen der unterschiedlichen Machtgruppen blieb.

Seit Beginn der Edo-Zeit befindet sich der nunmehr letzte Kaiserpalast der Welt im Stadtzentrum von Tokyo. Nur selten verließ der Tenno seinen hinter erdgefüllten Mauerwällen verborgenen Palast, den er in erhabener Abgeschlossenheit bewohnte. Und wenn er wirklich einmal durch die Straßen fuhr, wurden die Fenster geschlossen, niemand außer hohen Staatsbeamten durfte sich ihm nähern oder gar dem Sohn des Himmels in die Augen blicken.

Erst die Verfassung von 1947, die noch während der amerikanischen Besatzungszeit (bis 1952) die Souveränität in die Hände des japanischen Volkes legte, beschreibt die Stellung des Tenno nunmehr als »Symbol Japans und der Einheit des japanischen Volkes«. Seit sich der Kaiser in der Öffentlichkeit zeigte und sich auch von einfachen Bürgern ansprechen ließ, hat er ungemein an Popularität gewonnen, und an seinem Geburtstag sowie zum Neujahrsfest (2. Januar) versammelt, wurde im 12. Jh. Lehnssitz einer Familie des Kriegeradels und entwickelte sich nach dem Bau einer Burg (1457) und vor allem seit dem Wechsel des Regierungssitzes des Shoguns (Tokugawa Ieyasu) von Kyoto nach Edo (1603) zum politischen Zentrum Japans. Trotz der Abschließung des Landes, die erst 1637/39 (nach dem Aufstand von Shimabara) vollzogen wurde und bis 1853/54 (dem Eintreffen einer amerikanischen Flotte [»Schwarze Schiffe«]) dauerte, wuchsen Wirtschaft und Handel, blühten Handwerk und Farbholzschnitt (Ukiyoe), und Edo begann, das bisher führende Osaka zu überflügeln.

Während die Auslandsbeziehungen vor der Abschließung des Landes besonders mit China und Korea weit mehr als den Austausch von Waren umfaßten, durften danach nur die Chinesen in Nagasaki Handel betreiben, und den Holländern wurde im Hafen derselben Stadt ein Handelsstützpunkt gewährt. Mit den anderen zur See fahrenden Nationen wurden lediglich Schiffbrüchige ausgetauscht, bis zum Eintreffen der »Schwarzen Schiffe« in der Bucht von Edo schlugen alle Annäherungsversuche (Briten, Russen) fehl. Dennoch waren westliche Wissenschaften, die seit Beginn des 18. Jh. über das Holländische ins Land kamen und von denen vor allem die Medizin und das Militärwesen interessierten, nicht unbekannt.

Und so sah sich die Führung 1854 zur Einwilligung in die »Ungleichen Verträge« gezwungen und öffnete die Häfen Shimoda (Halbinsel Izu) und Hakodate (Hokkaido). In den nächsten Jahren folgten ähnliche Handelsabkommen mit Rußland, Holland, England und Frankreich. Dies geschah, um weiterhin unabhängig zu bleiben und führte (u.a.) zur Meiji-Restauration (s.S. 135). Das Schlagwort »Westliche Technik, östliche Moral« (SAKUMA SHOZAN) war nicht unumstritten, es galt, die technische Zivilisation Europas als Vorbild zu erkennen, ohne die eigene Identität zu verlieren.

Mit dem Abtritt des letzten Shoguns (1868) wurde die Stadt in Tokyo (»östliche Hauptstadt«) umbenannt, und der Tenno verlegte seine Residenz von Kyoto in die neue Hauptstadt. Aus der Umgestaltung der Burg entstand der Neue Kaiserpalast, der jedoch durch die verheerenden Brände, die das schwere Erdbeben von 1923 verursachte, zerstört wurde.

Der heutige Palast wurde bis 1969 im eleganten traditionellen Baustil wieder aufgebaut, ist für die Öffentlichkeit aber nur zum Neujahrsfest (2. Januar) und am Geburtstag des Kaisers (23. Dezember) zu sehen. Hier leben der Tenno und seine Familie sehr zumeln sich Hunderttausende vor dem Palast. In den Wochen und Monaten der schweren Krankheit vor dem Ableben des Kaisers Hirohito übten sich nicht nur Priester in Selbstbeschränkung, Tempelfeste wurden abgesagt, ausländische Politiker ausgeladen und Nationalflaggen verkauft. Juristen distanzierten sich von einer übermäßigen Glorifizierung. Als Hirohito Tenno, der 1926 den Thron bestieg, in seinem 63. Regierungsjahr im Alter von 87 Jahren Anfang 1989 starb, ging eine Epoche, die Epoche Showa (»Leuchtender Friede«), zu Ende. Dennoch brachte sein Ableben die Nation nicht aus dem Gleichgewicht. Nur zwei Selbstmorde wurden bekannt, und nachdem die Begräbniszeremonien, die in schwer verständlicher Hofsprache abgehalten wurden, vorüber waren und auch das Fernsehen 500 Stunden »Kaiserliches« gebracht hatte, war man wieder lustig; man lebte einfach weiter.

Akihito, mit 55 Jahren neuer Tenno, liebte schon immer den Sport und verfügt über eine demokratische Gesinnung; seine drei Kinder besuchten neben ihrer besonderen Ausbildung auch öffentliche Schulen.

rückgezogen, auch wenn die Bestimmungen der Etikette gegenüber früher gelockert wurden. Der Kaiser ist Staatsoberhaupt, insbesondere aber Symbol Japans und der Einheit des japanischen Volkes, während das politische Geschehen durch das Parlament bestimmt wird (Konstitutionelle Monarchie).

In dem Zweikammerparlament kann das Unterhaus das Oberhaus mit Zwei-Drittel-Mehrheit überstimmen. Die (konservative) Liberal-Demokratische Partei stellt seit 1955 die Regierung, während die Sozialistische Partei die zweitstärkste Gruppierung bildet und, sofern sie mit der Demokratisch-Sozialistischen Partei ein Bündnis eingeht, der Regierungspartei auch Wahlniederlagen bereiten kann. Die (ursprünglich buddhistische) Komeito-Partei hat sich eine klassenlose und konfliktlose, außenpolitisch neutrale Gesellschaft zum Ziel gesetzt. Die geringste Anhängerschaft besitzt die (bis 1945 illegale) Kommunistische Partei.

Auch in Japan sind Geld und Macht eine Allianz eingegangen. Hinter den Parteien stehen komplizierte Interessengruppen aus Dachverbänden von Wirtschaftsorganisationen, Arbeitgeberverbänden, der Industrie- und Handelskammern, der Gewerkschaftsräte oder des Allgemeinen Arbeiterverbandes. Die Wirtschaftspolitik hatte sich nach dem Zweiten Weltkrieg nur auf bestimmte Branchen konzentriert (zuerst Schiffbau), bis um 1961 ein »Gleichstand« mit anderen Industrienationen erreicht wurde. Seit 1982 erzielt Japan hinter den USA das zweithöchste Bruttosozialprodukt. Der Raubbau an der Natur (Walfang) und die massive Gefährdung des ökologischen Gleichgewichts sind auch dort bekannte Probleme.

Die Außenpolitik war gekennzeichnet durch eine Verurteilung der Invasion in Vietnam wie in Afghanistan. Die Sicherheitsverträge mit den USA, die seit 1982 verstärkt auf eine Wiederbewaffnung Japans drängen, blieben nicht ohne Kritik. Die sowjetischen Ansprüche auf eine seit 1945 sowjetisch besetzte Inselgruppe der südlichen Kurilen (zwischen Hokkaido und der ostsibirischen Halbinsel Kamtschatka) verhindern eine entscheidende Verbesserung der Beziehungen. Dagegen wurde mit der Volksrepublik China ein Friedensvertrag unterzeichnet (1978). Zu den Ländern Südostasiens und den Inselstaaten Indonesien, den Philippinen und Taiwan (Republik China) unterhält Japan vielseitige freundschaftliche Verbindungen.

*Die Kaiserlichen Parkanlagen im Zentrum der Stadt*

**Rund um den Kaiserpalast**
(Der Bezirk Chiyoda)

An der Ostseite des großen Parks, der den Kaiserpalast umgibt, bieten von Hauptstraßen unterteilte weite Flächen den Angestellten des angrenzenden Geschäftsviertels **Marunouchi** Gelegenheit, in den Pausen im Freien zu flanieren. Mehrere Banken, Spitzenhotels, die Hauptpost und zahlreiche internationale Fluglinien haben hier ihren Sitz.

Die Bahngleise und der (Haupt-)Bahnhof, Tokyo Eki, trennen diesen Stadtteil von der weltberühmten **Ginza** (»Münze«), die als exklusivstes und teuerstes Einkaufsviertel Japans gilt. Über eine riesige unterirdische Einkaufszone gelangt man zur vornehmsten Geschäftsstraße der Stadt, der Chuo Dori. Sie beginnt weiter nördlich bei der *Nihombashi* (1603, 1911), einer Brücke, von der früher die Entfernungen der Verkehrswege in alle Landesteile gerechnet wurden, die heute aber von den Trassen der Stadtautobahn übertrumpft wird. In südlicher Richtung trifft die Chuo Dori, an der auch ein Privatmuseum für westliche Kunst (Bridgestone Bijutsu-

kan) liegt, im Zentrum der Ginza auf die Haruma Dori. In der Nähe befindet sich das für seine hochqualifizierten Schauspieler bekannte *Kabuki-Theater* (Kabukiza), ein ausgesprochenes Volkstheater mit ständigem Einlaß während der etwa 5stündigen Aufführungen.

Direkt gegenüber der Bahn bemüht sich die Touristen-Information um ausführliche Auskünfte, und einige Häuserblocks weiter, im *Takarazuka-Theater* (Takarazukaza), zeigt eine nur aus weiblichen Schauspielern bestehende Gruppe sechsmal im Jahr eine eindrucksvolle Revue. Nördlich davon enthält eine Privatsammlung (Idemitsu Bijutsukan) Kunstgegenstände aus Japan und dem Fernen Osten.

Das *Parlamentsgebäude* mit seinem 65 m hohen Mittelbau aus Granit (1918-1936) befindet sich (süd)**westlich der Wallanlagen** um den Kaiserpalast. Die Parlamentsbibliothek (Staatsbibliothek) ist der Öffentlichkeit zugänglich. In östlicher Richtung folgt der *Hie-Schrein* aus der frühen Edo-Zeit (17. Jh., neu 1959) mit einem der beliebtesten Schreinfeste (10.-16. Juni), zu dem jedes zweite Jahr eine Prozession mit Trageschreinen stattfindet (15. Juni). Nördlich des Parlaments, auf der anderen Seite der Aoyama Dori, stehen die Gebäude des Obersten Gerichtshofes und dahinter das *Nationaltheater*. Neben dem Saal für Kabuki-Aufführungen besitzt es eine eigene Bühne für Aufführungen des No, das als die vollkommenste Form des japanischen Theaters gilt und Ideale und Haltung der Samurai-Kultur widerspiegelt. Hier werden auch die Kyogen-Stücke und das Japanische Puppenspiel (Bunraku) aufgeführt (s.S. 238).

Der *Yasukuni-Schrein* nordwestlich des Kaiserlichen Parks wurde zunächst für die seit der Meiji-Restauration Gefallenen erbaut, dann dem Staats-Shinto geweiht und bemüht sich heute um die Anerkennung als Gedenkstätte für alle Kriegsgefallenen Japans. Daß dazu auch die (von den Alliierten) hingerichteten Kriegsverbrecher zählen, löste harsche Kritik im Lande aus.

**Im Norden** der Kaiserlichen Gärten kann man in der *Nippon Budokan* beim Training traditioneller Kampfsportarten (Judo, Karate, Kendo, Kyudo) oder sogar bei einem Wettkampf zusehen. Nicht weit davon (5 Minuten zur U-Bahnstation Takebashi) zeigt das *Nationalmuseum für Moderne Kunst* Ausstellungsobjekte aller Kunstarten.

Das Jimbo-Viertel (*Jimbocho*) an der Ringbahnstation Kanda wird geprägt von einem unübersehbaren Angebot an Büchern, Buchläden und Antiquariaten, den Treffpunkten von Studenten mehrerer Universitäten und Hochschulen in diesem Stadtteil. Die Läden um die JR-Station Akihabara dagegen sind bekannt für Diskontpreise bei Elektrogeräten. Im *Kanda Myojin-Schrein* noch weiter nördlich erinnert Mitte Mai der Umzug des beliebten Kanda Matsuri jedes zweite Jahr an alte Zeiten. Zwei U-Bahnstationen in Richtung Ikebukuro bietet der in der ersten Hälfte des 17. Jh. angelegte *Korakuen*, ein besonders schöner Teichgarten der Edo-Zeit, eine Möglichkeit, der Hektik des Verkehrs zu entkommen. Seine Wege führen durch Nachbildungen realer Landschaften und lassen immer neue Bilder (s. Spaziergarten S. 102) vor den Augen des Besuchers entstehen. Auf der gegenüberliegenden Seite der U-Bahn, die hier nicht im Tunnel verläuft, können Besucher der *Judo-Halle* (Kodokan) beim Training zusehen. Zwei JR-Stationen östlich von Akihabara finden in der *Sumo-Sporthalle* (Kokugihan) jährlich drei von insgesamt sechs Ringwettkämpfen statt (Januar, Mai, September).

## Ueno und der Norden

Die Züge nach Norden, einschließlich der Shinkansen-Züge, fahren vom Bahnhof **Ueno** (Ueno Eki) ab. 400 m südlich befindet sich die

**Erdbeben**

Von den rund 5000 Erdbeben jährlich sind über 1000 für die Bevölkerung deutlich spürbar. Dennoch wurden in Tokyo, wenn auch erst nach der Olympiade (1964), Wolkenkratzer von 100 und 200 m Höhe erbaut. Sie gelten als erdbebensicher, ihre Fundamente sind »beweglich« gelagert, so daß die horizontalen Erdstöße nur abgeschwächt auf die Gebäude übertragen werden. Ein Nachteil ist, daß sie auch bei kleineren Erdbeben oder bei den hohen Windgeschwindigkeiten der Taifune ins Schwanken geraten. Angestellte berichteten nach einer Reihe von Erdbeben im Sommer 1988, daß sie sich wie auf einem Schiff fühlten. Bei einem neuen Verfahren zur Stabilisierung von Hochhäusern werden tonnenschwere Gewichte im Dachgeschoß installiert, die sich bei Gebäudeschwankungen gegenläufig bewegen.

Stahlskelettbauten besitzen — ebenso wie Gebäude aus Holz — eine hohe Elastizität. Die meisten der 150000 Opfer der Katastrophe im Jahr 1923 starben durch den Brand, den das Beben verursachte. Häuser, die über ihren offenen Herdstellen einstürzten, verbrannten. Durch einen aufkommenden Sturm breitete sich das Feuer rasch aus und erreichte die Flüchtenden auch auf den Straßen und freien Plätzen. Auch in Yokohama waren 65 % der Stadt in 12 Stunden verbrannt (M. SCHWIND).

Die Angst vor einem möglichen großen Erdbeben bewegt von Zeit zu Zeit große Teile der Bevölkerung. Das Relief der japanischen Inseln wurde entscheidend vom Vulkanismus und den schiebenden Bewegungen der Erdkruste geprägt. Platten des pazifischen Meeresbodens driften, getragen von Magmaströmen im Erdinneren, jährlich etwa 10 cm gegen und unter den asiatischen Kontinentalsockel und beginnen in etwa 100 km Tiefe zu schmelzen. Es gibt in Japan heute noch 36 aktive Vulkane und zahllose heiße Quellen.

Endstation der Keisei-Bahn, einer der Verbindungen zum Flughafen Narita (gut 1 Stunde). Das Shitamachi-*Volkskunstmuseum*, das mit einigen alten Häusern die verlorene Altstadt ins Gedächtnis zurückzurufen versucht, liegt an einem See, dessen nördlicher Teil als Freigehege zu Japans größtem *Tierpark* gehört. Mit einem Panda-Bärenpaar aus China, das mit seinem mehrfachen Nachwuchs ein äußerst seltenes Glück für einen Zoo bedeutet, zählt er zu den begehrtesten Zielen von Kindergartengruppen und Schulklassen. Die Pagode (beim Tosho-Schrein), ein für Tokyo sehr seltenes Bauwerk, stammt aus dem Jahr 1639 und steht noch außerhalb des Zoologischen Gartens.

Dem Bahnhof Ueno gegenüber steht die *Städtische Festhalle* (1961), die unter anderem den insgesamt zehn Philharmonischen Orchestern von Tokyo für Konzertaufführungen dient, und gleich daneben das 1959 nach Plänen von Le Corbusier errichtete *Nationalmuseum für westliche Kunst*. Es folgen das *Nationalmuseum der Naturwissenschaften*, die *Städtische Kunstgalerie* und schließlich das *Nationalmuseum* (5 Minuten vom Bahnhof Ueno), das mit seiner ständigen Ausstellung über japanische Kunst jede Reise durch das Land auf hervorragende Weise ergänzt. Es beherbergt insgesamt

90000 Ausstellungsgegenstände, die in mehreren Hauptgebäuden untergebracht sind. Schon 1878 wurden auch die Schätze des Horyuji dem kaiserlichen Haushalt übergeben, aber erst ein knappes Jahrhundert später wurde dafür links vor den Gebäuden des Nationalmuseums das *Horyuji-Schatzhaus* (Horyuji Homotsuden) errichtet. Manche der Kunstgegenstände sind allerdings so empfindlich geworden, daß sie nur sehr selten gezeigt werden können.

Östlich des Bahnhofs führt die Asakusa Dori in den Stadtteil **Asakusa**, wo sich der Kern des frühen Tokyo und auch das spätere Vergnügungsviertel Yoshiwara befanden. Geblieben sind der *Asakusa Kannon-Tempel* und gleich dahinter der *Asakusa-Schrein*, dessen Sanja Matsuri am dritten Wochenende im Mai mit großer Ausgelassenheit begangen wird.

Im Westen der Parkanlagen von Ueno stehen die schweren Ziegelbauten der Todai-Universität. Sie ist neben der Waseda- und der Keio-Universität die bedeutendste aller 129 öffentlichen **Hochschulen** des Landes, aber nur ein Viertel der Kandidaten schafft die Aufnahmeprüfung, die anderen müssen auf eine der 328 privaten Universitäten ausweichen, die oft sehr teuer sind. In Japan hängen die beruflichen Chancen auch davon ab, wo studiert wurde, und am begehrtesten sind neben den genannten auch die privaten Elite-Hochschulen. Eltern bezahlen zusätzliche Lehrstunden an Vorbereitungs- oder Nachhilfeschulen (Juku), und nach neun Pflichtjahren besuchen 9 von 10 Schülern die dreijährige Oberschule. Das Ansehen einer Schule richtet sich nach der Anzahl der Absolventen, die anschließend die Aufnahmeprüfungen der renommiertesten Hochschulen bestehen. Um eine angesehene Schule zu erreichen, richten die Eltern ihren Lebensrhythmus manchmal monatelang nach den Terminen der Grundschulaufnahmeprüfungen, auf die sie mit ihren Kindern nach der Kindergartenzeit pauken. Private Kindergärten oder andere private Vorschuleinrichtungen vermitteln bereits den Drei- bis Sechsjährigen Fähigkeiten und Wissen, um ihre weiteren Chancen in den Schulen zu verbessern. Bildung ist seit dem Ende des 19. Jh. ein herausragendes Merkmal der japanischen Gesellschaft. Wahrzeichen der Universität von Tokyo (Todai) ist das rotgestrichene Akamon, ein Tor, dessen Mauerwerk noch aus dem Jahr 1827 erhalten blieb.

Ein zweiter Landschaftsgarten der Edo-Zeit, der *Rikugien*, ist von der nördlichen Ringbahnstation Komagome aus zu erreichen und von 9 bis 16 Uhr (außer montags) geöffnet.

# TOKYO

## Shinjuku und der Westen

Westlich des Bezirks Chiyoda, der den Bereich um den Kaiserpalast umfaßt, steht der *Akasaka-Palast*. Nach französischen Vorbildern errichtet, war er für kurze Zeit Residenz des Meiji Tenno und diente seitdem unterschiedlichen Nutzungen. Auf dem Gelände des Äußeren Parks des Meiji-Schreines befinden sich die *Meiji-Gedächtnis-Gemäldegalerie* mit Darstellungen aus dem Leben des Tenno, das Nationalstadion sowie ein Baseball- und ein Rugbystadion. In nordwestlicher Richtung folgt der *Shinjuku Gyoen*, der, als kaiserlicher Park angelegt, unterschiedliche Stile der Gartenbaukunst und im November eine Chrysanthemen-Ausstellung zeigt.

Vom Bahnhof **Shinjuku** (Shinjuku Eki) verkehren Züge bis nach Gotemba (Fuji-Hakone-Gebiet) und Matsumoto (Bergsport). Westlich des Bahnhofs entstand das berühmte, weil erste Wolkenkratzerviertel der Stadt. Mehrere Kauf-Hochhäuser umstellen den Bahnhof, das Rondell vor dem »My City«-Gebäude ist einer der beliebtesten abendlichen Treffpunkte der Jugend vor, während oder nach besonderen Veranstaltungen. Während die Straßenzüge östlich des Bahnhofs im schillernden Neonlicht der werbenden Firmen, Hotels und Gaststätten ertrinken, wird es im nordöstlichen Kabukicho aus Gründen der gesetzlichen Moral sichtlich schummriger. Tagsüber gilt Shinjuku als guter Tip für den Einkauf optischer Geräte.

In nordöstlicher Richtung liegt das *Aikido-Welthauptquartier* (Aikikai). Aikido ist eine Form der Selbstverteidigung, die nicht als Kampfsportart betrieben wird. Es gilt, die Bewegung des Angreifers so umzulenken, daß er aus dem Gleichgewicht gerät. Nördlich von Shinjuku befinden sich auch zwei Teeschulen, die Gelegenheit zur Teilnahme an einer Teegesellschaft geben (s. Reiseteil).

Im nördlichen Stadtgebiet bildet **Ikebukuro** ein weiteres Zentrum. Sein 240 m hoher, 60geschossiger Wolkenkratzer »Sunshine 60«, der höchste Asiens, enthält neben einer Aussichtsetage auch ein Theater und ein Museum.

Südlich von Shinjuku, 10 Minuten von der Station Sangubashi der Odakyu-Linie zu gehen, zeigt das *Schwertermuseum* alte und neue Schmiedearbeiten. Auf der anderen Seite dieser Bahnstrecke bietet ein Spaziergang durch den Inneren Park des *Meiji-Schreines* Gelegenheit zur Entspannung. Hier macht der Meiji-Schrein (Meiji Jingu, 1920, 1958) mit zahlreichen Veranstaltungen und seinen beiden mächtigen Torii aus besonders altem Zypressenholz auf sich aufmerksam (Ringbahnstation Harajuku oder U-Bahnstation Meiji Jingumae). Im nahen Schatzhaus sind Gegenstände des Kaisers und der Kaiserin zu sehen. Der Stadtteil **Harajuku** ist außerdem bekannt für seine elegante Einkaufsstraße Omote Sando, in deren Nähe eine *Ikebana-Schule* auch einen Kurs für Ausländer abhält (s. Reiseteil).

Vom südlichen Yoyogi-Park, in dem sich Sportstätten der Olympiade 1964 befinden, führt die Koen Dori, in der sich Geschäfte mit der neuesten Mode einen Namen machten, zum Bahnhof **Shibuya**. Vor dem Bahnhof erinnert eine Bronzeplastik an einen treuen Hund, der auch nach dem Tode seines Herrn noch täglich hierher kam, um ihn abzuholen. Eine Ringbahnstation weiter (Ebisu) hat die Japanische Karate-Vereinigung ihren Sitz und läßt Besucher auch beim Training zusehen.

### Nach Süden und bis Yokohama

Die Straßen der südlichen Ginza führen in Richtung Hafen und zum Zentralen Großhandelsmarkt *Tsukiji*. Zwischen 4 und 8 Uhr morgens werden hier neben sonstigen Waren täglich ein paar Tausend Tonnen Fisch und andere Meerestiere umgesetzt.

Von der Ringbahnstation Hamamatsucho gelangt man am Garten Shiba Rikyu vorbei zu den

*Im Stadtteil Shinagawa*

Takeshiba-Landungsbrücken. Die Schiffe zu den Izu-Inseln legen vom Hinode-Kai 400 m weiter südlich ab. Vom eigenen Bahnhof neben der JR-Ringbahnstation Hamamatsucho, neben der sich das World Trade Center befindet, fährt die Magnetschwebebahn (»Monorail«) in Richtung Inlandflughafen Haneda (ca. 20 Minuten) und hält unterwegs an der Station Ryutsusenta (15 Minuten). Dort findet im Frühjahr und im Herbst in einer Halle ein großer Antiquitätenmarkt statt.

Am weiter westlich gelegenen Shiba-Park (U-Bahnstation Shibakoen) steht der im 17. Jh. gegründete *Zojoji*, ein Tempel, von dem nur noch das Sammon (Haupttor) aus alter Zeit stammt. Ganz in der Nähe ragt der »*Tokyo Tower*« (1958) als nachgebauter Eiffelturm über 300 m hoch empor. Das angrenzende **Roppongi** ist der Stadtteil, in dem sich die meisten Botschaften des Auslands einquartiert haben. An seinem nördlichen Rand gehört das Museum der Sammlung Okura (Okura Shukokan) zu den wichtigen Privatmuseen mit alten Sammlungen.

Auf dem Friedhof im *Sengakuji* (U-Bahnstation), einem Tempel im südlichen Stadtgebiet, ruhen die Gräber der 47 Ronin (herrenlose Samurai). Sie rächten den Tod ihres ehemaligen Herrn, wofür jeder von ihnen Seppuku begehen muß-

*Szene aus der Geschichte der 47 Ronin, nach Kuniyoshi (1798-1861)*

te. Das große Kabuki-Drama Chushingura vollzieht ihre Geschichte bis heute nach. Noch eine U-Bahnstation weiter (Takanawadai) und von dort 5 Minuten zu gehen, zeigt das private Hatakeyama interessante Teegerätschaften und anderes. Es wird geschlossen in der zweiten Hälfte der Monate März, Juni, September und Dezember. Ein anderes Privatmuseum, das *Goto Bijutsukan*, zeigt einige der berühmten Bildrollen-Malereien des Genji Monogatari Emaki (12. Jh.). Es ist in 5 Minuten von der Station Kaminoge der Oimachi-Linie zu erreichen (beginnt am JR-Bahnhof Oimachi drei Stationen südlich von Hamamatsucho).

Das Häusermeer südlich von Tokyo setzt sich auf der anderen Seite des Tama-Flusses über Kawasaki bis zur Dreimillionenstadt **Yokohama** (20-30 Minuten) fort. Auch in der Industriestadt Yokohama, als Außenhandels- und Passagierhafen das Überseetor der Hauptstadt, blieben keine alten Bauten erhalten. Jedoch wurden in den *Sankeien*, einen Park im Süden von Yokohama, einige bemerkenswerte Gebäude übertragen. Aus dem Ende des 16. oder der Mitte des 17. Jh. stammt der Rinshunkaku, ein Adelshaus im Sinne der Momoyama-Zeit, dessen mit Malerei verzierte Schiebetüren den berühmten Shoin-Stil charakterisieren. Etwas schlichter wird dieser Baustil zu Beginn der nachfolgenden Edo-Zeit, wie der Choshukaku, ein Teepavillion, zeigt. Die dreistöckige Pagode in der Mitte des Parks wurde im 15. Jh. erbaut und stammt aus Kyoto. Zum Sankeien gibt es eine Busverbindung vom Bahnhof Sakuragicho bis zur Haltestelle Sankeienmae (20 Minuten Fahrzeit und 5 Minuten Fußweg).

Vom Bahnhof Sakuragicho geht man 20 Minuten (vom Bahnhof Kannai an derselben JR-Negishi-Linie 15 Minuten) zum *Seidenmuseum*, dem Silk Hakubutsukan, das sich im zweiten und dritten Stock des Silk Center am Hafen von Yokohama befindet. 500 m weiter liegt der Ozeandampfer Hikawa Maru (1930) vor Anker, daneben beginnen die einstündigen Hafenrundfahrten. Wer mehr von

*Specie Bank, Yokohama, um 1900*

einer Übersicht hält, besucht die Aussichtsplattform des 106 m hohen »*Marine Tower*«. 300 m stadteinwärts beginnen die zahlreichen Restaurants des Chinesen-Viertels.

### Erlebbares

**Japaner** wirken auf den *Gaijin*, den Fremden, oft zurückhaltender, weniger aufdringlich, bescheidener und höflicher als Menschen aus westlichen Kulturkreisen — sofern sie nicht gerade eine Betriebsfeier begehen. Man wird kaum Zeuge einer lautstarken Auseinandersetzung, nicht in der Öffentlichkeit und auch nicht privat. Dagegen sind häufiges »Sumimasen« (Entschuldigung) und »Arigato« (Danke) zu hören und angedeutete oder auch tiefere Verbeugungen, in den Städten neuerdings auch westliches Händeschütteln, zu sehen. Zu den großen Seltenheiten gehören eine Einladung in das private Heim, ein Kuß in der Öffentlichkeit und das Lächeln, wenn Japaner sich fotografieren lassen. Schwierigkeiten bereitet dem Ausländer manchmal der Gesichtsausdruck, der vom völligen In-sich-gekehrt-sein bis zur absoluten Ausdruckslosigkeit reichen kann. Andererseits wundert sich der Japaner über den ärgerlichen oder nervösen, jedenfalls aber gespannten Gesichtsausdruck der Europäer, treffend als »bewaffnetes Gesicht« (HISAKO MATSUBARA, in GEO Special 1986) bezeichnet.

Die japanische Sprache kennt verschiedene Namen für Verwandtschaftsbezeichnungen, je nachdem, ob sie die eigene oder eine andere **Familie** meinen, ob Geschwister älter oder jünger sind; so ist stets ein Gefühl für eine relative Rangordnung vorhanden. Die Mitglieder der *Großfamilie*, deren Tradition bis zu den vorgeschichtlichen Sippenverbänden zurückreicht, fühlten sich für die Angelegenheiten der anderen Familienangehörigen mitverantwortlich. Das Gesicht des Hauses zu wahren wurde zur gesellschaftlichen Norm. Ein Gastgeber stellte sich so bescheiden wie möglich dar, übertriebener Ausdruck wirkte negativ auf die Homogenität des Hauses; man übte sich in Unauffälligkeit. Auf eine der »drei unumstößlichen Beziehungen« des Konfuzianismus läßt sich die bis zur Verfassung von 1947 noch gültige Norm »Der Ehemann schlägt vor und die Ehefrau folgt ihm« zurückführen. Heute steht die Gleichberechtigung immerhin auf dem Papier, das allerdings mehr noch als bei uns mit der Wirklichkeit nicht übereinstimmt. Das Individuum war stets in der nächsten (größeren) sozialen Einheit aufgehoben (Hausgemeinschaft, Dorf, Sippe/Clan, Staat). Die Sippe (*Ie*) hatte sich ursprünglich aus gemeinsamen Vorfahren gebildet, es entwickelten sich jedoch zunehmend fiktive Verwandtschaftsbeziehungen. Daraus entstand in diesen »Ie-Verbänden« eine Rangordnung, die nicht von Alter oder Leistung, sondern von der Dauer der Zugehörigkeit zum Verband bestimmt wurde (J. KREINER, 1985). Der japanische Weg zur Moderne erfolgte mit der Großfamilie. Die Funktion der traditionellen Großfamilie, die sich zum Teil durch Industrialisierung und Urbanisierung auflöste, übernahmen andere Gruppen wie zum Beispiel Firmen.

Für das Zusammenleben in diesen Gruppen wie auch für dasjenige in der modernen Familie gelten nicht, wie im Westen, individuelle Glücksvorstellungen, sondern *Gruppenloyalitäten*: man einigt sich und arbeitet zusammen. Viele Väter sind so stark in ihren Berufen — einschließlich der abendlichen Treffen mit Kollegen — engagiert, daß sie ihre Kinder nur noch selten sehen. Daher soll die Arbeitszeit von derzeit 46 Stunden (bei 2 Wochen Jahresurlaub) auf 40 Stunden in der Woche verringert werden. Aber auch die Mütter arbeiten so viel im Haushalt, für die Erziehung der Kinder und in steigendem Maße auch in einem Beruf, daß es kaum noch zu gemeinsamen Unternehmungen der Familie kommt. Dem stehen häufige Gruppenausflüge und Tempelbesuche gegenüber, die gleich serienweise von Firmen, Schulen und Kindergärten organisiert werden. Über Konflikte und Krisen wird gegenüber einem Außenstehenden nicht gesprochen. Dennoch werden sie gelöst, und zwar anders als bei uns: Scheidungen sind sehr selten. Allerdings warnen japanische Soziologen davor, die emotionalen und kreativen Bedürfnisse der Kinder zu vernachlässigen, und weisen auf den Mangel an Zeit und Raum zum Spielen hin. Auch die in den letzten 40 Jahren um 50% gestiegene Lebenserwartung, die nunmehr höchste der Welt, stellt die japanische Gesellschaft vor schwierige Probleme.

Einen anderen Weltrekord hält Japan mit *Grundstückspreisen*, sie reichen in Tokyo von ca. 400 000 Yen (1 1/2 Stunden Fahrtzeit von der Innenstadt entfernt) bis über 25 Millionen Yen pro Quadratmeter. Die Wohnfläche, die Ende der 70er Jahre in Tokyo gerade die 5 m²-Marke pro Person übersprungen hatte, belief sich zehn Jahre später auf ungefähr 50 m² für eine vierköpfige Familie.

Auch die japanische **Volkswirtschaft** mit der zweitgrößten Automobil-Industrie der Welt, die schon seit 1973 bleifrei fährt und seit 1988 nur noch Autos mit Katalysator kennt, nimmt eine Spitzenposition ein. Das besondere Merkmal der Firmen ist ihr Führungsstil und eine in hohem Grade transparente Firmenpolitik, die ihre Mitarbeiter über die wirtschaftliche Lage des Unternehmens ständig auf dem laufenden hält. So können die Firmenangehörigen mitdenken und mitplanen und fühlen sich daher auch mitverantwortlich. Wenn in schwierigen Wirtschaftslagen ganze Abteilungen an andere Unternehmen »ausgeliehen« werden, um die Arbeitsplätze zu halten, dann ist das ein gemeinsamer Beschluß von Firmenleitung und Belegschaft. Auch die Lohnverhandlungen finden stets im Betrieb statt. Japaner betrachten Arbeit nicht allein unter dem Aspekt des Geldverdienens, und die Vorstellung von einem Paradies ohne Arbeit (Bibel) ist ihnen fremd. Ohne Arbeit läßt sich kein erfülltes Leben führen. Die in westlichen Kulturen weit verbreitete Tendenz, der Arbeit zu entfliehen, scheint auch eine Reaktion vieler zu Gehaltsempfängern entmündigter Arbeitnehmer zu sein.

*Großbetriebe* bieten den Stammarbeitnehmern eine Garantie der Anstellung auf Lebenszeit. Entlohnung und Aufstiegschancen richten sich nach dem Dienstalter. Da Arbeitnehmer in Konzernen schon im Alter von 55 bis 58 Jahren ihre Arbeit beenden, überbrücken sie die Zeit bis zu einer ausreichenden Pension in einem der zahlreichen kleineren Betriebe des Einzelhandels, der in Japan die Industrialisierung fast unbeschadet überlebt hat. Dort arbeiten sie allerdings wie die nur zeitweilig Beschäftigten unter wesentlich schlechteren Bedingungen und können in Rezessionszeiten auch jederzeit entlassen werden.

Den seelischen Ausgleich zu so viel Arbeit bietet eine blühende **Vergnügungsindustrie**. Die Firmen unterstützen Freizeitklubs für ihre Betriebsangehörigen und führen in einer begrenzten Anzahl von Bars sogar Spesenkonten; das zählt zur innerbetrieblichen Wohlfahrt. Hier trifft man sich in Gruppen und trinkt dabei gern Alkohol, weniger als bei uns, aber bei Japanern scheint er schneller zu wirken. Der Chef ist dabei, denn Alkohol dient hier auch als Mittel zur informellen Kommunikation.

Die Bars, deren Gäste überwiegend Männer sind, entfalten größten Variantenreichtum. Eines der beliebtesten »Ventile« ist der vom Besucher, dem Gast-Star, zu improvisierende Gesang zur laufenden Musik, das bringt vor den zuhörenden Kollegen erst so richtig Spaß. Andere Bars haben sich auf bestimmte Berufe oder Neigungen spezialisiert oder auf beliebte Rollen in Theaterstücken. Für das individuelle Gespräch — mehr nicht — sorgen Hostessen, die heute anstelle der traditionellen und sehr

sitzt man allein — wenngleich meist in einer langen Reihe — vor einem der Automaten, füttert ihn mit kleinen Stahlkugeln und läßt sich vom klickenden Fallen der Kugeln und den Lichtreflexen faszinieren. Manchmal werden gewonnene Kugeln an der Kasse gegen Waren zurückgetauscht, zum Beispiel Strümpfe, Unterwäsche, Schokolade, kleine Radios und vieles andere. Dann findet sich stets ein kleiner Laden um die Ecke, der diese Waren zu beiderseitigem Vorteil wieder zurückkauft. Stets aber ist die totale Ablenkung, ein vollständiges Vergessen für den Augenblick garantiert.

Ein beliebtes Ziel der gruppenweisen Betriebsausflüge ist das *Onsen*, das Bad in heißen Quellen. Vor wenigen Jahrzehnten war dieses typisch japanische Gemeinschaftsbad noch nicht nach Geschlechtern getrennt. Etwa ein Viertel der Quellen gelten als Heilbäder.

kostspieligen Geisha die Unterhaltung übernehmen.

Den Geishas, die unter anderem in Tanz und Konversation ausgebildet werden (*gei*: unterhaltende Kunst, *sha*: Person), fehlt es an Nachwuchs. Wenn heute Politiker für diskrete Parteitreffen Restaurants mit Geisha-Bewirtung (Ryotei) aufsuchen, bezahlen sie vor allem für Atmosphäre. Lange vor Mitternacht ist der Geisha-Abend beendet.

Eine andere Atmosphäre und auch kein Spesenkonto existiert in den lärmenden Spielhallen des *Pachinko*. Bei diesem Glücksspiel

Während früher große sexuelle Freizügigkeit unter Jugendlichen bestanden hatte und die Prostitution in den Städten auf bestimmte Viertel beschränkt (institutionalisiert) und damit kontrollierbar war, hat sie sich nach dem Verbot 1956 als Turuko (»Türkische Bäder«, »Soapland«) getarnt und in Nachlokale mit schummriger Beleuchtung und Massagesalons mit Pornozentren zurückgezogen. Be-

TOKYO

stes Beispiel in Tokyo ist der Stadtteil Kabukicho östlich des Bahnhofs Shinjuku.

Zu den originellsten Bauten der technischen Vergnügungsphantasie gehören die *Rabu Hoteru* (»Love Hotels«), von denen es allein in Tokyo dreieinhalbtausend gibt. Paare, die im eigenen Heim nicht genügend Platz oder Ruhe finden, können hier in luxuriös ausgestatteten Räumen ungestörte Stunden verbringen. Schon die Architektur verspricht ein traumhaftes Erlebnis, das die ungeahnte Formenvielfalt der Betten und modernste Elektronik dann auch bieten. Allerdings wurden diese Hotels nicht für ausländische Touristen erfunden. Wer den relativ günstigen Nachttarif (ab 22 Uhr) nutzen möchte, sollte die Tonbandansagen der meist vollautomatischen Rezeption verstehen...

## Theater

Frühe Spielformen des japanischen Theaters lassen sich bis ins 7. Jh. zurückverfolgen, als unter kontinentalem Einfluß neben anderen Tänzen auch der **Bugaku** entstand. Bis zum 11. Jh. bildeten sich unter Verschmelzung mit Tanzformen des Shinto zwei Grundtypen heraus: der Linkstanz

*Sumo (japanischer Ringkampf)*

### Sportarten

Die modernen Sportarten besitzen die meisten Anhänger, allen voran das amerikanische Schlagballspiel Baseball. Berufsmannschaften werden wie bei uns von großen Firmen unterstützt. Golf wurde ausgerechnet im dichtbevölkerten Japan zum Volkssport. Beliebt sind trotz der im Durchschnitt kleineren Körpergröße der Japaner auch Rugby und Volleyball. Für das Bergsteigen und den Ski-Sport wurden erst in jüngster Zeit beste Voraussetzungen geschaffen.

Zu den herausragenden Sportereignissen zählen die Turniere im Ringkampf (Sumo), einer traditionellen Sportart, die ihr Publikum bis heute noch vergrößern konnte. Höchstes Ansehen genießen jene 130 und 140 kg schweren Männer, die auf dem Weg zur Meisterschaft den höchsten Rang erreichten. Sumo-Ringer werden bei ebenso nahrhafter wie reichlicher Ernährung in eigenen Meisterschulen ausgebildet, in denen sie auf das erforderliche Körpergewicht, die Kampftechnik und eine strenge Disziplin trainieren. Der Kampf ist sehr kurz und entschieden, wenn ein Ringer durch eine der gedankenschnellen Griffbewegungen zu Fall gebracht oder aus dem 4,5 m messenden Ring gestemmt wird.

Auch das Bogenschießen vom galoppierenden Pferd aus auf drei hintereinander liegende Ziele (Yabusame), die durch den Zen-Buddhismus zur mentalen Übung erhobene Kunst des Bogenschießens (Kyudo) und das Schwertfechten (Kendo) stammen aus alter Zeit.

Die Kampfsportart Judo entstand aus der von den Samurai als Jujutsu

233

(»Jiujitsu«) betriebene Kunst der Selbstverteidigung ohne Waffen, die meist zur Tötung des Unterlegenen führte. Daher gibt es im Jujutsu keine Wettkämpfe. Während in einem anderen waffenlosen Kampfsport, dem Karate (»chinesische Hand«), seit 1970 Weltmeisterschaften stattfinden, wurde Judo eine Olympische Sportart.

## Literatur

Bis zum Jahr 712 waren die aus mündlich überlieferten Mythen, Gebeten, Liedern und Ahnengeschichten zusammengestellten Chroniken (Kojiki) niedergeschrieben, bis 720 war das Nihongi, das als frühestes japanisches Geschichtswerk gilt, fertiggestellt, und auch aus dem 8. Jh. stammt das Manyoshu, Japans älteste Gedichtesammlung. In volkstümlichen Geschichten, Erzählungen, Tagebüchern und insbesondere Kurzgedichten (Tanka) entwickelte sich die japanische Literatur bis zum 11. Jh. zu jenem Höhepunkt der höfischen Dichtkunst, die als realistische Erzählung u.a. den noch heute gelesenen Roman des Prinzen Genji (Genji Monogatari) hervorbrachte. In den beiden folgenden Jahrhunderten und unter den ersten Shogunaten entstanden der historische Roman und das Heldenepos, zum Beispiel das Heike Monogatari um die Taira (Kriegeradel). Die Schriften des Zen-Buddhismus fanden ebenso große Verbreitung wie das Kettengedicht (Renga) und im 14. und 15. Jh. das in Verbindung mit Tanz und Musik entstandene No-Spiel. Die neue Gedichtform des Haiku (17. Jh.), in der man sich bis heute noch mit 5+7+5

*Aufgerollter Vorhang (Vorder- und Rückseite)*

und Rechtstanz sowie der Bugaku im Japanischen Stil. Der Linkstanz und Rechtstanz (je nach Tanzrichtung) findet stets auf einer Bühne statt, deren Tanzfläche bis zu sechs Tänzern Platz bietet, und ist einschließlich seiner frühzeitlichen Musikbegleitung kontinentalen Ursprungs. Zu vielen Kostümen trägt der Tänzer überwiegend holzgeschnitzte Masken. Zum Bugaku im Japanischen Stil werden keine Masken getragen, und er wird meist zu ebener Erde getanzt. Ein begleitender Gesang und ein erweitertes Instrumentarium kommen hinzu.

Die gemessenen Bewegungen des Bugaku erfreuten sich bei Hofe

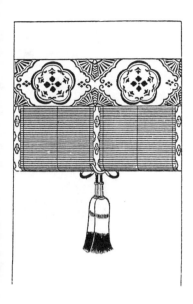

bis ins 15. Jh. großer Beliebtheit. Heute wird der Bugaku anläßlich bestimmter Kultfeiern, bei Staatsempfängen oder als Bestandteil anderer Tänze und Kulthandlungen (Kagura) aufgeführt. Neben den beiden höfischen Grundtypen haben sich an entlegeneren Orten Mischformen oder alte Bugaku-Stücke gehalten, deren Aufzeichnung noch in den Anfängen steckt.

Mehr eine Kulthandlung als einen Tanz beinhaltet das **Kagura**. Zuerst Anfang des 9. Jh. erwähnt, bezeichnet der Name eine »Göttermusik«, die sich auf den Ort bezieht, an dem sich die Gottheit gerade aufhält (Schrein, Sänfte) oder an dem sie anwesend zu denken ist (Tanzrequisit). Lieder und Tänze

Silben, die den Inhalt nur bildhaft andeuten. Dagegen zeigt sich die Literatur der Edo-Zeit mit realistischen Romanen des Stadtlebens, mit historischen Erzählungen und humoristischen Geschichten konkret und volkstümlich.

In der Meiji-Zeit wurden viele Werke der ausländischen Literatur ins Japanische übersetzt und hinterließen Spuren etwa der deutschen Romantik oder des französischen Naturalismus. Bekanntester Vertreter der japanischen Gegenwartsliteratur ist der Nobelpreisträger Y. Kawabata (1899-1972), dem die Vergänglichkeit des Schönen zu einem seiner Leitmotive wurde (»Die kleine Tänzerin von Izu«, »Schneelandschaft«, »Tausend Kraniche«). Andere Autoren sind Y. Mishima (»Kinkakuji«), Y. Inoue oder K. Abe.

*Kagura-Halle mit Tabu-Seil (Shimenawa) aus Reisstroh, das — zumeist in viel bescheidenerer Ausführung — heilige Orte kennzeichnet (Izumo Taisha)*

begleiten eine theatralische Kulthandlung, deren höfische Version sich aus Thronbesteigungsfeiern oder kaiserlichen Schreinbesuchen herausgebildet hatte und während der Heian-Zeit (9.-12. Jh.) ihre Blütezeit erlebte.

Obwohl heute nur noch eine Kurzfassung des Kagura zur Aufführung kommt, gilt als wesentliches Merkmal die Ausdehnung der Zeremonie über Mitternacht hinaus. Das höfische Kagura ist nicht so stark vom Tanz geprägt wie das außerhöfische, hinzu kommt während des 15. und 16. Jh. eine Wandlung vom Kulttanz zum Schauspiel.

Man unterscheidet drei Haupttypen. Bei der *Izumo-Tradition* wird ein zweiteiliges Kagura (16. Jh.) aufgeführt: dem Tanz folgt ein dramatisches Stück im Stil des No (s.u.). Den Kern einer Aufführung in der *Ise-Tradition* bildet eine Reinigungszeremonie, deren Tanz schon Mitte des 9. Jh. Bestandteil eines Shinto-Festes war. Und mindestens bis ins 6. Jh. reichen die als »Löwe« (Shishi) verstandene Tierkopfmaske und die Darbietungen von Jongleuren (beide mit kontinentalen Vorbildern) der *Shishi-Tradition*, bei der auch Stücke im Stile des No gezeigt werden.

Das **No** als die vollkommenste Form des japanischen Theaters (*no*: können) entwickelte sich im Laufe von drei Jahrhunderten zu einer streng stilisierten dramatischen Aufführung mit Gesang, Tanz und Musik. Diese Aufführungstradition hat sich seit der Blütezeit am Ende des 15. Jh. kaum noch verändert. Nur wenige männliche Schauspieler treten auf, deren Gebärden und Tanzbewegungen im Laufe der Zeit durch das Weglassen nicht-wesentlicher Elemente auf einige Grundfiguren (Muster) reduziert wurden. Die berühmten No-Masken, gewöhnlich aus dem Holz der japanischen Zypresse (Hinoki) geschnitten, gelten für Kategorien wie »Mann« oder »Frau«, »Kinder«, einen bestimmten Gott oder Dämon und für ca. 50 weitere Grundtypen. Die besonders prächtigen und in der Theatergeschichte einzigartigen No-Kostüme sind sehr verschiedenartig und können ganz neu, aber auch bis 500 Jahre alt sein. Das Augenmerk des Zuschauers richtet sich aber nicht nur auf die Pracht, sondern auch auf das Zusammenspiel der Körperbewegung mit den Bewegungslinien dieser bodenlangen Kostüme. Im No (und im Kabuki, s.u.) dient der Tanz ebenso wie die Maske der Untermalung und Erläuterung der Handlung und bringt Gefühle wie Freude, Trauer oder Verzweiflung zum Ausdruck. Der Ablauf der Handlung — heute gibt es über 200 No-Stücke, überwiegend von Zeami (1363-1443) geschrieben — ist dem Publikum bekannt und spiegelt Ideale und Haltung der Samurai-Kultur wider (ca. 13.-16. Jh.).

Dagegen blieb das **Kyogen** bei gleicher Rollenverteilung und Bühne bis ins 17. Jh. Stegreifspiel und nahm Elemente der Folklore auf. Tanz und Gesang wirken hei-

*No-Bühne (1581, im Nishi Honganji, Kyoto), Grundriß*

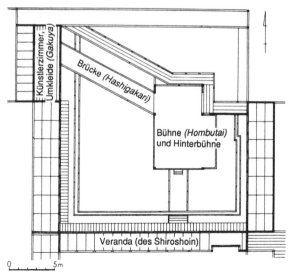

ter, Masken werden nur zu extremen Rollen getragen (Tiere, Dämonen), Gefühle akustisch und mimisch ausgedrückt. Bekannt geworden sind die fünfzehn Arten von Tränen und dreizehn Arten des Lachens (Okura Toraaki, 17. Jh., nach HAMMITZSCH 1981), zum Beispiel die Tränen wegen der Liebe, die Tränen beim Verschlucken, die Tränen vor lauter Lachen, das Lächeln zur Begrüßung, das Lachen aus Verlegenheit, das Lachen, wenn man glücklich ist.

Die heutige (No-)*Bühne* verdankt ihre Anlage — auch wenn sie sich in modernen Theatergebäuden befindet — jener Zeit, als die Aufführungen noch im Freien stattfanden. Vier Pfosten um eine etwa 30 m$^2$ große Tanzfläche tragen das hohe Fußwalmdach. Die Rückwand der Hinterbühne zeigt stets ein großes Gemälde einer bestimmten Kiefer vom Kasuga-Schrein in Nara. Die Hauptbühne reicht in den Zuschauerraum hinein, und auch die Brücke (*Hashigakari*), über die die Schauspieler die Hinterbühne betreten, kann vom Publikum eingesehen werden. Denn die Brücke ist gleichzeitig auch Bühne, Verbindung zu Dämonen oder überirdischen Welten, in die Vergangenheit oder ins Überzeitliche.

Die Kunst des japanischen Puppentheaters entstand am Ende des 16. Jh. (*Joruri-Kunst*) als Reaktion auf das vergangenheitsgebundene No und wird seit seiner Blütezeit im 18. Jh. nach dem Künstlernamen eines Puppenspielers **Bunraku** genannt. Das Bunraku ist keine Vorstellung für Kinder, seine Stücke gehören vielmehr zu den Meisterwerken der dramatischen Literatur. Im Gegensatz zum No wurde die in zahlreiche Szenen eingeteilte Handlung der Gegenwart entnommen. Die Bunraku-Puppen besitzen zwei Drittel der Lebensgröße; die weiblichen sind kleiner und leichter als die männlichen Figuren. Die Arme und Beine, die Hände und manchmal sogar die Finger können mit einem System von Schnüren und Sprungfedern bewegt werden, und der aus leichtem Holz geschnittene Kopf mit echter Perücke und historischer Haartracht, oft mit beweglichen Augen, Brauen und Lippen, ist ein wertvolles Kunstwerk. Bis zu drei Puppenspieler handhaben die Bewegungen der Puppen auf einer eigens dafür angefertigten Bühne. Aufführungen finden heute meistens zu bestimmten Spielzeiten im Nationaltheater in Tokyo und im Staatlichen Bunraku-Theater in Osaka statt. Ausbildungsprogramme sollen den Mangel an Nachwuchsschauspielern, jungen Musikern und Bühnentechnikern beheben helfen.

Das **Kabuki**, seit dem 17. Jh. die populärste Form des japanischen

Theaters, entstammt der von den Samurai unterdrückten Kultur der Kaufleute und Handwerker. Es handelt sich um eine ausgesprochene Volkstheaterkunst, deren Entwicklung vom Tanzspiel über historische Stücke bis zu den späten, oft einen Selbstmord behandelnden Stücken reicht. Wie im No werden alle Rollen von Männern gespielt, und die Reihenfolge der streng stilisierten Bewegungsmuster verlangt eine jahrelang geübte Schauspielkunst. Zum erstenmal arbeiteten Künstler mit Schminkmasken, und eine Bühnenmaschinerie überraschte das Publikum mit spannenden Effekten. Die Schauspieler betreten heute die Kabuki-Bühne über den *Hanamichi* (»Blumenweg«), der mitten durch den Zuschauerraum führt und aus einer Zeit stammt, in der die begeisterten Gäste ihren Stars die Geldgeschenke noch auf einem blühenden Zweig übergaben. Auch heute noch werden Kabuki-Stücke geschrieben, Theater dient der Vermittlung traditionellen Kulturguts. Daneben werden Opern, Musicals und Shows nach europäischem oder amerikanischem Vorbild aufgeführt, einige davon entgegen der Tradition ausschließlich von Schauspielerinnen, so die *Takarazuka-Revue* mit einem eigenen Theater in Tokyo. Eine systematische Ausbildung für Schauspielerinnen begann erst mit der 1906 gegründeten Gesellschaft für Kunst und Literatur.

Anders als das traditionelle Theater sieht das **Shingeki-Theater** sein Vorbild hauptsächlich im europäischen Theater des frühen 20. Jh. Gern tauschen diese Bühnen untereinander Gastschauspieler(innen) aus. Neben der neuen Form des kommerziellen Theaters (Sponsoren), das mit bekannten Schauspielern viele Zuschauer anzieht, finden auch die Kleinbühnen mit nur 200 bis 300 Plätzen ihr Publikum. Auch das wiederbelebte Musical hält in jüngster Zeit Einzug auf japanischen Bühnen.

Nur wenige Jahrzehnte benötigte Japan, um die westliche Schauspielkunst zu analysieren, und so entstand hier das vielleicht variationsreichste Theater der Welt.

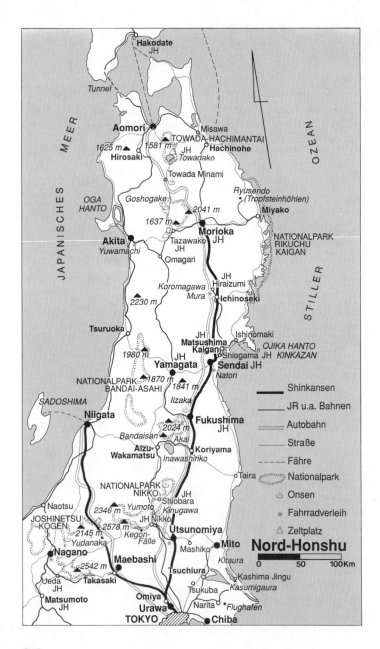

# NACH NORDEN

### Östlich von Tokyo

Die wenigsten Besucher lenken, bevor sie nach Norden fahren, ihre Aufmerksamkeit auf das Gebiet östlich von Tokyo. Auf der **Halbinsel Boso** lassen sich Bruchlinien und Verwerfungen geradezu als Landschaftselement bezeichnen. Bei dem großen Erdbeben 1923 wurde die Südspitze dieser Halbinsel um durchschnittlich 180 cm angehoben. **Narita** war, bevor 1978 der Internationale Flughafen von Tokyo hier angelegt wurde, durch seinen bedeutenden buddhistischen Tempel, den *Shinshoji*, bekannt, den auch heute jährlich viele Japaner aufsuchen. Beliebte Ziele an freien Tagen sind auch die Ferienorte an den Seeufern des Kasumigaura sowie der *Kashima Jingu*, ein Shinto-Heiligtum am benachbarten Kitaura (2 JR-Stunden vom Bahnhof Tokyo). Besonders während der Zeit der Aprikosenblüte von Ende Februar bis Mitte März besticht der *Kairakuen*, ein parkartiger Garten, der in der ersten Hälfte des 19. Jh. in **Mito** angelegt wurde (1 Stunde 20 Minuten von Tokyo/Ueno). Eine *Töpferschule* jüngerer Tradition, deren Werkstätten zum Teil Kurse anbieten, besteht in **Mashiko**, eine Busstunde östlich von Utsunomiya.

### Nikko

Nikko liegt 150 km nördlich von Tokyo am Fuße von Gebirgszügen, die bis auf 2 000 m und darüber ansteigen und in den Nikko-Nationalpark übergehen. Die Anfahrt von Tokyo/Ueno verläuft bis Omiya durch geschlossenes Stadtgebiet und dauert je nach Zug (JR über Utsunomiya) 2 Stunden und 10 bis 50 Minuten. Die Tobu-Linie von Tokyo/Asakusa erreicht Nikko schon nach maximal 2 Stunden.

Nach 2 km auf der leicht ansteigenden Straße, die mitten durch die langgestreckte Ortschaft führt, liegt rechts jener Schrein- und Tempelbezirk, der auch im Ausland berühmt wurde. Die in jeder Beziehung bedeutsamste Gebäudegruppe, der **Toshogu** (Tosho-Schrein), wurde 1634/36 als Grabmal für den Shogun und Staatsmann Tokugawa Ieyasu errichtet und bleibt an Prunk und Prachtentfaltung unübertroffen.

# NORDOST-HONSHU

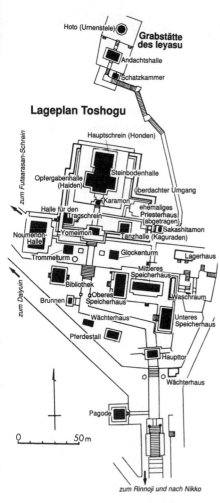

Tokugawa Ieyasu (1542-1616), der dritte große Heerführer nach Nobunaga und Hideyoshi, vollendete deren Werk durch geschickte Konsolidierung der Staatsgewalten. Nach siegreichen Kämpfen noch unter Hideyoshi mit bedeutenden Lehensgütern in der Gegend von Tokyo (dem damaligen Edo) belohnt, errichtete Ieyasu 1603 den Sitz des Shogunates, der sich seit dem Ende der Kamakura-Zeit (1333) wieder in der Nähe der Kaiserstadt Kyoto befand, in Edo und begründete damit das Edo-Shogunat (1603-1867). Die strenge Trennung in Adlige und die vier Stände der Samurai, Handwerker, Bauern und Kaufleute wurde ideologisch abgesichert, die Samurai mußten in den Burgstädten zusammengezogen werden, und die Daimyo (Lehensfürsten) wurden gezwungen, in Edo Residenzen zu unterhalten, in denen die Familien mit dem Erben für das Wohlverhalten des Familienoberhauptes bürgten.

Die bogenförmige, rotlackierte Heilige Brücke (*Shinkyo*), die links von der neuen Brücke über den Fluß führt, wird nur an den Festen des Toshogu geöffnet. Sie finden am 17./18. Mai (Großes Schreinfest) und am 17. Oktober mit farbenfrohen Umzügen und Trageschreinen statt. Am Weg zum Schrein liegt der *Rinnoji*, ein buddhistischer Tempel, mit seiner großen »Halle der drei Buddha-Statuen«, Sambutsudo (1648). Links vor den Stufen zum ersten Torii (Granit) des Toshogu ragt die in rot und gold prangende *Pagode* (1817) bis zu den Baumwipfeln empor. Hinter weiteren Stufen zum

Haupttor (Nio- oder Omotemon) bilden Speicher- und Stallgebäude mit außergewöhnlichen Schnitz-Reliefs einen Platz. An der Rückseite des Stalles für die Pferde, gleich links vom Haupttor, befindet sich das weltberühmte Relief der drei Affen, deren Bedeutung in Europa mit der Interpretation »Nichts hören — nichts sehen — nichts sagen« verkannt wurde. Die Tendai-Schule des Buddhismus verbindet mit diesem bildhaften Symbol die Aufforderung, auf das Böse nicht zu hören, es nicht nachzuahmen und auch nicht zu verbreiten. Affe heißt im Japanischen dasselbe wie die »Verneinung«.

Jetzt wird der Besucher bereits in den Bann des prächtigsten aller Tore, des *Yomeimon*, gezogen, so daß er die Bibliothek links (unten) und den goldglänzenden Glockenturm rechts (oben) nur mehr flüchtig wahrnimmt (Farbabb. 14 und 16). Der 11 m hohe, zweistöckige Torbau mit seinen Reliefsäulen prangt im gleißenden Formenreichtum. Aber auch die farbenprächtig bemalten geschnitzten Reliefs an der Außenseite des Umganges oder an der Tanzhalle (*Kaguraden*) rechts hinter dem Yomeimon laden zu ausgiebiger Betrachtung ein (Farbabb. 15). Links hinter dem Tor leuchtet das kunstvoll gestaltete Dach des Mikoshigura, in dem die bei Festumzügen verwendeten Tragschreine aufbewahrt werden, und geradeaus fasziniert der weiß-schwarze Dekor des Karamon, eines kleinen, im chinesischen Stil gehaltenen Tores. Es führt zu den eigentlichen Schreingebäuden. Ein kurzer Korridor, wie er den Gongen-Stil (s.S. 57) charakterisiert, verbindet die vorgelagerte Gebetshalle (Haiden) mit dem *Hauptschrein (Honden)*. Diese Gebäude sind reichlich mit Blattgold und Dekor auf schwarzem oder rotem Grund überzogen. Da sie wie alle Schreine nicht zugänglich sind, bleibt es der Phantasie der Besucher überlassen, sich das kostbare Innere, die geschmückten Wände und die Gemälde vorzustellen. Am Tor hinter der Tanzhalle beginnt ein schmaler Weg, der über viele Stufen zum Grab des Ieyasu führt, in dem seine Asche aufbewahrt wird.

Ursprünglich als buddhistischer Tempel erbaut (Pagode, Glocken- und Trommelturm), ist der Schrein heute ein Shinto-Heiligtum und zeigt als typisches Beispiel des Ryobu-Shinto den überschwenglichen Formenreichtum der späten Momoyama-Zeit.

Von der Pagode des Toshogu führt eine breite Zedernallee zum **Futaarasan-Schrein**, dessen Hauptgebäude (1617) durch seine eleganten Dachformen auffällt. Südlich davon gehören die Jogyodo mit der Hokkedo und etwas weiter die Jigendo noch zum Rinnoji.

Eine Treppe führt vom Futaarasan-Schrein hinunter zu den Gebäuden des **Daiyuin** mit dem Grab des Tokugawa Iemitsu (gestorben 1651), eines Enkels von Ieyasu. Nicht ganz so prachtvoll wie der Toshogu, aber in derselben Anordnung von Kult- und Haupthalle, blieb dieser Tempel ein buddhistisches Heiligtum. Eine Besonderheit ist das kleine, im Stil der chinesischen Ming-Architektur ausgeführte Kokamon.

Für einen Besuch Nikkos ist ein Tag eigentlich zu wenig, zumal der gleichnamige *Nationalpark* zu einem Ausflug in die Berge einlädt. In 50 Minuten bewältigt der Bus die serpentinenreiche Hochstraße, doch schon nach 20 Minuten lohnt sich beim Aussichtspunkt Akechidaira (Seilbahn) eine Unterbrechung. Von dort reicht der Blick hinüber zum **Chuzenji-See** (1270 m), der einst von den Lavamassen des 2483 m hohen Nantaisan (rechts) aufgestaut wurde, bis in die Ferne zum noch um 100 m höheren Shiranesan, dem höchsten Berg der Nikko-Vulkane. In den schluchtartigen Durchbruch, wo die im Winter vereisten *Kegon-*

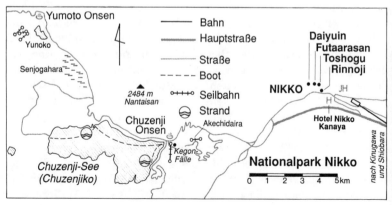

*Wasserfälle* zu Tale rauschen, führt näher am See sogar ein Fahrstuhl. Freunde des nassen Elementes können am Chuzenji-See mit seinen beiden Stränden baden, zelten und Boot fahren, während Wanderer für die Tour auf den Nantaisan vom See aus mit insgesamt gut 7 Stunden rechnen sollten (5. Mai bis 25. Oktober). Die Straße führt durch das Senjogahara-Tal mit seinem großen Moor und vorbei am Yumoto Onsen tiefer in den Nationalpark.

Nördlich von Nikko sind sehr viele heiße Quellen zu erreichen, wie nach etwa 40 km das bekannte Kinugawa Onsen. Doppelt so weit ist es bis zu den Onsen um Shiobara, deren Wasser sich aus aufsteigenden Dämpfen bildet, die sich mit dem Grundwasser vermischen.

**Abseits der Wege**

Michinoku — »abseits der Wege« — wird das Japan im Nordosten von Nikko auch genannt. Denn die historischen Ereignisse erreichten diese Region oft erst mit einer hundertjährigen Verzögerung. Mehrere Nationalparks an den Küsten und im Bergland (bis um 2 000 m) empfehlen sich für Reisen im Frühjahr oder im Herbst. An der Küste zum Japanischen Meer herrscht von Dezember bis Februar ein sehr schneereicher Winter, während sich die Pazifik-Lagen in diesem Teil der Insel Honshu durch regenreiche Sommer auszeichnen.

In den Bergen zwischen beiden Küsten liegt der *Nationalpark Bandai-Asahi*. Von Imaichi (7 km vor Nikko) oder auch über Koriyama (JR, ab Tokyo/Ueno 3 ½ Stunden) gibt es Bahnverbindungen nach **Aizu-Wakamatsu**, wo sich zu Beginn der Meiji-Restauration Anhänger des bisherigen Tokugawa-Shogunats und die Truppen der neuen kaiserlichen Regierung (Meiji) heftig bekämpften (Burg). Die Stadt, die eine eigene Tradition in der Herstellung von Lackwaren besitzt, ist Ausgangspunkt für Busfahrten durch den Nationalpark, deren Ziel vor allem das Bandai-Plateau (»Ura Bandai«) ist. Als der *Bandaisan* nach einem Jahrtausend der Untätigkeit 1888 unter unbeschreiblichem inneren Dampfdruck geradezu explodierte, berichteten Augenzeugen:

*»Gegen 7 Uhr donnerte es mächtig bei schönem, fast wolkenlosem Wetter. Man glaubte an ein fernes Gewitter. Doch eine halbe Stunde später bebte die Erde, und es folgten weitere Stöße. Gegen 7:45 Uhr brach der Ko-Bandaisan aus. Eine Dampf- und Staubsäule schoß mit gewaltigem Getöse 1 300 m empor. Ähnliche Explosionen wiederholten sich im Verlauf von zwei Stunden 15- bis 20mal. Die letzte Explo-*

*sion war die heftigste: fast horizontal wurden mächtige Gesteinsmassen nach Norden weggeschossen, und der Berg riß zu einem hufeisenförmigen Krater von 2 km Durchmesser auf. Die Gesteins- und Erdmassen stürzten ins Tal des Nagasegawa, begruben vier Dörfer völlig, sieben zum Teil, vernichteten Wälder, stauten die Gewässer; 461 Menschen verloren ihr Leben. Mehr als 70 km² Land wurden verwüstet und mit Schutt bedeckt. Bis zu 6000 m Höhe waren Staub und zerriebenes Gestein gestiegen, und der breite Schirm verdunkelte das Land, auf das die heiße Asche wie ein Regen niederschlug«* (zit. nach M. SCHWIND).

Zurück blieb eine große Zahl kleiner und kleinster Seen, deren Wasser heute unterschiedliche Farben besitzen. Mehrere Wanderwege ergänzen das Netz der (gebührenpflichtigen) Aussichtsstraßen. Vom Bandai-Plateau gibt es Busverbindungen auch zur Shinkansen-Station Fukushima.

Die Züge der JR fahren in 1 Stunde und 20 Minuten von Fukushima nach **Yamagata**. 1 ½ Busstunden östlich von Yamagata befindet sich an den Hängen der Berge des Zaosan-Massivs (1841 m) eines der beliebtesten Ski-Gebiete Japans (Mitte Dezember bis Anfang April). Westlich von Yamagata liegt noch ein Teil des Nationalparks Bandai-Asahi. Neben dem Asahi-Gebirge (1870 m), wo noch Braunbären leben sollen, gehören dazu die nach dem Namen der alten Provinz so genannten »Drei Berge von Deva« (*Deva Sanzan*) und ihre Pilgerstätten: das sind der Hügel Hagurosan (Mautstraße) mit einer fünfstöckigen Pagode und einem Schrein, der erloschene Vulkan Gassan (1980 m) und der Nebengipfel Yudonosan (Busverbindungen von Yamagata und Tsuruoka).

Nach **Sendai**, dem Zentrum der Region Tohoku — wie der Nordosten von Honshu seit alter Zeit und heute die Shinkansen-Linie heißt —, benötigen die Shinkansen-Züge von Tokyo/Ueno 2 bis 2 ½ Stunden. In den Großraumwagen kündigen bei leiser Musik Ansagen auf Japanisch und Englisch die nächste Station an, während ab Utsunomiya lange und sehr zahlreiche Tunnelabschnitte die Strecken mit freier Sicht in die hügelige Landschaft unterbrechen.

Die Stadt ist bekannt für ihr »Sternenfest« (*Tanabata*), das, später als andernorts, vom 6.-8. August stattfindet. Die Straßen zeigen sich in farbenfrohem Kleid, und an langen Bambusstangen hängt weißer oder bunter Papierschmuck. Außerdem stehen hier der kunstvoll verzierte Osaki Hachiman-Schrein (1607) und die Zuihoden, eine im alten Stil neu errichtete Grabstätte für die ortsansässige Daimyo-Familie der Date.

Eine Reiterstatue ihres Fürsten Masamune steht auf jenem Hügel (*Aobajo*), auf dem sich einst die Burg befand. Vom heutigen Park reicht die Aussicht über die Stadt bis zum Pazifik.

Auf dem Weg von Sendai zur Küste hält die Bahn (JR) nach ½ Stunde in *Hon-Shiogama*, von wo man in 10 Wegminuten den Shiogama-Schrein mit seiner Sonnenuhr aus dem Jahr 1783 erreicht. Weitere 10 Minuten dauert die Fahrt bis **Matsushima Kaigan**. Zwischen diesen beiden Orten liegt eine Bucht mit zahlreichen kleinen Inseln (*Shima*), auf deren verwitterten Tuffstein- und Kreidefelsen sich zähe Kiefern halten. Nicht nur in Japan wurde die wetterharte, Taifunen und Schneestürmen standhaltende Kiefer (*Matsu*) zum Symbol für Einsatz und Widerstandskraft. Die Stimmungen dieser Matsushima haben schon früh in der Malerei und anderen Künsten ihren Niederschlag gefunden, die diese Bucht, gemeinsam mit Miyajima und Amanohashidate zu den »drei Landschaften« (*Sankei*) erhoben. In Shiogama und in Matsushima Kaigan beginnen Bootsrundfahrten, und eine Fährlinie durchquert die etwa 12 km lange Bucht in einer Stunde.

Von der Bahnstation Matsushima Kaigan geht man 5 Minuten zum nördlich gelegenen *Zuiganji*, der zu Beginn des 17. Jh. errichtet wurde und sich in der reichhaltigen Architektur seiner Zeit präsentiert. Die zahlreichen Höhlen benutzten die Mönche früher zum Meditieren. Am Ende der Zedernallee, die vom Tempel in Richtung Küste zeigt, hält man sich rechts und erreicht nach wenigen Minuten den Kanrantei, einen Pavillon, der aus dem Fushimi-Schloß bei Kyoto stammt und ein Gemälde von Sanraku Kano enthält. Nördlich des Pavillons führen zwei kurze Brücken auf die Insel zur Godaido hinüber, die noch zum Zuiganji gehört.

45 JR-Minuten nordöstlich von Matsushima Kaigan liegt Ishinomaki, und von dort fahren Fährboote in knapp 2 Stunden entlang der Küste der Halbinsel Ojika zur Insel des **Kinkazan**. Der 445 m hohe Berg erhebt sich über dichten, von Wild und Affen bewohnten Wäldern.

**Hiraizumi und der Nordosten von Honshu**

Das kostbarste Kunstwerk dieser Gegend steht wohl in dem kleinen Ort **Hiraizumi** (1 ½ Bahnstunden nördlich von Sendai). Wer einen Spaziergang von ca. 2,5 km entlang kleiner Gärten, typischer Häuser und auch Reisfelder der fünfminütigen Busfahrt vorzieht, wendet sich, den Bahnhof verlas-

# NORDOST-HONSHU

## Lackkunst

In Japan entstanden die ältesten Lackarbeiten im 1. Jahrtausend v.u.Z. mit einem einfachen, dem Schnurmuster der Jomon-Keramik verwandten Dekor. Erst mit der Einführung des Buddhismus (6. Jh. u.Z.) entwickelte sich daraus unter chinesischem und koreanischem Einfluß eine vielfältige Kunst. So wurde von China, das schon seit 1300 v.u.Z. Lackwaren kennt, die Trockenlack-Technik übernommen und für große Figuren verwendet (Beschreibung s. Toshodaiji, Nara). Seit dem 9. Jh. befreien sich die japanischen Künstler zunehmend vom kontinentalen Einfluß, indem sie die Techniken veränderten und bereicherten.

Als Rohmaterial für den Lack wird der Saft des Lackbaumes verwendet, eine klebrige, grauweiße Flüssigkeit, die sich an der Luft bald goldfarben bis bräunlich färbt. Sie wird mit einem Tuchfilter von Holz- und Rindenteilen gereinigt, und durch Erhitzen verdunstet der überschüssige Wasseranteil. Die Färbung erfolgt durch Beimischung von Zinnober (Rotlack), von Ruß oder Eisenverbindungen (Schwarzlack) und von Pflanzen- oder Mineralfarbpulvern. Der Hauptbestandteil des Rohlacks ist Urushiol ($C_{21}H_{32}O_2$), das nur in besonders feuchter Luft durch Polymerisation erhärtet. Danach ist der Lack wasserdicht, hitzebeständig und unempfindlich sogar gegen Alkohol und Säuren. Bei zu trockener Luft jedoch können Risse und Sprünge entstehen.

Während der Lack zunächst als Schutz- und Konservierungsmittel für Korbflechtarbeiten und Holzwaren diente, wurde er schon in früher

*Wohnhaus in Hiraizumi*

send, nach rechts und überquert nach 200 m die rechter Hand liegende Bahntrasse, um nach ¹/₂ Stunde wiederum die Gleise und dann die Hauptstraße zu kreuzen. Dort beginnt ein breiter, steiler Weg durch den Wald (15 Minuten), und ein kleines Schildchen weist den Besucher darauf hin, daß schon ab hier das Rauchen verboten ist.

Hiraizumi wurde im 11./12. Jh. Residenz einer Adelsfamilie und 1189 bei einer Strafaktion des dem Kriegeradel entstammenden ersten Kamakura-Shoguns Minamoto no Yoritomo zerstört. Erhalten blieb jedoch die 1124 als Grabkapelle errichtete *Goldene Halle* (Konjikido) *des Chusonji* (1105) mit ihrem kleinen Innenraum (5,5 m²), den einst ganz mit Blattgold belegten Außenwänden und den vielfältigen Lackarbeiten und Malereien. Sogar die Dachschindeln waren mit Goldlack überzogen. Schon 1288 wurde die Konjikido durch einen Überbau geschützt und steht jetzt, bis zu den Fundamenten vergoldet, hinter den raumhohen Glasscheiben einer klimatisierten Museumshalle (1968). Zu den einst ca. 40 Gebäuden des Chusonji gehört auch eine Sutrenhalle (Kyozo, 1108), deren oberes Stockwerk 1337 abbrannte. Sie zeigt noch heute einige der Lackkästchen mit Perlmutteinlage, in denen die Schriftrollen mit den Sutren aufbewahrt wurden und noch werden; denn die meisten Schatullen mit einer großen Sammlung an Sutra-Rollen befinden sich heute neben anderen Tempelschätzen und einem wertvollen Altar im neuen, feuerfesten Museum (Sankozo, 1955), zu dem die Stufen unterhalb der Konjikido führen. Im Gelände auf der anderen Seite des Hauptweges befinden sich die Haupthalle (Honbo, 1909) und eine No-Bühne (Aufführung am 14. August).

Vom Chusonji gelangt man nach 1 ½ km Fußweg zu einem Gartengelände, auf dem im 12. Jh. der größte Tempel des Nordostens stand: der *Motsuji*. Von ihm sind jedoch nur die Fundamentreste er-

Zeit ein beliebtes Dekorationsmittel auf Schalen, Dosen, Kästchen, auf Kleinmöbeln, Sätteln, Schwertscheiden, seltener auf ganzen Plastiken und nur ausnahmsweise in der Baukunst (z.B. an der Goldenen Halle/Konjikido des Chuzonji in Hiraizumi; oder, als ältestes Beispiel figürlicher Lackmalerei in Japan, am Tamamushi-Miniatur-Schrein im Museum des Horyuji, Nara) — denn Lack war schon immer ein sehr kostbares Material.

Die meisten Lacktechniken sind chinesischen Ursprungs, z.B. die Lackmalerei, Streubilder (Makie), das Einlegen von Materialien in den Lackgrund oder der Schnitzlack, bei dem mehrere Lackschichten bis zu einer Gesamtdicke von einigen Millimetern aufgetragen und dann geschnitzt werden. Das Verändern und Bereichern dieser Techniken führte aber bis zum 14. Jh. zu einer nur die japanische Lackkunst kennzeichnenden Makie-Technik. Beim Streubild wird das Gold- oder Silberpulver nach einer Vorzeichnung auf den noch feuchten Lackgrund aufgetragen und dann mit Schwarzlack überzogen. Der Schwarzlack wird nach der Trocknung so lange abpoliert, bis der Dekor wieder erscheint. Danach wird das ganze mit Transparentlack versiegelt. Diese Makie-Technik, bei der Dekor und Grundierung auf derselben Ebene liegen, heißt *Togidashi*. Wer genau hinsieht, wird die stärkere Wirkung der eingestreuten Gold- oder Silberteilchen gegenüber einer Bemalung mit Goldlack deutlich erkennen. Zum sogenannten flachen Streubild (Hiramakie) kam als zweite Variante das hohe Streubild (Takamakie) hinzu. Hier wird das Motiv durch Auflagen reliefartig hervorgehoben, be-

249

vor die Schlußlackierung erfolgt. Durch die Kombination beider Varianten entstanden Werke von sehr plastischer Wirkung.

Die Tradition der Lackkunst, die erst im 17. Jh. nach Europa kam, wird in Japan bis heute gepflegt (Tokyo, Kyoto, Takayama, Kanazawa u.a.; lokale Zentren in Wajima, Aizu u.a.).

halten. Mehr zeigt sein Teichgarten mit der zentral plazierten Insel und einem markant gesetzten Inselfels. In der Verlängerung der Mittelachse des ehemaligen Hauptgebäudes (ein Amida-Tempel) führten zwei Brücken hintereinander über den Teich. Der Garten wurde um 1100 als Paradiesstilgarten angelegt, und auch sein zweiter großer Teich soll wieder hergerichtet werden. Der Rückweg zum Bahnhof Hiraizumi dauert von hier höchstens 10 Minuten.

Östlich von Hiraizumi und **Morioka** bildet eine stark gegliederte Küste den *Nationalpark Rikuchu Kaigan*. Hinter dem Schutz der hohen Felsklippen nisten viele Arten von Seevögeln. Die Boote für Rundfahrten sowie ein schöner Strand finden sich bei **Miyako** (2 JR-Stunden von Morioka). Ein Abstecher von Miyako nach Norden führt nach ca. 40 km zu einer großen Tropfsteinhöhle, der Ryusendo (Bahn-/Busverbindung).

An der gegenüberliegenden Seite zum Japanischen Meer erreicht das Küstengebirge seinen höchsten Gipfel im 2230 m hohen Chokaisan. **Akita** ist als Verwaltungszentrum der gleichnamigen Präfektur bekannt für das Kanto Matsuri, eine Form des Tanabata (Erntefest), bei dem lange Bambusstangen (Kanto) mit Lampions auf Händen, Stirn oder Schultern balanciert werden (5. bis 7. August).

Auch die vom örtlichen Kunsthandwerk angefertigten Holzgegenstände besitzen eine eigene Tradition. Nordwestlich von Akita bietet die durch Nehrungen zur Halbinsel gewordene Ogashima interessante Ausflugsmöglichkeiten.

An der Strecke von Akita nach Morioka (knapp 2 JR-Stunden) liegt **Tazawako**, ein Ausgangspunkt in den südlichen Teil des *Nationalparks Towada-Hachimantai*. Der Tazawako, ein 425 m tiefer Kratersee, ist der tiefste See Japans (Bootsfahrten). Um das Hachimantai-Plateau erheben sich mehrere Vulkane, z.B. der 1637 m hohe Omagatake (Wanderwege), der 1614 m hohe Hachimantai (Kratersee) und der 2041 m hohe Iwatesan mit seinem breiten Krater. Von den heißen Quellen wurde das vom Hachimantai und Yakeyama eingefaßte Miniaturbecken und heutige Onsen Goshogake am bekanntesten.

Ebenfalls von Morioka — kürzer aber von Aomori (64 km) — ist der nördliche Teil des Nationalparks mit seinem fischreichen *Towada-See* zu erreichen. Es lassen sich Bootsfahrten und Wanderungen unternehmen, insbesondere durch das in östlicher Richtung vom See abfallende und für sein herbstliches Ahornblättermeer bekannte Tal des Oirase-Flusses oder auch in die Gegend des Hakkodasan, eines 1581 m hohen Vulkanstocks. Je nach Jahreszeit gibt es beste Möglichkeiten zum Skifahren oder auch zum Zelten.

Südwestlich von Aomori liegt **Hirosaki** (40 km) mit den Resten einer alten Burg und der über 300 Jahre alten fünfstöckigen Pagode des Saishoin (ca. 25 Wegminuten vom Bahnhof). Im Westen von Hirosaki, am Fuße des beliebten Iwakisan (1625 m), befindet sich der Iwakiyama-Schrein (17. Jh.) mit einer ähnlich ornamentreichen Architektur wie der Toshogu in Nikko.

**Aomori** (Farbabb. hintere Umschlaginnenklappe), weniger als 2 1/2 Bahnstunden von Morioka entfernt, ist das Verwaltungszentrum der gleichnamigen Präfektur, die mehrere Fährlinien mit verschiedenen Orten an der Südküste Hokkaidos verbinden. Seit Fertigstellung des Tunnels zwischen Honshu und Hokkaido fährt die Bahn (JR) in 2 1/4 Stunden von Aomori nach Hakodate oder in insgesamt 6 Stunden auch bis Sapporo.

## Hokkaido

Die nördlichste der vier Hauptinseln Japans nimmt gut ein Fünftel der Staatsfläche ein und läßt mit unberührten Wäldern, tätigen Vulkanen, heißen Quellen und langen Küsten der Natur viel freien

# HOKKAIDO

Raum. Obwohl die Japaner schon im 7. Jh. Hokkaido, das sie Yezo (Ezo) nannten, erreichten (ABE NO HIRAFU), waren sie weder damals noch zur Zeit der späteren Besiedlung die einzigen Bewohner des hohen Nordens. Auch als die *Ainu*, deren Herkunft bis heute unbekannt ist, nach Hokkaido kamen (12. Jh.?), waren sie mit Sicherheit nicht die Ureinwohner Japans; über die ist noch weniger bekannt.

Die Ainu jedenfalls lebten auf Sachalin, Kamtschatka, den Kurilen und zuletzt auf Hokkaido, bevor sie nicht ohne Kampf bis zum 18. Jh. unterlagen. Während der folgenden Japanisierung verschwanden ihre eigene Kultur und ihre Sprache, und heute sind die letzten der vielleicht 10000 Ainu im japanischen Volk aufgegangen. An ihre Traditionen erinnern jetzt Museen, in alten Kleidern aufgeführte Tänze und das (für nördliche Jägerkulturen typische) Bärenfest.

Während die Bahn von Tokyo/ Ueno über Morioka, Aomori und Hakodate bis **Sapporo** 11 Stunden braucht (auch Nachtzüge), dauert der Flug von Tokyo/Haneda nur 1 1/2 Stunden; hinzu kommt der Transfer vom Flughafen nach Sapporo (70 Minuten). Die heutige Millionenstadt — der Verwaltungssitz der Präfektur Hokkaido — wurde erst 1869 nach amerikanischen Plänen angelegt und durch die Winterolympiade 1972 international bekannt. Das Wahrzeichen der Stadt, der Uhrturm (1878), steht in der Nähe des Rathauses und beherbergt heute ein landesgeschichtliches Museum. Neben dem Rathaus, am Ende der als Mittelachse und 105 m breite Promenade angelegten Odori Koen, bietet der Fernsehturm eine Übersicht von oben. Das Naturhistorische und Ainu-Museum der Hokkaido-Universität (geschlossen vom 4. November bis 28. April und montags) zeigt auch Gegenstände des ebenfalls verschwundenen Volkes der Gilyak und liegt 10 Minuten westlich des Bahnhofs im Botanischen Garten. Das größte Ereignis in Sapporo ist jedoch das Schneefest auf der Odori Koen mit seinen großartigen Bildnissen aus Schnee und Eis (Mittwoch bis Samstag der ersten Februarwoche). Gelegenheit zum Skifahren bietet der 531 m hohe Berg Moiwa, vom Bahnhof in 20 Busminuten sowie einer Seilbahnfahrt (5 Minuten) zu erreichen. Wem das zu wenig ist, fährt in 50 Minuten zum fast doppelt so hohen Berg Teine. 1 Stunde dauert die Busfahrt zu den heißen Jozankei-Quellen südwestlich der Stadt. In schöner Berglandschaft bieten Ryokans jeden Komfort.

Eine Rundfahrt durch den südwestlich von Sapporo liegenden Teil Hokkaidos könnte mit einer Busfahrt von 80 Minuten an den 248 m hoch gelegenen **Shikotsu-See** beginnen. Dieser Kratersee, der mit 363 m Tiefe auch im Winter nicht zufriert, gehört zum *Nationalpark Shikotsu-Toya* und bietet Gelegenheit zu einer 40minütigen Rundfahrt mit dem Boot. In Tagestouren sind der 1 320 m hohe Eniwadake oder der immer wieder aktive Tarumaedake (1 024 m) zu besteigen.

Mit dem Bus gelangt man über Tomakomai (45 Minuten) in das Ainu-Dorf **Shiraoi** (weitere 30 Minuten, auch JR). Während Häuser und Kunsthandwerk noch die alte Tradition zeigen, vermochte der ursprüngliche Lebensstil Hunderter von Ainu, die hier leben, dem Ansturm der Touristen nicht standzuhalten. Dennoch helfen die verschiedenen Ausstellungen und Publikationen des dortigen Volkskundemuseums, sich die frühere Lebensweise vorzustellen.

## HOKKAIDO

Bei **Noboribetsu**, 30 Bus- oder 20 JR-Minuten südlich von Shiraoi, liegen die wohl berühmtesten heißen Quellen Hokkaidos (15 Busminuten vom Bahnhof Noboribetsu). Unter den zahlreichen Onsen kann der Gast wählen zwischen solchen mit sulfatischen, Hydrogenkarbonat- oder Kochsalz-(NaCl-)Quellen. Nur 5 Minuten geht man von den Unterkünften zum *Jigokudani*, dem »Höllental«, wo rauchende Fumarolen und kochend heißes Wasser an die Erdoberfläche gelangen. Von Noboribetsu führt eine Seilbahn (10 Minuten) auf den Shihorei, auf dem ein großes Bärengehege und ein kleines Ainu-Dorf zu finden sind. Der Blick auf den kreisrund in den Wald geschnittenen Kuttara-See verleitet vielleicht zu einer Busfahrt oder Wanderung dorthin.

**Toya** erreicht man auf küstennaher Bahn (40 Minuten) oder Straße, wobei es von Noboribetsu direkte Busverbindungen bis an den nur 83 m über dem Meeresspiegel liegenden *Toya-See* gibt (gut 1 1/2 Stunden). Mit seinen Inseln, zu denen Boote fahren, und dem gutbesuchten Toyako Onsen gehört er noch zum Nationalpark Shikotsu-Toya. Auf den 725 m hohen **Usudake**, einen der aktivsten Vulkane Japans, führt seit 1982 wieder eine Seilbahn; sie war bei einem Ausbruch fünf Jahre zuvor zerstört worden. Der Blick reicht weit über den Toya-See bis zum oft bestiegenen Gipfel des erloschenen Yoteisan (1893 m, »Ezo-Fuji«). An der Nordseite des Usudake aber hob sich in den Jahren 1943/45 vor den Augen der hier lebenden Menschen ein neuer Vulkan aus dem Talboden. Er wurde nach dem Namen der Epoche bezeichnet, den der Kaiser — zu Lebzeiten Hirohito, nach seinem Tode aber Showa genannt — für seine Regierungszeit wählte: Showa Shinzan. Seine Höhe, in den 60er Jahren mit 406 m angegeben, betrug 20 Jahre später 2 m mehr, und beiden Vulkanen entsteigen ständig weiße Dämpfe.

Die Rundfahrt läßt sich nach Iwanai und mit dem Schiff zur Halbinsel Shakotan (Quasi-Nationalpark) und dann zurück nach Sapporo fortsetzen oder nach 15 Busminuten zum Bahnhof Toya und 2 Stunden Bahnfahrt in **Hakodate** beenden. Hier steht Japans erste im westlichen Stil errichtete Befestigung (Goryokaku-Turm, 1864). Ein besonders schöner Blick bietet sich abends von dem auf einer Halbinsel liegenden Hakodateyama (335 m). Zur Talstation der Seilbahn verkehren Busse (1 Stunde). Auch die Anfahrt zu den Seen des Quasi-Nationalparks Onuma, einem beliebten Ferienziel nördlich von Hakodate (Bootfahren, Zelten, Angeln), dauert 1 Stunde.

**Östlich von Sapporo**

Im Herzen Hokkaidos liegt der *Nationalpark Daisetsuzan* mit dem Asahidake, dem mit 2290 m höchsten Berg der Insel (Farbabb. vordere Umschlaginnenklappe). Am einfachsten ist die Anfahrt von **Asahikawa** (fast 2½ Bahnstunden von Sapporo), der zweitgrößten Stadt auf Hokkaido. Von Asahikawa fährt ein Bus in 1½ Stunden zu den Yukomambetsu-Quellen. Von hier verkürzt die Daisetsu-Seilbahn die Bergtour auf einen zweistündigen Aufstieg. Wanderwege führen vom Asahidake weiter zu den Sounkyo-Quellen nahe der Daisetsu-Hochstraße oder zu einem 250 m hohen Wasserfall und dem Tenninkyo Onsen, von wo eine Busverbindung nach Asahikawa besteht (1 Stunde).

Südlich von Asahikawa erreicht man vom Furano-Becken, das für die Lavendel-Blüte Mitte Juni bekannt ist, durch zwei Seitentäler das Shirogane Onsen (über Biei) und das Tokachidake Onsen (über Kamifurano). Kamifurano wurde 1926 bei einem Ausbruch des aktiven Vulkans Tokachidake (2077 m) unter einem Schlammstrom begraben (erneuter Ausbruch 1962).

Ein lohnendes Ziel sind die **Sounkyo-Quellen** in der gleichnamigen, 20 km langen und bis 150 m tiefen Schlucht. Man erreicht die Quellen auf der Daisetsu-Hochstraße von Asahikawa in gut 1½ Stunden. Die Hochstraße führt über den Sekihoku-Paß mit sehr schönem Ausblick weiter zu den Onneyu-Quellen (1 Stunde 40 Minuten) und bis Rubeshibe (20 Minuten). Von hier fährt die Bahn in 1 Stunde bis Bihoro und erreicht nach weiteren 20 Minuten Abashiri.

Bihoro ist ein günstiger Ausgangspunkt für einen Abstecher zum über 500 m hohen Bihoro-Paß (Bihoro Toge), der den Blick freigibt auf den halbmondförmigen

*Neuschnee*

# HOKKAIDO

*Kussharo-See*. Sein bekanntes **Kawayu** Onsen liegt 4 km von der Station der JR-Linie (Kushiro — Abashiri) entfernt. Auf der gegenüberliegenden Seite steigt das Gelände zum Kraterrand um den *Mashu-See* an, dessen klares Wasser weder einen Zu- noch Abfluß besitzt und von hohen Ufern umgeben ist. Zu den beiden Aussichtspunkten am Westrand fahren Busse.

Beide Seen gehören, wie der fast 60 km weiter westlich gelegene *Akan-See*, zum *Akan-Nationalpark*. Im Akan-See wachsen die unter Naturschutz stehenden Marimo, grüne, kugelförmige Wasserpflanzen von mehreren Zentimetern Durchmesser. Vom See (419 m) lassen sich schöne Tagestouren auf den Meakandake (1503 m) oder den Oakandake (1371 m) mit zwei kleineren Seen an der Rückseite unternehmen. An Übernachtungsmöglichkeiten herrscht kein Mangel. Die Busfahrt nach Kushiro an der Küste des Pazifischen Ozeans dauert gut 2 Stunden und der Flug von dort nach Tokyo 1 Stunde und 40 Minuten.

In **Abashiri**, einem wichtigen Fischereihafen am Ochotskischen Meer, belegen eine Ausgrabung und Museen, daß Hokkaido schon vor der Zeit der Ainu bewohnt war. 30 Busminuten weiter östlich verwandelt sich der Gensei Kaen im kurzen Sommer des Nordens in einen 12 km langen Blütenstreifen, während sich im Winter an der Küste das Packeis zu einer unendlichen weißen Fläche zusammenschiebt. Singschwäne (Ohakucho), die auf Sachalin brüten, und weiße Kraniche (Tancho Tsuru), die man in den Niederungen bei Kushiro beobachten kann, ziehen über Ost-Hokkaido nach Süden.

**Utoro**, von Abashiri in 50 JR-Minuten (bis Shari) und 1 Busstunde zu erreichen, ist der beste Ausgangspunkt in den *Nationalpark Shiretoko*. Hier beginnen die 1½ stündigen Bootsfahrten entlang der Küste oder die Wanderungen zu den »Fünf Seen«, die ihr warmes Quellwasser zu beliebten Freibädern machte. Seit 1980 verbindet Utoro eine Straße mit Rausu auf der anderen Seite der Halbinsel Shiretoko.

Wer Sinn für Rekorde hat, fährt von Asahikawa mit der Bahn 4½ bis 5 Stunden nach **Wakkanai** ganz im Norden von Hokkaido und weitere 75 Minuten mit dem Bus bis hinauf zum nördlichsten Punkt Japans, zum Kap Soya (Soya Misaki). Zu den westlich vorgelagerten Inseln Rishiri (Busrundfahrten um den zentralen, 1719 m hohen Vulkankegel) und Rebun gibt es Bootsverbindungen von Wakkanai. Wakkanai trennt ungefähr 1 Flugstunde von Sapporo.

# Inhalt

**Das Land und die Reisezeiten** .................................................. 259
Bevölkerung 259 — Im Nationalpark (Kokuritsukoen) 259 — Klima und Reisezeiten 261 — Reisekleidung und Gepäck 262 — Feste und Feiertage 263

**Anreise und Einreise** ............................................................. 266
Anreise mit dem Flugzeug 266 — Anreise mit der Transsibirischen Eisenbahn 266 — Anreise mit dem Schiff 267 — Einreiseformalitäten 268

**Tips und Informationen** ........................................................ 270
Verständigung 270 — Telefonieren 271 — Währung, Post- und Bankdienste 271 — Medien 272 — Stromversorgung 272 — Gesundheit 273 — Fotografieren 273 — Auskünfte für Touristen 274 — Fundsachen 275

**Japanische Küche** ................................................................ 276
Speisen und Getränke 276 — Restaurants 279

**Einkaufen** ........................................................................... 282
Einige Tips 282 — Textilien 282 — Kunsthandwerk und Souvenirs 284 — Optik und Elektronik 286 — Kaufhäuser und andere 287

**Unternehmungen** ................................................................. 288
Familienbesuchsprogramme 288 — Kulturszene 289 — Organisierte Reisen 291 — Sport 293

**Verkehrsmittel** ..................................................................... 294
Fliegen (Narita und Inland) 294 — In der Bahn 295 — Innerstädtischer Nahverkehr 297 — Auf der Straße 298 — Mit dem Fahrrad 299 — Auf Schiffen 300

**Unterkunft** .......................................................................... 301
Im Hotel 301 — Im Ryokan 302 — Minshuku 304 — Tempel 305 — Jugendherbergen 305 — Volksunterkünfte 305 — Zelten 306

**Ausgewählte Unterkünfte** ..................................................... 307

**Sprachführer** ....................................................................... 327
Aussprache 327 — Anrede und Begrüßung 328 — Zur Grammatik 329 — Die Zahlen 331 — Fragen 333 — Orientierung 334 — Zeitbegriffe 335 — Essen, Einkaufen 336 — Gesundheit 337 — Unterkunft 338 — Kleines Lexikon 339

**Anhang** ............................................................................... 353
Fachwortverzeichnis 353 — Literaturhinweise 360 — Abbildungsnachweis 363 — Register 364

# DAS LAND UND DIE REISEZEITEN

## Bevölkerung

Mit 121 Millionen Einwohnern (1989) erreicht Japan etwa die Hälfte der Bevölkerungszahl der USA und gehört mit 319 Einwohnern je km$^2$ zu den sehr dicht bewohnten Regionen der Erde. Wegen der ausgedehnten Höhenzüge und des relativ kleinen Anteils landwirtschaftlich nutzbarer Flächen liegt die relative Bevölkerungsdichte bei 2000 Einwohnern je km$^2$. Davon wiederum leben die meisten in den großen Städten, angeführt von Tokyo (8,2 Millionen), Yokohama (3,0 Mio.), Osaka (2,5 Mio.), Nagoya (2,1 Mio.), Sapporo und Kyoto (je 1,5 Mio.). Weitere Millionenstädte sind Kobe, Fukuoka, Kawasaki (zwischen Tokyo und Yokohama) und Kitakyushu.

Die Japaner sind ein sehr homogenes Volk, weshalb nationale Minderheiten die Tendenz zeigen, im japanischen Volk aufzugehen. Die Ainu auf Hokkaido lassen sich außerhalb der Museumsdörfer nicht einmal mehr an der Sprache erkennen. Auch bei den Japanern in vielen südlichen Landesteilen weist nur die vergleichsweise helle Tönung der Haut darauf hin, daß es sich ursprünglich um ein Mischvolk handelt. Schwieriger lebten sich jene Koreaner ein, die während des Zweiten Weltkrieges verschleppt wurden. Viele von ihnen fanden sich in der Unterwelt wieder, die allerdings für eine verblüffend niedrige Kriminalitätsrate bekannt und dem Ausländer nicht so gefährlich ist.

## Im Nationalpark (Kokuritsukoen)

Das Land gliedert sich in 47 Präfekturen (*Ken, Gunto, Fu*). Von den 372000 km$^2$ entfallen auf die Hauptinsel Honshu, das »Japanische Festland«, 231000 km$^2$, auf Hokkaido 83500 km$^2$, auf Kyushu 42000 km$^2$, auf Shikoku 19000 km$^2$ und der Rest auf über 3000 weitere, meist kleine Inseln. Der japanische Inselbogen ist 3000 km lang und würde sich von Südschweden bis Marokko erstrecken. Daher reicht das breite Spektrum der Vegetation von ausgedehnten Nadelwäldern auf Hokkaido bis zu subtropischen Pflanzen auf den Ryukyu-Inseln. Zu den Besonderheiten der Tierwelt zählen frei lebende Affen (Makaken), Wildschweine, Braunbären und ein großer Artenreichtum an Seevögeln.

Besonderen Schutz erfahren Pflanzen und Tiere in jenen Regionen, die zum Nationalpark erhoben wurden. Der größte Nationalpark, *Daisetsuzan* (23,2 km$^2$), liegt im Herzen Hokkaidos und wird von der Daisetsu-Hochstraße (mit Linienbusverbindungen) durchquert. Er ist über mehrere Täler mit Zufahrtstraßen, Wanderwegen und einer Seilbahn erschlossen und besitzt mit dem 2290 m hohen Asahidake den höchsten Gipfel der Insel. Im *Akan*-Nationalpark weiter östlich liegen mehrere interessante Bergseen, während man im Nationalpark *Shikotsu-Toya* westlich von Sapporo auf tätige Vulkane und Japans berühmtestes Onsen (Noboribetsu) trifft.

Heiße Quellen und Bäder gibt es aber auch im Nationalpark *Towada-Hachimantai* im Nordosten der Hauptinsel Honshu, der die Wanderungen im Herbst zu einem unvergeßlichen Erlebnis werden läßt. Von dort ist es nicht weit zur Pazifik-Küste, die wegen ihrer Felsformen und als Paradies für die Seevögel auf einer Länge von 140 km zum Nationalpark *Rikuchu Kaigan* (Rikuchu-Küste) erhoben wurde. In südwestlicher Richtung folgen die drei voneinander getrennten Gebiete des Nationalparks *Bandai-Asahi*, dessen Gipfel zum Teil in abgelegenen Regionen liegen und über Jahrhunderte Ziel religiöser Verehrung waren. Noch weiter südwestlich beginnt die Bergwelt des Nationalparks *Nikko*, die mit dem Bus von Nikko zu erreichen ist.

Der Nationalpark *Fuji-Hakone-Izu* (süd)westlich von Tokyo beginnt mit den fünf Fuji-Seen und erstreckt sich dann über den Fujisan, den mit 3776 m höchsten Berg Japans, und über die Halbinsel Izu bis auf die weit südlich davon liegenden Izu-Inseln. Die besten Kletterberge dagegen, aber auch Wanderwege und Hochstraßen, finden sich im Nationalpark *Chubu Sangaku* in Zentral-Japan (Matsumoto). Ebenso wie im östlich davon gelegenen *Joshinetsu Kogen* (Plateau) wurden hier auch ausgezeichnete Wintersportmöglichkeiten geschaffen. Der Nationalpark auf der Halbinsel *Shima* (Perlenzucht) bietet sich nach einem Besuch der Großen Ise-Schreine an, und auch in den Bergen von *Yoshino* südlich von Nara bzw. Osaka begrüßt die Natur den Besucher in einem zur Jahreszeit passenden Kleid.

Von Kyoto nach Westen sind es vor allem die Dünen und Riffe der *Sanin-Küste* (Sanin Kaigan) und der Oki-Inseln am Japanischen Meer sowie die ausgedehnte Inselwelt der Inlandsee (*Setonaikai*), die zahlreiche Besucher zum Verweilen einladen. Auf Shikoku gehört dazu auch der Nationalpark *Ashizuri-Uwakai* mit einer Unterwasser-Beobachtungsstation, während zum Nationalpark um die beiden Vulkane *Aso* und *Kuju* im mittleren Kyushu unter anderem Japans größter Caldera-(Kessel-)Krater gehört. Und an den Bergen des Nationalparks *Kirishima-Yaku* ganz im Süden Kyushus läßt sich der pflanzengeographische Aufbau Japans, wie er von Süden nach Norden vorherrscht, nachvollziehen.

Entsprechend der geographischen Lage sind die **Blütezeiten** der Bäume und Blumen unterschiedlich. So kann die Kirsche (*Sakura*) im Süden schon Ende März blühen, auf Hokkaido aber erst Anfang Mai. Ähnlich zu relativieren sind die folgenden Angaben, die für Tokyo gelten: Aprikose (*Ume*) — Februar; Pfirsich (*Momo*)

**Klimatabelle**

|       | Kagoshima |     | Kyoto |     | Tokyo |     | Sendai |     | Sapporo |     |
|-------|-----------|-----|-------|-----|-------|-----|--------|-----|---------|-----|
|       | °C        | mm  | °C    | mm  | °C    | mm  | °C     | mm  | °C      | mm  |
| Jan.  | 7,0       | 95  | 3,9   | 57  | 4,7   | 54  | 0,9    | 46  | -4,9    | 114 |
| Febr. | 8,2       | 106 | 4,6   | 67  | 5,4   | 63  | 1,3    | 48  | -4,2    | 92  |
| März  | 11,2      | 147 | 7,6   | 108 | 8,4   | 102 | 4,2    | 72  | -0,4    | 78  |
| Apr.  | 16,1      | 256 | 13,7  | 163 | 13,9  | 128 | 10,0   | 82  | 6,2     | 65  |
| Mai   | 19,8      | 275 | 18,4  | 156 | 18,4  | 148 | 14,9   | 109 | 12,0    | 59  |
| Juni  | 23,0      | 475 | 22,1  | 247 | 21,5  | 181 | 18,4   | 141 | 15,9    | 76  |
| Juli  | 27,2      | 323 | 26,3  | 250 | 25,2  | 125 | 22,2   | 160 | 20,2    | 80  |
| Aug.  | 27,7      | 209 | 27,5  | 176 | 26,7  | 137 | 23,9   | 153 | 21,3    | 131 |
| Sept. | 24,9      | 211 | 23,2  | 206 | 22,9  | 193 | 20,0   | 175 | 16,9    | 142 |
| Okt.  | 19,6      | 108 | 17,0  | 118 | 17,3  | 181 | 14,3   | 116 | 10,6    | 115 |
| Nov.  | 14,3      | 92  | 11,4  | 75  | 12,3  | 93  | 8,7    | 69  | 4,0     | 104 |
| Dez.  | 9,2       | 80  | 6,4   | 45  | 7,4   | 56  | 3,7    | 49  | -1,6    | 101 |

— März; Lilien — Mai, Juni; Lotos (*Hasu*) — Juli; Chrysanthemen (*Kiku*) — Oktober.

## Klima und Reisezeiten

Als schönste Reisezeiten gelten das Frühjahr und der Herbst. Schon im März kündigen die Blüten der Pfirsichbäume und bis Anfang April auch die Kirschbäume den *Frühling* an. Um diese Zeit liegen die mittleren Tagestemperaturen auf der Hauptinsel Honshu bei 13 °C. Mitte Juni bringen relativ schwache, vorherrschend aus süd- bis südöstlichen Richtungen wehende Winde eine drei- bis vierwöchige Regenzeit, deren Monatsniederschlag in Kagoshima über 400 mm, in Tokyo um 190 mm und in Sapporo (hier erst im Juli) etwa 100 mm beträgt (vgl. höchster Niederschlagsmonat Juli in Hamburg 83 mm, Innsbruck 134 mm).

Im *Hochsommer*, Ende Juli und August, ist das Wetter bei mittleren Tagestemperaturen von 25 °C auf Honshu sehr schwül, aber niederschlagsarm. Auf Hokkaido erreicht das Thermometer im Mittel noch 20 °C, während es in Okinawa auf fast 28 °C klettert. Im September folgt eine zweite Regenzeit, die mit der Phase der Taifune, der tropischen Wirbelstürme, zusammenfällt und vor allem in den südwestlichen Landesteilen schwere Niederschläge bringen kann.

Der *Herbst* ist angenehm und mild bei mittleren Tagestemperaturen zwischen 16 °C und 17 °C. Erst Ende November beginnen die starken, konstanten, winterlichkalten Nordwest-Winde. Sie nehmen über dem Japanischen Meer Feuchtigkeit auf, die im *Winter* an der Küste zum Japanischen Meer zu heftigen Schneefällen mit meterhohen Schneedecken führt. Dennoch wurde das Skifahren in Zentral- und Nord-Japan erst in jüngster Zeit zum beliebten Volkssport. An der Pazifischen Küste bleiben die Winter eher mild und trocken, die Temperaturen liegen meist über dem Gefrierpunkt, und auf leichte Schneefälle folgen klare, sonnige Tage.

Neben den Sommerferien von Mitte Juli bis August zählen das Neujahrsfest (27. Dezember bis 4. Januar), die erste Mai-Woche und die Mitte des August zu den *Spitzenreisezeiten* in Japan. Unterkünfte und Verkehrsmittel sind dann ebenso wie die Hotelzimmer an (spät)sommerlichen Meeresküsten schon Wochen vorher ausgebucht. In Tokyo herrscht Mitte Februar wegen der Aufnahmeprüfungen zu den Hochschulen so großer Andrang, daß teilweise auf Jugendherbergen ausgewichen wird. Für Bergtouren in Zentral- und Nord-Japan bietet das Wetter auch im September noch ideale Bedingungen, und zum Baden reichen die Temperaturen sogar noch im Oktober.

*»Die drei Weisen«, Fuji, Kranich und Kiefer im Schnee (nach Hokusai)*

### Reisekleidung und Gepäck

Wer *geschäftlich* nach Japan fährt, nimmt am besten zwei (dunkle) Anzüge bzw. Kostüme und nur leichtes Gepäck mit auf die Reise. Damit fällt er weder in der Stadt noch im Restaurant, ja nicht einmal bei Schrein- und Tempelbesuchen oder beim Einkaufen von Souvenirs auf. Im übrigen wird er sich nach der Jahreszeit richten und seine Urlaubsreise besser zu einem anderen Zeitpunkt antreten.

*Sonntags* ist die Kleidung lockerer, und junge Menschen sind meistens nach der Mode gekleidet. Unverheiratete Frauen, die zum Beispiel noch bei ihren Eltern wohnen, haben monatlich bis 1500 DM übrig, und auch Haushalte, die nicht auf ein Eigenheim sparen oder eines abzahlen müssen, geben ihr Geld für Mode und Kleider, teure Restaurants, Schmuck und neuerdings auch für Reisen aus (zwei Drittel der Reisenden zwischen 15 und 24 Jahren sind weiblich). Wenn Schuluniformen auch feiertags zu sehen sind, so finden Veranstaltungen statt, und auf dem Weg zur Schule muß die Schulkleidung getragen werden.

Dem Ausländer wird jederzeit zugebilligt, eine den Strapazen seiner Reise angemessene Kleidung zu tragen. In der *heißen Jahreszeit*, wenn schon geringe Anstrengungen zu Schweißausbrüchen führen und die leichte Bauweise des japanischen Hauses und der traditionellen Herbergen auf sehr angenehme Weise zur Geltung kommt, ist leichte, weite Baumwollkleidung in der Stadt wie auch auf

Wanderungen bestens geeignet. Auch ein Regenumhang kann sich als sehr nützlich erweisen. Hausschuhe stehen dort, wo sie gebraucht werden, das sind die traditionellen Unterkünfte und die Tempel, stets zur Verfügung.

Im *Winter* empfiehlt es sich, dicke Socken für die Tempelbesuche und warme Unterkleidung für manchmal nur leicht temperierte Hotelzimmer einzupacken. Zu dieser Jahreszeit kann auch auf kurzen Spaziergängen der steife Nordwest-Wind recht unangenehm werden. Beim Wintersport, aber auch an sommerlichen Küsten und auf Inseltouren leistet eine Sonnenbrille gute Dienste.

Für das *Gepäck* gilt die Devise »klein und kompakt«. Da die Japaner im eigenen Lande meist geschäftlich unterwegs sind oder aber die Reiseziele in Tagestouren erreicht werden können, gibt es in Zügen und Bussen wenig Plätze, um große Gepäckstücke zu verstauen; sie behindern dann die anderen Fahrgäste. Geschenke für etwaige Besuche s.S. 288.

## Feste und Feiertage

*Januar*
- 1. Neujahrstag, gesetzlicher Feiertag
- 3. Tamaseseri (Schreinfest) des Hakozakigu, Fukuoka
- 15. Tag des Erwachsenen, gesetzlicher Feiertag (zur Volljährigkeit, die in Japan mit 20 Jahren erreicht wird)
- 15. Yamayaki (»Grasfeuer«) am Wakakusayama, Nara
- 15. Toshiya (Bogenschießen) vor der Sanjusangendo, Kyoto

*Februar*
- Schneefest, Sapporo (Mittwoch bis Samstag der ersten Woche)
- 3./ 4. Laternenfest, Kasuga Jinja, Nara
- 11. Tag der Staatsgründung, gesetzlicher Feiertag

*März*
- 12. Omizutori (»Fest des Wasserschöpfens«), Todaiji, Nara (1.-14.)
- 13. Kasuga Matsuri, Kasuga Jinja, Nara
- 21. (oder 20.) Frühlingsanfang, gesetzlicher Feiertag (mit Festlichkeiten auch in buddhistischen Tempeln)

*April*
- 8. Blumenfest zum Geburtstag Buddhas (Tempelfest)
- 14./15. Takayama Matsuri, Hie-Schrein, Takayama
- 29. Tag der Umwelt, gesetzlicher Feiertag

*Mai*
- 3. Tag der Verfassung, gesetzlicher Feiertag
- 3./ 4. Hakata Dontaku (Stadtfest), Fukuoka

LAND UND REISEZEITEN

|  |  |
|---|---|
| | 5. Tag des Kindes, gesetzlicher Feiertag; ab April bis zum Kinderfest am 5. Mai wehen die bunten Fische (Koinobori) im Wind — für jedes Familienmitglied einer, auch wenn es erst noch gewünscht wird (s. Farbabb. 17) |
| 11./12. | Takigi No (Tempelfest) des Kofukuji, Nara |
| Mitte | Kanda Matsuri, Myojin-Schrein, Tokyo |
| 15. | Aoi Matsuri, Shimogamo Jinja, Kyoto |
| 17./18. | Großes Schreinfest des Toshogu, Nikko |
| | Sanja Matsuri, Asakusa-Schrein, Tokyo (am 3. Samstag und Sonntag) |
| | Mifune Matsuri (Bootsfest auf dem Oi-Fluß), Arashiyama, Kyoto |

*Juni*

|  |  |
|---|---|
| 10.-16. | Sanno-Fest des Hie-Schreines, Tokyo |
| 14. | Reispflanzenfest des Sumiyoshi-Schreines, Osaka |
| 17. | Schreinfest des Itsukushima Jinja, auf Miyajima |

*Juli*

|  |  |
|---|---|
| 7. | Tanabata (Sternenfest) in ganz Japan (mit Ausnahmen) |
| 13.-16. | Bon-Fest (buddhistische Totengedenkfeier), wird in manchen Gegenden auch später begangen |
| 15. | Hakata Yamagasa (Stadtfest), Fukuoka (1.-15.) |
| 16./17. | Gion Matsuri (Stadt- und Schreinfest) des Yasaka-Schreines, Kyoto |

25. Tenjin Matsuri, Temmangu, Osaka
Kangensai (Musikfest) des Itsukushima-Schreines, auf Miyajima (Ende Juli oder Anfang August)

*August*
5.- 7. Kanto Matsuri (Tanabata), Akita
6.- 8. Tanabata (Sternenfest) in Sendai
12.-15. Awa Odori (Volkstanzfest), Tokushima
16. Daimonji Bon-Feuer, Kyoto

*September*
15. Tag der Älteren, gesetzlicher Feiertag
16. Yabusame (Bogenschießen zu Pferde), Tsurugaoka Hachimangu, Kamakura
23. (oder 24.) Herbstanfang, gesetzlicher Feiertag

*Oktober*
7.- 9. Okunchi-Fest des Suwa-Schreines, Nagasaki
8.-10. Takayama Matsuri, Hachiman-Schrein, Takayama
10. Tag des Sports und der Gesundheit, gesetzlicher Feiertag
17. Herbstfest des Toshogu, Nikko
22. Jidai Matsuri, Heian Jingu, Kyoto

*November*
3. Tag der Kultur, gesetzlicher Feiertag
23. (oder 24.) Tag der Arbeit, gesetzlicher Feiertag

*Dezember*
23. Geburtstag des Kaisers, gesetzlicher Feiertag

Wenn ein gesetzlicher Feiertag auf den Sonntag fällt, wird der Montag zum Feiertag. Oft wird auch der 4. Mai, manchmal sogar die ganze erste Maiwoche (»Goldene Woche«) freigegeben. Die Museen sind vom 28. Dezember bis 4. Januar, ansonsten meist montags, geschlossen (s.S. 289f.). Die Kaufhäuser wechseln sich mit den freien Tagen ab, so daß man auch an Sonn- und Feiertagen einkaufen kann (s.S. 287).

# ANREISE UND EINREISE

## Anreise mit dem Flugzeug

Die schnellste Verbindung zwischen Europa und Japan führt in einem 11½stündigen Nonstop-Flug von Frankfurt über den asiatischen Kontinent nach Tokyo (Narita). Die Strecke wird von der Lufthansa und auch von der Japan Air Lines bedient. Die Flüge über Hamburg und Düsseldorf legen nach 8½ Stunden in Alaska (Anchorage) eine Zwischenlandung ein und erreichen Tokyo nach weiteren 7 Stunden. Die preisgünstigsten Verbindungen führen über Moskau (2½ Stunden) und erreichen eine reine Flugzeit von 11½ Stunden, während die Flüge über Südasien wesentlich länger dauern. Die Preise liegen zwischen 1200 DM (Studentenermäßigung) und 3200 DM für die einfache Strecke.

Aus anderen Teilen der Welt betragen die Flugzeiten nach Tokyo (Narita): Seoul — 2:15, Beijing — 4:10, Manila — 4:15, Bangkok — 5:50, Singapur — 6:45, Hawaii — 7:05, Sydney — 9:15, Moskau — 9:45, New York — 12:30. (Zum Transfer Narita — Tokyo s.S. 294)

Ferner gibt es Auslandsverbindungen auch nach Osaka (Itami), Nagano (Komaki) und Fukuoka (Itazuke); nach Fukuoka beispielsweise aus Süd-Korea (Pusan, Seoul), aus der Volksrepublik China (Shanghai, Beijing), aus Taiwan (Taipei), aus Hongkong und aus Singapur. Der **Zeitunterschied** zu Mitteleuropa beträgt 8 Stunden (während der »europäischen« Sommerzeit 1 Stunde weniger).

Die *Japan Air Lines* (JAL), die auch den »Japan Rail Pass« verkaufen, unterhalten Büros in Berlin (030) 2611374/5, Düsseldorf (0211) 1679111, Frankfurt/M. (069) 13600, Hamburg (040) 32810010, München (089) 225255, Stuttgart (0711) 2262011, Wien (0222) 655738/9, Genf (022) 317160 und Zürich (01) 2111557.

## Anreise mit der Transsibirischen Eisenbahn

Ein besonderes Erlebnis bietet die Anreise von Moskau über Irkutsk und Chabarowsk bis Nachodka am Japanischen Meer (7 Tage). Einschließlich einer Bahnfahrt bis Moskau und der zweitägigen Schiffspassage von Nachodka nach Yokohama (Mai bis Oktober) ist mit 11 Reisetagen zu rechnen. Mit Transit-Aufenthalten in Moskau, Irkutsk und Chabarowsk läßt sich diese Reise noch verlängern, während sie sich mit Flügen bis Moskau und Chabarowsk auf 6 Tage verkürzt.

Am einfachsten bucht man die gesamte Strecke bei einem *Reiseveranstalter* oder gleich bei Intourist, dem staatlichen Reisebüro der Sowjetunion. Ohne Intourist ist eine Platzreservierung in den Zü-

gen nicht möglich. Sollen auch die Visa für Polen oder Ungarn (für Österreicher nicht erforderlich) und die Sowjetunion von Intourist beantragt werden, muß die Reise 6 bis 8 Wochen vor Beginn gebucht werden:
*Intourist*, Stephanienstraße 1, D-6000 Frankfurt 1, Tel. (069) 285776.
*Intourist*, Kurfürstendamm 63, D-1000 Berlin 15, Tel. (030) 880077.
*Intourist*, Schwedenplatz 3-4, A-1010 Wien, Tel. (0222) 639547.
*Intourist*, Löwenplatz 9, CH-8001 Zürich, Tel. (01) 2113355.

Von den Reisekosten für die einfache Fahrt (ab 1900 DM) entfallen 1300 DM auf die Bahnstrecke (einschließlich je einer Transit-Übernachtung in Moskau und Irkutsk) und 600 DM auf die Schiffspassage. Wer die ca. 52 Stunden der Überfahrt lieber in einer 2-Bett-Kabine mit Bad anstatt in einer 4-Bett-Kabine ohne Waschbecken verbringt, bezahlt statt 600 DM pro Person 1500 DM. Dazwischen gibt es weitere Preisstufen.

Eine selbstorganisierte Reise kann in Moskau zum Abenteuer werden. Wer die Bahnfahrkarte zum günstigen Tarif beim ungarischen Reisebüro Ibusz kauft (ca. 300 DM), der hat nämlich noch keine Platzreservierung, darf sich in Moskau aber mit seinem Transit-Visum nur einen Tag aufhalten. Da die »ungarischen Fahrgutscheine« eigentlich für Bürger der osteuropäischen Staaten gedacht sind, hat der Benutzer in Moskau keinen rechtlichen Anspruch auf einen reservierten Platz. Solange Plätze frei sind, gibt es allerdings keine Probleme.

Das Ungarische Reisebüro *Ibusz* unterhält Filialen in Hamburg (040-364227), Köln (0221-219102), Frankfurt/M. (069-2998870), Stuttgart (0711-296232), München (089-557217), Wien (0222-527879) und Berlin (Ost; 2-2123559). Die Zentrale von Ibusz befindet sich am Felszabadulás Tér 5, H-1364 Budapest (1-1314717).
Die Visa sind bei den Botschaften und Konsulaten zu beantragen.

Für die *Sowjetunion* (UdSSR):
Botschaft, Waldstraße 42, D-5300 Bonn 3, Tel. (0228) 312089.
Generalkonsulat, Am Feenteich 20, D-2000 Hamburg 76, Tel. (040) 226380; Reichensteiner Weg 34—36, D-1000 Berlin 31, Tel. (030) 8327004.
Botschaft, Reisnerstraße 45—47, A-1080 Wien, Tel. (0222) 721229.
Botschaft, Brunnadernrain 37, CH-3006 Bern, Tel. (031) 440566.
Für *Ungarn*:
Botschaft, Muristraße 31, CH-3006 Bern, Tel. (031) 448572.
Für *Polen*:
Botschaft, Lindenallee 7 (Visa: Leyboldstraße 74), D-5000 Köln 51, Tel. (0221) 387012.
Botschaft, Elfenstraße 20a, CH-3006 Bern, Tel. (031) 445452/3.

**Anreise mit dem Schiff**

Linienschiffe verkehren zwischen Japan und *Europa* nicht mehr. Es ist aber möglich, auf einem der kombinierten Fracht- und Container-Schiffe nach Japan zu gelangen. Die Seereise durch den Suezkanal und über Pinang (Malaysia), Singapur, Hongkong und Taiwan dauert mindestens 26 Tage

## ANREISE UND EINREISE

(3700 bis 4800 DM). Die Reservierungen sind längerfristig vorzunehmen; dabei hilft zum Beispiel Euro-Lloyd in Hamburg, Am Alstertor 13, Tel. (040) 328106/34. Kreuzfahrtschiffe legen in Yokohama und Kobe an.

Außerdem gibt es Fähren, die von Pusan in *Süd-Korea* täglich (außer samstags) in ca. 15 Stunden nach Shimonoseki fahren (9600 bis 16500 ¥) oder zweimal in der Woche in 21 Stunden nach Osaka (18000 bis 40000 ¥).

Eine andere Schiffsverbindung besteht wöchentlich zwischen Shanghai in *China* und Osaka oder Kobe (23000 bis 120000 ¥). Die Überfahrt dauert 48 Stunden.

Von *Taiwan (Republik China)* gibt es zwei wöchentliche Verbindungen nach Okinawa (Ryukyu-Inseln). Von Kaohsiung im südlichen Taiwan erreichen die Fähren nach 39 Stunden (18000 bis 24300 ¥), von Chilung ganz im Norden Taiwans nach 37 Stunden (15600 bis 21900 ¥) die Stadt Naha auf Okinawa. Dieselben Fährschiffe fahren zweimal in der Woche von Naha weiter und laufen nach 33 Stunden den Hafen von Osaka an (15000 bis 37500 ¥).

### Einreiseformalitäten

Für Staatsangehörige Deutschlands, Österreichs, der Schweiz und Liechtensteins genügt der Reisepaß, in den bei der Ankunft das **Visum** für einen Aufenthalt von 90 Tagen gestempelt wird. Nach Ablauf kann das Visum einmal um 90 Tage verlängert werden, und zwar bei der Einwanderungsbehörde (Shutsu Nyukoku Kanri Jimusho).

Die gibt es zum Beispiel in Tokyo, Tel. (03) 471-5111; Osaka, Tel. (06) 941-0771; Shimonoseki, Tel. (0832) 23-1431; außerdem auch in Fukuoka, Hiroshima, Kagoshima, Kobe, Nagoya, Naha, Sapporo, Sendai, Takamatsu und Yokohama. Ein durchgehender Aufenthalt, der den Zeitraum von 6 Monaten überschreitet, ist als Tourist nicht möglich. Eine Arbeitsaufnahme ist nicht gestattet.

Wer nicht als Tourist einreist, beantragt bei der Japanischen Botschaft seines Landes oder einer konsularischen Vertretung (s.u.) eine Aufenthaltsgenehmigung bzw. ein Geschäftsvisum, Arbeitsvisum, Studentenvisum, Pressevisum u.a. Hier wird die Geltungsdauer dem Zweck des Aufenthaltes angepaßt, allerdings muß ein Bestätigungsschreiben der Firma, des Arbeitgebers, der Hochschule, der Agentur etc. vorliegen.

Wer dies alles nicht besitzt und dennoch länger als 180 Tage bleiben möchte, muß zweimal einreisen: zuerst als Tourist bzw. mit einem Kurzzeit-Visum, um ein passendes Angebot in Japan zu suchen, und dann erst mit dem von der Japanischen Botschaft seines Landes ausgestellten Visum. Auch eine mehrmalige Einreise als Tourist ist natürlich möglich.

Unterbrechungen während einer Durchreise dürfen nicht länger als 72 Stunden dauern; man erhält eine Besuchserlaubnis. Passagiere von Kreuzfahrt- und Handelsschiffen, die vorübergehend in einem Hafen Japans anlegen, dürfen sich zwei Wochen im Land aufhalten.

**Adressen der Japanischen Botschaften und Konsulate**
*Botschaft*, Bonn Center HI/701, Bundeskanzlerplatz, D-5300 Bonn 1, Tel. (0228) 5001.
*Generalkonsulat*, Wachtelstraße 8, D-1000 Berlin 33, Tel. (030) 8327026.
*Generalkonsulat*, Rathausmarkt 5, D-2000 Hamburg 1, Tel. (040) 3330170.
*Generalkonsulat*, c/o Deutsch-Japanisches Center, Immermannstraße 45, D-4000 Düsseldorf 1, Tel. (0211) 353311.
*Generalkonsulat*, Hamburger Allee 2—10, D-6000 Frankfurt/M. 90, Tel. (069) 770351.
*Generalkonsulat*, Prinzregentenplatz 10, D-8000 München 80, Tel. (089) 471043.
*Botschaft*, Argentinierstraße 21, A-1041 Wien, Tel. (0222) 501710.
*Botschaft*, Engestraße 43, CH-3012 Bern, Tel. (031) 140811.
*Generalkonsulat*, Avenue de Budé, CH-1202 Genève, Tel. (022) 348400.
*Generalkonsulat*, Utoquai 55, CH-8008 Zürich, Tel. (01) 2502206.

**Zollfrei** können eingeführt werden: 500 Gramm Tabak oder 400 Zigaretten oder 100 Zigarren, 3 Flaschen (³/₄ Liter) Spirituosen, 75 ml Parfüm sowie Geschenke etc. bis zum Wert von 200000 ¥. Ausländische Währungen dürfen in unbegrenzter Höhe ein- oder ausgeführt werden, die Ausfuhr der japanischen Währung ist auf 5 Millionen ¥ begrenzt.
**Schutzimpfungen** gegen Pocken oder Cholera sind nur dann erforderlich, wenn die Einreise aus einem Infektionsgebiet erfolgt. Für Haustiere wie Hunde und Katzen ist ein Gesundheitszeugnis der Heimatbehörde notwendig.
**Adressen der Ausländischen Botschaften in Tokyo**
*BRD*, 5-10, Minami Azabu 4-chome, Minato Ku, Tokyo 106, Tel. (03) 473-0151
*A*, 1-20, Moto Azabu 1-chome, Minato Ku, Tokyo 106, Tel. (03) 451-8281/2
*CH*, 9-12, Minami Azabu 5-chome, Minato Ku, Tokyo 106, Tel. (03) 473-0121

# TIPS UND INFORMATIONEN

### Verständigung

In den großen Hotels und in vielen Reisebüros finden sich oft Mitarbeiter, die sehr gutes **Englisch** sprechen. Zu den meisten der berühmten Tempel und Schreine, zu den Einkaufszentren der Städte und zu den landschaftlichen Schönheiten werden englischsprachige Touren angeboten. Manche Restaurants, zumal jene mit internationaler Küche, legen dem Gast auch eine internationale Speisekarte vor. Schwieriger wird es vor den Fahrkartenschaltern und beim Einkaufen, und Passanten, die man in englischer Sprache um Hilfe bittet, weichen erschrocken lächelnd zurück. Um jedoch einer selbst zusammengestellten Reiseroute durch das Land zu folgen, genügt schon ein einfacher Sprachführer. Die Freude des Japaners, in seiner Muttersprache angesprochen zu werden, ist ebenso groß wie sein Vergnügen über die unbeholfene Aussprache des Ausländers. Hat man sich erst einmal kennengelernt, sind es oft Studenten, die ihrerseits versuchen, das erlernte Englisch auszuprobieren.

Eine sehr freundliche Initiative sind die freiwilligen **Fremdenführer**, die an ihrer kleinen blauen »Good Will«-Plakette zu erkennen sind und gern für Fragen und Auskünfte in englischer Sprache zur Verfügung stehen. Man trifft sie an Verkehrsknotenpunkten der zehn Millionenstädte, außerdem in kleineren Städten wie Nara, Hiroshima, Beppu oder Kagoshima sowie bei einigen besonderen Veranstaltungen (Schreinfeste, Sport u.a.).

Ausgebildete, deutschsprachige Fremdenführer vermitteln die Hotels oder Reisebüros, oder man wendet sich direkt an den japanischen *Fremdenführerverband* im Gebäude Shin Kokusai, 3-4-1, Marunouchi, Chiyoda Ku, Tokyo, Tel. (03) 213-2706.

Über die laufenden Veranstaltungen in Tokyo informiert eine gebührenfreie telefonische **Tonbandansage** in englischer (503-2911) oder französischer (503-2926) Sprache; auf Englisch gibt es diesen Ansagedienst auch in Kyoto (361-2911). **Persönliche Auskunft** erteilen die Touristen-Informationszentren (TIC), die von der Japanischen Fremdenverkehrszentrale (Japan National Tourist Organisation, JNTO) in mehreren großen Städten eingerichtet wurden (Liste s.S. 274f.).

Außerhalb Tokyos oder Kyotos bietet das **Reisetelefon** kostenlose Hilfe an, und zwar für das (süd)westliche Japan unter der Nummer 0120-444800 und für das (nord)östliche Japan unter der Nummer 0120-222800.

## Telefonieren

Das öffentliche Telefon zeigt sich in Japan farbenfroh. An den Farben ist abzulesen, wieviel Geld das Gespräch, das man führen möchte, in etwa kosten darf. Obwohl alle Farben für Orts- und Ferngespräche geeignet sind, führt man von den *roten Telefonen* am besten nur Ortsgespräche; eine 10-¥-Münze reicht für 3 Minuten, nach sechs Münzen kann das Gespräch nicht mehr verlängert werden. Die *blauen Telefone* haben den Vorzug des besseren Schallschutzes, weil sie sich in Straßenkabinen befinden, und das Gespräch darf bis zu zehn 10-¥-Münzen dauern. *Gelbe Telefone* eignen sich besonders für Ferngespräche, da sie bis zu zehn 10-¥-Münzen und bis zu neun 100-¥-Münzen aufnehmen. Alle Apparate haben die angenehme Eigenschaft, das drohende Gesprächsende durch einen Signalton anzukündigen und nicht verbrauchte Münzen wieder zurückzugeben.

Überseegespräche, und das sind in Japan alle Gespräche ins Ausland, kann man unter der Rufnummer 0051 anmelden, um sich vermitteln zu lassen. Außerdem lassen sich von einigen *grünen Telefonen*, die mit dem Hinweis »International & Domestic Card/Coin Telephone« versehen sind, auch Überseegespräche im Selbstwählverkehr führen. Ein dreiminütiges Gespräch nach Hause kostet 1830 ¥, jede weitere Minute 610 ¥. Weitere Auskünfte erhält man unter der Nummer (03) 270-5111. Die Vorwahl für Deutschland ist 49, für Österreich 43, für die Schweiz 41.

## Währung, Post- und Bankdienste

1990 bezahlte man für 100 Yen (¥): 1,08 DM, 7,58 öS oder 0,91 sFr. In den Jahren 1985-89 war der Yen gegenüber der Deutschen Mark um durchschnittlich 5% im Jahr gestiegen, bevor er 1990 deutlich sank. Die Inflationsrate lag unter 1%, stieg aber in den beiden letzten Jahren auf gut 3% (Tendenz: wieder abnehmend). Ein Umtausch in Japan ist geringfügig günstiger als im Ausland, der Unterschied liegt bei etwa 0,5%.

Es gibt Münzen von 1 ¥, 5 ¥, 10 ¥ (Telefon), 50 ¥, 100 ¥ (Fahrkartenautomaten) und 500 ¥ sowie Banknoten von 500 ¥, 1 000 ¥, 5 000 ¥ und 10 000 ¥. **Banken** und Wechselstuben haben von 9 Uhr bis 15 Uhr (samstags bis 12 Uhr) geöffnet. Zunehmend gibt es für die einzelnen Banken auch freie Samstage. Die Wechselstuben an den Internationalen Flughäfen Narita (Tokyo) und Itami (Osaka) haben Tag und Nacht geöffnet. Nicht ausgegebene Yen können unbegrenzt zurückgetauscht werden.

*Reiseschecks* müssen nicht unbedingt in US$ oder DM ausgestellt sein und werden nicht nur von Banken, sondern in den großen Städten auch von führenden Hotels, Ryokans und Kaufhäusern angenommen. In Europa werden auch Reiseschecks in Yen verkauft, zum Beispiel von American Express.

Internationale *Kreditkarten* sind in Hotels, Ryokans und vielen Warenhäusern ein willkommenes Zahlungsmittel (American Express, Visa, Diners Club, Master

TIPS UND INFORMATIONEN

Charge); Eurocard ist noch nicht bekannt, aber sicher bald im Kommen.

**Postämter** haben von 9 bis 17 Uhr geöffnet (samstags bis 12.30 Uhr). ein Luftpostbrief (bis 10 g) nach Europa kostet 170 ¥, ein Aerogramm 120 ¥ und eine Luftpostkarte 110 ¥ (für alle anderen Kontinente gilt gleiches oder geringeres Porto). Ein Brief innerhalb Japans (bis 25 g) wird mit 60 ¥, eine Postkarte mit 40 ¥ frankiert.

Telegramme, Telex und Telefax werden bei den Telegraphenämtern (KDD, Kokusai Denshin Denwa) aufgegeben:
*KDD Tokyo*: 8-1, Otemachi 1-chome, Chiyoda Ku, Tel. (03) 211-5588;
*KDD Nagoya*: 1-18-33, Nishiki, Naka Ku, Tel. (052) 203-3311;
*KDD Osaka*: 1-25, Bingomachi, Higashi Ku, Tel. (06) 228-2151.
Alle drei Ämter haben Tag und Nacht geöffnet.

## Medien

Internationale *Nachrichtenmagazine*, darunter die vier englischsprachigen Tageszeitungen »The Japan Times«, »Mainichi Daily News«, »Daily Yomiuri« und »Asahi Evening News«, werden an den Zeitungsständen vieler Hotels verkauft, wo es auch *Bücher* gibt. In Tokyo gibt es englischsprachige Bücher über Japan bei den großen Buchhandlungen Maruzen gegenüber dem Kaufhaus Takashimaya in der Chuo Dori (U-Bahnstation Nihombashi, Tel. 272-7211), bei der Buchhandlung Kinokuniya 250 m östlich des Bahnhofs Shinjuku (Tel. 354-0131) und im 6. Stock des Parco-Hochhauses, bei Parco Yosho Rogosu, 500 m nördlich des Bahnhofs Shibuya (Tel. 496-7362). *Straßenkarten* mit lateinischer Beschriftung hat Buyodo (Tel. 271-2451) ganz in der Nähe der Buchhandlung Maruzen. In Osaka gibt es noch einmal das Kinokuniya, bei Hankyu Sambangai unter dem Bahnhof Umeda (Tel. 372-5821).

Das *Fernsehen* sendet fast ausschließlich auf Japanisch. Durch das Kabelfernsehen können in einigen Hotels auch englischsprachige Sender empfangen werden. Mit etwas Glück bekommt man im *Kino* einen — lediglich mit japanischen Untertiteln versehenen — ausländischen Film in der Originalsprache zu sehen. Neben der Japanischen Rundfunk- und Fernsehanstalt (NHK) gibt es fünf kommerzielle Sender und den amerikanischen Militärsender Far East Network.

## Stromversorgung

In Haushalten beträgt die Stromspannung 100 Volt bei Frequenzen von 50 Hertz im östlichen Japan (einschließlich Tokyo) und 60 Hertz im westlichen Japan (einschließlich Nagoya, Kyoto, Osaka).

Hotels in Tokyo und anderen großen Städten haben meist zwei Steckdosen für 110 V und 220 V, in die Zweiphasen-Stecker europäischer Normung passen. Dazu ist manchmal — vor allem im Ryokan — ein Adapter mit flachen Stiften notwendig.

## Gesundheit

Für die *Notrufe* von Polizei (110) und Feuerwehr (119) ist lediglich ein roter Knopf zu drücken, bevor man die Rufnummer wählt. Auch der Krankenwagen ist über den Notruf 119 zu erreichen. Da die Arztrechnung ausgesprochen teuer werden kann, sollte man auf eine Reisekrankenversicherung nicht verzichten.

In Tokyo gibt es in mehreren *Krankenhäusern* Ärzte, die Englisch sprechen. Östlich der Ginza liegt zum Beispiel das Seiroka Byoin (»St. Luke's International Hospital«), 10, Akashicho 1-chome, Chuo Ku, Tel. 541-5151; in Shinjuku befindet sich das Seibo Byoin (»International Catholic Hospital«), 5-1, Naka Ochiai 2-chome, Shinjuku Ku, Tel. 951-1111; und zum Botschaftsviertel gehört die »International Clinic«, 5-9, Azabudai 1-chome, Minato Ku, Tel. 582-2646. Nähere Auskunft erhält man bei der Botschaft seines Landes, sogar die Adresse eines Arztes oder Zahnarztes, der Deutsch spricht.

Für *Arzneimittel*, die man selbst besorgt, ist die »American Pharmacy« im Hibiya-Park-Gebäude zu empfehlen: 8-1, Yurakucho 1-chome, Chiyoda Ku, Tel. 271-4034. Zu den Besonderheiten Japans gehört, daß ausländische Präparate der Pille nicht erhältlich sind.

Wem die üblichen Hock-Toiletten nicht gefallen, hält sich an Kaufhäuser und Hotels. Nur selten trifft man auf Toiletten, die nicht nach Geschlechtern getrennt sind. In Unterkünften japanischer Tradition und vielen Wohnhäusern ist es üblich, die bereitstehenden Toilettenschuhe zu benutzen.

## Fotografieren

Da viele Japaner ihre Eindrücke und Erinnerungen gerne mit der Kamera festhalten, mangelt es nicht an Farb- und Diafilmen. Wer eine Woche bleibt, kann sie ins Fotogeschäft zum Entwickeln bringen. Bei den Fotolaboratorien von Fuji und Kodak (beide im Stadtteil Gotanda im südlichen Tokyo) dauert das nur ein bis zwei Tage. Genaue Auskunft erhält man für die großen Städte bei den Touristen-Informationen (Liste s.u.). Die Filme sind teurer als bei uns. Unbelichtete Filme sind wegen der Röntgenkontrollen an den Flughäfen nur im Handgepäck gut aufgehoben.

TIPS UND INFORMATIONEN

**Auskünfte für Touristen**

Bereits zu Hause gibt es Möglichkeiten, sich auf die Reise nach Japan einzustimmen. Da gibt es japanische Buchhandlungen, Japan-Zentren oder Museen, die einen ihrer Schwerpunkte auf Japan gesetzt haben.

In **Deutschland**
*Japanisches Kulturinstitut*, Universitätsstraße 98, 5000 Köln 1, Tel. (0221) 401071/2.
*Museum für Ostasiatische Kunst*, Universitätsstraße 100, 5000 Köln 1, Tel. (0221) 405038.
*Staatliche Museen zu Berlin*, Bodestraße, 1000 Berlin-Mitte, Tel. (2) 2200381.
*Museum für Kunst und Gewerbe*, Steintorplatz, 2000 Hamburg 1, Tel. (040) 2486-2732; (mit Teezeremonien im Teeraum Shoseian am 3. Wochenende des Monats [Voranmeldung]). Wer sich ohnehin in Hamburg aufhält, sollte die Gelegenheit zu einem Spaziergang durch den großen Japanischen Garten in Planten un Blomen (am Dammtor-Bahnhof) nutzen.
*Japanische Buchhandlung* (OCS), Valentinskamp 91, 2000 Hamburg 36, Tel. (040) 231875; Große Gallusstraße 1—7, 6000 Frankfurt/M., Tel. (069) 294047/8.
*Buchhandlung T. Takigi*, Immermannstraße 31, 4000 Düsseldorf 1, Tel. (0211) 360463.
Auch über die *Deutsch-Japanische Gesellschaft* lassen sich in vielen Städten Kontakte knüpfen:
Hamburg (04122-45822), Bremen, (0421-12451), Düsseldorf (0211-326989), Köln (0221-862379), Frankfurt/M. (0695-3322), Mainz (Euro-Japanische Ges. 06131-679013), Freiburg/Bad Krotzingen (07633-3488), München (089-221863) und auch in kleineren Städten.

In **Österreich**
*Kultursektion der Japanischen Botschaft*, Mattiellistraße 2—4, A-1040 Wien, Tel. (0222) 50171235.
*Museum für Völkerkunde*, Hofburg, A-1010 Wien, Tel. (0222) 9345410.

In der **Schweiz**
*Nihon Information Center* (NIC) Europa SA, 59, Chemin des Charmilles, CH-1025 Saint Sulpice, Tel. (021) 254747.
*Musée Collection Baur*, 8, Rue Muenier-Romilly, CH-1200 Genf, Tel. (022) 461729.
*Museum Rietberg*, Gablerstraße 15, CH-8000 Zürich, Tel. (01) 2024528.

In **Japan** bieten die Touristen-Informationszentren (TIC) vorzügliche Hilfen. Sie sind von 9 bis 17 Uhr geöffnet, samstags bis 12 Uhr.
*Narita* Flughafengebäude, (9 bis 20 Uhr), (0476) 32-8711
*Tokyo*: im Kotani-Gebäude südwestlich der Ringbahnstation Yurakucho, (03) 502-1461
*Fukuoka*: im Bahnhof Hakata, (092) 431-3003
*Hakone*: in Yumoto, (0460) 5-5700
*Hiroshima*: im Friedenspark, (082) 249-9329
*Kagoshima*: im 4. Stock des Sangyokaikan, Nishi K., (0992) 23-9171
*Kamakura*: am Ostausgang des Bahnhofs, (0467) 22-3350
*Kobe*: im 2. Stock des Sannomiya Kotsu-Zentrums, (078) 392-0020
*Kumamoto*: im Bahnhof, (0963) 52-3743

*Kyoto*: im Tower Hotel gegenüber dem Bahnhof, (075) 371-5649
*Nagoya*: im Bahnhof, (052) 541-4301
*Nara*: 10 Minuten östlich des JR-Bahnhofs, (0742) 24-4858
*Osaka*: am Ostausgang des Bahnhofs, (06) 345-2189
*Sendai*: im 2. Stock des Bahnhofsgebäudes, (0222) 22-4069
*Yokohama*: im 2. Stock des Silk Center, (045) 681-0007.
Außerdem gibt es zahlreiche Museen (s.S. 289), Bibliotheken und andere wissenschaftliche Einrichtungen, so zum Beispiel das erst 1989 gegründete Deutsche Institut für Japan-Studien im Nissei Kojimachi-Gebäude, 3-3-6, Kudan Minami, Chiyoda Ku, Tokyo 102.

**Fundsachen**

Die Wahrscheinlichkeit, verlorene Gegenstände beim Stationsvorsteher oder einem Polizeiposten (Koban) wiederzufinden, ist in Japan größer als bei uns. In Tokyo werden alle Fundsachen nach spätestens 5 Tagen dem zentralen Fundbüro der Polizei übergeben: 1-9-11, Koraku, Bunkyo Ku, Tel. 814-4151.

In dieser Zeit lohnt sich vielleicht eine Nachfrage beim Fundbüro des benutzten Verkehrsmittels. Bei Eisenbahnen und Buslinien sind das die jeweiligen Endstationen. Die folgenden Adressen gelten für Tokyo:
*JR* — Bahnhof Tokyo (Tel. 231-1880), Bahnhof Ueno (Tel. 841-8069);
*U-Bahn, Busse, Straßenbahn* — Fundsachenabteilung der Stadtverwaltung, im Kotsu Kaikan, 2-10-1, Yurakucho, Chiyoda Ku (Tel. 216-2953);
*Teito-Schnellbahn* — Bahnhof Ueno (Tel. 834-5577);
*Taxi* — Shinseikaikan, 33, Shinanomachi, Shinjuku Ku (Tel. 355-0300).

# JAPANISCHE KÜCHE

## Speisen und Getränke

In Japanischen Restaurants steht der Tisch, auf dem serviert wird, in einem separaten Zimmer, in kleineren Restaurants auch in einem Abteil. Einige Hotels haben — wie im Ryokan — Tatami-Räume, in denen man zu ebener Erde sitzt. Farbgebung und Atmosphäre versetzen den Besucher in einen Zustand angeregter Erwartung. Und sie wird übertroffen nicht etwa durch große Mengen, sondern durch die Art der Zubereitung, durch die überaus sorgsame Darbietung der einzelnen Speisen. Auch bei einer kleinen Zwischenmahlzeit beispielsweise bekommt jeder Gast ein Schälchen mit vier sauber geschnittenen Stückchen rohem Fisch (Sakano), mild, zart, und rosa schimmernd. Dazu Salat: eine Tomatenschnitte, ein Häufchen Krautsalat, ein Blatt grünen Salat. Außerdem Gemüse: ganz wenig, aber sehr schmackhaft. Es ist eine typische Eigenschaft gerade der japanischen Kochkunst, das natürliche Aroma der Speisen bei der Zubereitung zu bewahren. Auch das Auge kommt dabei nicht zu kurz. In einer schwarz lackierten Holzschale mit einem Deckel wird die Suppe serviert. Man ißt sie mit einem länglichen Porzellanlöffel zwischendurch oder hinterher; flüssige Nahrung darf auch geschlürft werden. Die anderen Gerichte werden mit Eßstäbchen (Ohashi) gegessen, wobei es keineswegs stört, wenn die Eßschale an den Mund geführt wird. Der Reis dampft aus einer Porzellanschale. Und zum Schluß wird eine Tasse grüner Tee gereicht — leicht, bekömmlich.

Die japanische Küche kennt viele sehr typische Gerichte und noch mehr lokale Spezialitäten. Der Anfänger ist oft schon mit den wenigen Portionen eines einfachen Menus überfordert. Vielleicht versucht er zunächst einmal Sukiyaki, ein Gericht aus dünnen Rindfleischscheiben mit Pilzen (Matsutake), Lauch oder Zwiebeln, (Glas-)Nudeln (Shirataki) und Tofu, einer quarkähnlichen Spezialität aus Soyabohnen. Es wird in manchen Restaurants vor dem Gast auf dem Tisch gekocht, und zwar für alle Teilnehmer in einer tiefen gußeisernen Pfanne. Fleisch und Gemüse schmecken besonders gut, wenn man es direkt aus der Pfanne heraus in sein Schälchen mit rohem, geschlagenem Ei tunkt.

Shabushabu, ein ähnliches Gericht, wird gleichfalls am Tisch, und zwar auf die uns bekannte Art eines Fondue gegart. Zum Fleisch kann Sesamsauce (Gomadare) und zum Gemüse Soyasauce (Shoyu) serviert werden; manchmal gibt es Soyabohnenpaste (Miso) dazu.

Andere Fleischgerichte (Niku) sind das Schweineschnitzel oder -kotelett (Tonkatsu), das paniert und in Pflanzenöl gebraten wird, oder in der Pfanne gebratene Spieße (*Kushiage*; Schwein, Huhn, Fisch). Das auf einer Steinplatte am Tisch zubereitete Steak (Rind, Fisch, Hummer und/oder Ente) heißt *Ishiyaki*.

*Yakitori* sind Geflügelspieße, die an Bambusstäbchen über der glühenden Holzkohle gegrillt werden. Zutaten können sein: Schenkel (Momo), Leber (Reba), Zwiebel (Negi), Brust (Sasami), Wachteleier (Uzura no Tamago), Hühnerfleisch mit Fisch (Tsukune), Ente (Aigamo) u.a. Yakitori wird auch häufig am Imbiß verkauft.

*Tempura*, ein Gericht aus überbackenen Stücken panierter Gemüsesorten, wird mit Garnelen (Ebi), Fisch (Sakana) und getrocknetem Seetang (Nori) zubereitet. Bevorzugt werden Tintenfisch (Ika), See-Aal (Anago), Stint (Kisu), Karotten (Ninjin), milde Pilze (Shiitake) und japanische Kräuter. Quattuor Tempora war der Name einer katholischen Fastenspeise.

Mit *Sashimi*, rohen Scheibchen von fangfrischen Fischen, werden jene nuancenreichen Fischgerichte zubereitet, die die japanische Küche zu höchster Verfeinerung brachte. Mit Soyasauce gewürzt, sind Sashimi eine der beliebtesten (Vor-)Speisen der Japaner. Gegessen wird Thunfisch (Maguro); Bonito (Katsuo), das ist eine Makrelenart, die als Thunfisch in den Handel kommt; Makrele (Saba); Stöcker (Aji); Meerbrasse (Tai); Karpfen (Koi no Arai); Plattfisch, beispielsweise Steinbutt (Sazae) und Scholle (Hirame); 10armiger Tintenfisch (Ika) und 8armiger Tintenfisch (Tako); Garnelen (Ebi); Heringsrogen (Kazunoko); Lachsrogen (Ikura); Lachs (Masu, Shake) und viele andere Arten. Aus dem Kugelfisch (Fugu), dessen Leber und andere Organe das starke Gift Tetrodotoxin enthalten, wird in Japan eine besonders wohlschmeckende Spezialität: Fugusashi. Weitere Speisefische sind Sardine (Iwashi), Hering (Nishin), Kabeljau (Tara), Makrelenhecht (Samma), Haifisch (Fuka) oder Lachsforelle (Wakasagi).

*Sushi* heißen Speisen, bei denen rohe Fischstückchen auf gesäuerten Reis gelegt werden. Japaner essen Sushi gern mit etwas Thunfisch oder Garnelen und benutzen dazu die Finger. Als Zutaten finden unter anderem Verwendung See-Aal, Seetang, Krabben, Ei (Tamago), Kabeljaurogen (Tarako), Thunfisch, Meerrettich, Gurke (Kappa), Kürbisraspel oder eingelegte Aprikose (Ume). Sushi gibt es in verschiedenen Formen, zum Beispiel als oval geformte Reisbällchen (Nigiri), als Reisrollen (Maki) u.a. So entstehen Namen wie Nigiri Ume, Kappa Maki etc. In manchen Gegenden gibt es Sushi auch mit Miso-Suppe.

*Nabe*, eine Schüssel aus gebranntem Ton oder Steingut (weißer Scherben), gab verschiedenen Gerichten einen gemeinsamen Namen. Bei Yosenabe beispielsweise werden ausgesuchte Fischsorten, Muscheln und Krabben zusammen mit Hühnerfleisch, Gemüse und Tofu in die köstliche Brühe der Schüssel gegeben und von den Gästen selbst gegart. Bei Kamonabe sind es Entenbrustscheibchen, bei Kakinabe Austern, die man auf diese Weise zubereitet. Die Nabe-Küche ist beliebt in der Runde guter Freunde oder der großen Familie.

# KÜCHE

Auch im Verlauf einer traditionellen Teezeremonie werden die Gäste bewirtet. Die Speisen dieses *Kaiseki* werden vor dem Tee serviert und gehören zur vegetarischen Küche (Shojin Ryori). In sehr spezialisierten Restaurants und einigen Tempeln besteht die Möglichkeit, die vielseitige Kost aus Gemüsesorten, Soyabohnen und Tofu kennenzulernen.

*Soba* und *Udon* sind japanische Nudelarten, Soba aus Buchweizenmehl, Udon aus Weizenmehl. Aus ihnen werden, zumeist als Suppe, zahlreiche Varianten und lokale Spezialitäten bereitet. Ramen ist der Name eines ähnlichen Suppengerichtes. Dem Reichtum an Kombinationen wie Tempura Soba (mit Tempura), Niku Soba (mit Fleisch) oder Kitsune Udon (mit Tofu und Zwiebeln) sind kaum Grenzen gesetzt.

*Mizutaki*, eine weitere (Ein-)Topfspeise, enthält viel Fleisch und verschiedenes Gemüse. Für unterwegs sind die in flachen Schachteln verpackten Proviantpakete (*Obento, Bento*) sehr praktisch. Man kauft sie samt den Eßstäbchen (Waribashi, »Wegwerfstäbchen«) am besten vor der Reise an einem Bahnhofskiosk.

Zum Essen wird gern Bier (Biiru) oder Sake getrunken. *Sake* ist ein alkoholisches Getränk, das durch Gärung aus besonderen Reissorten gewonnen wird und ca. 12-20% Alkohol enthält. Traditionell wird Sake aus Porzellanflaschen und warm serviert und aus kleinen Porzellanschalen zu den Vorspeisen getrunken. Beliebt ist auch japanischer Whisky (»Suntory«), der ebenso wie das Bier die Qualität ausländischer Sorten erreicht.

*Vergnügte Abendgesellschaft, Schattenbild auf papierbespannter Schattenwand*

Japanischer Wein ist relativ süß, aber gut. Mit Vorsicht dagegen sind einige japanische Schnapssorten (Shochu) zu genießen, denn nicht alle Brennereien sind auf dem neuesten Stand der Technik. Etwa zwischen einem Obstler und einem Likör liegt der Umeshu, der aus der japanischen Aprikose (Ume) gewonnen wird.

Auf Radtouren, Wanderungen, am Strand oder an heißen Tagen sind *Fruchtsäfte* (Jusu) zu empfehlen, die es zu relativ günstigen Preisen überall zu kaufen gibt.

Der japanische Tee (*Ocha*) mit seinem hellen, jasmingrünen bis leicht bräunlichen Farbton ist nicht fermentiert. Er wird ungesüßt getrunken und in guten Restaurants zum Essen unentgeltlich angeboten. In einfachen Gaststätten erhält man statt dessen oft ein Glas Wasser (Omizu), das an allen Orten bedenkenlos getrunken werden kann.

Den fermentierten Tee (*Kocha*) mit seiner goldbraunen Färbung gibt es in den zahlreichen Kaffeehäusern (Kissaten), die ebenso gern auch Winna Kohi (Wiener Kaffee) ausschenken. Beides trinkt man häufig mit Milch und Zucker.

Wem die japanischen Gerichte zum Frühstück noch nicht schmecken, kauft sich in einer Bäckerei Brot (Pan) oder Mehlspeisen. Die Hauptmahlzeit ist das Abendessen. Ein *großes Menu* besteht etwa aus einer Platte verschiedener Vorspeisen, einer klaren Suppe mit Einlagen, Sashimi, gegrilltem Fisch (Yaki Sakana), in Öl ausgebackenen Speisen (Agemono), gemischten Seefrüchten (Sunomono), einer abschließenden, beispielsweise kalten Spezialität und einem Dessert (Eis, Früchte).

## Restaurants

Der Gast eines internationalen Hotels dürfte mit seinem Restaurant meist so zufrieden sein, daß er gar nicht auf die Idee kommt, nach einer anderen Gaststätte zu suchen. Neben der japanischen Küche (Nihon Ryori) findet er auch die chinesische (Chuka Ryori) und die westliche (Seiyo Ryori) in ausgezeichneter Qualität. Es gibt aber auch hervorragende Restaurants, die nicht einem Hotel angeschlossen sind (Liste s.u.).

Am preisgünstigsten ißt man in einem der Imbisse (*Yatai*) in der Nähe großer Bahnhöfe oder in Vergnügungsvierteln. Nur wenig teurer sind die einfachen Speisen (Nudelgerichte, Eintopf, Gemüse, Ei, Fleisch) in den kleinen Gaststätten, teils mit Selbstbedienung (*Shokudo*), oder in den Restaurants der Kaufhäuser und Einkaufsstraßen; die Angebote liegen bei 500 bis 1500 ¥. In der Auslage ergänzen Nachbildungen aus Plastik oder Lichtbilder die auf Japanisch beschriebene Speisekarte. Im *Restaurant* ist ein Menu kaum unter 1500 ¥ zu haben, in guten Restaurants liegen die Preise bei 2500 bis 6000 ¥ und in der gehobenen Klasse beginnen die Menus bei ca. 5000 ¥. Auch in den führenden japanischen Restaurants in Deutschland bezahlt man für ein Menu 50 DM und mehr.

*Trinkgelder* sind nicht üblich, weder im Hotel noch in der Bar oder im Nachtklub, und schon gar nicht im Ryokan. Bei Rechnungen über 2500 ¥ wird ein Bedienungsgeld von 10-15% addiert. In Japan haben die meisten Restaurants nachmittags (ca. 14-17 Uhr), abends ab 21/23 Uhr und zum Jahreswechsel geschlossen.

Es folgen einige führende Restaurants:

### In Deutschland

*Daitokai*, Milchstraße 1, Hamburg, (040) 4101061.

*Matsumi*, Colonnaden 96, Hamburg, (040) 343125.

*Restaurant Fuji*, Richardstraße 18, Hamburg, (040) 2993964.

*Benkay* (im Hotel Nikko), Immermannstraße 41, Düsseldorf, (0211) 8661.

*Daitokai*, Mutter-Ey-Straße 1, Düsseldorf, (0211) 325054.

*Nippon Kan*, Immermannstraße 35, Düsseldorf, (0211) 353135.

*Restaurant Kikkoman*, Friedberger Anlage 1 (Zoopassage), Frankfurt, (069) 4990021.

KÜCHE

### In Tokyo

*Holmosa* (Nabe-Gerichte), 1-1-1, Minami Aoyama, Minato Ku (475-1774), und 2-15-9, Nihombashi (275-3748); beide an Sonn- und Feiertagen geschlossen.

*Inagiku Roppongi* (Tempura), 2-9-8, Kayabacho, Chuo Ku (669-5501); sonntags geschlossen.

*Inakaya* (rustikal, »Robatayaki«), 7-8-4, Roppongi (405-9866), und 3-12-7, Akasaka (586-3054).

*Minokichi* (Kaiseki, mit Kyoto-Tradition), Roi-Gebäude B1, 5-5-1, Roppongi, Minato Ku (404-0767).

*Nadaman* (Kaiseki) im Hotel Imperial, 1-1-1, Uchisaiwaicho, Chiyoda Ku (503-7981/2), und im Hotel New Otani (Hochhaus), 1-4, Kioicho, Chiyoda Ku (265-7591).

*Seryna Honkan* (Shabushabu), 3-12-2, Roppongi (403-6211), und im Sumitomo-Gebäude, Shinjuku (344-6761).

*Suehiro* (Sukiyaki), 6-11-2, Ginza, Chuo Ku (571-8346), und 4-1-15, Tsukiji, Chuo Ku (542-3951).

*Sushi Iwa* (Sushi), 2-14-8, Tsukiji, Chuo Ku (541-5951).

*Ten Ichi* (Tempura), 6-6-5, Ginza, Chuo Ku (571-1949), und im Hotel Imperial (Hochhaus B1), 1-1-1, Uchisaiwaicho, Chiyoda Ku (503-1001).

*Toricho* (Yakitori) im Hosho-Gebäude, 7-14-1, Topponpi, Minato Ku (401-1827).

*Lohmeyer's Restaurant* (Deutsche Küche), 5-3-14, Ginza, Chuo Ku (571-1142).

*La Tour d'Argent* (Französische Küche) im Hotel New Otani (Hauptgebäude), 4-1, Kioicho, Chiyoda Ku (239-3111).

*Peking* (Chinesische Küche) im Hotel Imperial (Hochhaus B1), 1-1-1, Uchisaiwaicho, Chiyoda Ku (503-8251), und im Shiba-Park-Hotel, Roppongi, Minato Ku (433-4141).

*Crazy Horse* (Diskothek), 3-18-12, Roppongi, Minato Ku (582-6886; 18-3 Uhr).

### In Kyoto

*Daimonjiya* (Kaiseki), in den Stadtteilen Nishiiru, Kawaramachi, Sanjo, Nakagyo, (221-0603).

*Gion Suehiro* (Shabushabu), 570-46, Manjukoji, Gionmachi Minamigawa, Higashiyama Ku (541-1337).

*Ikkyuan* (Shojin), Kodaiji, Minamimonmae, Higashiyama Ku (561-1901).

*Izusen* (Shojin), Daijiinnai, 7, Daitokujicho, Murasakino, Kita Ku (491-6665; 11-17 Uhr, Gerichte schon ab 2500 ¥).

*Junsei Restaurant* (Kaiseki), 60, Kusakawacho, Nanzenji, Sakyo Ku (761-2311).

*Kyoto Minokichi* (Kaiseki), Sanjo Agaru, Dobutsuenmae Dori, Sakyo Ku (771-4185).

*Rantei* (»Kyoto-Küche«), 12, Susuki no Banbacho, Tenryuji, Saga, Ukyo Ku (371-1119; 8-20 Uhr, Bento ab 2500 ¥).

*Tempura Yoshikawa* (Tempura), Oike Sagaru, Tominokoji Dori, Nakagyo Ku (221-5544; sonntags geschlossen), und im Hotel Fujita Kyoto, Nishizume, Kamogawa Nijo Ohashi, Nakagyo Ku (241-1117).

*Yachiyo* (»Kyoto-Küche«), Nanzenji, Sakyo Ku (771-4148; Bento 2000-4000 ¥).

*Tokiwa* (Steak) im Hotel Kyoto, Oike Kado, Kawaramachi Dori, Nakagyo Ku (211-5111; Mittagessen 4000 ¥, Abendessen 7000 ¥)

*Les Champs d'Or* (Französische Küche), Shijo Agaru, Shinkyogoku, Nakagyo Ku (255-2277; mittwochs geschlossen).
*Seika* (Chinesische/Sichuan-Küche) im Hotel Kyoto Royal, Sanjo Agaru, Kawaramachi, Nakagyo Ku (223-1234).
*Maharaja Kyoto* (Diskothek, kleine Speisen) im 2. Stock des Fuji Kanko, 574, Gionmachi Minamigawa, Higashiyama Ku (541-5421; 18-24 Uhr, Eintritt 3000/4000 ¥).

**In Osaka**
*Benkay* (Japanische Küche) im Hotel Nikko (3. Stock), 7, Nishinocho, Daihojicho, Minami Ku (244-1111; Abendessen 8000-15000 ¥).
*Kushitaru* (Kushiage) im Sander-Gebäude, Shinsaibashi, 56-2, Nishinocho, Unagidani, Minami Ku (281-0365; sonntags geschlossen).
*Nami Wako* (Kaiseki) im Fuji-Gebäude, 2-16, Hommachi, Higashi Ku (271-7305; sonntags geschlossen).
*Suehiro Honten* (Sukiyaki), 1-11-11, Sonezaki Shinchi, Kita Ku (341-1638).
*Taikoen* (Kaiseki), 9-10, Amijimacho, Miyakojima Ku (356-1111).
*Hama* (Steak), 10-1, Doyamacho, Kita Ku (312-7285).
*Le Rendezvous* (Französische Küche) im Hotel Plaza (23. Stock mit Aussicht), 2-2-49, Oyodo Minami, Oyodo Ku (453-1111).
*Peking* (Chinesische Küche) im Gebäude Osaka Ekimae Daiichi (12. Stock). 1-3-1-1200, Umeda, Kita Ku (341-4071).
*Jet Stream* (Musikbar) im 32. Stock des Hotel Nikko Osaka, 7, Nishinocho, Daihojicho, Minami Ku (244-1111; 17-24 Uhr).

*Royal Horse* (Jazz-Pub), 15-13, Toganocho, Kita Ku (312-8958; 17-1 Uhr).

**In Kobe**
*Okagawa* (Tempura), 1-5-10, Kitanocho, Chuo Ku (222-3511).
*Sannomiya Toyokuni* (Yakitori), 2-9-2, Sannomiyacho, Chuo Ku (311-4538; montags geschlossen, ca. 2000 ¥ pro Person).
*Shofukuro* (Kaiseki) im Hotel Kobe Portopia, 6-10-1, Minatojima Nakamachi, Chuo Ku (302-1111).
*Kobe Misono* (Steak), 1-7-6, Kitanagasa Dori, Chuo Ku (331-2890).
*Heidelberg* (Deutsche Küche) im Rosengarten-Gebäude, 2-8-15, Yamamoto Dori, Chuo Ku (222-1424; mittwochs geschlossen).
*Tour d'Or* (Französische Küche) an der Seeseite der Rokko-Berge, Tembodai, Suwayama Koen, Chuo Ku (241-0168).
*Donna Roya* (Italienische Küche) im Meikai-Gebäude, 32, Akashicho, Chuo Ku (321-3377; dienstags geschlossen).
*Shukeien* (Chinesische/Guangdong-Küche) im Hotel Kobe Portopia (29. Stock), 6-10-1, Minatojima Nakamachi, Chuo Ku (302-1111).
*Fugetsudo* (Café-Restaurant), 3-3-10, Motomachi Dori, Chuo Ku (321-5555).

# EINKAUFEN

### Einige Tips

Die Kaufhäuser haben von 10-18 Uhr geöffnet und wechseln sich mit dem freien Tag in der Woche ab, so daß man auch sonntags einkaufen kann. Die Geschäftszeiten des Einzelhandels liegen zwischen 10 und 20 Uhr (auch sonn- und feiertags), die Bürozeiten der Großfirmen werktags zwischen 9.30 und 17 Uhr (samstags bis 12 Uhr oder geschlossen).

In den großen Warenhäusern gibt es Abteilungen, in denen ebenso wie in bestimmten Diskontläden oder Einkaufspassagen internationaler Hotels *zollfreie Waren* verkauft werden (*Menzei*). Zu diesen Waren gehören (Halb-) Edelsteine mit oder ohne Fassung, Goldschmiedearbeiten, wertvolle Uhren, Perlen, Korallen, Bernstein, Emaille-Arbeiten, Haushaltsgeräte, Hifi-Anlagen, Foto/Film-Kameras und optische Geräte. Beim Kauf bestätigt das Geschäft die Steuerermäßigung durch ein Formular, das bei der Ausreise kontrolliert wird; die entsprechende Ware sollte dann in Reichweite sein. In guten Geschäften wird eine Garantiebescheinigung auch ohne Aufforderung ausgestellt. Die Ersparnis beträgt 5-40%; dennoch kann es vorkommen, daß man den Artikel im Ausland oder sogar in Europa günstiger bekommt. An Kleidung, insbesondere an Schuhen, bieten die Geschäfte nur eine geringe Auswahl an Größen, die für den durchschnittlichen Mitteleuropäer passen.

### Textilien

Von den vielen Stoffen erstklassiger Qualität gehören die japanische Seide und deren Mischgewebe zum Feinsten, das man kaufen kann. Einige japanische Modeschöpfer gehen eigene Wege und setzen durch extreme Schaufensterdekoration, hervorragende Werbegrafik und ansprechendes Design neue Akzente.

**In Tokyo**
*Hayashi Kimono* (Kimono, Yukata), in der »International Arcade«, unter den Bahntrassen beim Hotel Imperial, Chiyoda Ku, und im Hotel Capitol Tokyu, 2-10-3, Nagatacho, Chiyoda Ku.
*New Moh Long Silk & Kimono* (Seide), im Hotel New Otani, 1-4, Kioicho, Chiyoda Ku.
*Comme des Garçons* (Mode) und *Issey Miyake* (Mode), beide im »Ersten Gebäude«, 5-3-10, Minami Aoyama, Minato Ku.
*Kenzo Harajuku Vivre* (Mode), 5-10-1, Jingumae, Shibuya Ku.
*Yamamoto Kansai* (Mode), im Laforet Harajuku, 1-11-6, Jungumae, Shibuya Ku.
Boutiquen in der Ginza: *Ginza Familiar, Ginza Kanematsu, Ginza*

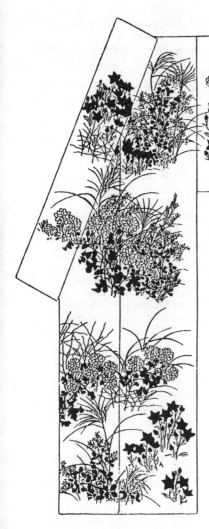

*Kimono, bemalt mit den »Sieben Blumen des Herbstes«, nach Korin*

Liza, Ginza Washington, Ginza Yoshinoya.

**In Kyoto**

*Kodai Yuzen* (Yuzen-Stoffe), Horikawa Nishiiru, Takatsuji Dori, Shimogyo Ku.

*Nishijin Orimonokan*/Nishijin-Textil-Zentrum (Webvorführungen, Kimono-Schau 10-16 Uhr), Imadegawa Minamiiru, Horikawa Dori, Kamigyo Ku.

*Tatsumura Textile*, 29, Mibu Morimachi, Nakagyo Ku.

**In Kobe**

*Boutique Asida* (Mode), im Nichido Sannomiya, 3-1-26, Kanocho, Chuo Ku.

*Miki House* (Kindermode), im 6. Stock des Daimaru-Kaufhauses, 40, Akashicho, Chuo Ku, und im 4. Stock des Vivre 21, Sannomiyacho, Chuo Ku.

*Yoshie Inaba* (Damenmode), 2-7-18, Kitanocho, Chuo Ku. Außerdem im Bezirk Chuo: *Familiar, Oue* (beide in der Motomachi Dori), *Kobe Shirt, Liza Salon* (beide Sannomiyacho).

# EINKAUFEN

## Kunsthandwerk und Souvenirs

Das vielfältigste Angebot an Gegenständen des japanischen Kunsthandwerks bietet Kyoto. Gefärbte Stoffe, Schalen aus schwarzlackiertem Holz und andere Lackarbeiten, bemalte Puppen aus Keramik oder Holz, Keramik mit jahrhundertealter örtlicher Tradition, kunstvolle Bambuszierate, Fächer oder Papierschirme, Tee-Service, handgeschöpftes Papier, Holzdrucke und -schnitte, japanische Perlen, Cloisonné oder Goldschmiedearbeiten (Japan besitzt die Hälfte der Weltgoldreserven) eignen sich bestens auch als Andenken.

Zu kaufen gibt es diese Waren etwa in den Zentren des Kunsthandwerks (im Handwerk-Zentrum Kyoto kann man bei der Fertigung zusehen), bei örtlichen Keramik-Manufakturen, in speziellen Geschäften einiger Hotels, in besonderen Kaufhäusern, auch in den Warenhausketten, auf Antiquitäten- oder Flohmärkten.

### In Tokyo

*Ginza Hakuhinkan* (Spielwaren), 8-8-11, Ginza, Chuo Ku.
*Japan Sword* (Samurai-Schwerter), 3-8-1, Toranomon, Minato Ku (sonntags geschlossen).
*Oriental Bazaar* (Kunsthandwerk), 5-9-13, Jingumae, Shibuya Ku (donnerstags geschlossen).
*Yokoyama* (Imari-Keramik, Holz, Lack), im Hotel Okura, 2-10-4, Toranomon, Minato Ku (sonntags geschlossen).
*Yoshitoku Dolls* (Puppen), 1-9-14, Asakusabashi, Taito Ku.
*Ando Cloisonné* (Cloisonné), 5-10-9, Ginza, Chuo Ku (sonntags geschlossen).
*Tachikichi* (Geschenke), 5-6-13, Ginza, Chuo Ku (sonntags geschlossen).
*Tasaki Shinju Pearl Gallery* (Perlen, Schmuck), 1-3-3, Akasaka, Minato Ku.
*Mikimoto* (Perlen), 4-5-5, Ginza, Chuo Ku (mittwochs geschlossen), und im Hotel Imperial (sonntags geschlossen). Perlen und Schmuck gibt es auch in der »International Arcade« (*Kuki Pearl*), im Hotel Palace (*Takano Pearl*), im Hotel New Otani (*Tommy Pearl*) u.a. Im Hotel Imperial außerdem *Mayuyama Pearl* und *Okubo Brothers*.
*Flohmarkt* beim Togo-Schrein, Nähe Bahnhof Harajuku, Shibuya Ku (am 1. und 4. Sonntag des Monats, fällt bei Regen aus).
*Flohmarkt* Nähe Bahnhof Nogizaka, Minato Ku (am 2. Sonntag im Monat, fällt bei Regen aus).
*Ryutsu Center* (Antiquitätenmarkt), auf der Hafeninsel Heiwajima, beim Bahnhof Ryutsusenta der Magnetschwebebahn (15 Minuten von Hamamatsucho), Ota Ku (im Frühjahr und im Herbst).

### In Kyoto

*Yokoyama* (Kunsthandwerk und Antiquitäten), Nawate Shinmonzen Agaru, Higashiyama Ku.
*Unsodo* (Farbholzschnitte, -drucke), Nijo Minamiiru, Teramachi Dori, Nakagyo Ku (geschlossen am 1. und 3. Samstag/Sonntag, an Feiertagen und am 15./16. August).
*M. Nakai*, *Y. Tsuruki* und *Yamada Art Gallery* (alle: Antiquitäten und Malerei), Umemotocho, Shinmonzen Dori, Higashiyama Ku.

*Einkaufsstraße in Tokyo*

*Handwerkzentrum Kyoto* (Meister bei der Arbeit, Verkauf) mit den Gesellschaften Amita, Uchida Art, Satsumaya, Kyoto Silk, Nakayama Doll, Kyoto Kimono und M. Yamamoto (Lackwaren, Schnitzarbeiten, Seide, Malereien, Drucke, Keramik, Cloisonné, Perlen, Schmuck), nahe Heian-Schrein, Sakyo Ku (9.30-17.30/18 Uhr).

*Gion Ishi* (Steinmetzarbeiten), Shijo Dori, Gion Minamigawa, Higashiyama Ku.

*Inaba Cloisonné* (Cloisonné), Chirakawabashi Nishiiru, Sanjo Dori, Higashiyama Ku (geschlossen an Sonn- und Feiertagen und am 2. Samstag im Monat).

*Werkzentrum Kyoto* (130 Kleinstbetriebe, Verkauf), nahe Yasaka-Schrein, 275, Gionmachi Kitagawa, Higashiyama Ku (10-18 Uhr, mittwochs geschlossen).

*Miyawaki Baisenan* (Fächer), Tominokoji Nishiiru, Rokkaku Dori, Nakagyo Ku.

*Shoyeido* (Weihrauch), Nijo Agaru, Karasuma Dori, Nakagyo Ku (deutschsprachig).

*Takano* (Bambusarbeiten), Nijo Minami, Teramachi, Nakagyo Ku.

*Tanakaya* (Puppen), Yanagi no Bamba Higashiiru, Shijo Dori, Shimogyo Ku (mittwochs geschlossen).

*Zohiko* (Lackarbeiten), Okazaki-Park, Sakyo Ku (sonn- und feiertags geschlossen).

*Asahido* (Kiyomizu-Keramik), 1-280, Kiyomizu, Higashiyama Ku.

*Manjudo* (Keramik), 3, Gojohashi Higashi, Higashiyama Ku (am 1. und 3. Donnerstag im Monat und am 15./16. August geschlossen).

Schmuck und Perlen bei *Kitayama* (Kawaramachi Nishikado), *Komai* (Higashioji Nishiiru), *Tasaki Shinju* (Sumitomo Kaijo), *Terauchi* (Kawaramachi Nishiiru).

# EINKAUFEN

## In Osaka

*Shobido Honten* (Arita-Keramik) im 4. Stock des Hilton Plaza, 1-8-16, Umeda, Kita Ku (Stammgeschäft in Nakanohara, Aritacho, Nishi Matsuura, Präfektur Saga).

*Mikimoto* (Perlen), Shin Hankyu-Gebäude, 1-12-39, Umeda, Kita Ku (mittwochs geschlossen).

*Tasaki Shinju* (Schmuck, Perlen), im Hauptgebäude Namba City (1. Stock), 5-1-60, Namba, Minami Ku (am 3. Donnerstag im Monat geschlossen).

Perlen und Schmuck gibt es auch im Hotel Royal (*Okubo Brothers*) und im Hotel Toyo (*Yamakatsu Pearls*).

## In Kobe

*Harishin* (Antiquitäten), 3-10-3, Motomachi Dori, Chuo Ku (am 1. und 3. Mittwoch im Monat geschlossen).

*Miyazaki Brothers* (Kunsthandwerk), 3-1-6, Sannomiyacho, Chuo Ku (mittwochs geschlossen), und im Kobe Port Terminal (2. Stock).

*La Pomme* (Muscheln, Bernstein), 1-10-3, Motomachi Dori, Chuo Ku (mittwochs geschlossen).

*Kinoshita Pearl Order Salon* (Schmuck und Perlen), 1-7-7, Yamamoto Dori, Chuo Ku.

*Mikomoto Pearl Salon* (Perlen und Diamanten), im Kokusai Kaikan (1. Stock), 8-1-6, Gokou Dori, Chuo Ku (sonn- und feiertags geschlossen).

*Tasaki Shinju* (Perlen, Museum), im Tasaki-Haus, 6-3-2, Minatojima Nakamachi, Chuo Ku.

*Yamamatsu Pearl* (Perlen), 1-10-1, Sannomiyacho, Chuo Ku (am 3. Mittwoch im Monat geschlossen).

## Optik und Elektronik

Foto- und Filmkameras sowie Hifi-, Video- und Haushaltsgeräte lassen sich in Japan steuerfrei einkaufen. Der Preis ist nur dann Verhandlungssache, wenn der Verkäufer dies durchblicken läßt; um einen Preis zu handeln, der bereits genannt wurde, gilt als sehr taktlos. Führende Hifi- und Kamera-Hersteller bieten nicht alle ihre Erzeugnisse auch im Inland an. Bei elektronischen Geräten wäre darauf zu achten, auf welche Stromspannung sie ausgelegt sind; die Netzspannung in Japan beträgt nur 100 Volt. Auch bei Radio- und Videogeräten gibt es in den entsprechenden Geschäften eigens für den Export bestimmte Modelle. Besonders bekannt sind die Läden um den Bahnhof Akihabara (elektrische Geräte), aber auch größere Geschäfte und manche Hotelarkaden bieten steuerfrei an.

## In Tokyo

*Doi Camera* (Foto), 1-15-4, Nishi Shinjuku, Shinjuku Ku.

*Hirose Musen* (Elektro), 1-10-5, Soto Kanda, Chiyoda Ku.

*Laox* (Elektro), 1-2-9, Soto Kanda, Chiyoda Ku.

*Maruzen Musen* (Elektro), 1-6-4, Kanda Sakumacho, Chiyoda Ku.

*Nishi Ginza* (Elektro), 2-1-1, Yurakucho, Chiyoda Ku.

*Sakuraya* (Foto), 3-26-10, Shinjuku, Shinjuku Ku.

*Yamagiwa* (Elektro), 4-3-1, Soto Kanda, Chiyoda Ku.

*Yodobashi* (Foto), 1-11-1, Nishi Shinjuku, Shinjuku Ku.

## In Kyoto

*Sony Tourist Shop* (Elektro), Higashigawa, Sanjo Sagaru, Kawaramachi Dori, Nakagyo Ku.

**In Osaka**
*Doi Camera* (Foto), 20, Okawacho, Higashi Ku, und 2-12-7, Sonezaki, Kita Ku.
*Naniwa Camera* (Foto), Shinsaibashisuji, Minami Ku, und im Flughafen Itami.
*Panasonic Echo* (Elektro), im Hotel Royal, 5-3-68, Nakanoshima, Kita Ku (am 1. Donnerstag im Monat geschlossen), und im Flughafen Itami.
*Sony Tourist Shop* (Elektro), im Hotel Royal und im Flughafen Itami.
*Toa Denka* (Elektro), 4-11-6, Nippombashi, Naniwa Ku.
**In Kobe**
*Kobe Audio Center* (Elektro), 2-9-6, Sannomiyacho, Chuo Ku.
*Masani* (Elektro), 1-10-2, Motomachi, Chuo Ku.

**Kaufhäuser und andere**

**In Tokyo**
*Kokusai Kanko Kaikan* (Regionales Kunsthandwerk), 1-8-3, Marunouchi, Chiyoda Ku; *Kaufhaus Daimaru*, Marunouchi (mittwochs geschlossen).
Kaufhäuser in der Ginza: *Hankyu* (donnerstags geschlossen), *Matsuya* (dienstags geschlossen), *Matsuzakaya* (mittwochs), *Mitsukoshi* (montags), *Printemps Ginza* (mittwochs), *Seibu* (donnerstags), *Takashimaya* (mittwochs), *Wako* (sonntags, an Feiertagen und Mitte August geschlossen).
In Ueno und im Norden: *Matsuya* (dienstags), *Matsuzakaya* (mittwochs); *Ameyoko Shopping Arcade* (günstig), zwischen den Bahnhöfen Ueno und Okachimachi.

In Shinjuku: *Isetan* (mittwochs), *Keio* (donnerstags), *Odakyu* (dienstags).
Weitere Kaufhäuser: *Parco* in Shibuya und Ikebukuro (täglich von 10-20 Uhr geöffnet); *Tokyu* in Shibuya (donnerstags geschlossen); *Amita* (Japan Tax-Free Center), Toranomon, Minato Ku, und im Hotel Tokyo Hilton International.
**In Kyoto** (Bezirk Shimogyo)
*Daimaru* (mittwochs geschlossen); *Hankyu* (donnerstags); *Porta* (am 3. Donnerstag im Monat geschlossen), liegt unterirdisch am Bahnhof; *Takashimaya* (mittwochs geschlossen).
**In Osaka**
In Kita: *Daimaru* (dienstags geschlossen); *Hankyu* (donnerstags geschlossen); *Hankyu 5* (am 3. Dienstag im Monat geschlossen); *Hanshin* (mittwochs geschlossen); *Navio Hankyu* (am 3. Donnerstag im Monat geschlossen); *Whity Umeda* (unterirdisch, am 3. Donnerstag im Monat geschlossen).
In Minami: *Daimaru* (mittwochs geschlossen); *Namba City* (unterirdisch, am 3. Donnerstag geschlossen); *Sogo* (donnerstags); *Nijinomachi* (unterirdisch, am 3. Mittwoch im Monat geschlossen); *Takashimaya* (mittwochs); *White Avenue* (am 3. Mittwoch im Monat geschlossen); *Yamaha* (Musikinstrumente), 2-39, Shinsaibashisuji, Minami Ku (am 3. Mittwoch im Monat geschlossen).
**In Kobe** (Bezirk Chuo Ku)
*Daimaru* (mittwochs geschlossen); *Kobe Center Plaza* (am 1. und 3. Montag geschlossen); *Santica Town* (am 3. Mittwoch geschlossen); *Sogo* (dienstags geschlossen).

# UNTERNEHMUNGEN

### Familienbesuchsprogramme

Besuche bei japanischen Familien (Homu Visito) ermöglichen einen persönlichen Eindruck aus dem Leben und den Gewohnheiten der gastgebenden Familie. Das ist um so bedeutsamer, wenn man weiß, daß private Einladungen in den seltensten Fällen nach Hause erfolgen, man arrangiert das Treffen vielmehr im Restaurant oder in der Bar. Das Programm wird nicht auf kommerzieller, sondern auf freiwilliger Basis durchgeführt. Es genügt ein kleines Geschenk, das auf das Heimatland Bezug nimmt (oder: Schottischer Whisky); es wird nicht in Anwesenheit der Gäste geöffnet. Der Besuch sollte nicht viel länger als eine Stunde dauern und spätestens am Vortag schriftlich bei einer der folgenden Adressen beantragt werden. In Narita, Kyoto, Osaka, Otsu und Tokyo werden — mit etwas Glück — auch deutschsprachige Familien vermittelt.

Fukuoka: *Zentrum Internationaler Begegnung*, 2-1, Chikko Hommachi, Hakata Ku, Fukuoka, Tel. (092) 291-0777.

Hiroshima: *Fremdenverkehrsverein*, 1-1, Nakajimacho, Naka Ku, Hiroshima, Tel. (082) 249-9329.

Kagoshima: *Verkehrsverein*, Kagoshima City Office, 11-1, Yamashitacho, Kagoshima, Tel. (0992) 24-1111.

Kobe: *Kobe Kokusai Koryu Kaikan* (Internationaler Fremdenverkehrsverein), 5. Stock, 9-1, Nakamachi 6-chome, Chuo Ku, Kobe, Tel. (078) 303-1010.

Kurashiki: *Vereinigung für Internationale Freundschaft*, c/o Kurashiki Kokusai Hotel, 1-1-44, Chuo, Kurashiki, Tel. (0864) 22-5141.

Kyoto: *Verkehrsverein*, Abteilung Kulturelles und Fremdenverkehr der Stadtverwaltung, Kyoto Kaikan, Okazaki, Sakyo Ku, Kyoto, Tel. (075) 752-0215.

Miyazaki: *Ms. Yoko Matsui*, 3-39-2, Kibougaoka, Miyazaki, Tel. (0985) 56-2822.

Nagoya: *Nagoya Kokusai Kaikan* (Internationales Zentrum), 4. Stock, Nagono 1-chome, Nakamura Ku, Nagoya, Tel. (052) 581-5678.

Narita: *Touristen-Informationszentrum* (TIC) im Flughafengebäude, Tel. (0476) 32-8711.

Narita: *Fremdenverkehrsverein*, 839, Hanasakicho, Narita City, Tel. (0476) 24-3198.

Okayama: *International Plaza*, 3-1-15, Koseicho, Okayama, Tel. (0862) 32-2255.

Osaka: *Fremdenverkehrsverein*, Higashiguchi, JR Osaka Eki, 3-1-1, Umeda, Kita Ku, Osaka, Tel. (06) 345-2189.

Otsu (Biwa-See): *Internationale Goodwill-Vereinigung*, Sekretariat, Otsu City Office, 3-1, Goryocho, Otsu, Tel. (0775) 23-1234.

Sapporo: *Fremdenverkehrsverein*, Rathaus (2. Stock), North 1, West 2, Chuo Ku, Sapporo, Tel. (011) 211-3341.
Shirahama: *Abteilung Fremdenverkehr*, Shirahamacho Town Office, 1600, Shirahamacho, Nishimuro, Wakayama, Tel. (0739) 43-5555.
Tokyo: *Touristen-Informationszentrum*, Kotani Building, 1-6-6, Yurakucho, Chiyoda Ku, Tokyo, Tel. (03) 502-1461.
Yokohama: *Internationaler Fremdenverkehrsverein*, Silk Center, 1, Yamashitacho, Naka Ku, Yokohama, Tel. (045) 641-5824.

# Kulturszene

**Theater- und Konzertkarten** gibt es an den Vorverkaufsstellen (Purei Gaido, von »Play Guides«), die bei den TICs oder im Hotel bekannt sind (in Tokyo beispielsweise Honten, 2-6-4, Ginza, oder Kyukyodo, 5-7-4, Ginza). Die Vorstellungen der berühmten Takarazuka-Revue in Tokyo (Yurakucho) laufen von März bis August und im November/Dezember. Das Kabuki-Theater in der Ginza hat ständig Aufführungen. Neben dem Nationaltheater gibt es in Tokyo wie auch in vielen anderen Städten für das No-Spiel eigene Bühnen, die Nogakudo, so daß ein Besuch, der in den Reiseablauf paßt, kein Problem werden sollte. Bunraku gibt es außer im Nationaltheater in Tokyo vor allem im Kabuki-Theater in Osaka zu sehen, während Bugaku nur sehr selten aufgeführt wird. Kurze Ausschnitte aus japanischem Theater und alter Musik werden im Yasaka Kaikan in Kyoto eigens für ausländische Besucher kommentiert: 570-2, Gionmachi Minamigawa, Higashiyama Ku. Vom 1. März bis 29. November finden sogar Spätvorstellungen um 19.40 Uhr und 20.40 Uhr statt (2000¥, am 16. August geschlossen). Viele Termine der laufenden Veranstaltungsprogramme finden sich in englischsprachigen Periodika (zum Beispiel im »Tour Companion«), die im Hotel oder bei den TICs ausliegen.

**Museen** — »Gebäude des umfassenden Lernens« (Hakubutsukan) — finden im Buchtext zum jeweiligen Ort Erwähnung. Erst mit der Entwicklung der Teekunst entstanden größere Sammlungen vor allem von Rollbildern, Kalligraphien und Keramik. Vorgezeigt wurden jedoch meist nur Werke, die auch zum jeweiligen Anlaß paßten. Nur die *Schatzhäuser* der Tempel und Schreine, deren ältestes das Shosoin des Todaiji in Nara ist, besaßen schon seit frühester Zeit Kunstgegenstände jeder Art. Viele davon sind heute als Museum eingerichtet und dennoch oft nur zeitweilig geöffnet. Der Zeitpunkt richtet sich nach religiösen Ereignissen, oder die Räume werden gerade durchlüftet, was etwa zweimal im Jahr geschieht. Oft sind die Gebäude nur nach einer Anmeldung am Vortag zu besuchen, oder sie bleiben geschlossen.

Alle drei der staatlichen *Nationalmuseen* in Tokyo, Kyoto und Nara zeigen in häufig wechselnden Ausstellungen Exponate aus allen Perioden der japanischen Geschichte. Daneben wurden Nationalmuseen für Moderne Kunst (Tokyo und Kyoto) und für Westliche Kunst (Tokyo) gegründet. Aber auch die privaten Museen besitzen oft ausgezeichnete Sammlungen aus allen Zeiten und Epochen.

Die Museen sind von 9/10 Uhr bis 16/17 Uhr geöffnet. Sie haben meist montags (falls der Montag ein Feiertag ist: dienstags) sowie zum Jahreswechsel (28.12.-4.1.) geschlossen. Der Eintritt beträgt 300 ¥ bis 500 ¥, bei den Schatzhäusern der Tempel 200 ¥ bis 500 ¥ und in Freilichtmuseen um 1000 ¥. Bei Schreinen und Tempeln darf auch der ausländische Besucher gern eine Geldspende geben.

Für den Besuch des Alten Kaiserpalastes und des Kaiserlichen Landsitzes Katsura, beide in Kyoto, ist eine Anmeldung (Reisepaß) im *Kaiserlichen Haushaltsamt* erforderlich. Es befindet sich gegenüber dem Eingangstor zum Alten Kaiserpalast (U-Bahnstation Imadegawa); die Führungen beginnen um 10 Uhr und um 14 Uhr. Nach einer Vorschrift müssen die Besucher älter als 20 Jahre sein. Das Amt nimmt auch Anmeldungen für den Kaiserlichen Landsitz Shugakuin und für den Ginkakuji an.

Viele **Tempel** bieten außer einer oft jahrhundertealten gepflegten Holzarchitektur auch für Ausländer die Möglichkeit, nach Anfrage oder Anmeldung an *Zen-Übungen* teilzunehmen. Auch für manche der berühmten *Gärten* ist eine Voranmeldung notwendig, für den Saihoji in Kyoto beispielsweise schon drei Monate im voraus (Saihoji, Matsuo, Nishikyo Ku, Kyoto; Tel. 391-3631; 3000 ¥ pro Person). Hier sollte jedoch vor allem ein religiöser Beweggrund für den Besuch vorliegen.

Auch Teezeremonien finden in Tempeln, aber auch im Freien, in

*Zen-Übung*

Museen oder im Hotel statt. In einigen berühmten **Tee-Schulen** gibt es die Möglichkeit, Kurse zu belegen. Ura Senke zum Beispiel bietet in ihrem Chado Kenshu Kaikan in *Kyoto* (Tel. 432-1268) donnerstags Vorführungen (1000¥) und Unterrichtsstunden (1500¥) an und vermietet einfache Räume japanischen Stils für 3900¥ pro Nacht; im Übernachtungspreis sind Vorführung oder Unterrichtsstunde enthalten.

In *Tokyo* ermöglichen die Teilnahme an einer Teezeremonie das Shado Bunka Shinkokai (Tel. 361-2446) montags bis donnerstags von 10-12 Uhr und 13-15 Uhr (1000¥) oder das »Tea Ceremony Service Center« (951-9043) donnerstags und freitags von 11-13 Uhr und 14-16 Uhr (1200¥). Letzteres bietet auch **Ikebana-Kurse** an.

In der Ikebana-Schule Ohara (Tel. 499-1200) wird montags bis freitags von 10-12 Uhr (ab 2000¥) und in der Ikebana-Schule Sogetsu (Tel. 408-1126) donnerstags von 10-12 Uhr (3000¥) eine Einführung in die Kunst des Blumensteckens gegeben. Auch in der Kunst des Papierfaltens (Origami), in der Kochkunst oder in der Fertigung von Puppen gibt es Einführungskurse (Auskünfte beim TIC).

**Organisierte Reisen**

Unter den führenden japanischen Reisebüros gibt es vier, die auch Fahrkarten für die Japanischen Bahnen (JR) verkaufen: Japan Travel Bureau (JTB), Nippon Travel Agency (NTA), Kinki Nippon Tourist (KNT) und Tokyu Tourist Corporation (TTC). Mit ihrer Hilfe läßt sich die gesamte Reise auch von **Europa** aus buchen.

*Frankfurt:* JTB, Tel. (069) 290184; Kintetsu International Express (KNT), Tel. (069) 234942.
*Düsseldorf:* JTB, Tel. (0211) 350251; LTK-Reisebüro (NTA), Tel. (0211) 350135/37.
*Köln:* Nichidoku Fernostreisen (JTB), Tel. (0221) 401002.
*München:* DJC Japanreisen (NTA), Tel. (089) 271-3143.
*Wien:* JTB, Tel. (0222) 757326.
*Zürich:* Harry Kolb (JTB), Tel. (01) 7153636; Ohshu Travel (NTA), Tel. (01) 4914467.
*Genève:* JTB, Tel. (022) 320740.

In **Japan** haben diese Reisebüros englischsprachiges Personal und Zweigbüros in allen großen Städten. Die folgenden Angaben gelten für *Tokyo*:
Japan Travel Bureau, 1-13-1, Nihombashi, Chuo Ku (276-7803);
Nippon Travel Agency, 1-2-17, Higashi Shimbashi, Minato Ku (571-6611);
Kinki Nippon Tourist, 19-2, Kanda Matsunagacho, Chiyoda Ku (251-3187);
Tokyu Tourist Corporation, 1-1-5, Moto Akasaka, Minato Ku (401-7131);
Fujita Travel Service, 6-2-10, Ginza, Chuo Ku (573-1011);
Hankyu Express, 3-3-9, Shimbashi, Minato Ku (508-0129);
Tobu Travel, 3-4-12, Nihombashi, Chuo Ku (272-1806);
Japan Gray Line, Pelican-Gebäude, 3-3-3, Nishi Shimbashi, Minato Ku (433-4801).
Außerdem: Meitetsu World Travel, Ginza (572-6371); Nippon Express, Minato Ku (574-6391); Nomura Tourist Bureau, Chuo Ku

UNTERNEHMUNGEN

(271-6611); Seibu Travel, Minato Ku (436-5359); Unitours Nippon, Chuo Ku (667-6727); u.a.

Mit Hilfe dieser Reisebüros lassen sich von allen größeren Städten aus in (Halb-)Tagestouren oder auch in mehrtägigen Reisen Gärten, Tempel und Schreine, Bäder, Seen und Berge, Theater, Ausstellungen und Museen besuchen.

Beispiele in/von **Tokyo**:

*1/2 Tag Tokyo:* Ostgarten des Kaiserpalastes — Asakusa Kannon-Tempel — Ikebana — Perlen-Galerie (3000 ¥, täglich, JTB);

*1 Tag Tokyo*: Tokyo Tower — Ostgarten des Kaiserpalastes — Asakusa — Ginza — Meiji-Schrein — Sendezentrum der öffentlichen Rundfunk- und Fernsehanstalt (NHK) — Parlament — Perlen-Galerie (6900 ¥ oder, mit Zwischenmahlzeit, 8900 ¥, täglich, Japan Gray Line);

*Tokyo bei Nacht*: Abendessen — Kabuki-Aufführung — Geisha-Abend (13000 ¥, täglich, JTB);

*1 Tag nach Nikko* (13000 ¥ oder, mit Zwischenmahlzeit, 15000 ¥, täglich vom 20.3.-20.11., Fujita Travel Service);

*2 Tage nach Kamakura und Hakone* (25000 ¥ einschl. einer Mahlzeit, täglich vom 1.3.-30.11., Hankyu Express);

*3-Tagesreise nach Kyoto* (endet dort): Kamakura — Hakone (Übernachtung) — Kyoto (Übernachtung) — Nara (64000 ¥ einschl. zwei Mahlzeiten, EZ pro Nacht 5300 ¥ mehr, täglich vom 1.3.-28.11., Hankyu Express);

*5 Tage Takayama und Kanazawa*: Shirakawa-Tal — Matsumoto (Übernachtung) — Tsumago — Takayama (Übernachtung) — Kanazawa (Übernachtung) — Awara Onsen (Übernachtung) — Kyoto (180000 ¥ mit 4mal Frühstück und zwei Abendessen, dienstags im April, Mai, September und Oktober, JTB).

Beispiele in/von **Kyoto**:

*1/2 Tag nach Nara:* Todaiji — Wildpark (Rehe) — Kasuga-Schrein mit Schatzhaus (5500 ¥, täglich von März bis November, KNT);

*1/2 Tag Kyoto* (vormittags): Schloß Nijo — Kinkakuji — Alter Kaiserpalast — Handwerkzentrum (4300 ¥, täglich, JTB);

*1/2 Tag Kyoto* (nachmittags): Heian-Schrein — Sanjusangendo — Kiyomizudera (4300 ¥, täglich, JTB);

*1 Tag Kyoto*: Schloß Nijo — Kinkakukji — Alter Kaiserpalast — Sanjusangendo — Higashi Honganji — Kiyomizudera — Heian-Schrein (7900 ¥, täglich von März bis November, KNT);

*Kyoto bei Nacht*: Abendessen — Tee-Zeremonie — Gion Corner (8000 ¥, mittwochs und samstags von April bis November, JTB);

*2 Tage Hiroshima und Inlandsee*: Hiroshima (Übernachtung) — Itsukushima-Schrein und Miyajima (95000 ¥ mit einer Mahlzeit, donnerstags und sonntags von März bis November, Fujita Travel Service);

*5 Tage Trans-Kyushu*: Fukuoka (Übernachtung) — Beppu (Übernachtung) — Asosan — Kumamoto (Übernachtung) — Nagasaki (Übernachtung) — Unzen (208000 ¥ einschließlich drei Mahlzeiten, dienstags und samstags von März bis November, Fujita Travel Service).

## Sport

Im Januar, Mai und September (genaueres beim TIC) besteht in Tokyo die Gelegenheit, in der *Sumo*-Sporthalle (Kokugikan, Bahnhof Ryogoku, Sumida Ku) einen Wettkampf der Sumo-Ringer mitzuerleben. In 15 tägigen Turnieren wird der Champion ermittelt. Im März findet das Turnier in Osaka statt (Prefectural Gymnasium, nahe dem Baseball-Stadion, Namba), im Juli in Nagoya (Prefectural Gymnasium, beim Schloß) und im November in Fukuoka.

In verschiedenen Sportzentren in Tokyo kann man beim Training traditioneller Sportarten zusehen: Kodokan (*Judo*-Halle) zwischen den U-Bahnstationen Korakuen und Kasuga (werktags); Nippon Budokan im Norden der Kaiserlichen Gärten; *Karate*-Zentrum (Bahnhof Ebisu); Aikikai (Trainingszentrum des Welthauptquartiers des Aikido-Sports).

Das aus dem Westen importierte *Golf* erfreut sich so großer Beliebtheit, daß die Nachfrage um einen Platz in einem öffentlichen Golfkurs nur werktags Erfolg verspricht. Besser nutzen lassen sich die etwa 900 Golfplätze bei privaten Bekanntschaften.

Für den *Bergsport* bestehen im Sommer wie im Winter beste Voraussetzungen. Die Bergregionen sind mit Bussen bequem zu erreichen und bieten neben interessanten Wanderwegen auch jede Übernachtungsmöglichkeit. Auch die Ski-Gebiete an der Westseite des Biwa-Sees, im Nationalpark Chubu Sangaku, an den Berghängen des Joshinetsu-Plateaus oder um Sapporo stehen dem nicht nach.

Fahrradherbergen ermöglichen mehrwöchige *Radtouren*, besonders die Küstenstrecken bleiben naturgemäß von häufigen starken Steigungen verschont. An manchen Bahnhöfen werden Fahrräder vermietet (300 ¥ pro Stunde, 1 000 ¥ pro Tag).

Die öffentlichen Bäder sind sehr beliebt, aber wer so viel Zeit wie ein Tourist hat, kann auch einen der *Strände* aufsuchen, die außerhalb der Reisezeiten meist recht leer sind. Ganz anders ist es um die heißen Quellen, die *Onsen*, bestellt. Die drei größten Badeorte Atami (Halbinsel Izu), Shirahama (Halbinsel Kii) und Beppu (auf Kyushu) werben mit ebensoviel Angeboten wie Möglichkeiten um die zahlreichen Gäste. Fast ebenso interessant sind aber auch die Onsen in schmalen Tälern, in den Bergen oder auf Hokkaido, und sie haben den Vorteil gegenüber der Küste, auch im Winter einladend zu wirken (Einzelheiten dazu in jedem TIC).

# VERKEHRSMITTEL

## Fliegen (Narita und Inland)

Internationale Flughäfen besitzen Tokyo (Narita), Osaka (Itami) und Fukuoka (Itazuke). Die meisten Auslandsflüge werden über den neuen Internationalen Flughafen (1978) in **Narita** abgewickelt. Beim Abflug werden 2000 ¥ Flughafengebühr erhoben (Kinder bis 11 Jahre die Hälfte). Narita liegt etwa 60 km östlich von Tokyo, ist aber bestens mit der Stadt verbunden:

Ein Bus der JR fährt in 25 Minuten (370 ¥) bis zum Bahnhof Narita; weiter mit JR in 60 bis 80 Minuten (2500 ¥ bis 1400 ¥) bis zum Bahnhof Tokyo in der Innenstadt.

Ein Zubringerbus fährt von der Ankunftshalle in 5 Minuten (200 ¥) zum Flughafenbahnhof. Von hier bietet die Keisei-Bahn eine durchgehende Verbindung (»Skyliner«) in 1 Stunde (1500 ¥) oder einen Schnellzug in 75 Minuten (800 ¥) bis in das Stadtzentrum Tokyo/Ueno an. Die Keisei-Endstation liegt im südlichen Teil des Ueno-Parks.

Ein direkter Expreßbus (Airport Limousine) verkehrt in gut 1 Stunde (2500 ¥) zum Flughafen-Busbahnhof (TCAT) in Innenstadtnähe und weiter zum Bahnhof Tokyo (15 Minuten, 200 ¥).

Solche Expreßbusse und Busse im Pendelverkehr fahren in 80 bis 110 Minuten (2700 ¥) auch direkt zu den Hotels Grand Palace, Akasaka Tokyu, New Otani, Ginza Tokyu, Imperial, Palace, Okura, Tokyo Prince, New Takanawa Prince, Pacific und Takanawa Prince. Busse im Pendelverkehr fahren zu weiteren Spitzenhotels. Bei jedem Halt läßt sich die Fahrt mit dem Taxi fortsetzen.

Wer gleich vor der Ankunftshalle ins Taxi steigt, erreicht die Innenstadt in 60 bis 90 Minuten (16000 ¥ bis 20000 ¥).

Yokohama erreichen die Expreßbusse in ca. 2 Stunden (3100 ¥).

Der zweite große Flughafen von Tokyo, **Haneda**, liegt 80 km von Narita entfernt am südlichen Stadtrand. Die Fahrt mit dem Expreßbus dauert etwa 1 ½ Stunden (2700 ¥). Mit dem Hubschrauber läßt sie sich auf ½ Stunde verkürzen; der Luftsprung kostet weniger als eine Taxifahrt, die zudem in den Spitzenverkehrszeiten 4 Stunden dauern kann.

Von Haneda starten fast alle Inlandsflüge der Japan Air Lines (JAL), der All Nippon Airways (ANA), der Japan Air System (JAS) sowie einige ausländische Fluggesellschaften, zum Beispiel die China Airlines nach Taiwan. Vom Flughafen, dessen Lande- und Startbahnen nur knapp über dem Wasserspiegel der Bucht von Tokyo liegen und dem Neuankömmling den Schreck einer Notwasserung einjagen, führt eine Magnetschwebebahn auf hohen Betonstelzen über die Kais und Hafenbecken in

Richtung Innenstadt (ca. ½ Stunde, umsteigen in Hamamatsucho). Ebenso lange fahren die Busse (400 ¥).

Der längste Inlanddirektflug, das ist die Strecke von Tokyo nach Okinawa, dauert 2:45 (37 300 ¥). Am stärksten frequentiert sind die Verbindungen nach Fukuoka (1:45, 27 000 ¥) und Sapporo (1:25, 25 500 ¥). Aber auch Kagoshima im südlichen Kyushu wird noch 9 mal täglich (1:50, 31 500 ¥) und Kushiro im östlichen Hokkaido 5 mal täglich (1:30, 34 500 ¥) angeflogen. Interessant ist die Tatsache, daß ein Flug nach Osaka (1:00, 15 600 ¥) preisgünstiger ist als eine Fahrt dorthin im Grünen Abteil mit dem Superexpreß oder Shinkansen (3:00, 18 000 ¥; Normalpreis 13 100 ¥).

Auf den internationalen Studentenausweis (ISIC) gibt es für Inlandsflüge 35% Ermäßigung, allerdings nur für Studenten unter 21 Jahren und für Flüge, in denen noch einige Plätze frei geblieben sind (»standby«).

**In der Bahn**

Die sechs größten Bahnunternehmen Japans sind in der »Japan Railways Group« (JR) zusammengeschlossen. Daneben gibt es zahlreiche kleine Gesellschaften über kurze Entfernungen, die wesentlich preisgünstigere Fahrkarten anbieten und das Netz der JR regional ergänzen, beispielsweise nach Nikko, Inuyama, Iseshi, Yoshino, Koyasan u.a.

Der von der JR herausgegebene **Bahnpaß** (muß im Ausland besorgt werden, s.u.) gilt für das gesamte Netz der JR, für die Ringbahnen in Tokyo und Osaka, für JR-Busse und einige Fähren. Der Paß lohnt sich eventuell schon deshalb, weil der richtige Fahrpreis aus den Tabellen der Fahrkartenautomaten nicht so einfach zu ermitteln ist. Er setzt sich aus einem Grundtarif, dessen Kilometerpreis von der Länge der Strecke abhängt, und aus einem Zuschlag je nach Art des benutzten Expreßzuges zusammen. Für Personenzüge (*Futsu*) und Schnellzüge (*Kaisoku*) ist kein Zuschlag erforderlich. Ermäßigungen gibt es für Rundfahrten über 600 km, für Tagestouren und für Fahrten in bestimmte Gebiete.

Mit dem JR-Paß können auch die Expreßzüge (*Kyuko*), die Fernexpreßzüge (*Tokkyu*) und die Superexpreßzüge (*Shinkansen*) benutzt werden. Ein Zuschlag ist nur für den Green Sha (»Grüner Waggon«, entspricht unserer ersten Klasse) und die Benutzung eines Schlafwagens zu bezahlen. Schlafwagenzüge verkehren zum Beispiel nach Sapporo oder Nagasaki.

Der Gutschein für den JR-Paß muß vor der Ankunft in Japan, zum Beispiel bei einem Büro der Japan Air Lines (s.S. 266) gekauft werden. Ein Kauf nach der Einreise ist nicht möglich. Der Gutschein wird bei einem **JR-Reiseservice** in Japan gegen den JR-Paß eingetauscht. Der Beginn seiner Gültigkeitsdauer kann innerhalb einer 3 monatigen Frist beliebig festgelegt werden. Büros des JR-Reiseservices befinden sich in Narita (im Flughafengebäude, 7-23 Uhr), im Bahnhof Tokyo (an der Ostseite, gleich beim Yaesu-Nordausgang), in den Bahnhöfen

## VERKEHRSMITTEL

Tokyo/Shinjuku, Tokyo/Ueno, Tokyo/Ikebukuro und Tokyo/Shibuya, in Fukuoka, Hiroshima, Kagoshima (Bahnhof Nishi Kagoshima), Kokura, Kumamoto, Kyoto, Nagoya, Niigata, Osaka, Sapporo, Sendai und Yokohama (täglich von 10-18 Uhr geöffnet). Das JR-Büro in Shimonoseki ist an Sonn- und Feiertagen geschlossen.

| JR-Paß  | Standard | Green Sha |
|---------|----------|-----------|
| 7 Tage  | 27000 ¥  | 37000 ¥   |
| 14 Tage | 43000 ¥  | 60000 ¥   |
| 21 Tage | 55000 ¥  | 78000 ¥   |

Kinder von 6 bis 11 Jahren bezahlen den halben Fahrpreis. Für die Shinkansen-Züge sind **Platzkarten** empfehlenswert, sie werden an den grün markierten Schaltern (*Midori no Madoguchi*) von 10 bis 18 Uhr ausgegeben. Wer keinen JR-Paß besitzt, reserviert in den Büros des JR-Reiseservice oder bei den Reisebüros Japan Travel Tourist, Kinki Nippon Tourist, Nippon Travel Agency und Tokyu Tourist Corporation (englischsprachiges Personal; s.S. 291). Bis zu zwei Gepäckstücke sind zuschlagfrei. Die Gebühren für Münzschließfächer betragen 200 ¥ bis 400 ¥ pro Tag.

Die Shinkansen-Züge befahren die Strecke von Tokyo nach Kyoto und Osaka in der Zeit von 6 bis 21 Uhr in Abständen von 6 bis 36 Minuten und tragen klingende Namen. Hikari-Züge (»starkes Licht«) halten wesentlich seltener als Kodama-Züge (»Echo«), weshalb es zu unterschiedlichen Reisezeiten kommt. Die ersten drei bis elf (numerierten) Waggons sind für Reisende ohne Platzkarten, die übrigen Wagen haben nur reservierte Plätze. Der Green Sha befindet sich im mittleren Teil des Zuges. Da es sich um Großraumwagen handelt, ist jeweils ein ganzer Waggon als Nichtraucher bzw. Raucher deklariert.

Auf den **Bahnsteigen** von Expreßzug-Stationen sind die Haltepunkte der Waggontüren markiert und die dazugehörigen Waggonnummern angeschrieben. Es ist üblich, sich vor Einfahrt des Zu-

*Okayama - Takamatsu (Brücke) 1:05
Okayama - Takamatsu (Fähre) 1:40
Okayama - Matsuyama 3:15
**Takamatsu - Matsuyama 2:55

gen eingesetzt, die auch auf den schnellen Shinkansen-Trassen einander im 8-Minuten-Abstand jagen. In den größten Bahnhöfen leuchten auf elektronischen Anzeigetafeln die Zielbahnhöfe, Namen und Abfahrtszeiten der Züge abwechselnd in japanischen Zeichen und in Romaji auf.

### Innerstädtischer Nahverkehr

Außer den beiden Ringbahnen in Tokyo und Osaka unterhält die JR (neben anderen Bahngesellschaften) in vielen Städten Verbindungen in die Vororte. Von diesen S-Bahnlinien tariflich getrennt sind die U-Bahnen von Tokyo, Fukuoka, Kobe, Kyoto, Nagoya, Osaka, Sapporo und Yokohama. Straßenbahnen gibt es unter anderem in Hiroshima, Kagoshima, Kitakyushu und im Bezirk Ikebukuro (Tokyo). Jede Stadt besitzt ein Busliniennetz, das aber wegen der japanischen Beschriftung an Bussen und Haltestellen, den Sprachschwierigkeiten und der Ortsunkenntnis dem Fremden oft mehr Probleme als Nutzen bereiten.

ges an der Markierung des richtigen Waggons anzustellen. Die Züge halten exakt an der betreffenden Stelle und haben sehr kurze Aufenthaltszeiten.

In den meisten Expreßzügen betritt das Personal den Waggon mit einem Gruß und einer Verbeugung und verabschiedet sich beim Verlassen auf dieselbe Art. Auch in vollbesetzten Zügen herrscht rücksichtsvoller Umgang, die Getränke- und Proviantwagen finden stets eine Lücke im Gang der klimatisierten Tokkyu- und Shinkansen-Züge. An besonderen Feiertagen werden zusätzliche Verbindun-

Die Preise für den Kurzstreckenfahrschein beginnen bei U- und S-Bahnen bei 120 ¥, bei Bussen und Straßenbahnen bei 140 ¥ oder 160 ¥. Die **Fahrkarten** (Kippu) gibt es an Bahnhöfen aus Automaten, die das Wechselgeld zurückgeben; an Verkehrsknotenpunkten wechseln Automaten auch 1000-¥-Banknoten. In Bussen und Straßenbahnen erhält man den Fahrschein am Einstieg, der sich in den meisten Fällen hinten befindet, und bezahlt mit abgezähltem Kleingeld, wenn man aussteigt; oft zeigt eine Skala hinter dem Führersitz laufend den Fahrpreis an, der für den jeweiligen Einstiegstarif gilt.

Alle Bahnfahrscheine werden nach der Fahrt vom Personal eingesammelt; es besteht die Möglichkeit, nachzuzahlen.

Anhand der U-Bahn-Pläne, die in Tokyo kostenlos erhältlich sind, ist eine ausreichende Orientierung möglich. Obwohl die Stationen auch auf Romaji ausgeschrieben sind, ist eine Fahrt während des Berufsverkehrs in den Morgen- oder Abendstunden (gegen 9 und 18 Uhr) nicht ratsam. In Kyoto gibt es sogar einen Stadtplan, auf dem die Buslinien mit den wichtigsten Stationen eingezeichnet sind.

**Auf der Straße**

Straßen führen — auch wenn sie in den Karten des Buches aus Gründen der Übersichtlichkeit nicht alle eingezeichnet sind — im Land mit der zweitgrößten Automobilindustrie der Welt selbst in den entferntesten Winkel. Neben einem gut ausgebauten Netz von **Buslinien**, das sich besonders für Ausflüge in die Bergregionen anbietet, gibt es viele Busgesellschaften, die Rundfahrten mit englischsprachiger Führung anbieten (s.S. 291). In Linienbussen in die nähere Umgebung erhält man den Fahrschein wie bei den Stadtbussen am Eingang und bezahlt beim Fahrer, wenn das Ziel erreicht ist. Zwischen den großen Städten verkehren komfortable Reise- und auch Nachtbusse, die häufig mit Toilette ausgestattet und klimatisiert und zum Teil der JR angeschlossen sind. Der Tarif ist der JR angepaßt oder, bei anderen Gesellschaften, günstiger. Leider haben diese Überlandbusse einen knapp bemessenen Platz für größeres Gepäck, was daran liegt, daß Japaner ihr Land auch in kürzeren Reisen kennenlernen können.

Wer sich durch den Linksverkehr, japanische Straßenschilder und die hohen Gebühren für die Benutzung von Autobahnen, Maut- und Panoramastraßen nicht abschrecken läßt, kann sich für 6000-7500 ¥ einen Kleinstwagen, für 15 000 ¥ einen Mittelklassewagen oder für durchschnittlich 21 500 ¥ auch ein größeres Modell **mieten**. Bei Benzinpreisen von 120 ¥ (Normal) und 130 ¥ (Super) sowie bei den geltenden Geschwindigkeitsbegrenzungen auf Autobahnen (100 km/h), Landstraßen (60 km/h) oder in der Stadt (40 km/h) wird er damit nicht billiger und auch kaum schneller als die Bahn fahren. Zuverlässige Autovermietungen in Tokyo sind *Hertz* (Tel. 03-499-3621), *Nippon Rent a Car* (Tel. 03-496-0919) oder *Avis* (03-583-0911).

Während die internationale Fahrerlaubnis der Österreicher anerkannt wird, müssen Deutsche und Schweizer den japanischen **Führerschein** erwerben. Das geht nach Vorlage des nationalen Führerscheins ohne Prüfung, aber mit einem Seh- und einem Hörtest. Nähere Auskünfte zu den Formalitäten erteilt der *Japanische Automobilverband*, 3-5-8, Shibakoen, Minato Ku, Tokyo.

Einfacher ist die Fahrt mit dem **Taxi**. Dazu läßt man sich das Fahrziel am besten im Hotel oder beim TIC in japanischer Schrift aufschreiben. In den großen Städten beträgt der Grundtarif für die ersten 2 km: 470 ¥, danach 235 ¥ pro Kilometer. Allerdings muß man sich an den Taxihaltestellen vor den Bahnhöfen mitunter an die bereits wartenden Fahrgäste anschließen und nachts eventuell mit etwas mehr als dem üblichen Fahrpreis in der Hand (sichtbar!) nach dem Taxi winken. Auf kurzen Strecken innerhalb der Stadtzentren sind wegen der Einbahnstraßen manchmal Umwege in Kauf zu nehmen. Der Nachtzuschlag in der Zeit von 23 Uhr bis 5 Uhr morgens kann bis zu 20 % betragen.

## Mit dem Fahrrad

Das ganze Jahr über gibt es Möglichkeiten für Radtouren jeder Reichweite. Lediglich in Hokkaido sowie im Norden der Hauptinsel Honshu sind die Monate Dezember bis März wegen verschneiter Straßen nicht zu empfehlen. Am beliebtesten und auch von der Wetterlage her günstig sind die Zeit der Kirschblüte (April), der Mai und der Herbst (Oktober, November), dessen Farbenspiele zu den schönsten Eindrücken aus Japan gehören.

Obwohl man meistens auf asphaltierten Landstraßen fährt, sind Etappen von mehr als 100 km an einem Tag wegen des starken Verkehrs nicht zu empfehlen. Gut in zwei Wochen zu schaffen ist zum Beispiel die Strecke von Kyoto nach Shimonoseki an der Westspitze von Honshu; eine Route dorthin könnte am Biwa-See vorbei und entlang der Küste des japanischen Meeres führen (ca. 850 km), eine andere über Osaka, Himeji und Hiroshima an der Pazifikseite von Honshu entlang (ca. 650 km). Auch die Route von Kyoto über Nara und den Großen Ise-Schrein bis Toba, von dort mit der Fähre über die Bucht und weiter bis Tokyo (ca. 650 km) verspricht viel Abwechslung. Die Querung von Honshu (Tokyo-Kanazawa, 500 km) führt durch die faszinierenden Bergtäler bei Matsumoto. Etwas weniger Steigung erhofft man sich von den Inselumrundungen auf Shikoku (930 km), Kyushu (1 670 km) oder Hokkaido (2 480 km).

Für die Regionen ab Nikko und über Tokyo und Kyoto nach Westen bis Okayama gibt es spezielle Radwanderkarten, erhältlich bei *Buyodo*, 3-8-6, Nihombashi, Chuo Ku, Tokyo 103, Tel. (03) 271-2451, oder beim *Radwanderzentrum*, 9-3, Akasaka 1-chome, Minato Ku, Tokyo 107, Tel. (03) 584-4530. Obwohl auf diesen Karten nur die Ortsnamen auch mit lateinischen Buchstaben beschriftet sind, läßt sich mit den eingezeichneten Radwanderwegen, Fahrradvermietungen und Jugendherbergen viel anfangen.

Fahrräder werden seltener in den großen Städten (keine Radwege), sondern eher an landschaftlich günstig gelegenen Bahnhöfen und vor allem von sogenannten Saikuringu Taminaru (»Cycling Terminals«) tage- oder stundenweise vermietet (zum Beispiel 4 Stunden für 400 ¥). Es gibt 42 dieser Häuser in Japan, und sie bieten für 4500 ¥ (zwei Mahlzeiten eingeschlossen) auch die Möglichkeit zur Übernachtung.

# VERKEHRSMITTEL

Für Langzeit-Radtouren empfiehlt der Japanische Radfahrerverband (*Nihon Saikuringu Kyokai*), 9-3, Akasaka 1-chome, Minato Ku, Tokyo 107, Tel. (03)583-5444, sich in Japan für ca. 70 000 ¥ ein Fahrrad zu kaufen (gebraucht etwa die Hälfte, aber schwierig aufzutreiben) oder sein eigenes Fahrrad mitzubringen. Wenn es nicht mehr als 15 kg wiegt, wird es auf Inlandflügen kostenlos mitbefördert; es muß aber, wie auch bei Bahnfahrten, bis auf den Rahmen zerlegt werden, so daß es in eine der Fahrrad-Transporttaschen paßt, die es in Japan gibt. Nach dem Kauf der Fahrkarte holt man sich beim Gepäckschalter den Gepäckschein für das Fahrrad und steigt mit dem verpackten Fahrrad unter dem Arm in den Zug.

## Auf Schiffen

In den Häfen der küstennahen Inseln, vor allem, wenn sie zu einem Nationalpark gehören, legen mehrmals täglich Linienfähren an. Hier ist der Transport von Fahrrädern kein Problem. Genaue Auskünfte zu den Fahrplänen in und außerhalb der Saison geben die regionalen TICs (s.S. 274f.). Nur wenige der Schiffsverbindungen zwischen den vier Hauptinseln werden von der JR betrieben; für JR-Fähren gilt der Bahnpaß.

Besonders viele Möglichkeiten mehrstündiger Überfahrten bietet die *Inlandsee* (Setonaikai):
(Kyoto—Okayama—) Uno—Takamatsu (JR) mit 1 Stunde Seefahrt (Gesamtpreis von Kyoto 8 200 ¥);
Mihara—Imabari, 1 Stunde 45 Minuten (1 270 ¥);
Hiroshima—Matsuyama, 2 Stunden 45 Minuten (1 800 ¥), oder mit dem Tragflächenboot in 1 Stunde (4 800 ¥);
Osaka (Benten-Kai)—Takamatsu, knapp 6 Stunden (ab 2 300 ¥);
Kobe (Nakatottei)—Takamatsu, 4 ½ Stunden (ab 2 300 ¥);
Osaka (Nanko)—Kochi, knapp 10 Stunden (ab 4 400 ¥);
Osaka (Nanko)—Tokushima, 3 ½ Stunden (ab 1 900 ¥).

Fahrzeiten oder weitere Verbindungen sind bei den TICs in Hiroshima, Kobe und Osaka oder der Schiffahrtsgesellschaft Setonaikaisen zu erfahren.

Die großen Fähren bieten mit Bars und Restaurants viel Komfort. Einige Beispiele für *längere Seereisen*:
Tokyo (Takeshiba-Landungsbrükken)—Kochi, 21 ½ Stunden (ab 13 500 ¥);
Tokyo (Takeshiba-Landungsbrükken)—Tokushima, 19 ½ Stunden (ab 8 200 ¥);
Tokyo (Takeshiba-Landungsbrükken)—Kushiro (auf Hokkaido), 33 ½ Stunden (ab 14 000 ¥);
Osaka—Beppu (auf Kyushu), 13-17 Stunden (nur nachts);
Osaka—Naha (auf Okinawa), mindestens 33 Stunden (ab 15 000 ¥);
Kagoshima (Neuer Hafen)—Naha, 18-21 Stunden, (ab 11 500 ¥).
Auf den internationalen Studentenausweis (ISIC) werden Ermäßigungen von 20-25% gewährt. (Schiffsverbindungen ins Ausland s.S. 267f.)

# UNTERKUNFT

## Im Hotel

Von den vielleicht 3000 Hotels (Hoteru) westlichen Stils haben sich etwa 400 im Japanischen Hotelverband (**Nihon Hoteru Kyokai**) zusammengeschlossen. Die Spitzenhotels unter ihnen zeichnen sich durch exklusives Intérieur und hervorragenden Service aus. Die Übernachtung in einem Doppelzimmer kostet hier durchschnittlich 25000¥ (in Tokyo). Die anderen Hotels dieser Gruppe, von denen viele eine direkte Verbindung zum Flughafen bieten, zeigen einen ähnlich hohen Standard. In ihren Restaurants werden japanische Spezialitäten wie auch internationale Küche serviert, in Galerien Ausstellungen gezeigt, und es stehen dem Gast Bars, Cafés und Sporteinrichtungen zur Verfügung. Die Räume sind zentralbeheizt, klimatisiert und können auch für geschäftliche Besprechungen genutzt werden. Das Personal spricht Englisch, reserviert die nächste Übernachtung oder bucht Tagestouren zu einmaligen Baukunstwerken oder zum Einkaufen.

Die Übernachtung in einem Zimmer mit Bad kostet ca. 5000-15000¥ (Doppelzimmer 8000-20000¥) und schließt Steuern und — bei Mahlzeiten — ein Bedienungsgeld von 10-15% ein. In Tokyo beträgt der mittlere Preis für das Einzelzimmer mehr als 10000¥ und liegt damit um 20-30% höher als in anderen Städten.

Es ist ratsam, das Zimmer schon vor der Abreise, zum Beispiel bei einem japanischen Reisebüro (s.S. 291), zu buchen. Weitere Auskünfte und die Adressen der Hotels sind bei der *Japanischen Fremdenverkehrszentrale* zu erfahren:
Kaiserstraße 11, D-6000 Frankfurt/M., Tel. (069) 20353;
Kärtner Ring 5, A-1010 Wien, Tel. (0222) 523249;
Rue de Berne 13, CH-1201 Genf, Tel. (022) 318140.

Bei japanischen Geschäftsreisenden sehr beliebt sind die sogenannten **Bizinesu Hoteru** (»Business Hotels«), die bei zweckmäßiger westlicher Einrichtung und günstiger Verkehrslage zwar einen reduzierten Service, dafür aber günstigere Übernachtungspreise bieten. Ein Einzelzimmer mit Bad liegt in Tokyo bei 6000¥, in anderen Städten bei 5000¥ durchschnittlich, ein Doppelzimmer bei 10000¥ bzw. 9000¥. Einzelzimmer überwiegen, und statt einer Speisekarte gibt es Getränkeautomaten auf den Fluren. Kreditkarten werden akzeptiert, manchmal wird im voraus bezahlt. Auskünfte erteilt — in Ergänzung zu den TICs — auch die *Japan Business Hotel Association*, 43, Kanda Higashi Matsushitacho, Chiyoda Ku, Tokyo

# UNTERKÜNFTE

(schriftlich); oder u.a. in Arita (0955) 42-4111, Aizu-Wakamatsu (0242) 3206888, Beppu (0977) 24-2838, Kanazawa (0762) 63-1151, Matsue (0852) 27-2598, Matsumoto (0263) 32-2814, Morioka (0196) 25-2090, Naha (0988) 57-6884, Nikko (0288) 53-4511, Okayama (0862) 2912, Takamatsu (0878) 51-2009, Takayama (0577) 32-5328.

Eine dritte Kategorie von Hotels westlichen Zuschnitts, die **Pensionen**, befinden sich meist in Gegenden, die Anreiz zu sportlichen Unternehmungen bieten. Das können Ski-Gebiete sein, Seen oder ein naher Nationalpark. Die Umgangsformen sind eher ländlich, ebenso die Mahlzeiten. Pensionen haben selten mehr als 10 Zimmer, und die Übernachtung im Doppelzimmer kostet ca. 6 000 ¥ (mit zwei Mahlzeiten 7 500 ¥) pro Person. Auch diese Adressen erfährt man am besten beim nächsten TIC, denn dort ist bekannt, ob der Inhaber auch Englisch spricht.

Eine japanische Erfindung — wenn auch nicht im traditionellen Stil — sind Hotels, in denen zwei Meter lange, mit Klimaanlage und Fernseher ausgestattete Schlafkabinen den herkömmlichen Tatami-Raum bzw. das Bettgestell ersetzen (ca. 4 000 ¥).

Im **Rabu Hoteru** (»Love Hotel«) — in Japan kein Bordell — können Ausländer nur dann den günstigen Nachttarif (ab 22 Uhr) nutzen, wenn einer von ihnen Japanisch versteht (s.S. 233). Sie sind an ihren märchenhaften, ins Groteske abgleitenden Architekturformen bzw. an einer nicht minder auffallenden Leuchtreklame zu erkennen und in ganz Japan verbreitet.

## Im Ryokan

Das japanische Hotel, das Ryokan, bietet dem Ausländer auf sehr bequeme Weise die Möglichkeit, japanische Lebensart näher kennenzulernen. Die besondere Atmosphäre entsteht zunächst durch die Räumlichkeit, durch die weichen Tatami, mit denen der Fußboden ausgelegt ist, durch Schiebetüren und sparsamste Möblierung, weiter durch einen Service, wie er kaum noch zu überbieten ist, und schließlich durch das japanische Bad (Ofuro).

Von den vielleicht 90 000 Ryokan haben sich die etwa 2 200 besten und wohl auch teuersten in einem Verband, dem **Nihon Kanko Ryokan Remmei**, zusammengeschlossen. Bei bester Ausstattung braucht man weder auf die Heizung noch auf die Steckdose oder den Fernseher zu verzichten, zum Haus gehört ein kleiner Garten, die Gäste werden mit einer Schale Tee und Gebäck begrüßt, und für jedes Zimmer sorgt eine Bedienstete; dort wird meist auch das (japanische) Essen serviert. Als Hauskleidung wird ein Yukata gestellt, und ein englischsprachiger Buchungsservice gibt auch an Orten fern der großen Städte die Möglichkeit zu Ausflügen in die Umgebung oder in einen Nationalpark. Aufgrund der personalintensiven Leistungen liegt das Ryokan preislich oft weit über den Spitzenhotels.

Für eine Übernachtung mit zwei Mahlzeiten ist mit 10 000-60 000 ¥ pro Person zu rechnen, auf der Basis von zwei, manchmal auch mehr Personen in einem Zimmer. Die Preise variieren nach der Saison, der Raumgröße, der Ausstattung,

den servierten Mahlzeiten und liegen manchmal auch am Wochenende höher. Hinzu kommen 10% Steuern sowie 10-15% Bedienungsgeld, das die ausgestellte Rechnung aber schon berücksichtigt.

Das Zimmer kann schon vor der Abreise, besser aber nach der Ankunft in Japan bei einem Reisebüro (s.S. 291) oder direkt beim Ryokan gebucht werden. Das Reisebüro kann auch mitteilen, welches Ryokan den Wünschen westlicher Besucher (Zentralheizung, Sitz-Toiletten etc.) weitgehend entgegenkommt.

Für die sparsamere Reisekasse haben sich in der **Japanese Inn Group** ca. 70 wesentlich preisgünstigere Ryokan zusammengefunden und bieten Übernachtungen ohne Mahlzeiten zu durchschnittlich 4000¥ an. Sie haben oft keine Zimmer mit eigenem Ofuro, aber selbst wer ein Zimmer mit Bad bewohnt, sollte nicht versäumen, auch das japanische Gemeinschaftsbad aufzusuchen. Andererseits gibt es in diesen Häusern häufig Einzelzimmer. Frühstück, auch westliches (800¥), und Abendessen (3000¥) können extra bestellt werden. Auch hier kommen bei Rechnungen über 5000¥ 10% Steuern und — bei Mahlzeiten — ein Bedienungsgeld von 10-15% hinzu. Adressen vermitteln die TICs (s.S. 274) oder die *Japanese Inn Group*, c/o Hiraiwa Ryokan (mit dem Hauptbüro), 314, Hayaocho, Kaminoguchi Agaru, Nino-

UNTERKÜNFTE

miyacho Dori, Shimogyo Ku, Kyoto 600, Tel. (075) 351-6748; oder c/o Sawanoya Ryokan, 2-3-11, Yanaka, Taito Ku, Tokyo 110, Tel. (03) 822-2251. Reservierungen werden direkt beim Ryokan vorgenommen.

Betritt der Gast ein Ryokan, zieht er zuerst die Schuhe aus und schlüpft in die bereitgestellten Hausschuhe; auf den Tatami seines Zimmers dagegen bewegt er sich nur in Socken oder barfuß. In einigen Ryokan werden die Schuhe erst im Vorraum des Zimmers, wo sonst die Hausschuhe stehen, ausgezogen. In den Toiletten, deren traditionelles Hock-Klosett manchmal auch durch ein Sitzbecken ergänzt wird, stehen extra Schuhe bereit. Für morgendliche Spaziergänge in nächster Umgebung des Ryokan genügt der Yukata, der im Winter noch durch einen Überrock (*Tanzen*) ergänzt wird, und auch die japanischen Holzsandalen (*Geta*), die sicher ein neues Gehgefühl vermitteln, stehen bereit.

Das Zimmer des Ryokan zeigt verschiedene Gesichter: es wandelt sich vom Wohnraum in ein Speisezimmer, in dem man auf flachen Kissen (mit oder ohne Rückenlehne) um einen niedrigen Tisch sitzt, und abends wird dank fehlender Bettgestelle die Matratze (*Futon*) auf den federnden Tatami ausgebreitet, je nach Jahreszeit mit dicken Steppdecken oder leichten Baumwollaken.

Das japanische Bad (*Ofuro*) hat heute fast ausschließlich nach Geschlechtern getrennte Räume. Die Kleider bleiben in einem Korb oder Regal des Vorraumes, für den Baderaum bedarf es höchstens eines Handtuchs. Dort wäscht und duscht man sich gründlich vor dem relativ kurzen Entspannen im sehr heißen Wasser des Bades. So bleibt das Wasser sauber und wird erst zum Ende der täglichen Badezeit ausgelassen.

Die Anmeldung erfolgt normalerweise ab 15/16 Uhr, die Abmeldung bis 10/11 Uhr.

## Minshuku

Minshuku sind keine Hotels, sondern Privatzimmer. Die etwa 100 von der Japanischen Fremdenverkehrszentrale (s. TICs, S. 274) für Ausländer empfohlenen Minshuku finden sich bevorzugt an Erholungs- und Urlaubsorten und zeichnen sich durch Übernachtungspreise von ungefähr 5 000 ¥ pro Person aus. Darin sind Abendessen und Frühstück enthalten; Steuern entfallen, und Trinkgelder sind nicht üblich. Viele der Zimmer sind für zwei Personen ausgelegt. Um das Bett kümmert sich der Gast selbst, und er bringt seinen eigenen Yukata mit. Als Familienbetriebe geben Minshuku — oft von einfachen Menschen betrieben — einen unmittelbaren Einblick in die häusliche Atmosphäre und verlangen Einfühlungsvermögen und japanische Sprachkenntnisse oder wenigstens die Benutzung eines kleinen Sprachführers. Reservierungen werden beim betreffenden Minshuku vorgenommen.

## Tempel

Einige Tempel bieten auch Ausländern, die nur wenige Worte Japanisch sprechen, die Möglichkeit zur Übernachtung, zum Beispiel in Kamakura, Kyoto oder auf dem Koyasan. Wer gar kein Japanisch spricht, nimmt am besten einen japanischen Freund mit. Es wird erwartet, daß sich der Gast dem Gemeinschaftsleben anschließt und zum Beispiel an der Morgenandacht teilnimmt; auch für das Essen (vegetarisch) und das Bad gelten festgelegte Zeiten. Die Kosten liegen zwischen 2500 ¥ (Myorenji in Kyoto) und 4000 ¥, auf dem Koyasan um 7000 ¥. Eher einem Ryokan gleicht die Tempelunterkunft (Shukubo) des Enryakuji nordöstlich von Kyoto (8000 ¥). Es ist unbedingt ratsam, sich etwa eine Woche vorher beim Tempel anzumelden; die Rezeption von Tempeln ist gewöhnlich erst ab 16 Uhr geöffnet.

## Jugendherbergen

Außerhalb Europas besitzt Japan das dichteste Netz von Jugendherbergen (*Yusu Hosuteru*). Der Japanische Jugendherbergsverband ist dem Internationalen Jugendherbergsverband angeschlossen, und seine über 500 Herbergen beschreibt das Internationale Jugendherbergsverzeichnis ausreichend. Wer die Adressen auch in japanischer Schrift und außerdem gute Lageskizzen haben möchte, kauft das teilweise zweisprachige japanische »Youth Hostel Handbook« beim *Japanischen Jugendherbergsverband*, Hoken Kaikan, 1-2, Sadoharacho, Ichigaya, Shinjuku Ku, Tokyo 162.

Einfacher zu besorgen ist eine englische Kurzfassung, die im wesentlichen aus einer Übersichtskarte mit den japanischen Jugendherbergen besteht und beim DJH, beim ÖJHV oder beim SJH bestellt werden kann:
*DJH-Hauptverband*, Postfach 220, D-4930 Detmold;
*ÖJHV*, Schottenring 28, A-1010 Wien;
*SJH*, Postfach 2232, CH-3001 Bern.

Von den überwiegend privatwirtschaftlich geführten Jugendherbergen werden über 80 von buddhistischen Tempeln oder Shinto-Schreinen betreut, und über 140 sind Herbergen im japanischen Stil, vergleichbar mit dem Ryokan.

Die Übernachtungsgebühren liegen zwischen 1100 ¥ und 1900 ¥ und bleiben auch mit Abendessen (600-650 ¥) und Frühstück (300-350 ¥) unter 3000 ¥. Küchen für Selbstkocher sind selten. In Großstädten schließen einige Jugendherbergen abends etwas später als 22 Uhr. Der auf 3 Tage befristete Aufenthalt kann, wenn für alle neu eintreffenden Gäste ein Schlafplatz zur Verfügung steht, eventuell verlängert werden. Die Leihgebühr für einen JH-Schlafsack oder ein Bettlaken ist gewöhnlich im Übernachtungspreis enthalten.

## Volksunterkünfte

*Kokuminshukusha* sind öffentliche »Volksherbergen«, die auch Ausländern offenstehen und ähnlich wie die Jugendherbergen betrieben werden. Preislich sind sie mit den Minshuku vergleichbar, liegen an touristisch ruhigeren Orten und wurden für Familien mit sparsamer Reisekasse geschaffen. Auskünfte erteilen die TICs (s.S. 274) oder *Kokuminshukusha Kyokai*, Nishi Shimbashi Chuo Bldg., 15-8, 3-chome, Nishi Shimbashi, Minato Ku, Tokyo.

*Kokuminkyuka Mura* sind »Volksferiendörfer«, die in Erholungsgebieten liegen, über Freizeiteinrichtungen verfügen und gemeinsame Unternehmungen organisieren.

## Zelten

Obwohl die 2000 Zeltplätze fast ausschließlich in landschaftlich attraktiven Gegenden liegen, sind sie meistens mit dem Bus erreichbar. Möglichkeiten und Angebot unterscheiden sich von europäischen Plätzen, sie sind vor allem ein Ort, neue Bekanntschaften zu schließen. Ausländer sind gut beraten, das eigene Camping-Gerät und einen ausreichenden Proviantvorrat mitzubringen und den jeweiligen Zeltplatz (*Kampujo*) vor Einbruch der Dunkelheit zu erreichen. In Nationalparks und einigen anderen Gebieten ist freies Zelten verboten.

Die Öffnungszeiten sind sehr unterschiedlich, in der Zeit von Mai bis Oktober kann mit einer großen Zahl geöffneter Zeltplätze gerechnet werden. Von Mitte Juli bis Mitte August allerdings belagern Studenten die schönsten Plätze. Die Kostenspanne reicht von gratis bis über 2000 ¥ pro Zeltplatz. Oft sind auch Bungalows für durchschnittlich 5000 ¥ zu haben. Für ein gemietetes Zelt sind 2000 ¥ im Mittel zu bezahlen. Telefonische Reservierungen direkt beim Zeltplatz sind möglich. Einige besonders schön gelegene Plätze sind in den Karten eingezeichnet, genauere Auskünfte erteilen die TICs (s.S. 274).

# AUSGEWÄHLTE UNTERKÜNFTE

In alphabetischer Reihenfolge der Orte sind die Unterkünfte als Hotel/Pension (3 Preisgruppen), Ryokan/Minshuku und Jugendherberge/Zeltplatz eingeteilt:

*** ab 7000 ¥; Mitglieder des Japanischen Hotelverbandes (Nihon Hoteru Kyokai) und des Japanischen Ryokan-Verbandes (Nihon Kanko Ryokan Remmei) sind mit »HV« und »RV« gekennzeichnet;
** 4000 ¥ bis 7000 ¥; Mitglieder der Japan Business Hotel Association (»B«) und der Japanese Inn Group (»I«) sind gekennzeichnet;
* bis 4000 ¥;
∅ Minshuku und Volksunterkünfte;
JH Jugendherbergen; im japanischen Stil mit »J« bezeichnet.

Die Preisgruppen gelten pro Person, wobei man im Ryokan in der Regel nicht, wie im Hotel, im Einbettzimmer untergebracht ist. Zu zweit oder zu dritt findet sich aber stets ein privater Raum. Wenn die Unterkunft sehr bekannt oder leicht zu finden ist oder sich in der Nähe eines bereits beschriebenen Quartiers befindet, wird auf die Angabe der genauen Adresse verzichtet. Telefon nur bei Unterkünften mit relativ wenig Räumen oder auch bei JH.

**Abashiri** (Hokkaido)
∅ Minshuku *Chokodai*, 40-1, Omagari, Abashiri; mit dem Bus 10 Minuten vom JR Bf; Tel. (0152) 44-5343.
JH *Genseikaen*, 15 Minuten vom Bf. Kitahama, Tel. (0152) 46-2630.

**Aizu-Wakamatsu** (Nord-Honshu)
*** Ryokan (RV) *Aizu Grand Hotel Okawaso*, Ashinomaki Onsen, 984, Aza Shitadaira, Ashinomaki, Odomachi; mit dem Bus 45 Minuten vom Bf. Aizu-Wakamatsu.
* Hotel (B) *Nakamachi Fuji Grand Hotel*, Innenstadt.
∅ Minshuku *Takaku*, 104, Innai, Higashiyamamachi; mit dem Bus 15 Minuten vom Bf.; Tel. (0242) 26-6299.
Z Zeltplatz *Inawashiroko Mobillage*, am Inawashiro-See (Baden, Boote, Wasserski); mit dem Bus 15 Minuten vom Bf. Inawashiro.

**Akan-See** (Hokkaido)
JH *Choritsu Akan; Akankohan; Akan Angel*; alle drei mit dem Bus von Teshikaga oder Kushiro zu erreichen.

**Akita** (Nord-Honshu)
** Hotel (B) *Hawaii Shin Honten*; 10 Minuten vom Bf.
* Ryokan (I) *Kohama*; 5 Minuten vom Bf; Tel. (0188) 32-5739.

# UNTERKÜNFTE

**Akiyoshidai** s. Yamaguchi
**Amanohashidate** s. Miyazu
**Aomori** (Nord-Honshu)
** Hotel (B) *Aomori Green Hotel*; 3 Minuten vom Bf.
**Aoshima** (Kyushu)
*** Ryokan (RV) *Aoshima Kanko*; 3 Minuten vom Bf.
* Ryokan (I) *Minshuku Take*; 5 Minuten vom Bf.; Tel. (0985) 65-1420.
JH *Aoshima*; 5 Minuten vom Bf. Kodomo no Kuni; Tel. (0985) 65-1657.
**Asahikawa** (Hokkaido)
*** Ryokan (RV) *Tenninkaku*, Tenninkyo Onsen, Higashikawacho; mit dem Bus 1 Stunde vom Bf.; Tel. (0166) 97-2111.
** Hotel *Toyo*; 10 Minuten vom Bf.
Hotel (B) *Asahikawa Green Hotel Annex*; 5 Minuten vom Bf.
JH *Asahikawa*; mit dem Bus 15 Minuten vom Bf.; Tel. (0166) 61-2751.
**Ashizuri Misaki** (Shikoku)
*** Ryokan (RV) *Ashizuri Kokusai*; mit dem Bus 1 ½ Stunden vom Bf. Nakamura; Tel. (08808) 8-0201.
JH *Kongofukuji* (J); *Shirao Jinja* (J); beide am Kap Ashizuri und mit dem Bus von Nakamura zu erreichen.
**Aso** (Kyushu)
JH *Aso*; 16 Minuten vom Bf. Aso; Tel. (0967) 34-0804.
*YMCA*; 30 Minuten vom Bf. Akamizu; Tel. (0967) 35-0124.
**Atami** (Zentral-Honshu)
*** Ryokan (RV) *Kiunkaku* (exklusiv), 4-2, Showacho; 5 Autominuten vom Bf. Atami; Tel. (0557) 81-3623.
Ryokan (RV) *Atami Grand Hotel*, 6-38, Higashi Kaigancho; mit dem Bus 5 Minuten vom Bf.; Tel. (0557) 81-0311.
** Ryokan (I) *Nanzantei*, 1-14-8, Doi, Yugawaramachi; 3 Minuten vom Bf. Yugawara; Tel. (0465) 62-5188.
**Atsumi-Halbinsel** (Zentral-Honshu)
∅ *Irako Kokuminkyuka Mura* mit Zeltplatz, am Meer (Strand), Nakayama, Atsumicho; mit dem Bus 1 ½ Stunden vom Bf. Toyohashi; Tel. (05313) 5-6411.
**Awaji-Insel** (Inlandsee)
*** Ryokan (RV) *Kaigetsukan*, Sumoto Onsen; 5 Minuten vom Hafen Sumoto; Tel. (0799) 22-1100.
JH *Awaji Asahi Ryokan* (J), 239, Gunge, Ichinomiyacho; mit dem Bus in 1 Stunde vom Hafen Sumoto. *Sumoto Sempukuji* (J), 4-3-51, Sakaemachi, Sumoto; mit dem Bus in 40 Minuten vom Hafen Sumoto; Tel. (0799) 22-3309.
**Beppu** (Kyushu)
*** Ryokan (RV) *Hanabishi*, 2-14-29, Kitahama; 3 Autominuten vom Bf. Ryokan (RA) *Rinkai*, 3-10-15, Kitahama; 3 Autominuten vom Bahnhof; Tel. (0977) 22-3361. Ryokan (RA) *Shirasagi*, 3-11-2 Kitahama; jeweils 3 Autominuten vom Bf. Ryokan (RA) *Mori no Hotel Nanmeiso*, 7-8, Aoyamacho; 7 Minuten vom Bf.; Tel. (0977) 22-2221.
** Hotel *Nippaku* (ab 4100 ¥); 7 Minuten vom Bahnhof; Tel. (0977) 23-2291.
* Hotel (B) *Star*; am Bf.; Tel. (0977) 25-1188.

JH *Beppu*, Kankaiji Onsen; mit dem Bus 20 Minuten vom Bf.; Tel. (0977) 23-4116.
Z Zeltplatz *Shidakako*, am Shidaka-See; mit dem Bus 30 Minuten vom Bf. Beppu; Tel. (0977) 25-3601.

**Dazaifu** (Kyushu)
JH *Dazaifu*; 12 Minuten vom Bf. Dazaifu; Tel. (092) 922-8740.

**Eiheiji** (Zentral-Honshu)
JH *Eiheiji Monzen Yamaguchi* (J); 5 Minuten vom Bf. Eiheiji (40 Bahnminuten von Fukui); Tel. (0776) 63-3123.

**Fujinomiya** (Zentral-Honshu)
** Hotel (B) *Fujinomiya Green*; am Bahnhof; Tel. (0544) 23-1919.
∅ *Minshuku Fuji*, 297, Umamizuka; mit dem Bus 20 Minuten vom Bf.; Tel. (0544) 58-2729.
Z Zeltplatz *Omote Fuji Green*, Fuji-Besteigung, Bungalows, 2745, Awakura; mit dem Bus 50 Minuten vom Bf.; Tel. (05599) 8-0085.

**Fuji-Seen** (Zentral-Honshu)
*** Hotel *Fujisan*, Yamanaka-See; 20 Autominuten vom Bf. Fuji-Yoshida; Tel. (0555) 62-2111, 62-3177.
Ryokan (RV) *New Yamanakako Hotel*, Yamanaka-See; Tel. (0555) 62-2311.
Ryokan (RV) *Kawaguchiko*, Kawaguchi-See; 5 Autominuten vom Bf. Kawaguchiko; Tel. (0555) 72-1313.
** Ryokan (I) *Ashiwada* (ab 4000 ¥), am Kawaguchi-See; mit dem Bus 15 Minuten vom Bf. Kawaguchi; Tel. (0555) 82-2321.
∅ Minshuku *Cottage Nu*, mit Tennisplatz, 1295, Oasumi; 5 Autominuten vom Bf. Fuji-Yoshida; Tel. (0555) 23-3636.
JH *Fuji Saiko*, Saiko; mit dem Bus 35 Minuten vom Bf. Kawaguchiko.
*Yamanakako Marimo*, Yamanaka-See; mit dem Bus 25 Minuten vom Bf. Fuji-Yoshida.
Z Zeltplatz *Keien Yamanakako*, am Yamanaka-See. Zeltplatz *Saiko*, am See; mit dem Bus 30 Minuten vom Bf. Kawaguchiko; Tel. (0555) 82-2323.

**Fukui** (Zentral-Honshu)
* Ryokan (I) *Akebono Bekkan*, 3-9-26, Chuo; 10 Minuten vom JR-Bf.; Tel. (0766) 22-0506.

**Fukuoka** (Kyushu)
*** Ryokan (RV) *Hakata Kanko*, 1-6-55, Kego, Chuo Ku; mit dem Bus 25 Minuten vom Bf. Hakata; Tel. (092) 781-4936.
** Hotel *Rich Hakata*; 5 Minuten vom Bf. Hakata.
* Hotel (B) *Heiwadai* und *Heiwadai Arato*; 5 bzw. 2 Minuten von der U-Bahnstation Odorikoen.
Ryokan (I) *Suehiro*, 2-1-9, Minami Hommachi, Hakata Ku; mit der Nishitetsu-Bahn bis zur Station Zasshonokuma (15 Minuten); Tel. (092) 581-0306.

**Fukushima** (Nord-Honshu)
*** Ryokan (RV) *Kotakikan*, Iizaka Onsen, 5, Aza Kotaki; 15 Minuten vom Bf. Iizaka Onsen; Tel. (0245) 42-4126.
JH *Azuma Kogen*, Takayu Onsen; mit dem Bus 40 Minuten von Fukushima.

# UNTERKÜNFTE

**Gifu** (Zentral-Honshu)
** Ryokan *Shinanoya*; 7 Minuten vom Bf. Shin Gifu; Tel. (0582) 62-0328.

**Gora** s. Hakone (JH)

**Gotemba** (Zentral-Honshu)
JH *Gotemba*, 3857, Higashiyama; mit dem Bus 20 Minuten vom Bf. Gotemba; Tel. (0550) 82-3045.
Z Zeltplatz *Crown Onoji*, 2934-3, Suyama, Susonoshi; mit dem Bus 25 Minuten vom Bf. Gotemba.

**Hachimantai** (Nord-Honshu)
* Ryokan (I) *Kyounso*, Matsukawa Onsen, im Nationalpark Towada-Hachimantai; knapp 1 (2) Stunde(n) vom JR-Bf. Obuke (Morioka); Tel. (0195) 78-2256.
∅ Minshuku *Saito Minimini Bokujo*, Hachimantai Onsenkyo; 1 Autostunde vom Bf. Morioka; Tel. (0195) 78-2237.

**Hagi** (West-Honshu)
*** Ryokan (RV) *Hifumi*, 613, Hijihara; 3 Minuten vom Bf. Higashi Hagi; Tel. (08382) 2-0123.
∅ Minshuku *Higashi Hagi*; am Bf. Higashi Hagi; Tel. (08382) 2-7884. Minshuku *Abugawa*; 10 Minuten vom Bf.; Tel. (08382) 2-2739.

**Hakata** s. Fukuoka

**Hakodate** (Hokkaido)
∅ Minshuku *Akai Boshi* (deutschsprachig); 10 Minuten vom Bf.; Tel. (0138) 26-4035.
JH *Hokuseiso* (J), 1-16-23, Yunokawamachi; mit dem Bus 25 Minuten vom Bf.

**Hakone-Gebiet** (Zentral-Honshu)
*** Hotel *Fujiya*, 359, Miyanoshita; ¹/₂ Autostunde vom Bf. Odawara.
Ryokan (RV) *Naraya*, 162, Miyanoshita; ¹/₂ Autostunde vom Bf. Odawara; Tel. (0460) 2-2411.
Ryokan (RV) *Suizanso*, 694, Yumoto; 4 Minuten vom Bf. Yumoto; Tel. (0460) 5-5757.
** Hotel *Kagetsuen*, Sengokuhara; 40 Autominuten vom Bf. Yumoto; Tel. (0460) 4-8621, 4-9015.
Ryokan (I) *Fuji-Hakone Guest House*, ab 3800 ¥, 912, Sengokuhara; mit dem Bus 50 Minuten vom Bf. Odawara; Tel. (0460) 4-6577.
JH *Hakone Sounzan* (J), Gora; mit dem Schrägaufzug 10 Minuten von Gora; Tel. (0460) 2-3827.
Z *Kojiri Lodging Center* (11 000 ¥ pro Zimmer), am Ashi-See (Fahrradvermietung, Boote), ganzjährig geöffnet; 164, Moto Hakone; 1 Busstunde vom Bf. Odawara.

**Hakui** (Zentral-Honshu)
∅ Minshuku *Kaiseikan*, am Meer, mit Strand (Chirihama), He-63-2, Chirihamamachi; 10 Minuten vom JR-Bf. Hakui; Tel. (0767) 22-0685.

**Hamamatsu** (Zentral-Honshu)
* Hotel (B) *Futami*; 5 Minuten vom Bf.; Tel. (0534) 52-7168.

**Himeji** (West-Honshu)
*** Ryokan (RV) *Banryu*, 135, Shimoderamachi; mit dem Bus 6 Minuten vom Bf. Himeji; Tel. (0792) 85-2112.
** Hotel *Himeji Castle*, 210 Hojo; nahe Bf. Himeji.

JH *Tegarayama Seinen no Ie*, 58, Nishi Nobusue; mit dem Bus 5 Minuten vom Bf.; Tel. (0792) 93-2716 (jeden 2. und 4. Montag im Monat geschlossen).
**Hirado** (Kyushu)
JH *Hiradoguchi*, 1111-3, Nakaze, Okubomen; 20 Minuten vom Bf.
**Hiraizumi** (Nord-Honshu)
JH *Motsuji*; 8 Minuten vom Bf. Hiraizumi; Tel. (0191) 46-2331.
**Hirosaki** (Nord-Honshu)
** Hotel (B) *Hokke Club Hirozaki*; 10 Minuten vom Bf.
**Hiroshima** (West-Honshu)
** Hotel (B) *Yamato*, 10-11, Matsubaracho; am Bahnhof; Tel. (082) 263-6222. Ähnliche Preislage auch das *Diamond*, das *Green*, das *Park Side*, das *Namiki* u.a.
* Ryokan (I) *Mikawa*, 9-6, Kyobashicho, Minami Ku; 7 Minuten vom Bf.; Tel. (082) 261-2719.
∅ Minshuku *Ikedaya* (nimmt Kreditkarten), 6-36, Dobashicho, Naka Ku; mit der Straßenbahn 15 Minuten vom Bf.; Tel. (082) 231-3329.
JH *Hiroshima*; 10 Busminuten vom Bf. JH *Hiroshima Sakamachi* (J), in Saka (½ Bahnstunde von Hiroshima); Tel. (082) 885-0700.
**Ibusuki** (Kyushu)
*** Ryokan (RV) *Ibusuki Kaijo*, 3750 Junicho; mit dem Bus 5 Minuten vom Bf. Ibusuki. Im selben Viertel und etwas teurer das *Kanko*, das *Phoenix*, das *Royal* u.a.

∅ Minshuku *Hamamiso*, 5-12-13, Yunohama; 15 Minuten vom JR-Bf. Ibusuki; Tel. (09932) 2-2722.
JH *Ibusuki*, 2-1-20, Yunohama.
JH *Tamaya*, 5-27-8, Yunohama.
**Ichinoseki** (Nord-Honshu)
** Hotel (B) *Ichinoseki Green Hotel*; am Bahnhof; Tel. (0191) 23-8616.
**Ikuji-Insel** (Inlandsee)
** Ryokan (I) *Setoda*, 213 Setodacho; neben der Anlegestelle; Tel. (08452) 7-0010 (nur 4 Zimmer).
**Imabari** (Shikoku)
** Hotel *Imabari International*; 10 Minuten vom Bf. oder vom Hafen.
*Bahnhofshotel* (B).
* Ryokan (I) *Komecho*; 15 Minuten vom Bf., am Hafen; Tel. (0898) 32-0554.
**Inuyama** (Zentral-Honshu)
*** Hotel *Meitetsu*; 3 Autominuten vom Bf. Inuyama Yuen.
Ryokan (RV) *Geihanro*, 41-6, Aza Kitakoken; 15 Minuten vom Bf. Inuyama Yuen; Tel. (0568) 61-2205.
JH *Inuyama*, 162-1, Himuro, Tsugao; 30 Bahnminuten von Nagoya, 20 Minuten vom Bf. Inuyama Yuen; Tel. (0568) 61-1111.
**Irako** s. Atsumi-Halbinsel
**Iseshi** (Zentral-Honshu)
** Hotel (B) *Iseshi*; 3 Minuten von den Bahnhöfen.
* Hotel (B) *Danke*; 2 Minuten von den Bahnhöfen; Tel. (0596) 22-1849.
Ryokan (I) *Hoshide*, 2-15-2, Kawasaki; 7 Minuten vom Kintetsu-Bf.; Tel. (0596) 28-2377.

UNTERKÜNFTE

**Ito** (Zentral-Honshu)
\*\*\* Ryokan (RV) *New Tokai*, 1-8, Takaracho; mit dem Bus 5 Minuten vom Bf. Ito; Tel. (0557) 37-0114.

**Iwakuni** (West-Honshu)
\*\* Hotel (B) *Iwakuni*; 3 Minuten vom Bf.
JH *Iwakuni*, 1-10-46, Yokoyamacho; mit dem Bus 20 Minuten vom Bf.

**Izumo** (West-Honshu)
∅ Minshuku *Inaba*, 211-1, Himeharacho; 15 Minuten vom JR-Bf.; Tel. (0853) 22-6178.

**Kagoshima** (Kyushu)
\*\* Hotel *Kagoshima Sun Royal*, 1-8-10, Yojiro; 10 Autominuten vom Bf. Nishi Kagoshima.
Ryokan (RV) *Shiroyama Kanko* (7850¥ pro Zimmer), 41-1, Shin Shoincho; 5 Autominuten vom Bf. Nishi Kagoshima; Tel. (0992) 78-2621.
Hotel (B) *Kagoshima Daiichi*; 5 Minuten vom Bf. Nishi Kagoshima.
\* Hotel (B) *Kagoshima Gasthof*; 4 Minuten vom Bf. Nishi Kagoshima; Tel. (0992) 52-1401.
JH *Kagoshima Ken Fujin Kaikan* (J), 2-27-12, Shimo Arata; mit dem Bus 10 Minuten vom Bf. Nishi Kagoshima; Tel. (0992) 51-1087.

**Kamakura** (Zentral-Honshu)
\*\* *Komyoji* (Tempelunterkunft), 4500¥ mit 2 Mahlzeiten; 6-17-19, Zaimokuza; Tel. (0467) 22-0603.
JH *Kamakura Kagetsuen*, Sakanoshita; 10 Bahnminuten vom Bf. Kamakura; Tel. (0467) 25-1238.

**Kamikawa** (Hokkaido)
JH *Ginsenkaku* (J) oder *Sounkyo*; beide mit dem Bus in 35 Minuten von Kamikawa.
Z *Sounkyo Seishonen Ryoko Mura*, Fahrradverleih, Seilbahn, Tennis; mit dem Bus 20 Minuten vom Bf. Kamikawa; Tel. (01658) 5-3368.

**Kanazawa** (Zentral-Honshu)
\*\*\* Ryokan (RV) *Mitakeya*, 17-1, Shimo Tsutsumimachi; mit dem Bus 7 Minuten vom Bf.; Tel. (0762) 31-1177.
\*\* Hotel *New Kanazawa*; am Bahnhof.
\* Hotel (B) *Kanazawa Okubo*; 3 Minuten vom Bf. Geringfügig teurer das *Takaoka Fujikan* oder das *Kotoji*.
Ryokan (I) *Murataya*, 1-5-2, Katamachi; mit dem Bus 12 Minuten vom Bf.; Tel. (0762) 63-0455.
JH *Matsui* (J), 1-9-3, Katamachi; mit dem Bus 15 Minuten vom Bf.; Tel. (0762) 21-0275 (nur 15 Betten). JH *Kanazawa*, Suehiro; mit dem Bus ½ Stunde vom Bf.

**Karatsu** (Kyushu)
\*\*\* Ryokan (RV) *Karatsu Seaside Heights*, 4-182, Higashi Karatsu; 5 Autominuten vom Bf. Higashi Karatsu; Tel. (0955) 73-5186.
JH *Niji no Matsubara*, 4108, Kagami; 5 Minuten vom Bf. Niji no Matsubara; Tel. (0955) 72-4526.

**Kashikojima** (Zentral-Honshu)
\*\*\* Ryokan (RV) *Daisan Kashikojimaso*; 3 Minuten vom Kintetsu-Bf. Kashikojima; Tel. (05994) 3-3111.

** Ryokan (I) *Ishiyamaso*, auf der Insel Yokoyama; mit dem Boot 2 Minuten von Kashikojima (nahe Bf.); Tel. (05995) 2-1527.

Z Zeltplatz *Shirahama Goza Misaki*, am Meer (Boote, Strand, Baden), Goza; mit dem Boot 25 Minuten von Kashikojima (über die Bucht); Tel. (05998) 8-3047.

**Kawaguchiko** s. Fuji-Seen

**Kawayu** (Hokkaido)

*** Ryokan (RV) *Misono*, Kawayu Onsen; mit dem Bus 10 Minuten vom Bf. Kawayu; Tel. (01548) 3-2511.

JH *Kussharoko* (J), am Kussharo-See; mit dem Bus 15 Minuten vom Bf. Kawayu. JH *Nomura Kawayu*; 15 Minuten vom Bf. Kawayu.

Z Zeltplatz *Sunayu*, Kussharo Sunayu; mit dem Bus 15 Minuten vom Bf. Kawayu (Juli und August geöffnet).

**Kinkazan** (Nord-Honshu)

JH *Kinkazan Jinja* (J); 15 Minuten von der Bootsanlegestelle.

**Kinomoto** (Zentral-Honshu)

JH *Shizugatake*; 13 Busminuten vom Bf.; Tel. (0749) 82-2493.

**Kirishima** (Kyushu)

*** Ryokan (RV) *Kirishima Kokusai*, Kirishima Onsen; mit dem Bus 30 Minuten vom Bf. Kirishima Jingu.

Z Zeltplatz *Kirishima Kogen Kokuminkyuyochi* (Wandern, heiße Quellen, Reiten, Tennis, Schwimmbad); mit dem Bus 30 Minuten vom Hisatsu-Bf. Kirishima Nishiguchi.

**Kitakyushu** (Kyushu)

** *Bahnhofshotel* (B), Bf. Kokura. Hotel (B) *Hokke Club*; 10 Minuten vom Bf. Kokura. Ryokan (I) *Business Hotel Matsuya*, 4000 ¥; am Bf. Yahata. Hotel (B) *Rico Kokura*, 4000 ¥; 3 Minuten vom Bf. Kokura.

JH *Kitakyushu*, Yahata Higashi Ku; mit dem Bus 12 Minuten vom Bf. Yahata, Schrägaufzug; Tel. (093) 681-8142.

**Kobe** (West-Honshu)

*** Ryokan (RV) *Hotel Kobe*, 5-2-31, Kumachicho, Chuo Ku; 3 Autominuten vom Shinkansen-Bf.; Tel. (078) 221-5431.

** Hotel *New Port*, 6-3-13, Hamabe Dori; 3 Autominuten vom Bf. Sannomiya. Ryokan (I) *Takayamaso*, 400-1, Arima Onsen, Kita Ku; mit dem Bus 40 Minuten vom Shinkansen-Bf.; Tel. (078) 904-0744.

* Hotel *Kobe Gajoen*, 8-4-23, Shimo Yamate Dori, Chuo Ku; 3 Minuten vom Bf. Hanakuma.

**Kochi** (Shikoku)

** Hotel *Kochi Daiichi*; am Bf. Kochi. Hotel (B) *Itcho*; 5 Minuten vom Bf. Kochi.

∅ Minshuku *Yasuoka*, 653, Urado; mit dem Bus ½ Stunde vom JR-Bf.; Tel. (0888) 41-3898.

JH *Kochi Ekimae*, 3-10-10, Kitahoncho; 7 Minuten vom Bf. Kochi.

**Kokura** s. Kitakyushu

# UNTERKÜNFTE

**Kotohira** (Shikoku)
*** Ryokan (RV) *Kotohira Kadan*; 10 Minuten vom Bf.; Tel. (0877) 75-3232.
∅ Minshuku *Yamamoto*, 768, Komatsucho; 10 Minuten vom Bf.; Tel. (0877) 72-2572.
JH *Kotohira Seinen no Ie*, 1241, Kawanishi-Otsu; 18 Minuten vom Bf.; Tel. (0877) 73-3836.

**Koyasan** (West-Honshu)
** *Tempelunterkunft*; Reservierung bei Kanko Kyokai, Koyasan; Tel. (0736) 56-2221.
JH *Henjosonin*; von Gokurabashi mit dem Schrägaufzug (5 Minuten) und mit dem Bus (15 Minuten); Tel. (0736) 56-2434.

**Kumamoto** (Kyushu)
*** Ryokan (RV) *Fujie*; am Bf.; Tel. (096) 353-1101.
** Hotel (B) *Kumamoto Daiichi*; 5 Minuten vom Bf. Hotel *Togiya*; 5 Autominuten vom Bf. Ryokan (I) *Maruko*, 11-10, Kamitoricho; mit dem Taxi 15 Minuten vom Bf.
∅ Minshuku *Tsukasa Besso*; am Bf.; Tel. (096) 354-3700.
JH *Kumamoto Shiritsu*, 5-15-55, Shimazakimachi; mit Straßenbahn (zum Kotsu Center) und Bus ½ Stunde vom Bf. JH *Suizenji* (J), 1-2-20, Hakusan; mit Straßenbahn oder Bus ½ Stunde; Tel. (096) 371-9193.

**Kurashiki** (West-Honshu)
* Hotel (B) *Business Inn*, 6-5, Saiwaicho; 4 Autominuten vom Bf.
∅ Minshuku *Takahashi*, 2-25-38, Achi; 12 Minuten vom Bf.; Tel. (0864) 22-0976.

**Kyoto**
*** Ryokan (RV) *Shokaro*, Kiyamachi Dori, Shijo Sagaru, Shimogyo Ku; mit dem Bus 20 Minuten vom Bf. Ryokan (RA) *Hatoya Zuihokaku*; 5 Minuten vom Bf. Ryokan (RA) *Gion Yoshima*, Shimmonsen, Hanamikoji, Nishiiru, Higashiyama Ku; Tel. (075) 561-2620. Hotel (HV) *Kyoto*, 12 Autominuten vom Bf. Hotel *Kyoto Royal*, 15 Autominuten vom Bf.
** Hotel *Kyoto City*, 857, Kita Funabashicho, Imadegawa Agaru, Horikawa Dori, Kamigyo Ku; mit dem Bus 20 Minuten vom Bf. Hotel *Kyoto Gion*, Gion; mit dem Bus 15 Minuten vom Bf. Hotel *Sunroute Kyoto*; mit dem Taxi 7 Minuten vom Bf. Hotel *Daisan Kyoto Tower*, gegenüber dem Bf. Ryokan (I) *Kyoka*, Higashinotoin Higashiiru; 8 Minuten nördlich des Bf.; Tel. (075) 371-2709. Ryokan (I) *Murakamiya*, 270, Sasayacho, Shichijo Agaru, Higashinotoin Dori; 8 Minuten nördlich des Bf. Ryokan (I) *Matsubaya*, Higashinotoin Nishiiru; 10 Minuten nördlich des Bf.; Tel. (075) 351-3727.
Pension *Arashiyama*, 67, Miyanomotocho, Sagano; mit dem Bus ½ Stunde vom Bf. Kyoto; Tel. (075) 881-2294. Pension *Higashiyama Gion*, Sanjo Sagaru, Shirakawasuji; nahe Chionin; Tel. (075) 882-1181.
* Pension *Station Kyoto*, Hichijo Agaru; 8 Minuten nördlich des Bf.; Tel. (075) 882-6200. Hotel *Econo Inn*, 67, Hiraicho, Nishi Takasegawasuji, Shimogyo Ku; 12 Minuten vom Bf.; Tel. (075) 343-6660.
*Myorenji* (Tempelunterkunft), ohne Ofuro (jedoch öffentliches Bad in der Nachbar-

schaft), Omiya Higashiiru, Teranouchi, Kamigyo Ku; Tel. (075) 451-3527. *Myokenji* (Tempelunterkunft), Horikawa Higashiiru, Teranouchi, Kamigyo Ku; mit dem Bus 25 Minuten vom Bf.; Tel. (075) 414-0808.
*Hidenin* (Tempelunterkunft), Sennyuji Yamauchicho, Higashiyama Ku; 5 Minuten vom Tofukuji; Tel. (075) 561-8781. *Daishinin* (Tempelunterkunft beim Myoshinji), Hanazono, Ukyo Ku; Tel. (075) 461-5714.

∅ Minshuku *Satomi* (nur weibliche Gäste), 442, Hayashishitamachi, Chionin Sannai, Higashiyama Ku; mit dem Bus 15 Minuten vom Bf.; Tel. (075) 561-8301. Minshuku *Rokuharaya*, 147, Takemuracho, Rokuhara; 15 Minuten vom Keihan-Bf. Shijo (Higashiyama Ku); Tel. (075) 531-2776. Minshuku *Teradaya*, 583, Higashi Rokuchome, Gojobashi, Higashiyama. Minshuku *Young Inn*, 430-1, Bentencho, Yasaka Toriimae Sagaru, Higashiyama.

JH *Higashiyama*, 112, Gokancho, Shirakawabashi, Sanjo Dori; mit dem Bus 25 Minuten vom Bf.; Tel. (075) 761-8135. JH *Utano*, 29, Uzumasa Nakayamacho; nordwestlich der Stadt, mit dem Bus 40 Minuten vom Bf. JH *Kitayama*, Takagamine; nördlich der Stadt, mit dem Bus 35 Minuten vom Bf. JH *Ohara*, Ohara; nordöstlich der Stadt, mit dem Bus 1 Stunde vom Bf.; Tel. (075) 744-2528.

**Makino** (Zentral-Honshu)
JH *Kaizu-Tenjinja* (J) Kaizu; 13 Minuten vom Bf. Makino; Tel. (0740) 28-0051.

**Manabe-Insel** (Inlandsee)
JH *Manabe Santora*; 9 Minuten von der Bootsanlegestelle; Tel. (08656) 8-3515.

**Matsue** (West-Honshu)
JH *Matsue*, 1546, Kososhimachi; mit dem Bus ½ Stunde vom Bf. und 10 Minuten Fußweg; Tel. (0852) 36-8620.

**Matsumoto** (Zentral-Honshu)
**(*)Ryokan (RV) *Enjo Bekkan*, 110, Satoyamabe; mit dem Bus 20 Minuten vom Bf.; Tel. (0263) 33-7233.
** Hotel (B) *Iidaya*; am Bahnhof. Weitere Hotels dieser Preislage am Bf.: (B) *New Station*, (B) *Town*, (B) *Green*.
*(*) Hotel (B) *Tourist*; 6 Minuten vom Bf.
* Ryokan *Nishiya*, 2-4-12, Ote; 8 Minuten vom Bf.; Tel. (0263) 33-4332.
JH *Asama Onsen*; mit dem Bus 20 Minuten vom Bf.; Tel. (0263) 46-1335. JH *Utsukushigahara Sanjiro* (J); mit dem Bus 50 Minuten vom Bf. JH *Oishikan* (J), Shirahone Onsen; mit dem Bus 50 Minuten vom Bf. Shin Shimashima (westl. Matsumoto). JH *Norikura Kogen*; mit dem Bus 70 Minuten vom Bf. Shin Shimashima.

**Matsusaka** (bei Ise)
* Hotel (B) *Matsuzaka*; 5 Autominuten vom Bf.; Tel. (0598) 51-5095.
JH *Atago* (J); 10 Minuten vom Bf.; Tel. (0598) 21-2931.

## UNTERKÜNFTE

**Matsushima** (Nord-Honshu)
*** Ryokan (RV) *New Komatsu*, 35-2, Aza Senzui; 5 Autominuten vom Bf. Matsushima Kaigan; Tel. (022) 354-5065.
JH *Matsushima*, 94-1, Minami Akazaki, Nobiru, Naruse; 20 Minuten vom Bf. Nobiru; Tel. (02258) 8-2220. (s. auch Kinkazan)

**Matsuyama** (Shikoku)
*** Ryokan (RV) *Kasugaen*, Dogo Onsen, Dogo Sagidanimachi; 15 Autominuten vom Bf. Matsuyama; Tel. (0899) 41-9156. Ganz in der Nähe und noch etwas teurer das Ryokan (RV) *Juen* oder das Ryokan (RV) *Funaya*; 5 Minuten von der Straßenbahn-Haltestelle Dogo.
** Hotel (B) *Taihei*; 5 Autominuten vom Bf. Matsuyama. *Chateautel Matsuyama*; mit dem Taxi 5 Minuten vom Bf. Matsuyama.
* Hotel *Oku Dogo*, 267, Suemachi; 20 Autominuten vom Bf. Matsuyama. Hotel *Central*; am Bf. Matsuyama.
∅ Minshuku *Matsuyama*, 414, Yamagoemachi; 5 Autominuten vom Bf. Matsuyama; Tel. (0899) 24-8386.
JH *Matsuyama*, Shinsenen, 22-3, Himezuka Otsu; 8 Minuten von der Straßenbahn-Haltestelle Dogo; Tel. (0899) 33-6366.

**Minokamo** (Zentral-Honshu)
** Hotel (B) *Minokamo Station*; am Bahnhof Minoota; Tel. (0574) 25-3388.

**Miyajima** (West-Honshu)
*** Ryokan (RV) *Kamefuku*; an der Bootsanlegestelle; Tel. (0829) 44-2111.

Z Zeltplatz *Tsutsumigaura*, am Strand; 40 Minuten von der Bootsanlegestelle zu gehen; Tel. (08294) 4-2903.

**Miyanoshita** s. Hakone

**Miyazaki** (Kyushu)
*** Ryokan (RV) *Rinkotei*, 1-12-26, Matsuyama; mit dem Bus 10 Minuten vom Bf. Miyazaki; Tel. (0985) 24-1150. U.v.a. in dieser Preislage.
** Hotel (B) *Daiichi*; 5 Autominuten vom Bf. Miyazaki.
Ryokan *Odoso*, 2-8-27, Tachibana Dori Higashi; mit dem Bus 5 Minuten vom Bf. Miyazaki; Tel. (0985) 26-5555.
* Hotel (B) *Miyazaki Leman*; 5 Minuten vom Bf. Minami Miyazaki.
JH *Miyazaki Ken Fujin Kaikan* (J), 1-3-10, Asahi; 15 Minuten vom Bf. Miyazaki; Tel. (0985) 24-5785. (s. auch Aoshima).

**Miyazu** (West-Honshu)
*** Ryokan (RV) *Amanohashidate*, 310, Aza Monju; am Bf. Amanohashidate.
JH *Amanohashidate* und JH *Amanohashidate Kanko Kaikan* (J); beide mit dem Boot 17 Minuten von Monju/Amanohashidate.

**Morioka** (Nord-Honshu)
** Hotel (B) *Rifu*, Nasukawacho; 6 Autominuten vom Bf.
Hotel (B) *Sunroute*, Odori; 4 Minuten vom Bf.
JH *Morioka*, Takamatsu; mit dem Bus 15 Minuten vom Bf.; Tel. (0196) 62-2220.

**Moto-Hakone** s. Hakone-Gebiet

**Muroto** (Shikoku)
∅ Minshuku *Maruyamaso*, 1845, Muroto Misakicho; mit dem Bus 2 ½ Stunden vom Bf. Kochi; Tel. (08872) 3-0279.
JH *Higashidera* (J); mit dem Bus 2 ½ Stunden vom Bf. Kochi.
**Nagahama** (Biwa-See)
** Ryokan (I) *Hishitake* (4 000 ¥), 7-3, Motohamacho; 2 Minuten vom Bf. Nagahama; Tel. (0749) 62-1308.
**Nagano** (Zentral-Honshu)
*** Ryokan (RV) *Bozanso*, Yudanaka Onsen; 15 Minuten vom Bf. Yudanaka; Tel. (0269) 33-2131. Preisgünstiger das Ryokan (RV) *Sanraku*, Yamanouchi Onsen, 7149, Hirao; mit dem Bus 55 Minuten vom Bf. Yudanaka. Günstiger auch das Ryokan (RV) *Tengunoyu*, Hoppo Onsen; mit dem Bus 50 Minuten vom Bf. Yudanaka.
** Hotel *Nagano Saihokukan*; 5 Autominuten vom Bf. Hotel (B) *New Nagano*; am Bahnhof. Hotel (B) *Sankeien* (4 200 ¥); 7 Minuten vom Bf.
JH *Kyojuin* (J), im Zenkoji; 25 Minuten vom Bf.; Tel. (0262) 32-2768.
**Nagasaki** (Kyushu)
** Hotel *Parkside*, 14-1, Heiwamachi; 8 Autominuten vom Bf.
Hotel (B) *Motofuna*, (B) *New Port*, (B) *Daiichi*; alle nicht weiter als 10 Minuten vom Bf.
*Yataro Inn*, 2-1, Kazegashiramachi; mit dem Bus 25 Minuten vom Bf.
Ryokan *Sansuiso*, 2-25, Ebisumachi; 4 Minuten vom Bf.; Tel. (0958) 24-0070.

* Hotel (B) *Dejima*, Dejimamachi; 5 Autominuten vom Bf.; Tel. (0958) 24-7141.
∅ Minshuku *Shibolt*, 1-2-11, Sakurababa; mit der Straßenbahn 10 Minuten vom Bf.; Tel. (0958) 22-5623. Minshuku *Matsushita*, 6-36, Yayoimachi; mit dem Bus 15 Minuten vom Bf.; Tel. (0958) 23-3500.
**Nagoya** (Zentral-Honshu)
*** Hotel *International Nagoya*; 5 Autominuten vom Bf. Hotel *Nagoya Daiichi*; am Bahnhof.
** Hotel (B) *Nagoya Rolen*; 3 Minuten vom U-Bf. Fushimi. (B) *Kiyoshi* (4 000 ¥); am U-Bf. Higashi Betsuin. Hotel *Ekimae Mont Blanc*; am Bf. Nagoya. Hotel *Lions Plaza Nagoya*; 3 Minuten vom U-Bf. Sakae.
Ryokan (I) *Meiryu*, 2-4-21, Kamimaezu, Naka Ku; mit dem Bus/U-Bahn 20 Minuten vom Bf. Tel. (052) 331-8686.
* Ryokan (I) *Oyone*, 2-2-12, Aoi, Higashi Ku; mit der U-Bahn 10 Minuten bis zur Station Chigusa und 5 Minuten zu gehen; Tel. (052) 936-8788.
**Naha** (Okinawa)
*** Hotel (RV) *Sun Place*, 2-5-1, Kumoji; mit dem Bus 15 Minuten vom Flughafen; Tel. (0988) 63-4181.
Hotel *Okinawa Harbor View*, 2-46, Izumisaki; 12 Autominuten vom Flughafen.
** Hotel *Pacific Okinawa*, 3-6-1, Nishi; 10 Autominuten vom Flughafen.
Hotel (B) *Kyodo*, 26-15, Higashimachi; 10 Autominuten vom Flughafen.
∅ Minshuku *Minatoso*, 18-21, Higashimachi; mit dem Bus 10 Minuten vom Flughafen;

UNTERKÜNFTE

Tel. (0988) 68-5501. Minshuku *Green House*, 9-1, Nishinichome; mit dem Bus 7 Minuten vom Flughafen; Tel. (0988) 68-9410. Minshuku *Ryuna*, 102, Kohagura; 10 Autominuten vom Flughafen; Tel. (0988) 34-7728.

**Nara**
*** Ryokan (RV) *Uosa*, 15, Mikadocho, Imami; 7 Minuten vom Kintetsu-Bf. Nara. Ryokan (RV) *Yoshidaya Bekkan*, 1118, Bodaicho, Takabatake; 12 Minuten vom JR-Bf. Nara.
Hotel *Fujita Nara*; 5 Minuten vom JR-Bf. Nara. Hotel *Nara*; 10 Autominuten vom JR-Bf. Nara.
** Hotel *Green Ashibi*; am Kintetsu-Bf. Nara; Tel. (0742) 26-7815.
Ryokan (I) *Matsumae*, 28-1, Higashi Terabayashicho; 7 (25) Minuten vom Kintetsu-(JR-)Bf. Nara; Tel. (0742) 22-3686. Ryokan (I) *Hakuho* (4000¥), 4-1, Kamisanjocho; 5 (10) Minuten vom Kintetsu-(JR-)Bf.
* *Gangoji* (Tempel); 20 Minuten südlich vom Kintetsu-Bf.
Ryokan (I) *Seikanso*, Higashi Kitsujicho; 15 (25) Minuten vom Kintetsu-(JR-)Bf.; Tel. (0742) 22-2670.
∅ Minshuku *Yamashiryoya*, 1-15, Nishinokyomachi; 12 Minuten vom Kintetsu-Bf. Nishinokyo; Tel. (0742) 33-2983.
JH *Nara* und JH *Nara Ken Seishonen Kaikan* (J); beide ca. 10 Busminuten nördlich der Stadt; Tel. (0742) 22-1334 und 22-5540.

**Narita** (Flughafen Tokyo)
*** Ryokan (RV) *Wakamatsu Honten*, Narita Sammonmae; mit dem Bus 10 Minuten vom Bf. Narita; Tel. (0476) 22-1136.
Hotel *Holiday Inn Tobu Narita*; 5 Autominuten vom Flughafen.
** Ryokan *Ogiya*, 474, Saiwaicho; 15 Minuten vom Bf. Narita; Tel. (0476) 22-1161.
* Ryokan *Kirinoya*, 58, Tamachi; 15 Minuten vom Keisei-Bf. Narita; Tel. (0476) 22-0724.

**Naruto** (Shikoku)
** Hotel (B) *Hama*; 3 Minuten vom Bf.; Tel. (0886) 85-2600.

**Nikko** (und nähere Umgebung)
** Hotel *Nikko Kanaya*; 5 Autominuten vom Bf. Nikko.
Ryokan *Aizuya*, 928, Nakahatsuishimachi; 12 Minuten vom Bf.; Tel. (0288) 54-0039.
* Pension *Turtle*, 2-16, Takumicho; 40 Minuten vom Bf.; Tel. (0288) 53-3168.
∅ Minshuku *Rindo no Ie* und Minshuku *Narusawa Lodge*, beide in Tokorono; 20 Minuten vom Bf.; Tel. (0288) 53-0131 und 54-1630.
JH *Nikko*, Tokorono; 25 Minuten vom Bf.; Tel. (0288) 54-1013.

**Nikko (Nationalpark)**
*** Ryokan (RV) *Kamaya Bekkan*, 2548, Yumoto. Ryokan (RV) *Oku Nikko Onsen*, 2549, Yumoto; beide mit dem Bus 70 Minuten vom Bf. Nikko.
Ryokan (RV) *Ryogaya*, 270, Shimo Shiobara; mit dem Bus 50 Minuten vom Bf. Nasu Shiobara; Tel. (02873) 2-2821. Weitere (RV) am Kinugawa Onsen und am Kawaji Onsen.

JH *Shirakabaso* (J), Oku Shiobara Onsen, 14, Arayu; mit dem Bus 70 Minuten vom Bf. Nishinasuno; Tel. (02873) 2-2565.

**Noboribetsu** (Hokkaido)

*** Ryokan (RV) *Noboribetsu Onsen Kanko Hotel Takinoya*; mit dem Bus 15 Minuten vom Bf. Noboribetsu; Tel. (01438) 23-2188. In der Nähe drei größere, aber auch teurere Ryokan (RV): *Prince Hotel, Daiichi Takimotokan* und *Grand Hotel*.

** Ryokan (I) *Kiyomizu*, ebendort; Tel. (01438) 4-2145.

JH *Akashiyaso* (J), *Noboribetsu Kannonji* (J) und *Kanefuku* (J), alle Noboribetsu Onsencho. JH *Noboribetsu Ekimae* (J); am Bf.

**Ogori** s. Yamaguchi

**Ohara** s. Kyoto

**Oita** (Kyushu)

** Hotel (B) *Hokke Club Oita*; 7 Minuten vom Bf.; Tel. (0975) 32-1121. (B) *Kudo*; 5 Minuten vom Bf.

**Okayama** (West-Honshu)

*** Ryokan (RV) *Ishiyamakadan*, 1-5-8, Marunouchi; 5 Autominuten vom Bf.; Tel. (0862) 25-4801.

** *Okayama Grand Hotel* (4000¥), 2-10, Funabashi; 5 Autominuten vom Bf.; Tel. (0862) 33-7777.

Hotel (B) *Okayama New Station*; am Bahnhof.

Ryokan *Matsunoki*, 19-1, Ekimotocho; am Bf.; Tel. (0862) 53-4110.

JH *Okayama Ken Seinen Kaikan*, 1-7-6, Tsukuracho; mit dem Bus 20 Minuten vom Bf.; Tel. (0862) 52-0651.

**Oki-Inseln** (West-Honshu)

**(*)Hotel *Oki Plaza*, nur Doppelzimmer oder japanisches Zimmer ab 12000¥ pro Zimmer, in Saigo auf Dogo; 3 Minuten von der Anlegestelle; Tel. (08512) 2-0111, 2-0521.

JH *Okinoshima*, auf Dogo; mit dem Bus 1 Stunde von Saigo; Tel. (08512) 7-4321. JH *Takuhi* (J), auf Nishinoshima; an der Bootsanlegestelle; Tel. (08514) 6-0860. JH *Chibu* (J), auf Chibu; 20 Minuten von der Bootsanlegestelle.

**Okinawa** s. Naha

**Omi-Hachiman** (Zentral-Honshu)

JH *Kajuji* (J), Maruyama, 20 Busminuten vom Bf.; Tel. (0748) 32-2938.

**Onuma** (Hokkaido)

∅ Minshuku *Takedaso*; 3 Minuten vom Bf. Onumakoen; Tel. (0138) 67-2522.

JH *Ikusanda Onuma*, Onumacho; 10 Minuten vom Bf. Onuma. JH *Onuma*, Nishi Onuma; 25 Minuten vom Bf. Onumakoen; Tel. (0138) 67-2172.

**Osaka** (West-Honshu)

*** Ryokan (RV) *New Haniwa Hotel*, 2-10-12, Shimanouchi, Minami Ku; 15 Autominuten vom Bf. Umeda; Tel. (06) 213-1241.

Hotel (HV) *Nikko Osaka*, 7 Nishinocho, Daihojicho, Minami Ku; 15 Autominuten vom Bf. Umeda. Hotel *Plaza*, 2-2-49, Oyodo Minami, Oyodo Ku; 10 Autominuten vom Shinkansen-Bf. Osaka.

** Hotel *Echo Osaka*, 1-4-7, Abenosuji, Abeno Ku; 3 Minuten vom Bf. Tennoji; Tel. (06) 633-1141.

## UNTERKÜNFTE

    Hotel (B) *Crevette Umeda*, 3-5-23, Nishitemma, Kita Ku; an der U-Bahnstation Minami Morimachi. (B) *Hokke Club*, 12-19, Toganocho, Kita Ku; 10 Minuten vom Bf. Umeda. In der Nähe das Hotel *Shoto*, 5-9, Toganocho.

\*   Ryokan (I) *Ebisuso*, 1-7-33, Nipponbashi Nishi, Naniwa Ku; 10 Minuten vom Kintetsu-Bf. Nipponbashi oder 5 Minuten von der U-Bahnstation Ebisucho; Tel. (06) 643-4861. Ryokan (I) *Rinkai Hotel Kitamise*, 6-2, Dejimahama Dori, Saikai; vom Bf. Namba mit der Nankai-Hauptlinie 15 Minuten bis Minato, 5 Minuten vom Bf. Minato; Tel. (0722) 41-3045.

JH  *Hattori Ryokuchi*, Toyonaka; mit der U-Bahn 15 Minuten. JH *Osaka Shiritsu Nagai*, Higashi Sumiyoshi Ku; mit der U-Bahn 20 Minuten. JH *Sayama Yuen* (J), Tondabayashi; mit U/S-Bahn (über Bf. Namba) 33 Minuten. Jeweils ab Bf. Umeda.

**Otsu** (Biwa-See)

\*\*\*  Ryokan (RV) *Hogetsuro*, 6-1-6, Ogoto Onsen; mit dem Bus 15 Minuten vom Bf. Ogoto; Tel. (0775) 78-1180. Ryokan *Hakkeikan*, Hama-Otsu. Teurer das *Koyo*, *Kokkaso* oder *Biwako Grand Hotel*.

\*\*  Hotel (B) *New Saichi*, 1-13-11, Ogaya; am Bf. Seta.

JH  *Otsu YH Center*, Yamagamicho; 13 Minuten vom Bf. Nichi Otsu. (s. auch Sakamoto)

**Rubeshibe** (Hokkaido)

\*\*\*  Ryokan (RV) *Oue Honke*, Onneyu Onsen; mit dem Bus 20 Minuten vom Bf.

JH  *Rubeshibe*, Asahichuo; 10 Minuten vom Bf.

**Saiko** s. Fuji-Seen

**Sakamoto** (Biwa-See)

JH  *Saikyoji*, Sakamoto Hommachi; 30 Minuten vom JR-Bf. Eizan; Tel. (0775) 78-0013.

**Sakurai** (bei Nara)

\*\*\*  Ryokan (RV) *Tounomine Kanko Hotel*, 432, Tounomine; mit dem Bus 20 Minuten vom Bf. Sakurai.

**Sapporo** (Hokkaido)

\*\*\*  Ryokan (RV) *Jozankei Daiichi Hotel*, Jozankei Onsen; mit dem Bus 70 Minuten vom Bf. Sapporo; Tel. (011) 598-2141. Etwas teurer drei weitere Ryokan (RV): *Jozankei Hotel*, *Jozankei Grand Hotel* und *Hotel Shikanoyu*.

\*\*  Hotel *Fujiya Santus*; 5 Minuten vom Bf.; Tel. (011) 271-3344. Hotel *Daitokan*; 15 Minuten vom Bf.; Tel. (011) 231-0385.

    Hotel (B) *Sunflower Sapporo*, 7, Nishi 3, Minami 5, Chuo Ku; am U-Bahnhof Susukino. Ryokan (I) *Nakamuraya*, Nishi 7, Kita 3; 7 Minuten vom Bf.; Tel. (011) 241-2111.

JH  *Sapporo House* (J), 3-1, Nishi 6, Kita 6; 7 Minuten vom Bf.; Tel. (011) 726-4235. JH *Sapporo Miyagaoka* und JH *Sapporo Shiritsu Lions*, beide Chuo Ku; beide mit der U-Bahn 7 Minuten und weiter mit dem Bus (5 bzw. 15 Minuten).

**Sasebo** (Kyushu)
** Hotel (B) *Sasebo Green*; am Bf.; Tel. (0956) 25-6261.
**Sendai** (Nord-Honshu)
*** Ryokan (RV) *Miyako Hotel* (ab 7000¥); 10 Minuten vom Bf.; Tel. (022) 222-4647.
** Hotel *Sendai City*; 5 Minuten vom Bf. Hotel *Miyagi Daiichi*; am Bf. Hotel (B) *Rainbow*, 3-6-13, Itsutsubashi; 4 Autominuten vom Bf.; Tel. (022) 227-1001. (B) *Royal*; 3 Minuten vom Bf.
* Hotel *Green*, 2-5-6, Nishikicho; 15 Minuten vom Bf. Ryokan (I) *Isuzu*, 1-1-48, Kakyoin; 5 Minuten vom Bf.; Tel. (022) 222-6430. *Japanese Inn Aisaki*, 5-6, Kitamemachi; 10 Minuten vom Bf.; Tel. (022) 264-0700.
JH *Sendai Chitose* (J), Odawara; mit dem Bus 6 Minuten vom Bf.; Tel. (022) 222-6329. JH *Akamon* (J), Kawauchi; mit dem Bus 10 Minuten vom Bf. JH *Onnai* (J), Kashiwagi; mit dem Bus 15 Minuten vom Bf.
**Sengokuhara** s. Hakone
**Shikotsu-See** (Hokkaido).
JH *Shikotsuko*; mit dem Bus 40 Minuten vom Bf. Tomakomai.
**Shimabara** (Kyushu)
JH *Shimabara* (J), in Shimabara; mit der Bahn 1 Stunde vom Bf. Isahaya; Tel. (0957) 62-4451.
**Shimoda** (Zentral-Honshu)
*** Ryokan (RV) *Shimoda Onsen*, 6-12, Takegahama; mit dem Bus 3 Minuten vom Bf. Shimoda; Tel. (05582) 2-3111.

∅ Minshuku *Shirahamaso*, 2738, Shirahama; mit dem Bus 15 Minuten vom Bf.; Tel. (05582) 2-0238.
JH *Gensu* (J), Shimokamo; mit dem Bus 25 Minuten vom Bf. JH *Sanyoso* (J), Naka, Matsuzaki; mit dem Bus 50 Minuten vom Bf.
**Shimonoseki** (West-Honshu)
** Hotel (B) *Shimonoseki Station*; am Bf.
* Ryokan (I) *Bizenya*, 3-11-7, Kamitanakamachi; mit dem Bus vom Bf. Shimonoseki oder Bf. Shin-Shimonoseki bis zur Haltestelle Nishinobashi; Tel. (0832) 22-6228.
JH *Shimonoseki Hinoyama*, 3-47, Mimosusokawa; mit dem Bus 15 Minuten vom Bf. Shimonoseki; Tel. (0832) 22-3753.
**Shingu** (Halbinsel Kii)
* Hotel (B) *Sunshine*; 5 Minuten vom Bf. (B) *Yuki*; 7 Minuten vom Bf.
JH *Shingu Hayatama* (J), 1-1-9, Kamihommachi; 15 Minuten vom Bf.; Tel. (0735) 22-2309. JH *Kajikaso* (J), 1408, Kawayu, Hongumachi; mit dem Bus 55 Minuten von Shingu.
**Shirahama** (West-Honshu)
*** Ryokan (RV) *Shiraraso Grand Hotel*, 868, Shirahamacho; mit dem Bus 15 Minuten vom Bf. Ryokan (RV) *Shirahamakan*, 1379, Shirahamacho; mit dem Bus 20 Minuten vom Bf.; Tel. (0739) 42-3034.
**Shiraoi** (Hokkaido)
∅ *Izumiya*, 284, Shadai Shiraoicho; 15 Minuten vom Bf.; Tel. (0144) 82-2428.
JH *Shiraoi*; 12 Minuten vom Bf.

## UNTERKÜNFTE

**Shizuoka** (Zentral-Honshu)
- ** Ryokan (I) *Kagetsu* (4000 ¥), 1-5-2, Inagawa; 6 Minuten vom Bf. Shizuoka; Tel. (0542) 81-0034.
- * Hotel (B) *Marusan*, 4-2-18, Komagata Dori; 5 Autominuten vom Bf.; Tel. (0542) 54-1481.
- JH *Nihondaira Lodge*; mit dem Bus 30 Minuten von Shizuoka und 10 Minuten zu gehen.

**Shodo-Insel** (Inlandsee)
- *** Ryokan (RV) *Toyoso*, Ko 2418, Fuchizaki, Tonosho; mit dem Bus 10 Minuten vom Hafen; Tel. (0879) 62-1166.
- JH *Shodojima Olive*, Uchiumicho; mit dem Bus 30 Minuten von Tonosho; Tel. (0879) 82-4584.

**Shuzenji** (Zentral-Honshu)
- *** Ryokan (RV) *Kikuya*, Shuzenji Onsen; mit dem Bus 10 Minuten vom Bf.; Tel. (0558) 72-2000. Weitere (RV) in der Nähe.
- JH *Shuzenji*; mit dem Bus 15 Minuten vom Bf. JH *Kiya Ryokan* (J), Nakaizucho; mit dem Bus 30 Minuten vom Bf.; Tel. (0558) 83-0146. JH *Iroriso* (J), Amagi-Yugashima; mit dem Bus 30 Minuten vom Bf.

**Sounkyo** s. Kamikawa
**Sumoto** s. Awaji-Insel
**Taisha** (West-Honshu)
- JH *Ebisuya* (J), Shimmon Dori, Taishamae; 10 Minuten vom Bf. Taisha; Tel. (0853) 53-2157.

**Takachiho** (Kyushu)
- ∅ Minshuku *Ogatamaso*, 1270, Mitai, Takachihocho; 15 Minuten vom Bf. Takachiho; Tel. (0982) 72-4394. Minshuku *Yamazato*, 729-44, Mitai, Takachihocho; 10 Minuten vom Bf. Takachiho; Tel. 72-2757.
- JH *Iwato Furusato* (J), Iwato; 10 Minuten vom Bf. Takachiho; Tel. (0982) 74-8254. JH *Takachiho*, Mitai; 5 Minuten vom Bf. Amanoiwato. JH *Yamatoya* (J), Mitai; 12 Minuten vom Bf. Takachiho.
  *Gokase Shiraiwa* (J), Kuraoka, Gokasemachi; Tel. (0982) 83-2820.

**Takada** (Zentral-Honshu)
- ** Hotel (B) *Joetsu Chou*; 6 Minuten vom Bf.

**Takamatsu** (Shikoku)
- *** Ryokan (RV) *Tokiwa Honkan*, 1-8-2, Tokiwacho; 7 Autominuten vom Bf.; Tel. (0878) 61-5577.
- ** *Takamatsu Grand Hotel*; am Bf. Hotel (B) *Takamatsu Station*; am Bf.; Tel. (0878) 21-6989. Hotel (B) *Takamatsu Terminal*; 3 Minuten vom Bf.
- JH *Takamatsu Yuaisanso* (J), Nishikicho; mit dem Bus 5 Minuten vom Bf. am Hafen (oder 10 Minuten zu Fuß); Tel. (0878) 22-3656.
  *Takamatsushi*, Okamotocho; mit der Bahn 30 Minuten in Richtung Kotohira; Tel. (0878) 85-2024.
- Z *Goshikidai Kokuminkyuka Mura Tambeike* (Schwimmbad, Tennis) Yanagitani, Oyabucho, Sakaideshi; mit dem Bus 40 Minuten vom Yosan-Bf. in Takamatsu; Tel. (08774) 7-0231.

**Takayama** (Zentral-Honshu)
- *** Ryokan (RV) *Seiryu*, 6, Hanakawamachi; 6 Minuten vom Bf.; Tel. (0577) 32-0448.

** Ryokan *Asunaro* und Ryokan *Iiyama Gyoen*; 5 bzw. 3 Minuten vom Bf.
* Ryokan *Oyado Saigusa*, 369, Kamigiricho; mit dem Taxis 8 Minuten vom Bf.; Tel. (0577) 33-1198.
∅ Minshuku *Hatanaka*, 1-78, Sowamachi; 5 Min. vom Bf.; Tel. (0577) 32-1309. Minshuku *Ipponsugi*, 3-66, Hachikenmachi; 8 Minuten vom Bf.; Tel. (0577) 32-5384. Minshuku *Yamaku*, 58, Tenshojimachi; 18 Minuten vom Bf. Außerdem das *Bungoro* und das *Morimoto* im Stadtteil Nishinoisshiki, das *Mitsui* und das *Yamashita* im Stadtteil Enako u.a.
Z Zeltplatz *Hirayu* (Tennis), Kamitakara Mura; mit dem Bus 1 Stunde von Takayama. Zeltplatz *Norikura Kogen Hida Takayama* (Tennis, Bergwandern), 919, Iwaicho; mit dem Bus 40 Minuten von Takayama; Tel. (0577) 31-1261.

**Tamatsukuri Onsen** (West-Honshu)
*** Ryokan (RV) *Konya Bekkan* und (RV) *Minami Bekkan*; mit dem Bus 10 Minuten vom Bf. Tamatsukuri Onsen; und weitere (RV).

**Tazawako** (Nord-Honshu)
JH *Tazawako* (J), Obonai; mit dem Bus 15 Minuten vom Bf. Tazawako; Tel. (0187) 43-1281.
Z Zeltplatz *Tazawako*, am Tazawa-See (Fahrradvermietung), Aza Haruyama; mit dem Bus 15 Minuten vom Bf. Tazawako; Tel. (0187) 43-2990, (1. Juni bis 31. Oktober geöffnet).

**Toba** (Zentral-Honshu)
*** Ryokan (RV) *Suzunami Bekkan* und (RV) *Kinkairo*; am Bf. Nicht viel weiter, das *Todaya Bekkan* oder das *New Mishima* (auf der Insel); u.v.a.
** Hotel (B) *Tamayoshi*, 1-63-11, Toba; 8 Minuten vom Bf.; Tel. (0599) 26-5678.
JH *Taikoji* (J), 1659, Ei, Futami; mit dem Bus 4 Minuten vom Bf. Futaminoura (JR, zwischen Toba und Iseshi); Tel. (05964) 3-2283. JH *Iseshima*, 1219-80, Anagawa, Isobecho; mit der Bahn 30 Minuten vom Bf. Toba; Tel. (05995) 5-0226.

**Tokushima** (Shikoku)
** Hotel (B) *Tokushima*; 10 Minuten vom Bf.
Ryokan (I) *City Hotel Hamaya*, 1-29, Minami Uchimachi; 10 Minuten vom Bf.; Tel. (0886) 26-4930.

**Tokyo**
*** Hotel (HV) *Okura*, 2-10-4, Toranomon, Minato Ku; 10 Autominuten vom Bf. Tokyo. (HV) *Palace*, 1-1-1, Marunouchi, Chiyoda Ku; 7 Minuten vom Bf. Toyko. (HV) *Imperial*, 1-1-1, Uchisaiwaicho, Chiyoda Ku; 5 Autominuten vom Bf. Tokyo. (HV) *Hilton International*, 6-6-2, Nishi Shinjuku, Shinjuku Ku; 10 Minuten vom Bf. Shinjuku.
Hotel *Ginza Nikko*, 8-4-21, Ginza; 7 Autominuten vom Bf. Tokyo.
Hotel *Kokusai Kanko*; am Bf. Tokyo; Hotel *New Otani*, 4-1, Kioicho, Chiyoda Ku; 15 Autominuten vom Bf. Tokyo. Hotel *Sunroute*, 2-3-1, Yoyogi, Shibuya Ku; 3 Minuten vom Bf. Shinjuku. Hotel *Takara*,

## UNTERKÜNFTE

2-16-5, Ueno; 3 Minuten vom Bf. Ueno. Weitere Hotels mit direkter Busverbindung zum Flughafen Narita.
Ryokan (RV) *Yaesu Ryumeikan*, 1-3-22, Yaesu, Chuo Ku; am Bf. Tokyo; Tel. (03) 271-0971.
** *Sun Hotel Kanda* (B), 2-8-4, Uchi Kanda, Chiyoda Ku; 3 Minuten vom Bf. Kanda. (B) *Mate*, 2-9-5, Shirokanedai, Minato Ku; 3 Minuten vom Bf. Takanawadai. (B) *Asia Center of Japan*, 8-10-32, Akasaka, Minato Ku; 6 Minuten vom Bf. Aoyama; Tel. (03) 402-6111. (B) *YMCA*, 7, Kanda Mitoshirocho, Chiyoda Ku; 3 Minuten vom Bf. Awajicho; Tel. (03) 293-1911. (B) *Ikenohata Bunka Center*, 1-3-45, Ikenohata, Taito Ku; 5 Minuten vom Bf. Okachimachi.
Ryokan (I) *Sukeroku no Yado Sadachiyo Bekkan*, 2-20-1, Asakusa, Taito Ku; 20 Minuten von der U-Bahnstation Asakusa bzw. vom Tobu-Bf. (nach Nikko); Tel. (03) 842-6431. Im selben Stadtviertel das Ryokan (I) *Mikawaya Bekkan*; Tel. (03) 843-2345. Ryokan *Seifuso*, 1-12-15, Fujimi, Chiyoda Ku; 5 Minuten vom Bf. Iidabashi; Tel. (03) 263-0681.
* Ryokan (I) *Sawanoya*, 2-3-11, Yanaka, Taito Ku; 7 Minuten vom U-Bahnhof Nezu; Tel. (03) 822-2251. (I) *Kikuya*, 2-18-9, Nishi Asakusa, Taito Ku; 8 Minuten vom U-Bf. Tawaramachi; Tel. (03) 841-6404. (I) *Okayasu*, 1-7-11, Shibaura, Minato Ku; 12 Minuten vom Bf. Hamamatsucho; Tel. (03) 452-5091. Außerdem das (RV) *Tokiwa Ryokan Shinkan* (5500 ¥ für das Zimmer), 7-27-9, Shinjuku; mit dem Bus 10 Minuten vom Bf. Shinjuku. Oder das *Okubo House* (sehr preisgünstig), 1-11-32, Hyakunincho, Shinjuku; am Bf. Shin-Okubo; Tel. (03) 361-2348.

JH *Tokyo Yoyogi*, c/o National Olympics Memorial Youth Center, 3-1, Yoyogi Kamizonocho, Shibuya Ku; mit der Bahn 5 Minuten vom Bf. Shinjuku bis zum Bf. Sangubashi und 10 Wegminuten; Tel. (03) 467-9163. JH *Tokyo Kokusai*, Central Plaza (18. Stock), 21-1, Kaguragashi; 1 Minute vom JR-Bf. Iidabashi; Tel. (03) 235-1107.

**Tottori** (West-Honshu)
** Hotel (B) *Taihei*; am Bf.
* Hotel (B) *Tobu*, 33, Kakuji; 10 Autominuten vom Bf.; Tel. (0875) 24-8211.

**Towadako** (Nord-Honshu)
JH *Towada*, Hakka, Towadakohan; mit dem Bus 70 Minuten vom Bf. Towada Minami; Tel. (0176) 75-2603. JH *Hakubutsukan* (J), Yasumiya, Towadakohan; mit dem Bus 3 Stunden von Aomori; Tel. (0176) 75-2002.

Z Zeltplatz *Utarube*, am See (Angeln, Wandern, Boote), Towadakomachi; mit dem Bus 2 Stunden vom Bf. Misawa; Tel. (01767) 2-2311.

**Tsuwano** (West-Honshu)
∅ Minshuku *Wakasagi no Yado*, Mori, Tsuwanocho; 10 Minuten vom Bf. Tsuwano; Tel. (08567) 2-1146.
JH *Tsuwano*; mit dem Bus 8 Minuten vom Bf.; Tel. (08567) 2-0373.

**Ueda** (Zentral-Honshu)
** Hotel (B) *Miyuki* (4200 ¥), 4-7-12, Chuo; 5 Autominuten vom Bf.
JH *Ueda Mahoroba*, Kesshita, Bessho Onsen; mit der Bahn ½ Stunde von Ueda bis Bessho Onsen und 7 Wegminuten; Tel. (0268) 38-5229. JH *Fujiya*, Tazawa Onsen; mit dem Bus 40 Minuten von Ueda.

**Unzen** (Kyushu)
*** Ryokan (RV) *Fukiya*, Unzen Onsen, Obama; mit dem Bus 1½ Stunden vom Bf. Isahaya oder ½ Busstunde von Shimabara; Tel. (0957) 73-3211. Preisgleich das Ryokan (RV) *Unzen Park Hotel*, das (RV) *Yumei* und das (RV) *Yumoto*. Teurer das *Toyokan, Unzen Miyazaki* oder *Kyushu*, alle (RV).
** *Unzen Kanko Hotel*, Obama; ½ Autostunde von Shimabara.
JH *Seiunso* (J), Unzen Obama; Tel. (0957) 73-3273. (s. auch Shimabara)

**Utoro** (Hokkaido)
JH *Shiretoko*, Utoro; mit dem Bus 1 Stunde von Shari; Tel. (01522) 4-2034.

**Uwajima** (Shikoku)
** Hotel (B) *Uwajima Daiichi*; 8 Minuten vom Bf.
JH *Uwajima*, Atagokoen; ½ Stunde vom Bf.

**Wajima** (Zentral-Honshu)
∅ Minshuku *Mangetsu*, 20-1-44, Kawaimachi; am Bahnhof Wajima; Tel. (0768) 22-4487. Etwas weiter die Minshuku *Tanaka* und *Hegura*.
JH *Wajima Chorakuji* (J), 7-104, Shimbashi Dori; 15 Minuten vom Bf.; Tel. (0768) 22-0663. JH *Sosogi Kajiyama* (J), Machino; mit dem Bus 43 Minuten von Wajima.

**Wakayama** (West-Honshu)
** Hotel (B) *Wakayama Fuji*; 3 Minuten vom Bf.
JH *Wakayama Ken Seinenkan*, 1-14-2, Chikko; mit dem Bus 20 Minuten von Wakayama.

**Wakkanai** (Hokkaido)
JH *Wakkanai* (J), 3-9-1, Koma Dori; 12 Minuten vom Bf. Minami Wakkanai; Tel. (0162) 23-7162. JH *Wakkanai Moshirippa*, 2-2443-1, Chuo; 5 Minuten vom Bf. Wakkanai.

**Yamagata** (Nord-Honshu)
** Ryokan (RV) *Onuma*, 2-1-10, Kojirakawa; mit dem Bus 10 Minuten vom Bf.; Tel. (0236) 32-1111.
* Hotel (B) *Yamagata*, 5-12-17, Nanukamachi; 5 Autominuten vom Bf.; Tel. (0236) 23-7300.
JH *Yamagata* (J), 293-3, Nakagawahara, Kurosawa; mit dem Bus 25 Minuten vom Bf.; Tel. (0236) 88-3201.

**Yamaguchi** (West-Honshu)
*** Ryokan (RV) *Kamefukku Bekkan*, Yuda Onsen; mit dem Bus 20 Minuten vom Bf. Ogori; Tel. (0839) 22-5800.

## UNTERKÜNFTE

- JH *Yamaguchi* (J), 801, Miyanokami; mit dem Bus 9 Minuten vom Bf. Miyano; Tel. (0839) 28-0057. JH *Akiyoshidai*, Shuhocho; mit dem Bus 40 Minuten vom Bf. Ogori und noch 20 Minuten zu Fuß.
- Z *Akiyoshidai Kazoku Ryoko Mura*, Shuhocho; mit dem Bus 40 Minuten vom Bf. Ogori; Tel. (08376) 2-1110; (ganzjährig).

**Yamanaka** s. Fuji-Seen

**Yokohama** (bei Tokyo)
- ** *Bund Hotel*, 1-2-14, Shin Yamashita, Naka Ku; 10 Autominuten vom Bf. Sakuragicho. Hotel *Aster*; 10 Minuten vom Bf. Ishikawacho. Hotel (B) *Parklane Tsurumi*; 3 Minuten vom Bf. Tsurumi. Ryokan *Nakazato*, 3-7-3, Nakazato; 10 Minuten vom Bf. Gumyoji; Tel. (045) 731-1454.
- * Ryokan *Echigoya*, 1-14, Ishikawacho; am Bf. Ishikawacho; Tel. (045) 641-4700.
- JH *Kanagawa*, 1, Momijigaoka, Nishi Ku; 7 Minuten vom Bf. Sakuragicho; Tel. (045) 241-6503.

**Yoshino** (Halbinsel Kii)
- JH *Yoshinoyama Kisoin* (J), Yoshinoyama; mit dem Bus 20 Minuten vom Bf. Yoshino Jingu; Tel. (07463) 2-3014.

**Yudanaka** s. Nagano

**Yugawara** s. Atami

**Yumoto** s. Hakone

---

## Außerdem bei Graphium **press** erschienen:

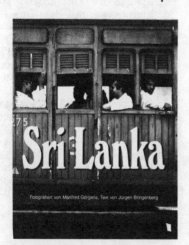

M. Görgens, J. Bringenberg
**Sri Lanka**
ein 160-seitiger Text-/Bildband
92 Fotografien, davon 27 in Farbe
verschiedene andere Illustrationen
Format 23 X 29,4
Broschur
ISBN 3-9800259-3-4

»Das Buch ist schön gedruckt auf farbigem Papier. Die großformatigen Fotos sind sehr gepflegt und versuchen ein Bild von Sri Lanka zu vermitteln, bei dem Palmenstrände und Tempel in den Hintergrund treten, um besser den Menschen zwischen Tragik und Idylle zu zeigen.«

FAZ

# SPRACHFÜHRER

## Aussprache

Die einfache Aussprache des Japanischen vermag den Reisenden vielleicht darüber hinwegzutrösten, daß ihm das Lesen der Schriftzeichen in der Regel versagt bleibt. Lernt doch der Japaner Zeit seines Lebens ihm bis dahin unbekannte Zeichen dazu und steht manchmal fast ebenso ratlos auf dem Bahnsteig wie der Ausländer. Da hilft auch nicht die Tatsache, daß die meisten Begriffe mit den relativ einfachen Zeichen der Hiragana oder der Katakana geschrieben werden könnten; tatsächlich werden damit meist nur die modernen, vor allem aus dem Englischen stammenden Begriffe geschrieben, hinzu kommt die Verwendung bei zusammengesetzten Zeichen und bei Vor- und Nachsilben. Denn die japanische Sprache hat agglutinierenden Charakter, das heißt, die Fälle, Zeitformen etc. werden nicht durch Beugung, sondern durch Hilfspartikeln, Hilfsverben oder Nachsilben ausgedrückt. Die einzelnen Silben werden, verglichen mit den europäischen Sprachen, gleichmäßig betont.

Um die Verständigung mit anderen Völkern zu erleichtern, wurde eine einheitliche Transkription in die lateinische Schrift geschaffen, die **Rōmaji** (»Rom-Zeichen«). Beim Hepburn-System (1885, nach einem amerikanischen Missionar so genannt) orientieren sich die Vokale am italienischen Klang und einige der Konsonanten am englischen Lautbild.

Die Vokale werden kurz und offen ausgesprochen, *i* und *u* haben zwischen stimmlosen Konsonanten und am Wortende nach »ts« und »s« die Neigung zum Schwund. Verbindungen wie *ai, ae, ie, oe* werden als Doppellaut gesprochen und lange Vokale durch Längenstrich gekennzeichnet. Gleichlautende Doppelvokale (oo, ii) werden dann geschrieben, wenn die beiden Vokale zu verschiedenen Silben gehören. Das *s* wird stimmlos und das *z* (z.B. in Zen) stimmhaft wie in »Sehne« ausgesprochen. Der *sh*-Laut klingt weniger geräuschvoll (!) als unser »sch«, die Zunge bleibt weiter vorn; Analoges gilt für *ch* (»tsch«). Das *r* wird nicht gerollt und nur einmal mit der Zungenspitze angeschlagen. Das *j* wird noch zarter als in »job« ausgesprochen, und das *y* klingt wie in »Jahr«.

# SPRACHFÜHRER

## Anrede und Begrüßung

Stark differenzierte Ausdrucksformen erhält das Japanische durch viele regionale und soziale Dialekte, durch Geschlecht (die Sprache der Männer unterscheidet sich von der der Frauen) und Alter der Personen sowie durch Höflichkeits- und Bescheidenheitsformen. Zur heutigen standardisierten Verkehrssprache entwickelte sich die Stadtsprache von Tōykō.

Das **Fürwort** (Pronomen) wird nicht dekliniert. Es kann entfallen, wenn dadurch kein Mißverständnis entsteht; bei der Anrede werden Titel oder Name bevorzugt.

| | |
|---|---|
| ich | *watashi,* |
| | *watakushi* (höflicher, wird z.B. bei Ansprachen vor größerem Publikum verwendet) |
| du/Sie | *anata/anata(sama)* |
| er | *kare* |
| sie | *kanojo* |
| es | (entfällt) |
| wir | *wata(ku)shitachi* |
| ihr/Ihr | *anatatachi/anatagata* |
| sie | *karetachi* (m), *kanojotachi* (f), *karera* (m/f) |

Die dem Namen nachgestellte Silbe -*san* meint »Herr« oder »Frau«, -*chan* findet bei Kindern Verwendung, -*kun* bei jüngeren Männern.

| | |
|---|---|
| guten Tag | *konnichiwa* |
| guten Morgen | *ohayō gozaimasu* |
| guten Abend | *kombanwa* |
| gute Nacht | *oyasumi nasai* |
| bitte (um etwas bitten) | *kudasai* |
| bitte (etwas anbieten) | *dōzo* |
| danke | *arigatō* |
| Verzeihung | *sumimasen* |
| ja | *hai* |
| nein | *iie* |
| wie geht es Ihnen? | *ogenki desu ka?* |
| mir geht es gut | *genki desu* |
| ich heiße ... | *... to mō shimasu* |
| auf Wiedersehen | *sayōnara* |

**Familie** (Begriffe vor dem Schrägstrich bezeichnen jeweils die eigene, Begriffe hinter dem Schrägstrich die fremde Familie, Mutter usw.):

| | |
|---|---|
| Familie | *kazoku/gokazoku* |
| Mutter | *haha/okāsan, okāsama* |
| Vater | *chichi/otōsan, otōsama* |
| ältere Schwester | *ane/onēsan* |
| jüngere Schwester | *imōto/imōtosan* |
| älterer Bruder | *ani/onisan* |
| jüngerer Bruder | *otōto/otōtosan* |
| Ehefrau | *kanai, tsuma/okusan* |
| Ehemann | *shujin, otō/goshujin* |
| Kind | *kodomo/okosan* |
| Tochter | *musume/ojōsan, botchan* |
| Sohn | *musuko/goshisoku, botchan* |
| Tante | *oba/obasan* |
| Onkel | *oji/ojisan* |
| Verwandte(r) | *shinseki/goshinseki* |
| Cousin(e) | *itoko* |
| Nichte | *mei* |
| Neffe | *oi* |

## Zur Grammatik

Der **Satzbau** unterscheidet sich vom Deutschen grundsätzlich dadurch, daß das Prädikat (Aussage) am Satzende steht: *Kisha wa shizukani ikimasu* — »der Zug ruhig fährt«.

Das **Hauptwort** (Substantiv) hat weder Artikel, noch wird es nach Zahl und Fall verändert. Allerdings finden, wie auch beim Fürwort, nachgestellte Hilfspartikeln Verwendung, die den jeweiligen Fall präzisieren:

| | |
|---|---|
| Landkarte | *chizu* |
| (Nominativ) | *chizu wa, chizu ga* |
| (Genitiv) | *chizu no* |
| (Dativ) | *chizu ni* |
| (Akkusativ) | *chizu o* |

Der Plural wird bei Menschen durch *-tachi* und *-gata* (höflich) gekennzeichnet (z.B. Gäste — *kyakugata*), sonst jedoch meist nicht ausgedrückt.

Nachgestelltes *e* bezeichnet die Richtung: nach Tōkyō — *Tōkyō e*.

Viele Nomen (Substantive, Adjektive und Numerale) verlangen eine Vorsilbe (Präfix) der Höflichkeit, wodurch sie eine besondere Wertschätzung erhalten:

*okusan* — Ehefrau; *(go)shuppatsu* — Abreise; *gohan* — Reis.

# SPRACHFÜHRER

Das **Zeitwort** (Verb) kennt nur insofern eine Konjugation, als alle Zeiten durch nachgestellte Hilfsverben gebildet werden:

| | |
|---|---|
| gehen, fahren/zurückkommen | *iku/modoru* |
| (Präsens) | *ikimasu/modomasu* |
| (Perfekt) | *ikimashita/modomashita* |
| (Futur) | *ikimashō/modomashō* |

Auch Verneinung (nicht gehen, nicht zurückkommen) und Wunsch (möchte gehen, möchte zurückkommen) werden im nachgestellten Hilfsverb ausgedrückt:

| | |
|---|---|
| (Verneinung) | *ikimasen/modomasen* |
| (Wunsch) | *ikitai/modotai* |
| (verneinter Wunsch) | *ikitaku nai/modotaku nai* |
| (Verneinung in der Zukunft) | *ikimasen deshō/modomasen deshō* |
| (Verneinung in der Vergangenheit) | *ikimasen deshita/modomasen deshita* |

*Deshita* und *deshō* sind Formen des Hilfsverbs *da* — sein. Unregelmäßige Formen haben die Verben *kuru* — kommen und *suru* — tun:

| | |
|---|---|
| sein/kommen/tun | *da/kuru/suru* |
| (Gegenwart) | *desu/kimasu/shimasu* |
| (Vergangenheit) | *deshita/kita/shita* |
| (Zukunft) | *deshō/koyō/shiyō* |
| (Verneinung) | *dewanai/konai/shinai* |
| (Wunsch) | —/*kitai/shitai* |

Das **Eigenschaftswort** (Adjektiv) steht vor dem Wort, dessen Eigenschaft es bezeichnet. Adjektive, die auf *-i* enden (Gruppe I), bleiben unverändert (Ausnahme: *kirei* — schön). Alle anderen (Gruppe II) erhalten entweder die Nachsilbe *-na*, oder ein Hilfsverb beendet den Satz; das hängt von der inhaltlichen Aussage ab:

*shizukana mizuumi* — ein ruhiger See; *mizuumi shizuka desu* — der See ist ruhig.

Eigenschaftswörter der Gruppe I werden zum **Umstandswort** (Adverb), indem man die Endung -i durch -ku ersetzt, diejenigen der Gruppe II erhalten statt -na die Endung -ni:

*kisha wa shizukani ikimasu* — der Zug fährt ruhig.

Die Steigerung wird durch vorangestelltes *motto* (mehr) und *mottomo* oder *ichiban* (am meisten) gebildet:

*tōi* (weit), *motto tōi* (weiter), *ichiban tōi* (am weitesten).

## Das **Bindewort** (Konjunktion)

| | |
|---|---|
| und | *to* (verbindet zwei Hauptwörter): |
| | *Nara to Nikkō deshita* — ich war in Nara und Nikkō (und sonst nirgends) |
| | *ya* (verbindet ebenfalls zwei Hauptwörter): |
| | *Nara ya Nikkō deshita* — ich war in Nara und Nikkō (und auch noch an anderen Orten) |
| | *shi* (verbindet zwei Sätze) |
| oder | *soretomo* |
| | *ka* (Aufzählung) |

## Das **Verhältniswort** (Präposition)

Präpositionen gibt es im Japanischen nicht. Die deutschen Präpositionen werden ausgedrückt mit Hilfspartikeln wie *ni* (in, an, zu = Ort des Verweilens) oder *de* (in, an = Ort einer Handlung), oder mit Ortsbezeichnungen, die als Hauptwörter aufgefaßt und durch vorangestelltes *no* substantiviert werden:

| | |
|---|---|
| ich bin in Japan | *Nihon ni desu* (ni = Ort des Verweilens; nachgestellt) |
| ich reise in Japan | *Nihon de ryokō shimasu* (de = Ort der Handlung; nachgestellt) |
| ich reise nach Japan | *Nihon e ryokō shimasu* |
| in (: das Innere) | *naka* |
| im (Inneren des) Hotel(s) | *hoteru no naka ni/de* |
| vor (: das Vordere) | *mae* |
| vor dem Haus | *ie no mae ni/de* |
| hinter (: das Hintere) | *ushiro* |
| hinter dem Haus | *ie no ushiro ni/de* |
| auf (: das Obere) | *ue (... no ue ni/de)* |
| unter (: das Untere) | *shita (... no shita ni/de)* |
| bei, in der Nähe | *... no soba ni/de* |
| zwischen | *... no aida ni/de* |

## Die Zahlen

Die Zahlen stammen aus dem Chinesischen (sinojapanische Zahlbezeichnungen). Für die Zahlen 1 bis 10 finden, sofern keine Kategoriewörter erforderlich sind (s.u.), auch die alten japanischen Bezeichnungen Verwendung.

# SPRACHFÜHRER

Die sinojapanischen Bezeichnungen:

0 *rei, zero*
1 *ichi*
2 *ni*
3 *san*
4 *shi, yon*
5 *go*
6 *roku*
7 *shichi, nana*
8 *hachi*
9 *kyū*
10 *jū*
11 *jūichi*
12 *jūni*
13 *jūsan*
14 *jūyon, jūshi*
17 *jūnana, jūshichi*

Die japanischen Bezeichnungen:

1 *hitotsu*
2 *futatsu*
3 *mitsu*
4 *yotsu*
5 *itsutsu*
6 *mutsu*
7 *nanatsu*
8 *yatsu*
9 *kokonotsu*
10 *tō*

(bei zusammengesetzten Zahlen wird gewöhnlich *yon* bzw. *nana*, aber auch *shi* bzw. *shichi* verwendet)

20 *nijū*
21 *nijūichi*
30 *sanjū*
40 *yonjū, shijū*
50 *gojū*
60 *rokujū*
70 *nanajū, shichijū*
80 *hachijū*
90 *kyūjū*
100 *hyaku*

Die weitere Zählweise erfolgt bis auf die Zahlen 1 000, 10 000 sowie einige Sonderformen regelmäßig:

| | | | | |
|---|---|---|---|---|
| 200 | *nihyaku* | | 4000 | *yonzen* |
| 300 | *sambyaku* | | 8000 | *hassen* |
| 400 | *yonhyaku* | | 10000 | *ichiman* |
| 600 | *roppyaku* | | 20000 | *niman* |
| 800 | *happyaku* | | 30000 | *samman* |
| 1000 | *sen* | | 100000 | *jūman* |
| 2000 | *nisen* | | 1000000 | *hyakuman* |
| 3000 | *sanzen* | | | |

Zum korrekten Zählen gehören noch sehr viele Kategoriewörter (als Nachsilben), je nachdem, ob es sich um Menschen (*-nin*), kleine Tiere (*-hiki*), technische Geräte (*-dai*), Bücher (*-satsu*) etc. handelt: *sannin* — drei (Menschen); *yonsatsu* — vier (Bücher) etc.

Die Nachsilbe *-ko* (die auch entfallen kann) bedeutet »Stück« und wird beispielsweise für Früchte oder Gepäckstücke verwendet. Weiter werden folgende Nachsilben gebraucht:

| | |
|---|---|
| *-bon* | für längliche Gegenstände (Zigaretten, Bäume etc.) |
| *-mai* | für Blätter, Papier, Tücher u.ä. |
| *-sai* | für Altersangaben von Menschen und Tieren (hier verwendet die Umgangssprache für die Jahre 1 bis 10 die japanischen Zahlen, wobei die Nachsilbe *-sai* entfällt) |
| *-ken* | für Gebäude |
| *-jikan* | für Stunden (*sanjikan* — drei Stunden) |
| *-fun* oder *-pun* | für Minuten (*jippun* — zehn Minuten) |
| *-ji* | für die Uhrzeit (*jūniji* — zwölf Uhr) |
| *-nichi* oder *-ka* | für Tage |
| *-kagetsu* | für Monate |
| *-nen* | für Jahre. |

Ohne Nachsilben (Suffix) werden zum Beispiel Inseln, Länder, Berge und Institutionen gezählt, ebenso die Zahlen in der Mathematik oder Abstraktes wie Gedanken und Wünsche.

*Saisho* bedeutet »das erste Mal« und *nidome* »das zweite Mal«.

## Fragen

Fragen werden durch das Hilfspartikel *ka* sowie eine leichte Anhebung der Stimme am Satzende ausgedrückt:

| | |
|---|---|
| Fährt der Zug nach Tōkyō? | *Kisha wa Tōkyō e ikimasu ka?* |
| was | *nani; nan* |
| wer | *dare* |
| wieviel | *ikura* |
| wann | *itsu* |
| wie | *dō* |
| wo | *doko* |
| wohin | *dokoe* |
| woher | *dokokara* |
| wie weit | *dono gurai tōi* |
| wie lang | *dono gurai (nagai)* |
| warum | *dōshite* |

SPRACHFÜHRER

Beispiele:

| | |
|---|---|
| Wann fährt der Zug nach Tōkyō? | *Kisha wa itsu Tōkyō e ikimasu ka?* |
| Wann kann ich das (japanische) Bad benutzen? | *Ofurō wa itsu haire masu ka?* |
| Wo ist (die Toilette)? | *(Toire) wa doko desu ka?* |
| Wo ist das/die nächste (Telefon/Reisebüro/U-Bahnstation)? | *Chikakuno (denwa/ryokōsha/chikatetsu no eki) wa doko desu ka?* |
| Wo fährt der Bus ab? | *Basu wa doko karademasu ka?* |
| Wo kann ich eine Fahrkarte kaufen nach ...? | *... iki no kippu wa doko de kaemasu ka?* |
| Wieviel kostet dies? | *Kore wa ikura desu ka?* |
| Wieviel kostet es bis Nara? | *Nara made ikura desu ka?* |
| Wie lange dauert es bis ...? | *... made wa dono gurai kakarimasu ka?* |
| Wie spät ist es (jetzt)? | *(Ima) nanji desu ka?* |
| Wie sagt man ... auf Japanisch? | *... wa nihongo de man to iimasu ka?* (vor den Verben »glauben«, »sagen«, »denken« etc. weist *to* auf den Inhalt des Gesagten hin) |

## Orientierung

### Verkehr

| | |
|---|---|
| Flughafen | *kūkō* |
| Hafen | *minato* |
| Bahnhof | *eki* |
| Zug | *kisha* |
| U-Bahn | *chikatetsu* |
| Straßenbahn | *shiden* |
| Straße, Chausée | *dōri* |
| Weg | *dō, michi* |
| Bus | *basu* |
| Bushaltestelle | *teiryujo* |
| Busbahnhof | *basutei, basu no teiryujo* |

### Unterkunft

| | |
|---|---|
| Hotel | *hoteru* |
| Ryōkan | *ryōkan* |
| Jugendherberge | *yūsuhosuteru* |
| Einzelzimmer | *hitoribeya* |
| Doppelzimmer | *futaribeya* |
| Schlafplatz | *betto* |
| Bad | *ofurō* |
| Toilette | *toire* |

**Gebäude**

| | |
|---|---|
| Tempel | *oteru* |
| Schrein | *jinja* |
| Kaufhaus | *depāto* |
| Restaurant | *resutoran* |
| Polizeistation | *keisatsu* |
| Bank (Geldinstitut) | *ginkō* |
| Postamt | *yūbin kyoku* |
| Telefon | *denwa* |

**Landschaft**

| | |
|---|---|
| Berg | *yama, san* |
| Vulkan | *kazan* |
| Hügel | *saka* |
| Schlucht | *kyō* |
| Tal | *dani* |
| Wald | *mori* |
| Küste | *kaigan* |
| Meer | *umi* |
| Bucht | *wan* |
| Kap | *misaki* |
| See | *mizuumi* |
| Insel | *shima, jima* |
| Fluß | *gawa* |

**Richtung, Entfernung**

| | |
|---|---|
| Norden | *kita* |
| Süden | *minami* |
| Osten | *higashi* |
| Westen | *nishi* |
| geradeaus | *massugu* |
| rechts | *migi (ni/de)* |
| links | *hidari (ni/de)* |
| hier | *koko* |
| dort | *asoko* |
| nahe | *chikai* |
| weit | *tōi* |

# Zeitbegriffe

**Jahr, Monat, Wochentage**

| | |
|---|---|
| Jahr | *toshi, nen* |
| Monat | *getsu, tsuki* |
| Januar (»Monat eins«) | *ichigatsu* |
| Februar (»Monat zwei«) | *nigatsu* |
| März | *sangatsu* |

# SPRACHFÜHRER

| | |
|---|---|
| Woche | *shūkan* |
| eine Woche | *isshū(kan)* |
| Montag | *getsuyōbi* |
| Dienstag | *kayōbi* |
| Mittwoch | *suiyōbi* |
| Donnerstag | *mokuyōbi* |
| Freitag | *kinyōbi* |
| Samstag | *doyōbi* |
| Sonntag | *nichiyōbi* |
| heute | *kyō* |
| morgen | *ashita* |
| gestern | *kinō* |

**Tages- und Uhrzeiten**

| | |
|---|---|
| Tag | *hi* |
| Morgen | *asa* |
| Vormittag | *gozen* |
| Mittag | *ohiro* |
| Nachmittag | *gogo* |
| Abend, Nacht | *yoru* |
| Stunde | *jikan* |
| wie viele Stunden | *nanjikan* |
| wieviel Uhr | *nanji* |
| wie spät ist es? | *nanji desu ka?* |
| acht Uhr | *hachiji* |
| um acht Uhr | *hachiji ni* |
| Minute | *fun* (mit einigen Sonderformen beim Zählen) |
| jetzt | *ima* |
| später | *ato ni* |
| später (adverbial) | *ato de* |
| schon | *sude ni, mō* |
| vielleicht | *tabun* |
| noch einen Tag | *mada ichi hi* |
| nächste Woche | *raishū* |
| letztes Jahr | *kyotoshi, kyonen* |

Beim Datum schreiben die Japaner zuerst das Jahr (in Tempeln nach buddhistischer Zeitrechnung, im internationalen Geschäftsverkehr nach unserer Zeitrechnung, ansonsten meist nach dem Regierungsantritt des Kaisers), dann den Monat und zuletzt den Tag.

**Essen, Einkaufen**

| | |
|---|---|
| guten Appetit | *itadakimasu* |
| ich möchte gern ... essen | *... o tabetai to omoimasu* |
| ich möchte gern ... trinken | *... o nomitai to omoimasu* |

| | |
|---|---|
| ich möchte gern ... bestellen | ... o chūmon shitai no desu ga |
| bitte bringen Sie mir ... | ... o motto kite kudasai |
| das hat geschmeckt | gochisosama deshita |
| bitte zeigen Sie mir (dies) | (kore) o misete kudasai |
| was ist dies? | kore wa nan(i) desu ka? |
| es gefällt mir nicht | kirai desu |
| (das) möchte ich bitte | (are) o kudasai |
| was kostet es? | kore wa ikura desu ka? |
| kann ich (Reisescheck/ Kreditkarte) benutzen? | (traveller check/credit card) o tsukaemasu ka? |
| teuer | takai |
| billig | yasui |
| Tee | ocha |
| schwarzer Tee | kōcha |
| Kaffee | kōhi |
| Wasser | mizu |
| Eis(creme) | aisu(kurimu) |
| Saft | jūsu |
| Bier | bīru |
| Suppe | sūpu |

## Gesundheit

| | |
|---|---|
| Arzt | (o)isha |
| Zahnarzt | (o)haisha |
| Zahnschmerzen | haita |
| Kopfschmerzen | zutsū |
| Bauchweh | fukutsū |
| Fieber | netsu |
| Apotheke | kusuriya |
| Magen | i |
| Herz | shinzō |
| Hals | nodo |
| Zahn | ha |
| Kopf | atama |
| Ohren | mimi |
| mir ist schwindelig | memai ga suru (shimasu) |
| mir ist schlecht | kibun ga warui (desu) |
| der Hals/Kopf schmerzt | nodo/atama ga itai (desu) |
| ich habe Fieber | netsu ga arimasu |
| hier tut es weh | koko wa itai |

# SPRACHFÜHRER

## Unterkunft

| | |
|---|---|
| wo ist das Ryokan/Hotel ... | ... *ryōkan/hoteru wa doko desu ka* |
| Einzel-/Doppelzimmer (Hotel) | *hitoribeya/futaribeya* |
| ich möchte gern ein Zimmer in japanischem Stil für eine/zwei Personen und eine/zwei Nächte | *hitori/futari de ippaku/nihaku washitsu o onegai shimasu* |
| wann kann ich das (japanische) Bad benutzen? | *ofurō wa itsu haire masu ka?* |
| bitte wecken Sie mich morgen um sechs Uhr | *asa rokuji ni okoshite kudasai* |
| ja, ich verstehe | *hai, wakarimasu* |
| ich verstehe nicht | *wakarimasen, wakaranai* (umgangssprachlich) |
| ich fahre morgen ab | *asa shuppatsu shimasu* |
| ich hätte gern ein Taxi, bitte | *takushī o yonde kudasai* |
| ich möchte nach ... fahren | *watashi wa ... e ikitai (no desu)* |
| ich möchte zum Hōryūji gehen | *watashi wa Hōryūji ni ikitai (no desu)* |
| Entschuldigung, ich suche ... | *sumimasen, watashi wa ... o sagamasu* |
| ich habe mich sehr gefreut | *watakushi wa hijō ni yorokonde imashita* |

# Kleines Lexikon

| | |
|---|---|
| **A**bend | *yoru, ban* |
| Abendessen | *yorugohan, yūshoku* |
| aber | *shikashi, keredomo* |
| abfahren (Zug) | *hassha suru* |
| abfahren (Bus) | *karaderu* |
| abholen (Personen) | *mukae ni yuku* |
| abholen (Sachen) | *tori ni yuku* |
| Abreise | *(go)shuppatsu* |
| abreisen | *shuppatsu, nodesuka* |
| Adresse | *jūsho* |
| Affe | *saru* |
| Ahorn | *momiji, kaede* |
| alle | *minna* |
| allein | *hitori* |
| alles | *zembu* |
| Alter | *nenrei* |
|   wie alt sind Sie? |   *anata wa oikutsu desu ka?* |
| Amt | *kyoku* |
| an (jemanden) | *no ... ni* |
|   an Herrn Ota |   *no Otasan ni* |
| an (wo?) | *ni* (Ort), *de* (Handlung) |
| Andenken | *kinen* |
| ankommen | *todoku* |
| Ansichtskarte | *ehagaki* |
| Antiquitätengeschäft | *kottohinten* |
| Apotheke | *kusuriya* |
| Aprikose(nbaum) | *ume* |
| arbeiten | *hataraku* |
| Armbanduhr | *tokei* |
| Arzt | *(o)ishá* |
| auch | *mo* |
| auf (wo?) | *ue (ni/de)* |
|   auf dem Tisch |   *tsukue no ue ni/de* |
| auf Japanisch | *nihongo de, nippongo de* |
| auf Wiedersehen | *sayōnara* |
| aus (woher?) | *kara* |
|   aus Hamburg kommen |   *Hamburg kara kuru* |
| Auskunft | *annaijō* |
| aussteigen | *oriru* |
| Auto | *jidōsha, kuruma* |
| Azaleen | *tsutsuji* |
| | |
| **B**ad (als heiße Quellen) | *onsen* |
| Bad (japanisches) | *(o)furō* |
| Bahnhof | *eki* |

# SPRACHFÜHRER

| | |
|---|---|
| bald | *mamonaku* |
| Bambus | *take* |
| Bank (Geldinstitut) | *ginkō* |
| bei (wo?) | *soba (ni/de)* |
|   beim Bahnhof |   *eki no soba ni/de* |
| bei (Wohnung) | *kinjo (ni/de)* |
| bekommen | *morau* |
| Berg | *yama, san* |
| bergsteigen | *tozan suru* |
| besitzen | *shoyū suru* |
| besuchen | *ukagau, tazuneru, hōmon suru* |
| Bett (Schlafplatz) | *betto* |
| bezahlen | *shiharau, harau* |
| Bier | *bīru* |
| billig | *yasui* |
| bis | *made* |
|   bis Nara |   *Nara made* |
|   bis wann |   *itsu made* |
| bitte (etwas anbieten) | *dōzō* |
| bitte (um etwas bitten) | *kudasai* |
| blau | *aoi* |
| Bluse | *burausu* |
| Bohnen | *mame* |
| brauchen | *iru* |
| braun | *chairoi* |
| Brief | *tegami* |
| Briefmarke | *kitte, yūbinkitte* |
| Brille | *megane* |
| bringen | *motte iku* |
| Brot | *pan* (aus dem Portugiesischen) |
| Brücke | *hashi* (Betonung auf der zweiten Silbe) |
| Buch | *hon* |
| Bucht | *wan, kai, nada* |
| Büro | *kyoku* |
| Bus | *basu* |
| Busbahnhof | *basutei, basu no teiryujo* |
| Bushaltestelle | *teiryujo* |
| | |
| Café | *kissaten* |
| China | *chūgoku* |
| chinesisch | *chūgokugo* |
| | |
| danach | *sono nochi ni, sono go* |
| danke | *arigatō* |
| dann | *sore kara, soshite* |
| das, das dort | *are* |
| das, das hier | *sore* |

| | |
|---|---|
| Datum | *hizuke* |
| dauern (Reise, Fahrt) | *kakaru* |
| dein | *anata no* |
| deshalb | *dakara* |
| deutsch | *doitsugo* |
|   auf deutsch | *doitsugo de* |
| Deutsche(r) | *doitsujin* |
| Deutschland | *Doitsu* |
| Dienstag | *kayōbi* |
| dieser, diese, dieses (hier) | *kore* |
| dir | *anata ni* |
| Donnerstag | *mokuyōbi* |
| Doppelzimmer | *futaribeya* |
| Dorf | *mura* |
| dort | *(a)soko (ni/de)* |
| du | *anata* |
| du (familiär, nur von Männern gebraucht) | *kimi* |
| dürfen | *mo ii* |
|   tun dürfen | *shite mo ii* |
| | |
| ebenso | *yahari, dōyō* |
| Ehefrau (eigene) | *kanai, tsuma* |
| Ehemann (eigener) | *otō, shujin* |
| Ei | *tamago* |
| einfache Fahrt | *katamichi* |
| einsteigen | *noru* |
|   in einen Zug einsteigen | *kisha ni noru* |
| Eintopf | *shichū* |
| Einzelzimmer | *hitoribeya* |
| Eis | *aisu* |
| Eiscreme | *aisukurimu* |
| England | *eikoku, igirisu* |
| englisch | *eigo* |
| Entschuldigung | *sumimasen* |
| er | *kare* |
| Erdbeben | *jisshin* |
| Erlaubnis | *kyoka* |
| es gibt (Gegenstände) | *aru* |
| es gibt (Lebewesen) | *iru* |
| essen | *taberu* |
| Essen | *ryōri, shokuji* |
| Eßstäbchen | *(o)hashi* (»a« betont) |
| etwa | *kurai* |
| | |
| Fähre | *watashibune* |
| fahren, gehen | *iku* |

# SPRACHFÜHRER

| | |
|---|---|
| Fahrer | *untenshu* |
| Fahrkarte | *(iki no) kippu* |
| Fahrrad | *jitensha* |
| falls | *moshi* |
| Familie (eigene/fremde) | *kazoku/gokazoku* |
| Farbe | *iro* |
| Ferien | *kyūka* (kurz), *yasumi* |
| Fieber | *netsu* |
| Film (für den Fotoapparat) | *eiga, fuirumu* |
| Fisch (roh) | *sakana* |
| Fleisch | *niku* |
| Flohmarkt | *nomi no ichi* |
| Flughafen | *kūkō* |
| Flugzeug | *hikōki* |
| Fluß | *gawa* |
| Forelle (Bach-) | *ayu* |
| Foto | *shashin* |
| Fotoapparat | *kamera* |
| fotografieren | *shashin otoru* |
| fragen | *tazuneru* |
| Frankreich | *Furansu* |
| französisch | *furansugo* |
| Frau (Dame) | *fujin* |
| Frau (Weib) | *onna* |
| Frau (in der Anrede) | *san* |
|   Frau Ota | *Otasan* |
| Freitag | *kinyōbi* |
| freuen, sich | *yorokobu* |
| Freund | *tomodachi* |
| Freundin | *onna tomodachi* |
| freundlich | *shinsetsu* |
| Frühling | *haru* |
| Frühstück | *asa(go)han* |
| Führerschein | *unten menkyoshō* |
| | |
| Garnelen | *ebi* |
| Garten | *niwa* |
| Garten (kunstvoll gestaltet) | *teien* |
| Gast | *(o)kyaku* |
| Gast (in der Anrede) | *okyakusama* |
| gehen, fahren | *iku* |
| gehen (zu Fuß) | *aruku* |
| gelb | *kiiroi* |
| Geld | *(o)kane* |
| Geldwechsel | *ryogae* |
|   Geld wechseln | *ryogae suru* |
| Gemüse | *yasai* |

| | |
|---|---|
| Gepäck | *nimotsu* |
| geradeaus | *massugu* |
| gern (etwas gern essen) | *kononde* |
| gern (jem. gern haben) | *suki* |
| Geschäft (Laden) | *mise* |
| Geschenk | *puresento* |
| gestern | *kinō* |
| gibt es, es gibt | *arimasu* |
| gibt es hier ...? | *... arimasu ka?* |
| Gleis | *reiru* (»rail«) |
| Gottheit (Shintō) | *kami* |
| groß | *ōkii* |
| grün | *midori* |
| gut | *yoi* |
| guten Abend | *kombanwa* |
| gute Nacht | *oyasumi nasai* |
| guten Morgen | *ohayō gozaimasu* |
| guten Tag | *konnichiwa* |
| | |
| haben | *motsu* |
| Hafen | *minato* |
| Hals | *nodo* |
| halten (Bahn, Auto) | *toru* |
| halten Sie bitte | *tomatte kudasai* |
| Handtuch | *tenugui* |
| Haus | *uchi, ie* |
| heiß | *atsui* |
| heißen | *shōsuru* |
| ich heiße ... | *... to mō shimasu* |
| helfen | *tasukeru, enjo suru* |
| helfen (bei einer Arbeit) | *tetsudau* |
| helfen Sie mir bitte | *tetsudatte kudasai* |
| Hemd | *(wai)shatsu* (»white shirt«) |
| Herbst | *aki* |
| Herr (in der Anrede) | *san* |
| Herr Ota | *Otasan* |
| Herz | *shinzō* |
| herzlich willkommen | *rōkoso* |
| heute | *kyō* |
| heute Abend | *komban* |
| hier | *koko* |
| hinter (präpositional) | *ushiro (ni/de)* |
| hinter dem Haus | *ie no ushiro ni/de* |
| hinter, nach (adverbial) | *ato de* |
| Hitze (Wetter) | *atsusa* |
| hoch | *takai* |
| höflich | *teineina* |

# SPRACHFÜHRER

| | |
|---|---|
| Hose | *zubon* |
| Hotel | *hoteru* |
| Hotel (japanisches) | *ryōkan* |
| hübsch | *kawaii, kawairashii* |
| Hügel | *oka* |
| Huhn | *niwatori* |
| Hut | *bōshi* |
| | |
| ich | *wata(ku)shi* |
| ihr/Ihr | *anatatachi/anatagata* |
| Imbiß | *yatai* |
| in (darin) | *naka (ni/de)* |
|   im Hotel |   *hoteru no naka ni/de* |
| in zwei/drei/vier/fünf Tagen | *futsuka/mikka/yokka/itsuka go ni* |
| in (Ort des Verweilens) | *ni* |
|   ich bin in Japan |   *Nihon ni desu* |
| in (Ort der Handlung) | *de* |
|   ich reise in Japan |   *Nihon de ryokō shimasu* |
| Information | *jōhō* |
| Insel | *shima, jima* |
| interessant | *omoshiroi* |
| international | *kokusai* |
| ja | *hai* |
| Jahr | *toshi, nen* |
| Jahr (Alter) | *sai* |
| Japan | *Nihon, Nippon* |
|   »Sonnenursprung«(sland) |   *Nihon(koku), Nippon(koku)* |
| Japaner(in) | *nihonjin, nipponjin* |
| japanisch | *nihongo, nippongo* |
|   auf japanisch |   *nihongo/nippongo de* |
| jener, jene, jenes | *are* |
| jetzt | *ima* |
| Job (Teilzeit) | *arubaito* (»Arbeit«) |
| Jugendherberge | *yūsuhosuteru* |
| Junge | *otoko no ko* |
| | |
| **K**affee | *kōhi* |
| kalt | *samui* |
| Kampferbaum | *kusunoki* |
| Kap | *misaki* |
| Karpfen | *koi* |
| kaufen | *kau* |
| Kaufhaus | *depāto* |
| kennen | *shiru, shitteiru* |
| kennenlernen (etwas) | *(no) shiru* |
| kennenlernen (jemanden) | *(to) shiriai ni naru* |
| Kiefer | *matsu* |

| | |
|---|---|
| Kilometer | *kirometoru* |
| Kind(er) | *kodomo* |
| Kind (kleines) | *akambō, akachan* |
| Kirschbaum, Kirsche | *sakura* |
| Kleid | *wanpīsu* (»one piece«) |
| klein | *chiisa* |
| kochen | *ryōri suru* |
| können | *dekiru* |
| kommen | *kuru* |
| Kopf | *atama* |
| Kopfschmerzen | *zutsū* |
| Krabben | *kani* |
| Kranich | *tsuru* |
| krank | *byōki* |
| Kuchen | *kashi* |
| kühl | *suszushii* |
| Küste | *kaigan* |
| | |
| **L**aden | *mize* |
| Landkarte | *chizu* |
| lange (Zeit) | *nagai* |
| langsam | *yukkuri* |
| Lava | *yōgan* |
| leben | *sumu* |
| Leben | *inochi* |
| leider (Tatsache) | *ainiku* |
| leider (Absicht) | *zannennagara* |
| leihen, borgen | *kasu* |
| lernen | *narau* |
| lesen | *yomu* |
| Licht | *hi* |
| lieb | *airashii, suki* |
| lieben | *aisuru* |
| lieber (etwas lieber haben) | *mushiro* |
| links | *hidari (ni/de)* |
| nach links | *hidari e* |
| Lokal (tw. Selbstbedienung) | *shokudō* |
| | |
| **m**achen, tun | *suru* |
| Mädchen | *onna no ko* |
| Magen | *i* |
| Mann | *otoko* |
| Markt | *ichiba* |
| Matratze | *futon* |
| Medikament | *kusuri* |
| Meer | *umi* |
| mehr | *motto* |

# SPRACHFÜHRER

| | |
|---|---|
| mehr (adverbial) | *sarani* |
| mein | *wata(ku)shi no* |
| Mensch | *hito* |
| Messer | *naifu* (»knife«), *kogatana* |
| Milch (Kuh) | *gyūnyū, miruku* |
| Minute | *fun* (mit einigen Sonderformen beim Zählen) |
| mit (etwas) | *de* |
|   mit der Bahn |   *kisha de* |
| mit (jemandem) | *to* |
|   gehst du mit? |   *anata to ikimasu ka?* |
| Mittag | *ohiro* |
| Mittagessen | *hirugohan, chūshoku* |
| Mitte | *chūō, mannaka* |
| Mittwoch | *suiyōbi* |
| mögen | *suki desu* |
| Monat | *getsu, tsuki* |
| Montag | *getsuyōbi* |
| morgen | *ashita* |
| Morgen | *asa* |
| müde sein | *tsukarete iru* |
| Museum | *hakubutsukan* |
| müssen | *neba naranu* |
| Mutter | *haha* |
| | |
| **n**ach | *e* |
|   ich fahre nach Kyūshū |   *Kyūshū e (watashi) ikimasu* |
| nach, nachher (zeitlich) | *ato de* |
|   ich fahre nachher |   *ato de ikimasu* |
| Nachmittag | *gogo* |
| Nacht | *yoru* |
| nachts | *yoru ni* |
| nahe | *chikai* |
|   nahe der Küste |   *kaigan no chikai ni* |
| Name | *onamae* |
| Nase | *hana* |
| Nationalpark | *kokuritsukōen* |
| Natur | *shizen* |
| nein | *iie* |
| nein (höflicher) | *chigaimasu* (»das ist nicht richtig«) |
| nett | *shinsetsu, ii* |
| neu | *atarashii* |
| nicht (als nachgestelltes Hilfsverb + n) | *... -masen* |
|   nicht »kaufen« (kau) | *kaemasen* |
| nicht (bei verneintem Wunsch) | *... -taku nai* |
|   nicht »fahren mögen« (ikitai) |   *ikitaku nai* |
| noch | *mada* |

| | |
|---|---|
| noch nicht | *mada ... nai* |
| Norden | *kita* |
| Nudeln | *menrui* |
|   Glasnudeln | *shirataki* |
|   dicke Nudeln aus Weizenmehl | *udon* |
|   dicke Nudeln aus Buchweizenmehl | *soba* |
| nur | *dake* |
| | |
| **O**bst | *kudamono* |
| oder | *soretomo, aruiwa* |
| oder (Aufzählung) | *ka* |
| öffnen | *akeru* |
| oft | *tabitabi, yoki* |
| Ohr(en) | *mimi* |
| Onkel | *oji* |
| Orange, japanische (eigentlich eine Mandarine) | *mikan* |
| Osten | *higashi* |
| Österreich | *Ōsutoria* |
| Österreicher | *Ōsutoriajin* |
| österreichisch | *ōsutoriago* |
| | |
| **P**ark | *kōen* |
| Perle | *shinju* |
| Person | *hito, nin* |
|   1 Person | *hitori* |
|   2 Personen | *futari* |
|   3 Personen | *sannin* |
| Pfirsischbaum, Pfirsisch | *momo* |
| Pickles (Eingelegtes) | *(o)tsukemono* |
| Pilze | *matsutake* |
| Plateau, Hochebene | *kōgen* |
| Platzkarte | *yoyaku ken* |
| Polizeiposten | *kōban* |
| Polizeistation | *keisatsu* |
| Polizist, Herr Polizist | *omawarisan* |
| Postamt | *yūbinkyoku* |
| Postkarte | *hagaki, yūbin hagaki* |
| Preis | *nedan* |
| Prost | *kampai* |
| | |
| **R**echnung | *kanjō* |
| rechts | *migi (ni/de)* |
|   nach rechts | *migi e* |
| Regen | *ame* |

# SPRACHFÜHRER

| | |
|---|---|
| regnen | *amegafuru* |
| Reis (Pflanze) | *ine* |
| Reis (ungekocht) | *kome* |
| Reis (zubereitet) | *gohan* |
| Reise | *ryokō* |
| Reisebüro | *kōtsukōsha* |
| reisen | *rayokō suru* |
| Reisepaß | *pasipōto* (»passport«) |
| Religion | *shūkyō* |
| Restaurant | *resutoran* |
| Rettich, Meerrettich | *wasabi* |
| Rhododendron | *Tsutsuji* |
| Rind | *gyū* |
| Rindfleisch | *gyūniku* |
| rot | *akai* |
| ruhig | *shizuka* |
| | |
| Saft | *jūsu* |
| sagen | *yū* |
| Salat | *sarada* |
| Salz | *oshio* |
| Samstag | *doyōbi* |
| Schach | *shōgi* |
|   Schach spielen | *  shōgi o sasu* |
| schade! | *zannen desu!* |
| schenken | *ataeru* |
|   schenken (sehr höflich) | *  (sashi) ageru* |
| schicken | *okuru, sōtatsu suru* |
| Schiff | *fune* |
| schlafen (einschlafen) | *nemuru* |
| schlafen (gehen) | *neru* |
| Schlüssel | *kagi* |
| schmal, eng | *semai* |
| Schmerzen haben | *kurushimu* |
| schnell | *hayai* |
| schön | *utsukushii, kirei* |
| schon | *sude ni, mō* |
| schreiben | *kaku* |
| Schrein (Shintū) | *jingū, -gū, jinja, miya* |
| Schuh(e) | *kutsu* |
| Schule (Gebäude) | *gakkō* |
| Schüler/Schülerin | *gakusei/jogakusei* |
| schwarz | *kuroi* |
| Schweinefleisch | *butaniku* |
| Schweineschnitzel, -kotelett (gebraten) | *katsu* |
| Schweiz | *Suisu* |

348

| | |
|---|---|
| Schweizer | *suisujin* |
| schweizerisch | *suisugo* |
| schwer | *omoi* |
| schwierig | *muzukashii* |
| See | *mizuumi* |
| See-Aal | *anago* |
| Seetang | *nori* |
| sehen | *miru* |
| sehr | *totemo, hijō* |
| Seide | *kinu* |
| Seife | *sekken* |
| sein (Hilfsverb) | *da* |
| (von Lebewesen) | *iru* |
| (von leblosen Dingen) | *aru* |
| selbst | *jubun* |
| sicher | *anzen* |
| sie (3. Person Sing.) | *kanojo* |
| Sie (2. Person Sing.) | *anata(sama)* |
| sie (3. Person Plural) | *karera* (m/f), *kanojotachi* (f), *karetachi* (m) |
| Sitzplatz | *seki* |
| Sonne | *taiyō* |
| Sonntag | *nichiyōbi* |
| später | *ato ni* |
| Spieß | *kushi* |
| Sport | *supōtsu* |
| Sprache | *kotoba* |
| sprechen | *hanasu* |
| Staat | *kuni*, (auch: *kokka*) |
| Stadt (groß) | *shi* |
| Stadt (mittelgroß) | *machi* |
| Stadtplan (von Kyōto) | *(Kyōto no) chizu* |
| Strand, Küste | *kaigan* |
| Straße, Chaussée, Avenue | *dōri* |
| Straße, Weg | *michi* |
| Straßenbahn | *shiden* |
| Student/Studentin | *gakusei/jogakusei* |
| Stunde | *jikan* |
| suchen | *sagasu* |
| Süden | *minami* |
| Suppe | *sūpu* |
| süß | *amai* |
| | |
| Tag | *hi* |
| Tal | *dani* |
| Tante | *oba* |
| Tanz | *odori, butō, dansu* |
| tanzen | *odoru, butō suru, dansu suru* |

# SPRACHFÜHRER

| | |
|---|---|
| Taxi | *takushī* |
| Tee (japanischer) | *ocha* |
| Tee (grüner) | *ryokucha* |
| Tee (schwarzer) | *kōcha* |
| Teezeremonie | *chadō, chanoyu* |
| Telefon | *denwa* |
| telefonieren | *denwa o suru* |
| Telefonnummer | *denwabango* |
| Tempel (buddhistisch) | *otera, -dera* |
| teuer (Preis) | *takai* |
| Thunfisch | *maguro* |
| Tiergarten | *dōbutsuen* |
| Tintenfisch (8/10armig) | *tako/ika* |
| Toilette | *toire* |
| Tor (bei Tempeln/Burgen) | *mon/jōmon* |
| tragen | *hakobu* |
| treffen (jemanden) | *au* |
| trinken | *nomu* |
| trocknen | *kawaku* |
| tun, machen | *suru* |
| | |
| U-Bahn | *chikatetsu* |
| üben | *keiko suru* |
| übermorgen | *asatte* |
| umsteigen | *norikaeru* |
| und (zwei Hauptwörter verbindend): | *to, ya* |
| ich war in Ise und Izumo (1. und sonst nirgends; 2. und auch noch an anderen Orten) | *Ise to Izumo deshita (1.), Ise ya Izumo deshita (2.)* |
| und (zwei Sätze verbindend) | *shi* |
| und jetzt, nun | *soshite* |
| unten, unter | *shita (ni/de)* |
| unter dem Tisch | *tsukue no shita ni/de* |
| Unterschrift | *shomei* |
| Urlaub | *kyūka* (kurz), *yasumi* |
| | |
| Vater | *chichi* |
| vegetarische Küche | *shōjin ryōri, yasai ryōri* |
| verkaufen | *uru* |
| verlieren | *nakushiru* |
| verstehen | *wakaru* |
| Verzeihung | *sumimasen* |
| viel | *takusan* |
| vielen Dank, herzlichen Dank | *arigatō gozaimasu* |

| | |
|---|---|
| vielleicht | *tabun, osoraku* |
| Visitenkarte | *meishi* |
| von, aus | *kara* |
| vor | *mae (ni/de)* |
|   vor dem Schrein |   *jinja no mae ni/de* |
| vorgestern | *ototoi* |
| Vormittag | *gozen* |
| vormittags | *gozen ni* |
| Vulkan | *(fun)kazan* |
| Vulkan (erloschen) | *kyūkazan* |
| | |
| **W**aggon | *kuruma(sha), kyakusha* |
| Wald | *mori* |
| wann | *itsu* |
| warm | *atatakai* |
| warten | *matsu* |
| warum | *naze, dōshite* |
| was | *nani, nan* |
| Wäsche | *sentaku* |
| waschen | *sentaku suru* |
| Wasser | *omizu* (im Restaurant), *mizu* |
| wechseln (Geld) | *ryōgae suru* |
| Weg (japanische Lesart) | *michi, komichi* (Pfad) |
| Weg (sinojapanische Lesart) | *dō, dōro* |
| weiß | *shiroi* |
| weit | *tōi* |
| wenig | *šukoshi, yaya* |
| wer | *dare* |
| wer (höflich gegenüber der Person, nach der gefragt wird) | *donata* |
| werden | *naru* |
| Westen | *nishi* |
| wichtig | *taisetsu* |
| wie (auf welche Weise) | *dō* |
| wie (im Vergleich) | *(no) yō (ni)* |
| wie alt | *ikutsu* |
| wieder | *mata, futatabi* |
| wie lange | *dono gurai (nagai)* |
| wie spät | *nanji* |
|   wie spät ist es? |   *nanji desu ka?* |
| wieviel (meist: wieviel Geld) | *ikura* |
| wie viele (Stücke) | *hanko* |
| wie weit | *dono gurai tōi* |
| Wind | *kaze* |
| wir | *wata(ku)shitachi* |

351

# SPRACHFÜHRER

| | |
|---|---|
| wir (unter Studenten) | *wareware* |
| wissen | *shiru,* (auch: *zonjiru*) |
| wo | *doko* |
| Woche | *shūkan* |
| eine/drei Woche(n) | *isshū(kan)/san shūkan* |
| woher | *dokokara* |
| wohin | *dokoe* |
| wohnen | *sumu* |
| wollen | *hossuru* |
| Wörterbuch | *jisho* |
| wünschen | *negau* |
| als nachgestelltes Hilfsverb (Wunschform) | *-tai, (mitai,* »möchte sehen«) |
| | |
| zahlen | *shiharau* |
| Zahn | *ha* |
| Zahnarzt | *(o)haisha* |
| Zahnschmerzen | *haita* |
| Zeder, Japanzeder (Sicheltanne) | *sugi* |
| Zeit | *jikan, toki* |
| Zeitung | *shimbun* |
| Zelt | *tento* |
| Zeltplatz | *kampujō* |
| Zigarette | *tabako* |
| Zimmer | *heya* |
| Zucker | *satō* |
| zuerst | *mazu* |
| Zug | *kisha* |
| Triebwagenzug | *densha* |
| zurück (nach hinten) | *ushiro e* |
| zurückkommen | *modoru* |
| zwischen | *aida (ni/de)* |
| zwischen Kyōto und Uji | *Kyōto to Uji no aida ni/de* |
| Zypresse, japanische | *hinoki* |

# Fachwortverzeichnis

Die Fachausdrücke werden, sofern es sich um Substantive handelt, analog zur deutschen Sprache groß geschrieben. Als alleinstehende Vor- oder Nachsilben erhalten sie einen Bindestrich.

| | |
|---|---|
| Ainu | im japanischen Volk aufgegangene Bewohner auf Hokkaidō |
| Amado | Holzläden |
| Amaterasu | Sonnengottheit, Ahnengottheit des Kaiserhauses, wichtigste Gottheit des → Shintō; in ihren Ursprüngen sowohl männlich als auch weiblich |
| Amida | japanischer Name von Amitābha, dem bedeutendsten Buddha im → Mahāyāna-Buddhismus |
| Ashikaga | Herrscherfamilie des Kriegeradels, spaltete sich 1150 vom Zweig der → Minamoto ab |
| Azekura | Bautechnik beim Blockhaus |
| Bijutsukan | »Gebäude der Kunst«, Museum |
| Bon | Bon-Fest, buddhistisches Gedenkfest der Toten und Ahnen |
| Bonsai | Zwergbäume, ca. 15-80 cm hoch |
| Bosatsu | Wesen auf dem Wege zur Buddhaschaft (Sanskrit: Bodhisattva), Heilsbringer |
| Bugaku | höfischer Masken- und Kostümtanz aus der Heian-Zeit (794-1185) |
| Buke | Krieger; danach Bauweise für Kriegerwohnsitze (seit) der Kamakura-Zeit benannt (1192-1333) |
| Bunraku | Puppentheater |
| Bushi | Krieger |
| Busshi | allgemeine Bezeichnung für Meister buddhistischer Plastik |
| Butsu | japanische Bezeichnung für Buddha |
| Butsuden | Buddhahalle |
| Chanoyu | Teekunst, auch: Chadō (»Teeweg«) |
| Chigaidana | Stellbretter in der → Tokonoma |
| Chigi | gekreuzte →Giebelsparren an Schreinbauten |
| Chitei | Teichgarten |
| Chūmon | Mittleres Tor |
| Cloisonné | Zellenschmelz (aus Glasfluß), ein in Japan sehr gepflegtes Kunsthandwerk |
| Dai- | Groß... |
| Daibutsu | Großer Buddha (Skulptur) |
| Daibutsuyō | Baustil zum Ende des 12. Jh. |
| Daimyō | Lehensfürst (ab 15. Jh.) |
| Dainichi | Mahāvairocana Buddha, gilt als Inkarnation des buddhistischen Gesetzes |

# GLOSSAR

| | |
|---|---|
| *Dakkatsu Kanshitsu* | Hohltrockenlack (in der Plastik) |
| *-dera, Otera* | Tempel |
| *Deva* | Götter (Sanskrit), auch aus dem Chinesischen entlehnter Name einer japanischen Altprovinz in Nord-Honshū |
| *-dō* | bei Tempelbauten: Halle |
| *Dōtaku* | glockenförmiges, dünnwandiges Kultgerät (Bronze) in der → Yayoi-Zeit (3. Jh. v.u.Z.-3. Jh. u.Z.) |
| *-e, E-* | Malerei, Bild |
| *Emakimono* | Malerei und Text kombinierende Querrolle |
| *Engawa* | Korridor an Außenwänden des Wohnhauses (→ Shoin-Stil) |
| *First* | oberste waagerechte Kante des geneigten Daches |
| *Fugen* | ein → Bosatsu, der die Weisheit des Buddha repräsentiert |
| *Fujiwara* | vom Kaiserhaus abstammende, einflußreichste Familie des Hofadels (7.-11. Jh.) |
| *Fußwalmdach* | → Walmdach mit (zwei) Zwerg→giebeln (Bezeichnung nach Th. Thilo) |
| *Fusuma* | innere, raumtrennende Schiebetür |
| *Gagaku* | Kaiserliche Hofmusik |
| *Geta* | Holzsandalen |
| *Giebel* | meist dreieckige Abschlußwand des Dachraumes (an den → Firstenden) |
| *Gohei* | Papierfähnchen (→ Shintō) |
| *Gongen* | Bauweise im → Ryōbu-Shintō; Bezeichnung japanischer Gottheiten, die als Erscheinungsformen buddhistischer Gottheiten erklärt werden; ursprünglich: die vorübergehende Wiederkehr des Buddha in die Welt |
| *-gū* | → Schrein |
| *Hachiman* | Kriegsgottheit im → Shintō |
| *Haiden* | Kult- oder Opfergabenhalle eines → Schreines |
| *Haiku* | dreizeiliges Gedicht in der Silbenfolge 5-7-5 |
| *Hakubutsukan* | »Gebäude des umfassenden Lernens«, Museum |
| *Hanamichi* | »Blumenweg«, Laufsteg mitten durch den Zuschauerraum auf die (→ No-/→Kabuki-)Bühne |
| *Haniwa* | aus Ton gebrannte Kleinplastiken der Hügelgräber-Zeit (3.-6. Jh.) |
| *Hashigakari* | Brücke auf die Hinterbühne des →Nō-Theaters |
| *Hinayāna* | »Kleines Fahrzeug«, Richtung des Buddhismus, die anders als im → Mahāyāna, die (Selbst-)/Erlösung zu Lebzeiten als Ideal ansieht (Kambodscha, Laos, Myanmar [früher: Birma], Sri Lanka, Thailand) |
| *Hinoki* | »Lebensbaum«, japanische Zypressenart |
| *Hiragana* | Silbenschriftsystem (weiche Formen) |
| *Hōjō* | Priesterräume in Tempeln |

| | |
|---|---|
| *Honden* | Hauptgebäude eines → Schreines |
| *Hondō* | Bezeichnung für die Haupthalle eines buddhistischen Tempels (unterscheidet sich nur als Eigenname von der → Kondō) |
| *Hōzō* | Schatzhaus |
| *Ie* | Sippe, die (im Gegensatz zum »Ie-Verband«) gemeinsame Vorfahren hatte |
| *Ikebana* | »Blumenleben«, die Kunst des Blumensteckens |
| *-in* | Tempelgebäude |
| *Irimoya* | Dachform: → Fußwalmdach |
| *Ishidōrō* | Steinlaternen |
| *-ji* | Wesenheit, Anwesen (Tempel) |
| *Jingū, Jinja* | → Schrein |
| *Jizō* | ein → Bosatsu, Schutzpatron der Reisenden, der Kinder und der werdenden Mütter |
| *-jō* | Burg, Schloß |
| *Jōgan* | schwungvoller Schnitzstil zu Beginn der Heian-Zeit |
| *Jōmon* | Schnurmuster der vorgeschichtlichen Keramik |
| *Jūichimen Kannon* | Elfköpfiger → Kannon (→ Bosatsu) |
| *Jūniten* | die 12 → Deva-Könige |
| *Kabuki* | dramatisches Theater mit Musik und Tanz |
| *Kagura* | von Musik begleiteter Kulttanz des → Shintō |
| *Kaguraden* | Tanzhalle eines → Schreines |
| *Kairō* | überdachter Umgang einer Tempelanlage |
| *Kaisandō* | Gründerhalle eines Tempels |
| *Kaizuka* | vorgeschichtlicher Muschelhaufen |
| *Kalligraphie* | Schönschrift |
| *Kami* | höheres Wesen, Gottheit des → Shintō, Bezeichnung für alles religiös Verehrenswürdige |
| *Kamikaze* | »göttlicher Wind«, so hießen die Taifune, seit sie die Invasionstruppen des Kublai Khan vernichten halfen |
| *Kanga* | Malerei der → Kanō-Schule (seit 16. Jh.) |
| *Kanji* | chinesische Wortschriftzeichen |
| *Kannon* | ein → Bosatsu, der die Gnade des → Amida verkörpert (Sanskrit: Avalokiteshvara) |
| *Kanō* | Schulrichtung in der Malerei, gegründet zweite Hälfte 15. Jh., Blütezeit Mitte 17.-19. Jh. |
| *Kanshitsu* | Trockenlack (in der Plastik) |
| *Karae* | profane Malerei chinesischer Herkunft |
| *Karafahu* | Chinesischer Giebel (aus der → Ming-Architektur), bogenförmige → Trauffführung über dem Eingang, Neuerung in der Momoyama-Zeit (1568-1603) |
| *Karamon* | chinesisches (Tempel-)Tor |
| *Karayō* | chinesischer Baustil, »Zen-Stil«, Baustil zum Ende des 13. Jh. |
| *Karesansui* | Trockenlandschaft (Gartenkunst) |

# GLOSSAR

| | |
|---|---|
| *Kasuga* | nach dem Kasuga-Schrein in Nara so genannte Schreinbauweise, aus dem → Taisha-Stil hervorgegangen |
| *Katakana* | Silbenschriftsystem (eckige Formen) |
| *Katsuogi* | walzenförmige Querhölzer auf dem Dachfirst eines Schreines |
| *Ken, Guntō, Fu* | Bezeichnungen für → Präfektur, Verwaltungsbezirk (Land) |
| *Kikajin* | Einwanderergruppen vom Kontinent (7. Jh.) |
| *Kimono* | »Gewand«; das traditionelle Obergewand von Männern und Frauen |
| *Kirizuma* | Dachform: → Giebeldach |
| *Kōban* | Polizeiposten, stammt aus der Zeit der Abschließung des Landes |
| *Kōdō* | Lese- und Vortragshalle eines Tempels |
| *Kofun* | Hügelgrab |
| *Kojiki* | »Bericht über alte Gegebenheiten«; älteste Geschichtsdarstellung (712) |
| *Kondō* | Bezeichnung für die Haupthalle eines buddhistischen Tempels (»Goldene Halle«) |
| *Kōrō* | Trommelturm |
| *Kōsen* | Mineralquellen mit Wassertemperaturen bis 30°C |
| *Ku* | Stadtbezirk |
| *Kudara* | das altkoreanische Reich → Paekche; danach benannter Gebäudeplan der buddhistischen Tempelanlage (Kudara-Plan) |
| *Kyakuden* | Empfangshalle |
| *Kyōgen* | dem → Nō verwandtes Theaterspiel, eher heiter und kürzer gefaßt |
| *Kyōzō, Kyōdō* | → Sutrenbibliothek eines Tempels |
| *Lehen* | Grundbesitz als Lohn für (Kriegs-)Dienste |
| *Mahāyāna* | »Großes Fahrzeug«, Richtung des Buddhismus, die über Tibet, Zentralasien, China und Korea nach Japan gelangte |
| *Makie* | Streubild (Lacktechnik) |
| *Mandara* | Darstellung zur Meditationshilfe (Sanskrit: Mandala) |
| *Manyōshū* | »Sammlung der 10 000 Blätter«, älteste Gedichtsammlung (aus dem 5.-8. Jh.) |
| *Matsuri* | Schreinfest, oft mit einem Umzug verbunden |
| *Mieidō* | Gründerhalle (Tempel) |
| *Mikoshi* | tragbarer → Schrein (bei Festumzügen) |
| *Minamoto* | Herrscherfamilie des Kriegeradels kaiserlicher Abstammung |
| *Ming* | chinesische Herrscherdynastie (Mitte 14. Jh. bis Anfang 17. Jh.) |
| *Minshuku* | Familienpension |

| | |
|---|---|
| *Miroku* | Buddha der kommenden Weltperiode (Sanskrit: Maitreya) |
| *Miya, -miya* | → Schrein |
| *Mokushin Kanshitsu* | Holzkern-Trockenlack (in der Plastik) |
| *-mon* | Torbau |
| *Monju* | einer der → Bosatsu, die die Weisheit des Buddha repräsentieren |
| *Monogatari* | Erzählung, Roman |
| *Mudra* | (Sanskrit), bestimmte Handhaltungen mit symbolischer Bedeutung |
| *Myōō* | »Könige des geheimen Wissens« (Sanskrit: Vidyārāja) |
| *Nagare* | Schreinbauweise, aus dem → Shimmei-Stil hervorgegangen |
| *Nageire* | von den Teemeistern beeinflußter Stil in der Kunst des Blumensteckens |
| *Nandaimon* | Großes Südtor |
| *Nihongi* | älteste Reichsgeschichte (720) |
| *Niō* | Wächterfiguren an Tempeltoren |
| *Nō* | lyrische Bühnenkunst in prächtigen Masken und Kostümen (um 1400 entstanden) |
| *Nyōrai* | Ehrentitel eines Buddha |
| *(O)furō* | das japanische Bad |
| *Onsen* | öffentliches Bad in heißen Quellen |
| *Origami* | Kunst des Papierfaltens |
| *Paekche* | altkoreanisches Reich (bis 663) |
| *Pagode* | Hauptmonument des buddhistischen Tempels in China, wurde von buddhistischen Baumeistern als Holzbauwerk in Japan eingeführt (6./7. Jh.), dient in erster Linie der Aufbewahrung von Reliquien |
| *Pfette* | Dachbalken (als Auflager oder Aussteifung der → Sparren) |
| *Präfektur* | Verwaltungsbezirk (Land) |
| *Ramma* | Oberwand (von der Türhöhe bis zur Decke) |
| *Renga* | Kettengedicht |
| *Rikyū* | (Kaiserlicher) Landsitz |
| *Roji* | Teegarten |
| *Rōmaji* | »Rom-Zeichen«, lateinische Schrift |
| *Rushana Butsu* | Buddha Vairocana, gilt als Inkarnation des buddhistischen Gesetzes |
| *Ryōbu* | »Beide Bereiche«; → Shintō und Buddhismus fanden nach einer Epoche der Auseinandersetzung (7.-9. Jh.) zu einer Symbiose im Ryōbu-Shintō |
| *Ryōkan* | Hotel im japanischen Stil |
| *Saimon* | Westtor |
| *Sammon* | Haupttor |
| *Samurai* | »Dienstmann«, Krieger, später führender Adel |

# GLOSSAR

| | |
|---|---|
| *Sanskrit* | Gelehrtensprache im alten Indien |
| *Schrein* | das der Verehrung einer → Shintō-Gottheit geweihte Gebäude, auch die Gesamtheit des Heiligtums (analog zum Tempel) |
| *Senjū Kannon* | tausendarmiger → Kannon Bosatsu |
| *Seppuku* | ritueller Selbstmord |
| *Shaka* | der historische Buddha (Siddharta Gautama) |
| *Shakkei* | Prinzip der geborgten Landschaft (Gartenkunst) |
| *Shamisen* | japanisches Zupfinstrument |
| *Shimmei* | Beiname der Sonnengottheit → Amaterasu, danach benannter Urstil der → Shintō-Architektur (mit → traufseitigem Eingang) |
| *Shinden* | Haupthalle der Adelswohnsitze (Heian-Zeit, 794-1185), danach benannter Baustil jener Zeit |
| *Shinkansen* | Super-Expreßzug |
| *Shintō* | einheimische Religion |
| *Shōden* | Bezeichnung für das Hauptgebäude eines → Schreines (unterscheidet sich nur als Eigenname von der → Honden) |
| *Shōgun* | Oberster Heerführer, der (von 1192-1867) auch die Regierungsmacht besaß |
| *Shoin* | Schreibplatz, im weiteren Sinne Studierzimmer, danach benannter Baustil von Adels- und Priesterwohnsitzen (ab 16. Jh.) und der japanischen Teehäuser des 16. und 17. Jh. |
| *Shōji* | Schiebetüren als Außenwand |
| *Shōrō* | Glockenturm |
| *Shōsō* | Abstellkammer |
| *Song* | chinesische Herrscherdynastie (10.-13. Jh.) |
| *Sozō* | Lehm(figuren) |
| *Sparren* | Dachbalken, die vom → First zur → Traufe verlaufen (und die Dachdeckung tragen) |
| *Stupa* | Hauptmomument des buddhistischen Tempels in Indien (Bezeichnung aus dem → Sanskrit: »Hügel«, oberer Teil des Kopfes) |
| *Susano(w)o* | Sturmgottheit im → Shintō |
| *Sutra (Mz. Sutren)* | »Leitfaden«, Lehrsatz, Lehrtext |
| *Tahōtō* | japanische Bauform der → Pagode |
| *Taira* | Herrscherfamilie des Kriegeradels kaiserlicher Abstammung |
| *Taisha* | Bezeichnung für das → Shintō-Heiligtum bei Izumo (u.a.), danach benannter Urstil der Shintō-Architektur (mit → giebelseitigem Eingang) |
| *Tanabata* | »Sternenfest«, Volksfest |
| *Tang* | chinesische Herrscherdynastie (618-907) |
| *Tanka* | Kurzgedicht in 5 Zeilen (Silbenfolge 5-7-5-7-7) |
| *Tatami* | gepolsterte Matten in Wohnräumen |

| | |
|---|---|
| *Tenjikuyō* | »Indischer Stil«, irreführende Bezeichnung des →Daibutsuyō |
| *Tennō* | Titel der Herrscher Japans (Kaiser), die im Mythos als direkte Nachfahren der Sonnengottheit → Amaterasu gelten |
| *Tō-* | Ost- (meist vorangestellte Silbe) |
| *-tō, Tō* | Turm, → Pagode |
| *Tōdaimon* | Großes Osttor |
| *Togidashi* | Schleiflacktechnik, bei der Dekor und Grundierung auf derselben Ebene liegen |
| *Tōin* | Osttempel |
| *Tōindō* | östliche Tempelhalle |
| *Tokonoma* | (Bild-)Nische |
| *Tokugawa* | Zweigfamilie der → Minamoto |
| *Torii* | torförmiges, symbolisches Bauwerk eines → Schreinbezirks |
| *Tosa* | Schulrichtung in der Malerei in der Tradition des → Yamatoe, Blütezeit 15.-17. Jh. |
| *Traufe* | unterste (waagerechte) Kante des geneigten Daches (Gegensatz: → First) |
| *Uji* | Sippen der → Yamato-Staaten |
| *Ukyoe* | Farbholzschnitt (ab 1765) |
| *Wa* | Volk im vorgeschichtlichen Japan (3. Jh.) |
| *Walm* | Dachform, die sich vom Giebeldach dadurch unterscheidet, daß anstelle der (beiden) → Giebel (zwei) zusätzliche geneigte Dachflächen treten |
| *Washi* | Japanisches Papier, handgeschöpftes Papier aus traditioneller Herstellung |
| *Wayō* | Japanischer Baustil (ab 14. Jh.), entwickelte sich aus den heimisch gewordenen älteren Stilen der chinesischen Baukunst |
| *Yaki* | Keramik |
| *Yakushi* | heilender Buddha (Sanskrit: Bhaisajyagura) |
| *Yamato* | Kernland des alten japanischen Staates |
| *Yamatoe* | Ende des 9. Jh. eingeführte Bezeichnung für die japanische profane Malerei (in Abgrenzung zum → Karae und zur buddhistischen Malerei) |
| *Yayoi* | kaum verzierte, auf der Töpferscheibe gefertigte Keramik aus der Zeit der ersten Siedlungen Japans (3. Jh. v.u.Z.-3. Jh. u.Z.) |
| *Yosegi* | Technik in der Holzplastik, bei der die einzelne Teile sorgfältig miteinander verbunden werden (im 9./10. Jh. entwickelt) |
| *Yosemune* | Dachform: → Walmdach |
| *Yukata* | Haus-Kimono |
| *Yūzen* | Färbe- und Design-Technik der Handwerkskunst |
| *Zen* | Buddhismus der Versenkung und Meditation (Zen) |
| *Zenga* | Malerei der Zen-Mönche (seit dem 16. Jh.) |

# Literaturhinweise

ABE, KOBO: Freunde. Eine schwarze Komödie in zwei Aufzügen. Berlin 1984

AUBOYER, JEANINE/BEURDELES, MICHEL/BOISSELIER, JEAN/MASSONAUD, CHANTAL/ROUSSET, HUGUETTE: Handbuch der Formen- und Stilkunde, Band 1 Asien. Friebourg 1980

AYMANS, GERHARD/BLÜMMEL, BARIA-VERENA/KREINER, JOSEF/LINHART, SEPP/POHL, MANFRED/PAUER, ERICH: Japan. Stuttgart 1985

BALTZER, FRANZ: Das Japanische Haus. Berlin 1903

BALTZER, FRANZ: Die Architektur der Kultbauen Japans. Berlin 1907

BARGATZKY, THOMAS: Einführung in die Ethnologie. Hamburg 1985

BARTH, JOHANNES: Japans Schaukunst im Wandel der Zeiten. Wiesbaden 1972

BERLINER, ANNA: Der Teekult in Japan. Leipzig 1930

BIRD, ISABELLA L.: Unbetretene Reisepfade in Japan, Band 1 und 2. Jena 1882

BRINCKMANN, DR. JUSTUS: Kunst und Kunsthandwerk in Japan, Band 1. Berlin 1889

DAIHONZAN EIHEIJI (Hg.): Eiheiji, the »temple of eternal peace«. Eiheijicho 1988

DAUTHENDEY, MAX: Die acht Gesichter am Biwasee. München 1911, 1924

DESHIMARU-ROSHI, T.: Za-Zen. Die Praxis des Zen. Berlin $^2$1979

DETTMER, HANS A.: Grundzüge der Geschichte Japans. Darmstadt $^3$1973

DETTMER, HANS A.: Einführung in das Studium der japanischen Geschichte. Darmstadt 1987

DIESINGER, GUNTER/HEMPEL, ROSE/LIENERT, URSULA: Im Glanz der Jahreszeiten — Kostbarkeiten aus Japan. Ausstellungskatalog des Museums für Kunst und Gewerbe Hamburg 1987

DOFLEIN, FRANZ: Ostasienfahrt. Erlebnisse und Beobachtungen eines Naturforschers in China, Japan und Ceylon. Leipzig — Berlin 1906

DRAGUHN, WERNER: Die wirtschaftliche Position der Bundesrepublik Deutschland in ausgewählten asiatisch-pazifischen Ländern. Gegenwärtiger Stand, Konkurrenz und Perspektiven. Hamburg 1987

ELISSEEFF, DANIELLE und VADIME: L'art de l'ancien Japon. Paris 1980; dt. Freiburg 1981 (Ars Antiqua)

ENDERS, SIEGFRIED: Japanische Wohnformen und ihre Veränderung. Hamburg 1979

ENOMIYA-LASALLE, H.M.: Zen-Meditation. Köln $^2$1977

ERACLE, JEAN: Les Samurai. Musée d'ethnographie. Genéve 1983

ERDBERG-CONSTEN, ELEANOR VON: Japanische Architektur, in: Propyläen Kunstgeschichte, Band 17. Berlin (West) 1968

ERLINGHAGEN, H.: Japan. Eine Landeskunde. München 1979

FEDDERSEN, MARTIN: Japanisches Kunstgewerbe. Braunschweig 1960

FELDMEYER, GERHARD G.: Die Kraft des Widersprüchlichen, in: Bauwelt 21. Gütersloh — Berlin 1988

FLORENZ, KARL: Japanische Mythologie. Tokyo 1901

FLÜCHTER, WINFRIED: Stadtplanung in Japan. Hamburg 1978

FONTEIN, JAN/HEMPEL, ROSE: China-Korea-Japan, in: Propyläen Kunstgeschichte, Band 17. Berlin (West) 1968

FRANZ, HEINRICH G.: Pagode, Turmtempel, Stupa. Graz 1978

FRÉDÉRIC, LOUIS: Japon. Art et Civilisation. Paris o.J.

GABBERT, GUNHILD: Buddhistische Plastik aus Japan und China. Bestandskatalog des Museums für Ostasiatische Kunst Köln. Wiesbaden 1972

GEO SPECIAL: Japan. Hamburg 1986
GOEPPER, ROGER: Kunst und Kunsthandwerk Ostasiens. München 1968
GOEPPER, ROGER/YOSHIKAWA, HIROKO: Sho, Pinselschrift und Malerei in Japan vom 7.-19. Jh. Köln 1975
HAGENMEIER, WINFRIED (Bearb.): Geschichtslexikon. Weltgeschichte von A-Z. Freiburg 1986
HAMMITZSCH, HORST: Cha-Do, der Tee-Weg (Zen in der Kunst des Tee-Weges). München Planegg 1958
HAMMITZSCH, HORST: Die Religionen Japans. Stuttgart 1979
HAMMITZSCH, HORST: Japan-Handbuch. Wiesbaden 1981
HARTMANN, WOLF D.: Japans Wege in den Weltmarkt. Berlin 1984
HASE, AKIHISA: Emaki, die Kunst der japanischen Bildrollen. Zürich 1959
HAYAKAWA, MASAO: The Garden of Art Japan. Übers. R.L. Gage. New York-Tokyo $^2$1974
HAYASHIJYA, TATSUBURO u.a.: Japanese Arts and the Tea Ceremony. New York-Tokyo 1974
HAZUMI, TOSHIMITSU/SECKEL, DIETRICH: Japanische Plastik. München 1961
HEARN, LAFCADIO: Lotos, Blick in das unbekannte Japan. Dt. Frankfurt/Main 1906
HEMPEL, ROSE: Holzschnittkunst Japans. Landschaft — Mimen — Kurtisanen. Stuttgart 1963
HEMPEL, ROSE: Japan zur Heian-Zeit. Kunst und Kultur. Stuttgart 1983
HERBERTS, KURT: Das Buch der ostasiatischen Lackkunst. Düsseldorf 1959
HEROLD, RENATE (Hg.): Das Industrieunternehmen in Japan. Berlin 1986
HERRIGEL, EUGEN: Zen in der Kunst des Bogenschießens. Weilheim Obb. 1965
IMMOOS, THOMAS: Japanisches Theater. Zürich 1975
INOUE, YASUSHI: Das Tempeldach (historischer Roman). Frankfurt/Main 1981
INSTITUT FÜR ASIENKUNDE (Hg.): Osaka, Porträt einer Wirtschafts- und Kulturmetropole. Hamburg 1989
INSTITUT FÜR ASIENKUNDE UND DEUTSCHE INDUSTRIE- UND HANDELSKAMMER IN JAPAN (Hg.): Wirtschaftspartner Japan. Hamburg $^3$1985
ISHIMOTO, TASUO: Japanische Blumenkunst. München-Zürich 1959
KAWABATA, YASUNARI: Träume im Kristall (Erzählungen). Frankfurt/Main 1974
KAWABATA, YASUNARI: Schönheit und Trauer (Roman). München 1988
KAWASHIMA, TAKEYOSHI: Die japanische Gesellschaft, Familismus als Organisationsprinzip. München 1985
KEENE, D.: Japanische Literatur. Eine Einführung für westliche Leser. dt. Zürich 1962
KOBAYASHI, H.: Wirtschaftsmacht Japan. Dt. Köln 1980
Kodansha encyclopedia of Japan. Tokyo-New York 1983
KOMODA SHUSHUI/POINTNER, HORST: Ikebana Praxis. Melsungen 1976
KUMA, KENGO: Japanische Architektur, in: Deutsche Bau-Zeitschrift Nr. 6. Gütersloh 1988
KREINER, JOSEF: Japan (Kunst- und Reiseführer). Stuttgart 1979
KREINER, JOSEF: Japan und die Mittelmächte im Ersten Weltkrieg und in den Zwanziger Jahren. Bonn 1986
KREYHER, JOHANN: Expedition nach Ostasien in den Jahren 1859-1862. Reisebilder aus Japan, China und Siam .... Hamburg 1863

## LITERATUR

LANE, RICHARD: Ukiyo-e-Holzschnitte. Künstler und Werke. Zürich 1978

LAUMER, HELMUT: Japans wirtschaftliche Verflechtung mit Südostasien. Hamburg 1977

LAUTERER, JOSEPH: Japan. Leipzig 1907

LEWIN, BRUNO (Hg.): Kleines Wörterbuch der Japanologie. Wiesbaden 1968

LEWIN, BRUNO: Abriß der japanischen Grammatik. Wiesbaden 1975

LEWIN, BRUNO: Einführung in die japanische Sprache. Wiesbaden 1983

LINHART, SEPP: Japanische Geistesströmungen. Wien 1983

LOTI, PIERRE: Japoneries d'automne. Paris 1889

MARCO POLO s. POLO, MARCO

MARON, HERMANN: Japan und China. Reiseskizzen. Berlin 1863

Ministerium für Auswärtige Angelegenheiten (NAGAHATA, YASUNORI/TAZAWA,YUKATA/MATSUBARA, SABURO/OKUDA, SHUNSUKE): Kulturgeschichte Japans. Ein Überblick. Dt. Tokyo $^3$1985

MORISHIMA, MICHIO: Warum Japan so erfolgreich ist. Westliche Technologie und Japanisches Ethos. München 1985

MORIYA, KENJI: Die Japanische Malerei. Wiesbaden 1953

MORSE, EDWARD S.: Japanese Homes. New York 1889

NAKAMURA, TAKAFUSA: Wirtschaftliche Entwicklung des modernen Japan. Tokyo 1985

NAKANE, CHIE: Die Struktur der japanischen Gesellschaft. Frankfurt/Main 1985

OGURO, TATSUO: Ihr Deutschen — Wir Japaner. Ein Vergleich von Mentalität und Denkweise. Düsseldorf 1984

OKAKURA, KAKUZO: Das Buch vom Tee. Dt. Frankfurt/Main 1979

ONTOLOGY OF HOUSE: Japan. GA Houses 4. Tokyo 1978

OTA, HIROTARO: Japanese Architecture and Gardens. Tokyo 1966

PETRUCCI, RAPHAËL: Les Art & Métiers de L' Ancien Japon. Bruxelles-Paris 1914

POHL, MANFRED: Japan. Stuttgart-Wien 1986

POHL, MANFRED: Japan 1989/90. Politik und Wirtschaft. Hamburg 1990

POLO, MARCO: Von Venedig nach China. Stuttgart-Wien 1982

RAMMING, M.: Bemerkungen zur Problematik der Schriftreform in Japan. Berlin 1960

REIN, JOHANN JUSTUS: Japan, I. Band. Leipzig $^2$1905

SAITO, EIKO: Grundkurs der modernen japanischen Sprache. Leipzig $^4$1988

SCHAARSCHMIDT-RICHTER, IRMTRAUD: Japanische Gärten. Baden-Baden 1977

SCHMIEGELOW, MICHÈLE (Hg.): Japans Antwort auf Krise und Wandel in der Weltwirtschaft. Hamburg 1989

SCHWALBE, HANS: Japan. München 1974

SCHWIND, MARTIN: Das Japanische Inselreich, Band 1 und 2. Berlin 1967

SEN SOSHITSU: Ura Senke Chanoyu. A Beginners Handbook. Kyoto o.J.

SHIBUBU, MURASAKI: Genji Monogatari. Die Geschichte vom Prinzen Genji, 2 Bände. Übers. Oskar Benl. Zürich 1966

SHIMIZU, IKUTARO/TAMONOI, YOSHIRO: Gesellschaft Japans. Opladen 1976

SIEBOLD, PHILIPP FRANZ VON: Nippon, Band 1 und 2. Leyden $^1$1832, Würzburg-Leipzig $^2$1887

SPEIDEL, MANFRED: Japanische Architektur, Geschichte und Gegenwart. Düsseldorf 1983

Speiser, Werner: Lackkunst in Ostasien. Baden-Baden 1965
Stierlin, Henri: Die Architektur der Welt, Band 2 Plan und Bauwerk. Fribourg-München 1977
Stuckenschmidt, Dierk: Japan mit der Seele suchen. Bern 1988
Suzuki, Hiroyuki/Banham, Reyner: Modernes Bauen in Japan. Dt. Stuttgart 1987
Swann, Peter C.: Japan. Dt. Baden-Baden 1965
Taut, Bruno: Houses and Peoples of Japan. Tokyo ²1958
Weggel, Oskar: Die Asiaten — Gesellschaftsordnungen, Wirtschaftssysteme, Denkformen, Glaubensweisen, Alltagsleben, Verhaltensstile. München 1989
Wendt, Ingeborg Y.: Zen, Japan und der Westen. München 1961
Wendt, Ingeborg Y.: Japanische Dynamik und indische Stagnation? Darmstadt 1978
Yoshida, Tetsuro: Japanische Architektur. Tübingen 1952
Yoshida, Tetsuro: Der Japanische Garten. Tübingen 1956
Yoshide-Hirano: Kodai no Sumai. Archäologisches Museum Fudoki no Oka. Matsue 1985
Yutaka, Tazawa: Kulturgeschichte Japans. Dt. Tokyo 1985
Zachert, Herbert: Die Mythologie des Shinto. Wörterbuch der Mythologie. Band VI. Stuttgart 1986
Zeit Magazin Nr. 5: Japan. Hamburg 1986

---

## Abbildungsnachweis

Isabella L. Bird, 1882: Frontispiz, S. 72, 198, 257
Justus Brinckmann, 1889: S. 75, 77, 102, 108, 149, 188, 226, 234/5, 262, 278, 283
Peter Cirtek, Hamburg: Titelbild, Farbtafeln Nr. 1 - 23; s/w-Abb. S. 8, 10, 18, 19, 20, 21, 32, 37 o. und u., 50, 68, 70, 78/9, 83, 85, 87, 94, 97, 99, 104/5, 120, 124/5, 132, 134, 135, 136/7, 138, 139, 141, 146/7, 179, 186, 191, 194/5, 207, 212, 236, 240, 243, 244, 248, 252, 255, 296/7 sowie die Karten in den Umschlaginnenklappen
Manfred Görgens, Wuppertal: S. 273
Iris Haase, Hamburg: S. 157, 158/9, 183, 199, 213, 225, 305
Andreas Hohlfeld, Hamburg: S. 46, 64, 133, 285
Japanisches Generalkonsulat, Hamburg: vordere und hintere Umschlaginnenklappe, Umschlagrückseite; s/w-Abb. S. 145, 219, 232, 264
Japan National Tourist Organization, Hamburg: S. 153, 290
Magdalene Krumbeck, Wuppertal: S. 118, 134, 181, 202
Ontology of House, 1978: S. 111
Hirotaro Ota, 1966: S. 23, 34, 38/9, 51, 52, 55, 57, 58, 67, 69, 90, 106, 110, 113, 122, 129, 131, 180, 201, 237, 242
Johann Justus Rein, 1905: S. 27, 177, 193, 215
Yoshido-Hirano, 1985: 12/13, 15
sonstige Abbildungen aus dem Archiv des Autors und des Verlages

# Register

Für die im Register erscheinenden Begriffe wird der Längenstrich gesetzt; er kennzeichnet die langen Vokale und erleichtert so die Verständigung. Bei Personennamen ist es auch in Japan heute gebräuchlich, den Vornamen vor den Familiennamen zu setzen. Im Register wird lediglich der früher bei hochrangigen Persönlichkeiten benutzte Sippenname vorangestellt.
»NP« steht für »Nationalpark«.

**A**bashiri 256
Abe, Eishirō 141
Abe no Hirafu 252
Ahorn 70, 95, 137, 148, 158, 251
Aikidō 224
Ainu 252/3
Aizu-Wakamatsu 245
Akan (NP) 256
Akihito Tennō 217
Akita 250/1
Akiyoshidai 144
Amagisan (Berg) 198
Amanohashidate 130
Amaterasu 47, 54, 183
Anan 150
Anrakuji s. Ueda
Aomori 251
Aoshima (Insel) 184
Aprikosenblüte 95, 127, 191, 241, 260
Araimachi 199
Arita 156
Asahidake (Berg) 255
Asahikawa 255
Ashikaga (Adelsfamilie) 63, 68, 188
Ashikaga Yoshimitsu 92/3
Ashinoko (See) 196/7
Ashizurizaki (Kap) 153
Ashizuri-Uwakai (NP) 153
Aso 178
Aso-Kujū (NP) 178
Asosan (Berg) 178
Asuka 44
Asukadera (bei Sakurai) 17, 44
Asuka-Ebene 17
Atami 197
Atsumi Hantō (Halbinsel) 199
Atsuta-Schrein s. Nagoya
Awa Ikeda 152
Awaji (Insel) 147
Awa Odori 150
Azaleen 210
Azekura-Technik 35
Azuchi 71

**B**altzer, Franz 122
Bandai-Asahi (NP) 245/6
Bandaisan (Berg) 245/6
Baustile 114-117
— Asuka-Stil 19
— Buke-Stil 107
— Chinesische Bauart 37/8, 189
— Chinesischer Giebel 35, 76, 80
— Daibutsuyō 35
— Gasshō-Stil 88, 210
— Gongen-Stil 57, 94
— Hachiman-Stil 56/7, 179/80
— Japanische Bautradition 46-48

— Karayō 86, 189, 212
— Kasuga-Stil 51
— Kudara-Plan 18
— Nagare-Stil 56/7, 98
— Shimmei-Stil 56
— Shinden-Stil 107
— Shoin-Stil 107-111, 190, 227
— Taisha-Stil 52, 122, 140, 143
— Tang-Stil 38
— Wayō 42, 48, 91, 94, 116
Beppu 178
Biwa-See 70-73
Bogenschießen 81, 190, 233
Bon-Feuer 82
Bosatsu 25/6
Bōso Hantō (Halbinsel) 241
Bronzeguß 12, 35, 41, 44, 192
Buddha (der historische, Siddharta Gautama) 24-26
Buddha (Wesen des Mahāyāna) 26
Buddhismus 25 (s. auch Mahāyāna, Zen)
Bühne 238
Bugaku 121, 140, 233-235
Bunraku 238
Burakumin 65
Burgen 71, 120, 127, 128/9, 131, 134, 140, 150, 152, 153, 177, 194, 203, 204, 206, 211
Byōdōin (in Uji) 63, 66-68, 100, 103, 107

**C**hiang Kaishek 136
Chikamatsu, Monzaemon 121
Chikubushima (Insel) 71
Christen 48, 157-159
Chrysanthemen 224, 261
Chūbu Sangaku (NP) 208
Chūsonji s. Hiraizumi
Chūzenjiko (See) 244

**D**aibutsu im Kotokuin s. Kamakura
Daigo Tennō 98
Daiō (Kap) 200
Daisen (Berg) 142
Daisen-Oki (NP) 142
Daisetsuzan (NP) 255
Date Masamune 247
Dauthendey, Max 71
Dazaifu 156
Dempodo (im Hōryūji) 22, 107
Dōgashima 197
Dōgo (Insel) 142
Dōgo Onsen 153
Dōjōji 127
Dōkyō (Mönchs-Kanzler) 25, 179
Dorokyō (Schlucht) 128
Dōzen (Inselgruppe) 142

Edo 214, 216, 242

Edo Mura s. Kanazawa
Eiheiji 211/2
Eihōji s. Tajimi
Ençakuji s. Kamakura
Enoshima (Insel) 188
Enryakuji s. Kyōto
Erdbeben 221/2

**F**amilie 228/9
Firmen 230
Franz, Heinrich G. 24
Fuji-Hakone-Izu (NP) 192-197
Fujinami 127
Fujinomiya 199
Fujisan („Fujiyama") 193/4, 199
Fuji-Seen 193
Fujiwara (Adelsfamilie) 59/60, 62/3
Fukuda 147/8
Fukuoka 155/6
Fukuura 211
Furano-Becken 255
Furen-Tropfsteinhöhlen s. Usuki
Futamigaura 200

**G**anjin (Mönch) 36
Gartenkunst 101-106, 210
— Flachgarten 102
— „Geborgte Landschaft" 150
— Hügelgarten 102
— Paradiesstilgarten 101, 103, 250
— Spaziergarten 103, 132
— Steingarten 92/3, 102, 104
— Teegarten 102
— Teichgarten 102, 103, 150, 221
— Trockenlandschaften 102
— Zen-Garten 66, 81, 87, 104-106
Gassan (Berg) 246
Geisha 231
Genji (Prinz) 76, 203, 226, 234
Gensei Kaen 256
Geschichtswerke (alte) 33, 46/7, 130, 201
Gifu 205
Gilyak 253
Gingkō-Baum 156
Gobō 127
Gokayama 210
Gokurakubō s. Nara
Gōra 195/6
Gotemba 193
Gotō-Inseln 156
Gruppenloyalitäten 229
Gyokusendo (Tropfsteinhöhlen) 185

**H**achiman 179/80
Hachimantai (Berg) 251
Hagi 143

Haiku 234/5
Hakata s. Fukuoka
Hakkodasan (Berg) 251
Hakodate 254
Hakone 196
Hakone-Park 197
Hakuba 208
Hakusan (NP) 210
Hakuteijō s. Inuyama Yūen
Hamamatsu 199
Haniwa s. Plastik
Hammitzsch, Horst 113, 135, 238
Hida-Gebirge 206, 210
Hieisan (Berg) 72, 88/9
Hikone 71
Himeji 128-130
Hirado 156
Hiraizumi 103, 247-250
— Chūsonji 154, 247-250
Hirohito Tennō (Shōwa Tennō) 217, 254
Hirosaki 251
Hiroshima 134-136
Hitoyoshi 177
Hiyoshi-Schrein (am Biwa-See) 72/3
Hochschulen 223
Hofadel 59/60
Hokkiji (bei Nara) 22
Hokuriku(dō) 210
Hokusai, Tokitarō 188, 262
Holzschnitt 76, 284
Hōryūji (bei Nara) 19-22, 107, 223
Hügelgräber 14, 44, 133, 184

Ibusuki 182
Ichinomiya 132/3
Ikebana 104/5, 291
Ikuchijima (Insel) 148
Imabari 152/3
Imari 156
Imawatari 205
Inlandsee 145, 147/8
Inoue, Yasushi 235
Inuyama Yūen 204
Ise-Schreine 53-56, 200/1
Iseshi 53, 200/1
Ise-Shima (NP) 200
Ishibūtai (bei Asuka) 44
Ishiyamadera (am Biwa-See) 69/70
Ishizuchiyama (Berg) 152
Isozaki, Arata 116
Itsukushima-Schrein s. Miyajima
Iwajuku 11
Iwakuni 137
Iwashimizu Hachiman-Schrein s. Kyōto
Iyadani (Tal) 152
Izanagi u. Izanami 47, 130/1, 200
Izu Hantō (Halbinsel) 197/8
Izu-Inseln 198
Izumo Taisha-Heiligtum (bei Izumo) 52/3, 142/3

Japaner 190, 228, 259
Jimmu Tennō 183/4
Jōkōji 204
Jōmon-Keramik 12
Jōnendake (Berg) 208
Jōō, Takeno 113
Jōshinetsu Kōgen (NP) 209

Kabuki 238/9
Kagoshima 181/2
Kagura 235/6
Kaifu 150
Kalligraphie 62, 121
Kamakura 187-192
— Daibutsu im Kotokuin 192
— Engakuji 189
— Hasedera 191
— Tusurugaoka Hachiman-Schrein 190
Kamifurano 255
Kamikaze 155
Kamikōchi 208
Kamiyama (Berg) 196
Kammon Kaikyō (Meerenge) 154
Kampferbaum 148, 152, 156
Kanazawa 210/1
Kankakei (Tal) 148
Kanko 153
Karako 12
Karakunidake (Berg) 184
Karatsu 156
Kashikōjima 200
Kashima Jingū 241
Kasori 12
Kasumi 130
Kasumigaura (Lagune) 241
Katata 72
Katsurahama (Strand) 152
Katsuura 128
Kawabata, Yasunari 235
Kawaguchiko 192
Kawayu 256
Kegon-Wasserfälle 244/5
Kenrokuen s. Kanazawa
Keramik 12, 63, 85, 179, 211, 241
Kiefer 130, 148, 156, 247
Kii Hantō (Halbinsel) 124-128
Kikutake, Kiyonori 116
Kimono 10
Kinkazan (Berg) 247
Kirishima 183
Kirishima-Yaku (NP) 182/3
Kirschblüte 94, 95, 121, 125, 127, 191, 260
Kisogawa (Fluß) 205
Kitakyūshū 154
Kōbō 123
Kōbō Daishi 126
Kobori, Enshū 92, 111, 112, 132
Kōchi 152
Kōfukuji s. Nara
Kojiri 196
Kokura s. Kitakyūshū
Komagatake (Berg) 196
Kongōbuji 126
Kōrakuen s. Okayama (u. Tōkyō)
Kōrin, Ogata 76
Kormoran-Fischen 205
Kotohira 151/2
Kowakidani 194
Kōyasan 126/7

Kraniche 180, 256
Kreiner, Josef 229
Kriegeradel 62/3, 187
Kublai Khan 154/5
Kujūkushima (Inselgruppe) 156
Kujūsan (Berg) 178
Kuma (Fluß) 177
Kumamoto 177
Kumano-Schreine 128
Kunisaki 180
Kuniyoshi, Yasuo 226
Kurashiki 133
Kurobe-Stausee 209
Kurokawa, Kishō 116
Kushimoto 128
Kushiro 256
Kussharoko (See) 256
Kyōgen 237/8
Kyōto 59-70, 77-111
— Alter Kaiserpalast 59, 62/3, 90, 107
—— Kaiserliches Haushaltsamt 90
— Arashiyama 95/6
— Chionin 82/3
— Chishakuin 81
— Daigoji 66, 98/9
—— Sambōin 98/9, 109
— Daikakuji 96
— Daitokuji 91, 92
—— Daisenin 92, 104
—— Kohōan 92, 111
—— Kōtōin 92
— Enryakuji 73, 89
— Fushimi Inari-Schrein 97/8
— Fushimi-Schloß 98
— Ginkakuji 86/7
—— Tōgudō 86, 109, 112
— Gion-Viertel 63, 84
— Handwerk-Zentrum 63
— Heian-Schrein 82
— Higashi Honganji 80
— Hiunkaku (im Nishi Honganji, s. dort)
— Hōkokubyō 81
— Hōrinji 96
— Internationale Kongreßhalle 88
— Iwashimizu Hachiman-Schrein 100
— Jakkōin (bei Ōhara) 89
— Jōjakukoji 96
— Kaiserlicher Park 63
— Kameyama-Park 96
— Kamigamo-Schrein 88
— Katsura Rikyū 95, 103, 110/1
— Kenninji 84
— Keramik-Zentrum 85
— Kinkakuji 92/3
— Kitano Temmangū 94/5
— Kiyomizudera 84/5
— Kōdaiji 84
— Kōryūji 66,96
— Mampukuji 100
— Maruyama-Musikhalle 84
— Myōhōin 80/1
— Myōkian 100
— Myōshinji 94
— Nanzenji 81/2

365

# REGISTER

— Nationalmuseum für Moderne Kunst  82, 289
— Nationalmuseum Kyōto  81, 289
— Nijōjō  90/1, 109
— Ninnaji  94
— Nishi Honganji  77, 80
—— Hiunkaku  80, 109
— Nishijin-Textil-Zentrum  63
— Oi-Fluß  96
— Pagode des Taisanji  85
— Philosophenweg  86
— Ryōanji  93, 104/5
— Ryōzen Kannon  84
— Saihōji  95, 106
— Sambōin (im Daigoji, s. dort)
— Sanjūsangendō s. Myōhōin
— Sanzenin (bei Ōhara)  66, 89
— Seiryōji  96
— Shimogamo-Schrein  57, 88
— Shōrenin  82
— Shōseien  80
— Shugakuin Rikyū  88, 111
— Teeschulen  91, 112, 291
— Tenryūji  96
— Tōfukuji  97
— Tōgudō (im Ginkakuji, s. dort)
— Tōji  96/7
— Ura Senke s. Teeschulen
— Yamashina (Keramik)  85
— Yasaka Kaikan  65
— Yasaka-Pagode  84
— Yasaka-Schrein (Gion-Schrein)  84
— Yoshida-Schrein  88

**L**ackarbeiten  22, 36, 38, 40, 63, 211, 248-250
Lavendel  255
Le Corbusier  115, 222
Lilien  192, 261
Literatur  61, 234/5

**M**aekawa, Kunio  115
Magome  206
Mahāyāna-Buddhismus  25/6, 66
Maki, Fumihiko  116
Malerei  73-76
— Emakimono  74, 203, 226
— Kanō-Schule  74, 84, 94, 109/10
— Karae  73
— Tosa-Schule  76, 84
— Tuschmalerei  74, 81
— Wandschirm-Malerei  76, 121
— Yamatoe  68, 73/4, 97
Manabejima (Insel)  148
Mandarinen  127
Marimo  256
Marugame  152
Maruoka  211
Mashiko  241
Mashūko (See)  256
Masuda  143
Matsubara, Hisako  228
Matsue  140/1
Matsumoto  206/7
Matsuri  45
Matsusaka  201

Matsushima Kaigan  247
Matsuyama  153
Megijima (Insel)  148
Meijimura  204
Meiji-Restauration  135
Meiji Tennō  98, 224
Mekari-Park  154
Miidera s. Ōtsu
Mikimoto, Kōkichi  200
Minabe  127
Minamoto (Adelsfamilie)  62, 187
Minamoto no Yoritomo  187, 191
Minokamo  205
Minokoshi  153
Minshuku  9, 304
Mishima, Yukio  235
Misumi  159
Mito  241
Miyajima (Insel)  138-140
Miyako  250
Miyako-Inseln  185
Miyanoshita  194
Miyazaki  184
Miyazu  131
Moiwa (Berg)  253
Monju  131
Morioka  250
Moto-Hakone  196/7
Motosuko (See)  193
Murōji (bei Sakurai)  44
Muroto Misaki (Kap)  150
Muschelhaufen  12
Myōkian s. Yamazaki

**N**achi-Wasserfälle  209
Naebasan (Berg)  209
Nagahama  71
Nagano  209
Nagasaki  157/8
Nagato  143
Nagoya  202-204
Naha  185
Nakamura  153
Nakasendō  206
Naminohashidate  143
Nantaisan (Berg)  244
Naoshima (Insel)  148
Nara  33-43, 49
— Gokurakubō  44
— Hokkeji  43
— Kaiserpalast (ehemaliger)  43
— Kasuga-Schrein  49-51
— Kasuga Wakamiya  51
— Kōfukuji  41/2
— Nara-Park  34, 49
— Nationalmuseum Nara  34, 36
— Saidaiji  43
— Shin Yakushiji  41
— Tōdaiji  34-36
—— Shōsōin  35
— Tōshōdaiji  36-40, 107
— Wakakusayama (Berg)  42
— Yakushiji  40/1
— Yamato Bunkakan  43
Narita  241, 294
Naruto  147
Nikkō  241-244
Nikkō (NP)  244/5
Nintokuryō  14/5, 123
Nintoku Tennō  14, 122

Nirasaki  206
Nishinoshima (Insel) s. Dōzen
Nō  236/7
Noboribetsu  254
Norikuradake (Berg)  208
Norinaga, Motoori  201
Noto Hantō (Halbinsel)  211

**O**bi  184
Oda Nobunaga  81, 89
Odawara  194
Oe, Hiroshi  116
Ofuro  11, 304
Ōhara  89
Ōita  178
Okayama  131/2
Oki-Inseln  142
Okinawa (Insel)  185
Ōmishima (Insel)  148
Onsen  142, 152, 182, 194, 196, 207-209, 231, 245, 251, 253, 293
Ōnuma  254
Ōsaka  119-123
— Asahiza (Bunraku-Theater)  120, 238
— Rathaus  115
— Shitennōji  18, 121
— Sumiyoshi Taisha  122
Ōshima (Insel vor Kushimoto)  128
Ōshima s. Izu-Inseln
Ōta, Hirotarō  35, 47
Ōtani, Sachi  116
Ōtsu  71, 89
Ōwakudani  196
Oyamazumi-Schrein  148
Oyashirazu  210
Ozean-Park  185

**P**agode  20, 22-24, 40,41/2, 44, 66, 69, 84/5, 96, 154, 209
— Tahōtō  68/9
Palastarchitektur  39, 80, 100, 107-111
Parlament  218
Parteien  218
Perlen  123, 156, 185, 200
Pfirsichblüte  140, 192, 206, 260
Phönixhalle s. Byōdōin
Plastik  42/3
— Haniwa  15, 47, 141
— Porträtfigur  40
— Trockenlacktechnik  38/9, 40
— Yosegi-Technik  43
Polo, Marco  154
Porzellan  155, 156, 196

**R**abu Hoteru  233
Rebun (Insel)  256
Reichsinsignien  54
Rhododendron  158, 178, 184, 210/1
Rikuchū Kaigan (NP)  250
Rishiri (Insel)  256
Ryōbu-Shintō  47, 49, 74, 151
Ryūgadō-Tropfsteinhöhlen  152
Ryōkan  9, 302-304
Ryūjin  127
Ryūkyū-Inseln  185

Ryūsendō (Tropfsteinhöhle)  250

Saga  156
Saigō, Takamori  182
Saikai (NP)  156
Saiko (See)  193
Saitobaru  184
Sakaide  152
Sakamoto  72
Sake  123, 278
Sakurai  44
Sakurajima (Berg)  182
Salzstraße, alte  208
Sambeyama (Berg)  142
Samurai  188-190, 242
Sandan-Klamm  137
Sanin Kaigan (NP)  130/1
Sanzenin s. Kyōto
Sapporo  253
Sasebo  156
Schrein (Shintō)  46
Schrift  60/1 (s. auch Kalligraphie)
Schumann, Hans Wolfgang  26
Schwalbe, Hans  131
„Schwarze Flotte"  197, 216
Schwert  189, 224
Schwind, Martin  183, 221, 246
Seidenstoffe  227, 282, 285
Sekibutsu s. Usuki
Sekigahara  205
Sendai  246/7
Sengokuhara  196
Senjōgahara (Moor)  245
Sen no Rikyū  92, 100, 104, 126
Senzan (Berg)  147
Seppuku  130
Sesshū, Tōyō  74, 96
Setonaikai s. Inlandsee
Shakotan Hantō (Halbinsel)  254
Shikotsuko (See)  253
Shikotsu-Tōya (NP)  253
Shimabara  158
Shima Hantō (Halbinsel)  200
Shimoda  197
Shimonoseki  144
Shinano-Ōmachi  208
Shingeki-Theater  239
Shingū  128
Shinjiko (See)  142
Shinohara, Kazuo  116
Shintō  45-48, 54
Shiobara  245
Shiogama  247
Shio no Misaki (Kap)  128
Shirahama  127
Shiraishijima (Insel)  148
Shirakawago  210
Shiranui  180
Shiraoi  253
Shiretoko (NP)  256
Shiroumadake (Berg)  208
Shiwaku-Inseln  148
Shizuoka  199
Shōdō (Insel)  147/8
Shōgun  187
Shoin  107
Shōjiko (See)  193
Shōmu Tennō  35
Shōsōin s. Nara/Tōdaiji

Shōtoku (Prinz)  19, 21, 66, 121
Shōwa Shinzan (Berg)  254
Shōzan, Sakuma  217
Shūzenji  198
Singschwäne  256
Sōami  87, 93
Sōunkyō (Schlucht)  255
Sōunzan (Berg)  196
Sōya Misaki (Kap)  256
Sportarten  196, 233/4, 293
Sprache  14
Staats-Shintō  48
Stände  242
Stupa  22-24
Sumiyoshi Taisha s. Ōsaka
Sumō  155, 233
Sumoto  147
Susano(w)o  47
Suwako (See)  206
Suzuki, Hiroyuki  115

Tagata-Schrein  204/5
Taika-Reform  33
Taira (Adelsfamilie)  62, 187
Taisanji  123
Taisha  143
Tajimi  204
Takachiho  184
Takachihokyō (Schlucht)  184
Takachiho no Mine (Berg)  183
Takamatsu  149/50
Takamatsuzuka (bei Asuka)  44
Takao  95
Takarazuka-Revue  239
Takayama  210
Tamamushi-Miniatur-Schrein  22, 249
Tamatsukuri  142
Tanabata  246
Tanabe  127
Tanegashima (Insel)  183
Tange, Kenzō  115
Tanzan-Schrein (bei Sakurai)  44
Tateyama (Berg)  209
Tatsukushi  153
Tazawako  251
Teegesellschaft  112/3, 290/1
Teemeister  104, 109/10, 112
Teeräume  113
Teine (Berg)  253
Tennō  33, 47, 216/7
Teshima (Insel)  148
Theater  233-239, 289
Toba  200
Tōdaiji s. Nara
Toi Misaki (Kap)  184
Tōkaidō  196/7
Tokikuni s. Wajima
Tokugawa (Adelsfamilie)  202/3
Tokugawa Iemitsu  244
Tokugawa Ieyasu  80, 202, 205, 216, 241/2
Tokushima  150
Tōkyō  213-233
— Aikidō-Welthauptquartier  224
— Akasaka-Palast  224
— Antiquitätenmarkt  226
— Asakusa  223
— Asakusa Kannon-Tempel  223
— Asakusa-Schrein  223

— Bridgestone Bijutsukan  219/20
— Einwohner  214
— Ginza  219/20
— Gotō Bijutsukan  226
— Grundstückspreise  229
— Haneda  226, 294/5
— Harajuku  225
— Hatakeyama Bijutsukan  226
— Hie-Schrein  220
— Hōryūji-Schatzhaus  223
— Idemitsu Bijutsukan  220
— Ikebana-Schule  225
— Ikebukuro  224
— Jūdō-Halle  221
— Kabuki-Theater  220
— Kaiserpalast  217, 219
— Kanda  220/1
— Kanda Myōjin-Schrein  221
— Kōrakuen  221
— Marunouchi  219
— Meiji-Gedächtnis-Gemäldegalerie  224
— Meiji-Schrein  224/5
— Nationales Nō-Theater  116
— Nationalmuseum  222/3, 289
— Nationalmuseum der Naturwissenschaften  222
— Nationalmuseum für Moderne Kunst  220, 289
— Nationalmuseum für westliche Kunst  222, 289
— Nationaltheater  220
— Nihombashi  219
— Nippon Budōkan  116, 220
— Ōkura Shūkokan  226
— Pachinko  231
— Parlamentsgebäude  115, 220
— Rikugien  223
— Roppongi  226
— Schwertermuseum  224
— Sengakuji  226
— Shibuya  225
— Shinjuku  224/5
— Shinjuku Gyōen  224
— Städtische Festhalle  115, 222
— Städtische Kunstgalerie  222
— Sumō-Sporthalle  221
— „Sunshine 60"  224
— Takarazuka-Theater  220
— Takeshiba-Landungsbrücken  226
— Teeschulen  224
— Tierpark  222
— Tōdai-Universität  223
— „Tōkyō Tower"  226
— Tsukiji  225
— U-Bahnen  213, 297/8
— Ueno  221-223
— Vergnügungsindustrie  230-233
— Volkskunstmuseum  222
— World Trade Center  226
— Yasukuni-Schrein  220
— Yoyogi-Park  225
— Zōjōji  226
Tonidole  12
Tonoshō  147/8

# REGISTER

Tori (Bronzegießer) 20, 44
Torii 54
Tōshōdaiji s. Nara
Tōshōgū s. Nikkō u. Shizuoka
Tottori 130
Towada-Hachimantai (NP) 251
Towadako (See) 251
Tōya 254
Tōyako (See) 254
Toyoshima 208
Toyotomi Hideyoshi 81, 89, 98, 119
Tragschrein 51
Tsu 201
Tsuda no Matsubara (Strand) 150
Tsumago 206
Tsushima (Insel) 154
Tsuwano 144
Turmbauten 24

Udo-Schrein 184
Ueda 209
Uji 100
— Byōdōin s. dort
Ujina 135/6
Ukiyoe s. Holzschnitt
Unzen (Berg) 158
Unzen-Amakusa (NP) 158

Usa 179
Usa Hachimangū 179/80
Usudake (Berg) 254
Usuki 178/9
Utoro 256
Utsukushigahara (Hochebene) 207
Uwajima 153

Vergnügungsindustrie 230-233
Volkswirtschaft 229/30

Wachsmann, Konrad 115
Wajima 211
Wakayama 127
Wakkanai 256
Washi 141
Washūzan (Berg) 133
Wendt, Ingeborg Y. 159
Wohnhaus 12, 46, 107, 111, 116, 248

Xavier, Francisco de 144, 182

Yaeyama-Inseln 185
Yahata 154
Yakushiji s. Nara
Yakushima (Insel) 182
Yamada, Mamoru 116

Yamagata 246
Yamaguchi 144
Yamanakako (See) 193
Yamato 14, 216
Yamazaki (bei Kyōto) 100
Yarigatake (Berg) 208
Yashima (Halbinsel) 150
Yasugi 142
Yatsushiro (Bucht) 180
Yokohama 227/8
Yōmeimon s. Nikkō
Yoshino 125/6
Yoshino-Berge 124/5
Yoshino-Kumano (NP) 128
Yoshino Mikumari-Schrein 124
Yōteisan (Berg) 254
Yumoto 194

Zaōsan (Berg) 246
Zeami 237
Zedern 127, 196, 211
Zen-Buddhismus 62, 74, 86, 100, 101, 104, 106, 188/9, 212, 290
Zenkōji s. Nagano
Zentsūji 152
Zypresse, japanische (Hinoki) 53, 56, 237